МИХАИЛ ЗЫГАРЬ

# ВСЯ КРЕМЛЕВСКАЯ РАТЬ

## Краткая история современной России

2-е издание

Москва
2018

УДК 323
ББК 66.3(2Рос)
З-96

*Издательство выражает благодарность Литературному агентству Галины Дурстхофф за содействие в приобретении прав на произведение.*

Редактор Карен Шаинян

Проверка фактов Сырлыбай Айбусинов

**Зыгарь М.**

З-96 Вся кремлевская рать: Краткая история современной России / Михаил Зыгарь. — 2-е изд. — М. : Интеллектуальная литература, 2018. — 408 с.

ISBN 978-5-9908133-9-7

Эта книга рассказывает об истории России на всем протяжении правления Владимира Путина, с 2000 по 2015 год. В основу книги легли документы, открытые источники и десятки уникальных личных интервью, которые автор взял у действующих лиц из ближайшего окружения Владимира Путина. Собранные воедино, факты, события, интриги и мнения героев составляют полную картину жизни Кремля, из которой впервые становится понятна логика метаморфозы Владимира Путина: как и почему из либерального прозападного президента начала 2000-х он превратился в авторитарного правителя и одного из самых ярых противников Запада.

УДК 323
ББК 66.3(2Рос)



ISBN 978-5-9908133-9-7

# Содержание


**Введение** . . . . . . . . . . . . . . . . . . . . . . . . . . . . . 5

**Часть I. ПУТИН I ЛЬВИНОЕ СЕРДЦЕ** . . . . . . . . . . . . . . 7

**Глава 1,** в которой Александр Волошин, идеолог Кремля, научился терпеть Ленина . . . . . . . . . . . . . . . . . 9

**Глава 2,** в которой политэмигранта Бориса Березовского не позвали на королевскую свадьбу . . . . . . . . . 33

**Глава 3,** в которой самый богатый человек в России Михаил Ходорковский теряет бизнес и свободу, а Семья исчезает . . . . . . 62

**Часть II. ПУТИН II ВЕЛИКОЛЕПНЫЙ** . . . . . . . . . . . . . 87

**Глава 4,** в которой глава кремлевской администрации Дмитрий Медведев создал новое российское сословие . . . . . . 89

**Глава 5,** в которой глава администрации президента Украины Виктор Медведчук остался последним украинцем, которому верит Путин. . . . . . . . . . . . . . 105

**Глава 6,** в которой замглавы президентской администрации Владислав Сурков обороняет осажденный Кремль. . . . . . . . . 121

**Глава 7,** в которой помощник президента Игорь Шувалов придумывает, как сделать Россию империей . . . . . . . . . . 144

**Глава 8,** в которой вице-премьер Сергей Иванов всерьез поверил в то, что он наследник . . . . . . . . . . . . . . . 158

**Часть III. ЦАРЕВИЧ ЛЖЕДМИТРИЙ** . . . . . . . . . . . . . 181

**Глава 9,** в которой президенту Грузии Михаилу Саакашвили удается сохранить не только власть, но и нечто гораздо более ценное . . . . . . 183

**Глава 10,** в которой Барак Обама стал лучшим другом и главным врагом Кремля . . . . . . . 207

**Глава 11,** в которой вице-премьер Игорь Сечин стал русским Че Геварой . . . . . . . . . . . . . . 216

**Глава 12,** в которой русская принцесса Татьяна Юмашева придумывает новую демократическую партию . . . . . . . 232

**Глава 13,** в которой лидер оппозиции Алексей Навальный почувствовал, что может повести народ на Кремль . . . . 252

**Часть IV. ПУТИН III ГРОЗНЫЙ** . . . . . . . . . . . . . . . . . . . 279

**Глава 14,** в которой патриарх Кирилл стал руководить министрами. . . . . . . . . . . 281

**Глава 15,** в которой кремлевский идеолог Вячеслав Володин изобрел новую национальную идею . . . . . . . . . . . . . . . . . 293

**Глава 16,** в которой пресс-секретарь Путина Дмитрий Песков понял, что понравиться Западу уже никогда не удастся . . . . . . . . . . . . . . 310

**Глава 17,** в которой министр обороны Сергей Шойгу отомстил за Афганистан и Николая I . . . . . . . . . . . . 332

**Глава 18,** в которой Алексей Кудрин проиграл битву за место в голове президента . . . . . 358

**Глава 19,** в которой Рамзан Кадыров съездил в Дубай и вернулся. . . . . . . . . . . . . . . . . . . . 378

**Заключение. ПУТИН IV СВЯТОЙ**. . . . . . . . . . . . . . . . . . . 395

**Примечания** . . . . . . . . . . . . . . . . . . . . . . . . . . . . . . . . . . 405

# Введение

Начиная работу над книгой, я думал, что это будет история о том, что произошло с Россией за последние 15 лет, как менялось мироощущение и мировоззрение Владимира Путина и его ближайшего окружения, как все начиналось и к чему это все нас привело. Но оказалось, что участники событий никогда не помнят, что случилось на самом деле. Каждый конструирует воспоминания так, чтобы выглядеть в них пристойно, героически и, главное, чтобы быть всегда правым. За годы работы я проинтервьюировал несколько десятков человек из ближайшего окружения Владимира Путина: сотрудников администрации президента, членов правительства, депутатов Государственной думы, предпринимателей из списка *Forbes* и зарубежных политиков. Почти каждый из них рассказывал свою историю, которая иногда не пересекалась с историями других персонажей. Герои часто забывали факты, путали время и даже не могли вспомнить свои собственные поступки и слова. Как правило, они просили на них не ссылаться. Впрочем, мне удалось опросить такое количество участников, что картина получилась достаточно ясной.

В сухом остатке вышла история о том, как человек случайно стал королем. Поначалу он просто хотел удержаться. Ему стало везти, и он решил, что может стать удачливым борцом и реформатором — королем Львиное Сердце. И захотел войти в историю. Но потом захотел хорошей жизни. И стал королем Великолепным. Потом устал и захотел отдохнуть. Но понял, что уже не может позволить отдых, поскольку он часть истории. Потому что он уже царь Грозный.

Как в нем происходили все эти перемены? Во многом благодаря его окружению, разнородной свите, которая усердно все эти годы играла короля. Ближний круг подхватил его и, манипулируя страхами и желаниями, понес вперед. Туда, где сам он вовсе и не чаял оказаться.

Если восстанавливать события, зная, чем они закончились, история кажется очень логичной. Может даже появиться ощущение, что все с самого начала шло именно к тому, к чему пришло сейчас, вырисовывается некий изначальный план. Герои задним числом придумывают обоснования собственным действиям. Находят причины, которых не было в действительности, и логику, о которой они прежде даже не подозревали.

Однако эти 15 лет истории России, даже чуть больше, не имеют четкой логики. Цепь событий, которую мне удалось восстановить, обнаруживает отсутствие плана или ясной стратегии у Путина и его окружения. Все, что происходит, — это тактические шаги, оперативное реагирование на внешние раздражители, не ведущие ни к какой конечной цели.

Пристальное разглядывание поступков и мотивов российских политиков в последние 15 лет доказывает, что теория заговора неверна. Если есть малейшее сомнение в том, что именно послужило причиной того или иного события — злой умысел или ошибка, то всегда нужно выбирать второе.

Знали ли российские руководители в 2000 году, к чему они придут через 15 лет правления? Нет. Знали ли они в 2014 году, как встретят 2015-й? Тоже нет.

Когда я пишу «руководители» во множественном числе, это вовсе не ошибка. Принято считать, что все решения в России принимает только один человек — Владимир Путин. Это правдиво лишь отчасти. Все решения действительно принимает Путин, но Путин — не один человек. Это огромный коллективный разум. Десятки, даже сотни людей ежедневно угадывают, какие решения должен принять Владимир Путин. Сам Владимир Путин все время угадывает, какие решения он должен принять, чтобы быть популярным, чтобы быть понятым и одобренным огромным коллективным Владимиром Путиным.

Это коллективный Владимир Путин все годы конструировал свои воспоминания, чтобы доказать себе, что он прав. Чтобы убедить себя, что его действия логичны и у него есть план и стратегия, что он не совершал ошибок, а был вынужден так поступить, поскольку боролся с врагами, вел тяжелую и непрерывную войну.

Поэтому моя книга — это история воображаемой войны. Войны, которую нельзя закончить, иначе придется признать, что ее никогда не было.

# ЧАСТЬ I

# ПУТИН I ЛЬВИНОЕ СЕРДЦЕ

# Глава 1

## В КОТОРОЙ АЛЕКСАНДР ВОЛОШИН, ИДЕОЛОГ КРЕМЛЯ, НАУЧИЛСЯ ТЕРПЕТЬ ЛЕНИНА

*Александр Волошин — образцовый капиталист. В его внешности есть что-то от американского Дяди Сэма, каким его рисовали на советских карикатурах: седая бородка, холодный пронзительный взгляд (для полноты образа не хватает только котелка, мешка долларов и бомбы за спиной).*

*Офис Волошина в центре Москвы, на Полянке, в десяти минутах ходьбы от Кремля, очень аскетичен, тут есть все, что нужно, но нет никакой роскоши — тайному властителю мира она не нужна.*

*Волошин явно не оратор — говорит тихо и даже слегка заикается, когда злится. А еще любит злоупотреблять английскими словами. Не англицизмами, а именно иностранными словами, которыми оперирует в деловой жизни. «Ситуация на Украине уже не очень manageable». «Надо, чтобы в голове всегда была agenda». «Настал полный deadlock». «Важны мнения основных stakeholders». Он делает это не нарочито — ему так проще, ведь он не политик, а бизнесмен.*

*Свою главную историческую миссию Волошин, наверное, считает выполненной: он обеспечил политическую стабильность и капитализм — и на покой. Он говорит, что не жалеет о своей нынешней неспособности повлиять на политику.*

*О политике он предпочитает говорить в сугубо деловых терминах: «Американцы создали у себя огромную, диверсифицированную, восприимчивую к инновациям экономику благодаря жесточайшей конкуренции. Такая же напряженная конкуренция видна в американской поли-*

*тике, в том числе внутри основных политических партий. И благодаря этому они сформировали устойчивую политическую систему, отвергающую крайности. А вот в международной политике Соединенные Штаты после исчезновения Советского Союза стали де-факто монополистами. И в отсутствие конкуренции стали самоуверенными, неэффективными, неразумными. Наделали кучу серьезнейших ошибок, нанесли огромный ущерб международной безопасности и самим себе». Впрочем, об Америке он отзывается хоть и с изрядной критикой, но все же любовно, с неожиданными деталями: там он случайно познакомился с Джебом Бушем, а тут увидел старую знакомую Кондолизу Райс, но решил не здороваться.*

*Настоящую ярость у него вызывает украинский вопрос: тут он переходит с английского на русский. Политика украинских властей в отношении русскоязычного населения его возмущает: «Попробовали бы канадцы так вести себя с франкоговорящими жителями Квебека. Они бы еще не такое получили».*

## Похоронить Ленина

В 1999 году в Кремле был разработан четкий план по захоронению Ленина. Его тело предполагалось вынести из Мавзолея на Красной площади и увезти в Санкт-Петербург глубокой ночью, в обстановке строжайшей секретности. Утром все проснулись, а Ленина уже нет на Красной площади.

Точно так же, 38 годами ранее, поздним осенним вечером из Мавзолея вынесли тело Сталина — его, правда, далеко не увезли, а похоронили рядом, у Кремлевской стены. Для Никиты Хрущева, тогдашнего советского лидера, это было символом десталинизации и развенчания культа личности.

Перезахоронение Ленина должно было пройти «достойно и без хамства», вспоминают сотрудники кремлевской администрации. Просто после этого нужно было бы на пару месяцев взять в оцепление Волковское кладбище в Санкт-Петербурге (место, где похоронены мать и сестры Ленина и, по легенде, завещал похоронить себя основатель Советского государства). И потерпеть несколько месяцев протестов партии коммунистов. После этого страсти улеглись бы: планировалось разобрать Мавзолей и построить на этом месте памятник жертвам тоталитаризма, чтобы никому неповадно было его сносить. Это должно было стать решающим ударом по коммунистической идеологии. На тот момент для Кремля это была важнейшая задача: не допустить советского реванша и победить коммунистов.

Кабинет главы кремлевской администрации Александра Волошина находился примерно в 10–15 метрах от саркофага Ленина в Мавзолее. Рассказывают, что Волошин любил шутить: «От меня до трупа не больше 15 метров по прямой. Он там лежит, я тут работаю. Мы друг другу не мешаем».

На самом деле Ленин очень мешал. Президенту Борису Ельцину он мешал покончить с прошлым — для него захоронение вождя стало бы символом того, что настали новые времена и случившиеся перемены необратимы, как и захоронение Сталина для Хрущева 36 лет назад. Впервые похоронить Ленина предложил еще в 1991 году первый мэр Петербурга Анатолий Собчак, но и тогда, и в последующие годы Ельцин не мог выполнить его просьбу — не хотел идти на ненужный конфликт с коммунистами.

Для Волошина же Ленин был не столько символом, сколько конкретным, всегда живым игроком в актуальной политике. Борьба с коммунистической партией была важнейшей частью каждодневных забот главного стратега Кремля. Ленин был для него козырем в рукаве, возможностью дать противнику под дых. Коммунисты стали главной силой в парламенте и поэтому имели возможность торпедировать любую критически важную реформу. А после кризиса 1998 года коммунисты фактически контролировали и правительство, которое возглавлял 69-летний Евгений Примаков, бывший кандидат в члены Политбюро ЦК КПСС и бывший министр иностранных дел России.

До истечения президентского срока Бориса Ельцина, прописанного в конституции, оставалось чуть больше полутора лет — и, казалось, никогда коммунисты еще не были так сильны. Компартия запустила процедуру импичмента президента Ельцина, обвинив его по пяти пунктам: развал СССР, разгон парламента в 1993 году, война в Чечне, развал армии и геноцид русского народа. Премьер-министр Примаков, за которого коммунисты проголосовали единогласно, занимал первое место в рейтинге самых популярных политиков страны и казался самым перспективным кандидатом в президенты.

Особую популярность принес ему яркий антиамериканский жест — разворот над Атлантикой. 24 марта 1999 года Примаков летел в Вашингтон, когда ему позвонил вице-президент Альберт Гор и сообщил, что США начинают бомбардировки Югославии с целью прекращения конфликта в Косово. Возмущенный Примаков развернул свой самолет и вернулся в Москву. Российская пресса — прокремлевская и либеральная — раскритиковала Примакова за популизм, заигрывание с коммунистическим электоратом. Первая в СССР и главная на тот момент в России деловая газета «Коммерсантъ» уверяла, что из-за демарша Примакова Россия потеряла $15 млрд, которые могла бы заработать в результате подписания подготовленных в Вашингтоне соглашений: «Тем самым премьер-министр России сделал свой выбор — выбор настоящего коммуниста. Большевика, готового полностью пренебречь интересами своей Родины и народа в угоду интернационализму, понятному только ему и бывшим членам КПСС», — негодовал «Коммерсантъ»[1].

Разворот над Атлантикой стал первым жестом государственного антиамериканизма в 1990-е годы и показал, насколько он может быть популярен среди лишенного чувства национальной гордости населения. Он же стал и началом решающей схватки за власть: консерваторов-антизападников, знаменем которых стал Примаков, и либеральных и прозападных сил, требующих не допустить советского реванша, у которых не было лидера, но имелся тайный координатор — глава кремлевской администрации Александр Волошин.

В этой ситуации коммунистов надо было вывести из равновесия. И ритуальным сокрушительным ударом могло стать перезахоронение Ленина. Но помешало законодательство. По действующему законодательству, перенести тело Ленина можно было в одном из трех случаев. Либо по прямой воле потомков — но родственники Ленина были категорически против. Либо по решению местных властей (т. е., по сути, мэра Москвы Юрия Лужкова) «при нарушении санитарных и экологических требований к содержанию места погребения» — а он готовился вступить в борьбу за власть явно не на стороне Кремля и либералов. Либо если могила мешала проезду общественного транспорта. Но никак не по прямому указу президента. Нарушение этого закона считалось уголовным преступлением. Добавлять к пяти пунктам обвинений против президента, которые выдвинули коммунисты в парламенте, еще и вандализм было слишком рискованно. Поэтому в Кремле решили совершить другой резкий ход — ударить не по Ленину, а по Примакову.

12 мая 1999 года, за три дня до голосования по импичменту в Государственной думе, Примакова отправили в отставку с официальной формулировкой «за отсутствие динамизма в реформах при решении экономических проблем». 15 мая коммунисты не набрали необходимых 300 голосов для начала процедуры импичмента — администрация президента качественно поработала с парламентариями, почти все независимые депутаты проголосовали против. Это была тактическая победа Волошина, но она не отменяла главного вопроса. Как предотвратить победу альянса коммунистов и Примакова через год, когда второй президентский срок Ельцина истечет?

Главной сложностью было то, что вокруг Ельцина практически не было политиков, обладающих хоть каким-то политическим рейтингом. Рейтинг самого престарелого президента Ельцина был почти отрицательным — во многом из-за обвинений, которые пресса и оппозиция (в первую очередь коммунисты) выдвигали в адрес его семьи. В тот период пресса писала слово «Семья» с большой буквы, имея в виду, что семья президента имеет особый, иногда даже непропорционально большой вес в государстве, а возможно, и в бизнесе. Под Семьей понимали в первую очередь Таню и Валю (их пресса называла обычно сокращенными именами, но все сразу понимали, о ком речь), т. е. Татьяну Дьяченко (дочь президента) и Валентина Юмашева (бывшего главу его администрации). Тогда они еще не были женаты — поженятся Таня и Валя только в 2001 году. В более широком смысле в Семью включали также самых близких к Тане и Вале олигархов: Бориса Березовского и Романа Абрамовича. Наконец, душеприказчиком Семьи был Александр Волошин — руководитель администрации президента Ельцина, именно ему приходилось разруливать ту почти безвыходную ситуацию, в которой оказался Кремль.

Волошина в Кремле иногда называли «отмороженным» за его жесткость и решительность в тех вопросах, которые казались ему принципиально важными, вроде идеи вынести Ленина из Мавзолея.

Выходец из бизнеса, проработавший в 1990-е годы в десятках компаний с разной репутацией, Волошин считался убежденным государственником, отстаивавшим интересы государства в том виде, в каком он их видел. Рыночная экономика казалась ему абсолютной жизненно важной ценностью, а права человека и свобода слова — не всегда полезной, иногда избыточной деталью.

Ситуацию, в которой оказался Волошин как главный менеджер Кремля, осложняло то, что у Семьи был очень сильный противник — мэр Москвы Юрий Лужков. Хозяин Москвы долгое время считался естественным наследником, хоть и антиподом Ельцина — как мэр Парижа Жак Ширак при престарелом президенте Франции Франсуа Миттеране. Его знала вся страна, но не как либерала или консерватора — никакой идеологии у Лужкова не было, — его знали как «крепкого хозяйственника».

Лужков хотел власти для себя лично и почти никогда этого не скрывал. Собираясь в президенты в 1998 году, Лужков создал свое движение «Отечество». В Кремле у него была группа сторонников, которая уговаривала Ельцина сделать ставку именно на Лужкова и выбрать его своим преемником. Но Ельцину Лужков не нравился.

С ним провели предварительные переговоры. Сейчас Лужков вспоминает, что в качестве эмиссара Семьи с ним встретился Березовский, который сказал, что его могут поддержать при выполнении двух условий: гарантии неприкосновенности для всей Семьи и гарантии незыблемости итогов приватизации. Лужков отказался, и ровно поэтому впоследствии, по его словам, против него была развязана информационная война.

Лужков был абсолютно уверен, что дела Семьи плохи и ей вряд ли что-то поможет. По слухам, глава следственного управления Генпрокуратуры уже подписал ордера на арест Тани и Вали. Настроение в Кремле недоброжелатели описывали так: успеют они или не успеют при случае доехать до аэропорта Шереметьево. Лужков вполне логично не хотел вступать в борьбу на стороне тех, кого он считал проигравшими. Он хотел объединяться с победителями.

Волошин, едва возглавив администрацию, пытался оказывать Лужкову знаки внимания, приезжал к нему в гости, пил с ним чай. Но эти чаепития ни к чему не приводили: Лужков не мог сдержаться и, когда видел слабость президента Ельцина, инстинктивно переходил в атаку. Однако информационная война между Лужковым и Семьей почти уничтожила и его рейтинг. Поэтому мэр Москвы решил схитрить. Он поддержал Примакова в расчете пропустить вперед престарелого патриарха нации, чтобы за его спиной переждать бурю, а через четыре года избраться самому.

Михаил Ходорковский, нефтяной олигарх, который в тот момент тесно общался и с Лужковым, и с Примаковым, уверен, что бросить вызов самому Ельцину они бы не решились, будучи глубоко системными людьми. По мнению Ходорковского, целью их борьбы было все же добиться от Ельцина права стать его преемниками. Однако на втором уровне — против окружения президента и его Семьи — битва шла всерьез.

Никакого противовеса популярному отставнику Примакову у Кремля не было. За год до окончания ельцинского срока Семья начала кастинг на должность преемника Ельцина. Он закончился только к августу — премьер-министром был назначен директор ФСБ Владимир Путин. Молодой, никому не известный, чекист, бывшая правая рука Анатолия Собчака, растерявшего былую популярность демократа первой волны.

За два дня до его назначения боевики из Чечни вторглись в соседнюю северокавказскую республику Дагестан. Так Путин стал первым премьером, которому не пришлось заниматься проблемами экономики и терять из-за этого рейтинг — он боролся с внешним врагом и только зарабатывал на этом очки.

Месяц спустя террористы взорвали два дома в Москве — это стало ударом по позициям мэра Лужкова и еще немного помогло Путину.

Но все равно поверить в то, что скомпрометировавшая себя Семья сможет выиграть выборы, было невозможно. «Примаков — человек обреченный на то, чтобы выиграть президентские выборы» — так говорил в эфире главный телеведущий страны, председатель совета директоров телеканала НТВ Евгений Киселев всего за три месяца до Нового года, в сентябре 1999 года. Рейтинг Примакова был наибольшим, его поддерживал мэр Москвы Лужков и почти все российские губернаторы. Его финансировали две крупнейшие нефтяные компании страны, «Лукойл» и ЮКОС, ему давал деньги Владимир Евтушенков, которого называли «русским Биллом Гейтсом», его поддерживал «Газпром» и главный медиамагнат страны Владимир Гусинский, поэтому Примакова и хвалили на НТВ, самом авторитетном телеканале страны.

Главное даже не это. Три месяца оставалось до парламентских выборов. Прокремлевская партия ни разу еще не выигрывала думских выборов, а на этот раз все обстояло еще хуже. Никакой своей партии у Кремля не было. А вот у Примакова имелась партия, которая рассчитывала выиграть парламентские выборы. В нее входили почти все губернаторы страны, а значит, административный ресурс по всей стране был именно на стороне Примакова. «Отечество — вся Россия», или сокращенно ОВР, была абсолютным фаворитом.

Мечты о захоронении Ленина снова пришлось отложить. Борьба с наследием коммунизма отошла на второй план — сначала нужно было победить бывшего коммуниста Примакова.

## Новогодняя сказка

31 декабря Александр Волошин, глава администрации президента Бориса Ельцина, написал заявление об отставке. За час до этого его начальник, президент Ельцин, сам подал в отставку и назначил премьер-министра Путина исполняющим обязанности президента. Это означало, что сложнейшая операция

по передаче власти — то, что журналисты назовут «Операция “Преемник”», — была успешно завершена.

«Зачем это?» — спросил Путин, увидев заявление Волошина. Тот с улыбкой объяснил, что главой администрации его назначил прежний президент, а значит, у Владимира Путина должна быть возможность назначить собственного руководителя администрации. Путин тоже улыбнулся и попросил Волошина остаться в своей должности. Новый хозяин Кремля и его старый-новый идеолог раскланялись и разошлись.

Всего за 12 дней до этого в России состоялись парламентские выборы, которые стали триумфом Волошина и его стратегии, — синтетическая партия «Единство» обошла главного конкурента, блок «Отечество — вся Россия», который возглавляли бывший премьер-министр Евгений Примаков и мэр Москвы Юрий Лужков. Еще три месяца назад эта победа казалась невозможной. Три месяца назад казалось, что следующим президентом России станет 70-летний Евгений Примаков, бывший кандидат в члены Политбюро ЦК КПСС.

В начале сентября Центризбирком зарегистрировал ОВР как участника выборов. Рейтинг партии составлял 30% — она уверенно шла на первом месте, на 10 процентных пунктов опережая коммунистов. Ничто не предвещало катастрофы. Именно в такой ситуации, за три месяца до выборов, Александр Волошин начал собирать новую партию, которая бы помешала триумфу Примакова.

Крестным отцом «Единства» стал Борис Березовский. Именно его российская пресса в тот момент называла серым кардиналом Кремля, что, конечно, было преувеличением. Бывший ученый-математик, этакий рассеянный гений, Борис Березовский действительно фонтанировал идеями, которыми пользовался Кремль. К нему действительно прислушивались Таня и Валя, но зато его недолюбливал Ельцин. Ни разу в жизни у Березовского не было встречи с Ельциным с глазу на глаз — у олигарха не было личного доступа к президенту. Но это Березовский компенсировал историями, которые сам рассказывал журналистам, — о том, что вся политика Кремля является продолжением его гениальных выдумок.

Но у истоков «Единства» и правда стоял Березовский — он сам ездил уговаривать нескольких знаковых губернаторов бросить Лужкова–Примакова и перейти в лагерь Кремля. Но довольно скоро Березовский потерял интерес к рутинной работе по партийному строительству — этим занялся молодой помощник Волошина (вскоре ставший заместителем) Владислав Сурков. Фактически это стало первой избирательной кампанией будущего путинского идеолога.

Всего в новый кремлевский проект удалось переманить 39 губернаторов, у Примакова осталось 45. Затем начались поиски лидера. Рисковать Путиным было опасно — если партия вдруг провалится на выборах, она погребет под собой и преемника, сделав его избрание невозможным. Поэтому для подстраховки решили найти другого популярного героя, им стал министр по чрезвычайным ситуациям, профессиональный спасатель Сергей Шойгу. Заголовки вроде «Шойгу идет спасать Россию» в прокремлевских газетах появились еще до того, как сам Шойгу согласился баллотироваться — уговаривать его пришлось самому Ельцину.

Финансировали новое объединение в первую очередь Березовский и Абрамович, хотя к фандрайзингу присоединились даже те, кто другой рукой давал деньги Примакову — бизнес подстраховывался. «Средний чек» составлял $10 млн — по столько обычно скидывались олигархи. Всего бюджет нового пропутинского блока «Единство» составил около $170 млн.

Волошин активно собирал под знаменами «Единства» и либеральную общественность. Кремлевский идеолог объяснял, что ОВР — это путь в прошлое, советский реванш, попытка КГБ вернуться к власти. (Примаков на излете перестройки действительно был назначен Горбачевым первым замдиректора КГБ, но до этого штатным сотрудником КГБ не был.)

На стороне «Единства» и Путина должны быть все либералы, реформаторы и те, кто хочет изменений, говорили в Кремле. На деле в «Единство» вошли примерно такие же региональные конъюнктурщики, что и в ОВР, — в основном те, кому в ОВР не хватило места. Тем не менее старт «Единства» был удачным. Главная проблема Примакова заключалась в том, что он был стар, а значит, очень похож на больного и немощного Ельцина.

Путин и Шойгу, наоборот, были молоды и энергичны. К началу октября рейтинг ОВР снизился до 20%, рейтинг «Единства» вырос с нуля до 7%. Личные рейтинги Путина и Примакова составляли 15 и 20% соответственно.

В следующие два с половиной месяца случилась самая грязная избирательная кампания в российской истории. Ее апогеем был рассказ об операции на тазобедренном суставе Примакова в программе Сергея Доренко, в прайм-тайм на телеканале ОРТ, принадлежавшем Березовскому. Телеканал НТВ, принадлежавший Гусинскому, отчаянно поддерживал Примакова, однако никакого существенного компромата на «Единство» не показал и проиграл информационную войну. По иронии судьбы именно эти главные символы тех выборов, ОРТ и НТВ, а также их лица, Доренко и Киселев, очень быстро окажутся жертвами новой власти, невзирая на то, на чьей стороне они воевали. Еще интереснее, что станет с политтехнологами, которые руководили двумя предвыборными кампаниями и бились за уничтожение друг друга. Со стороны Кремля сражался Владислав Сурков, со стороны Примакова — молодой политтехнолог из Саратова Вячеслав Володин. Это была их первая схватка. Но не последняя — в последующие 15 лет им предстоит еще немало сражений за влияние на Владимира Путина.

В итоге на выборах «Единство» Суркова получило 23% по партийным спискам, на один процентный пункт отстав от коммунистов, а ОВР Володина — 13%. Но самое главное — рейтинг Путина продолжал расти и достиг 30%, тогда как популярность Примакова зафиксировалась на 20%.

Неожиданное поражение на выборах 19 декабря немного обескуражило лагерь Примакова–Лужкова. Однако в штабе ОВР считали, что до выборов президента еще полгода и вся борьба впереди. Более того, там были уверены, что в новой Думе депутаты от ОВР смогут вступить в коалицию с коммунистами, занявшими на выборах первое место, сам Примаков станет спикером и на этой позиции сможет легко конкурировать с премьером Путиным за пост президента. В будущем предвыборном штабе Примакова даже начался дележ мест: кто возглавит его, кто окажется отстраненным от принятия решений. В любом случае все понимали, что время есть, до Нового года ничего серьезного больше не произойдет. И разъехались отдыхать после долгой и изматывающей кампании.

29 декабря Центризбирком объявил окончательные результаты. А через день стало известно, что игра окончена. 31 декабря президент Ельцин объявил, что уходит в отставку и назначает Путина своим преемником. Это означало, что президентские выборы пройдут уже в марте, а не в июне, как положено по конституции. Это означало, что у Примакова, Лужкова и других противников Кремля нет времени, на которое они рассчитывали. Они не успеют оправиться от поражения на парламентских выборах. Конечно, это было шулерством со стороны Кремля, зато обеспечивало результат.

Игра действительно закончилась в ту новогоднюю ночь, хотя никто этого не предвидел. Пока лагерь Примакова делил места в предвыборном штабе, глава администрации Волошин, сидевший в десяти метрах от тела Ленина и мечтавший покончить с этим соседством, совершил невероятное — сговорился с коммунистами. Главная цель Кремля была проста: расколоть альянс коммунистов и сторонников Примакова. «Сейчас важнее трахнуть "Отечество", — так рассуждали в Кремле. — Они люди конъюнктурные, надо им показать, что если они останутся с Примаковым и Лужковым, то они полный ноль».

18 января, на первом заседании Думы, выяснилось, что за время каникул «Единство» и коммунисты заключили пакетное соглашение: спикером парламента становится представитель компартии, все посты председателей комитетов они поделят. Остальные партии, в том числе ОВР, не получают ничего. Для окружения Примакова это стало ударом. Они считали, что идут в Думу делать большие политические карьеры и управлять процессами, а Волошин показал им, что если они против Кремля, то останутся рядовыми депутатами, причем из меньшинства. Для убежденных карьеристов это было убийственно. Поняв, что судьба отворачивается от Примакова, треть выдвиженцев от ОВР дезертировала в другие фракции уже на первом заседании. «Это сговор!» — кричал с трибуны Примаков и в знак протеста покинул зал.

В итоге он так и не стал выдвигаться в президенты. Он смирился. Через полтора года он уйдет из Думы, оставив пост главы фракции своему протеже, перспективному депутату Вячеславу Володину. А тот быстро присягнет Путину и к концу 2001 года договорится об объединении ОВР и «Единства» в новую правящую партию «Единая Россия». А спустя десять лет станет главным идеологом Кремля.

## Советская роскошь

Бизнесмены так охотно давали деньги на предвыборную кампанию Путина, что доходило до конфузов. Согласно популярной легенде, Сергей Пугачев, близкий к Семье банкир, подружившийся с Путиным, тоже взялся заниматься краудфандингом на предвыборную кампанию среди крупных бизнесменов. Но его об этом не просили, и деньги до избирательного штаба якобы не дошли. По слухам, это был личный бизнес-проект предпринимателя, умело использовавшего свою дружбу с новым премьер-министром.

Пугачев, как и многие другие влиятельные бизнесмены, знал Путина еще по Петербургу. И именно он ближе всех подружился с преемником Ельцина. Сейчас Пугачев рассказывает, что в тот момент Путин был довольно одиноким человеком — те, кого принято сейчас называть друзьями Путина, еще не переехали в Москву. «Якуниных, Ковальчуков, Ротенбергов еще не было в помине», — уверяет Пугачев.

Путин и Пугачев жили по соседству, вместе объезжали подмосковные владения Управления делами президента, когда выбирали резиденцию для будущего президента. Остановились на бывшей госрезиденции Михаила Горбачева — Ново-Огарево. Путина, по словам Пугачева, больше всего поразил огромный 50-метровый бассейн. Впрочем, всем руководителям государства приходилось жить в домах, некогда принадлежавших советским руководителям. Глава администрации Волошин, к примеру, жил в доме, который некогда занимал генсек Юрий Андропов.

По словам Пугачева, новая жизнь Путину понравилась. С одной стороны, он совсем не стремился к власти — и даже активно отказывался, сопротивлялся уговорам. С другой — его прельщал бытовой комфорт и президентские привилегии. В тот момент подавляющее большинство чиновников, включая директора ФСБ, жили сдержанно — о виллах, яхтах и частных самолетах, которые были у олигархов, им тогда не приходилось даже мечтать. Неожиданное вознесение на пост и. о. президента оказалось для Путина прежде всего бытовым потрясением.

Пугачев долгое время оставался близким другом Путина: они вместе выпивали и ходили в баню, их дети вместе росли. Впрочем, это не помогло Пугачеву получить политические рычаги. Ему так и приходилось действовать якобы от имени Путина, чтобы проворачивать успешные бизнес-сделки. Возможно, именно эта чрезмерная эксплуатация дружбы с Путиным сыграет спустя десять лет роковую роль в жизни банкира.

## Первый друг

11 марта 2000 года в Мариинском театре давали премьеру. Все здесь было впервые и очень символично.

Впервые в этом зале собрались люди, которые станут политической элитой России ближайших десятилетий. Театральные работники взирали на них с изумлением: впервые они видели такое количество людей с мобильными телефонами.

Премьера была роскошной. Опера Сергея Прокофьева «Война и мир» в постановке вернувшегося из Голливуда российского кинорежиссера Андрона Кончаловского.

Но в тот вечер в Мариинском главным героем был не Кончаловский и не его родной брат, обладатель «Оскара» режиссер Никита Михалков, они оба сидели в партере. Ключевые персоны сидели в царской ложе: это были два премьера, глава британского правительства Тони Блэр и председатель правительства России Владимир Путин. Уже полтора месяца Путин являлся и. о. президента, и это была его полноценная мировая премьера, впервые он принимал лидера зарубежного государства, да еще с такой помпой.

Двумя месяцами ранее, на Давосском экономическом форуме, американская журналистка Труди Рубин поразила делегацию из России прямым вопросом на пресс-конференции: Who is Mr. Putin? Никто в мире не знал преемника Бориса Ельцина, не понимал, каковы его шансы, каков его политический бэкграунд, насколько он самостоятелен или, наоборот, несамостоятелен, во что верит и чего боится, хочет реформ или реванша. Этого не знала и российская публика. Ей был предложен очень простой образ — tough guy, «сильная рука», полная противоположность старому и ослабевшему Борису Ельцину. Для внешней, западной, аудитории Путин и его команда подобрали другой имидж — smart guy, молодой, энергичный юрист, компетентный и самоуверенный, но открытый и дружелюбный. Фактически его ролевой моделью стал Тони Блэр. Именно с ним Путин решил установить первые дружеские отношения. А с кем еще? Клинтон и Ширак были дружны с Ельциным, слишком ассоциировались с ним, к тому же Клинтон через год должен был уйти в отставку.

Вспоминали еще и то, что 16 годами ранее Маргарет Тэтчер открыла миру Михаила Горбачева, заявив: «Я могу иметь с ним дело». Путин не хотел становиться вторым Горбачевым, но рассчитывал иметь такой же внешний пиар, какой был у президента СССР. В конце концов, Путину очень хотелось понравиться. Он стал ухаживать за Тони Блэром со всей тщательностью — ну, или вербовать его.

Британского премьера пригласили в Петербург, родной город Путина, где тот выглядел более выигрышно и куда более по-европейски, чем в Москве. Сначала Путин встретился с Блэром в Петергофе, летней императорской резиденции. Потом поводил британского премьера по Эрмитажу. И наконец, вечером они с женами отправились на премьеру в Мариинском.

Около входа в театр лидеров ожидала небольшая демонстрация с лозунгами «Путин — это война» (имелась в виду война в Чечне). По иронии в театре слушали оперу «Война и мир», рассказывавшую о ярком периоде в истории России и Британии, когда две империи были союзниками и победили общего врага. В первом действии на сцене появлялся император Александр I, внешне напоминавший Путина, с карликовым пуделем в руках — в нем публика в зале немедленно признала путинского домашнего той-пуделя Тосю[2].

Император Александр I — одна из самых загадочных фигур в российской истории. Победив Наполеона, он заявил, что «у нас земли хватает», и почти не стал увеличивать территорию России. Все прочие руководители вели себя иначе. А еще, по легенде (впрочем, немного сомнительной), он сам отказался от власти, инсценировал собственную смерть и уехал в Сибирь под именем старца Федора Кузьмича. В 2014 году, уже после присоединения Крыма и начала войны на Украине, Владимир Путин откроет памятник Александру I прямо у стен Кремля. Но это будет намного позже.

А в 2000 году поистине царский прием в Мариинском театре приятно поразил Тони Блэра. Об этом он напишет через десять лет в своих воспоминаниях: в аналогичной ситуации в Лондоне перед театральной премьерой ему пришлось бы улыбаться и пожимать руки. Но в Мариинском все было иначе. Зрители расступались, почтительно склонив головы. «Путин в России — как царь», — удивлялся Блэр в своей книге «Странствие»[3]. Парадокс налицо: Путин думал, что, принимая Блэра в Петербурге, будет выглядеть европейцем, а британскому премьеру царская роскошь, наоборот, показалась азиатчиной.

Но в 2000 году Блэр, конечно, говорил по-другому. «Путин — высокоинтеллектуальный человек с четким представлением о том, чего он хочет достичь в России. Его Россия — это сильная держава, где царит закон и порядок, это еще демократическая и либеральная страна», — рассказывал он в интервью, вернувшись домой в Лондон. Первый экзамен Путин сдал — впечатление на Блэра он произвел неизгладимое. В тот же день пресс-служба Блэра сообщила, что, вернувшись на Даунинг-стрит, премьер обзвонил всех своих коллег по «Семерке» и поделился приятными впечатлениями от общения с Путиным.

Через две недели Путин успешно выиграл выборы и назначил свое правительство и администрацию президента. Глава администрации остался прежним — Александр Волошин. Осуществив успешную передачу власти от Ельцина Путину, он стал идеологом первого срока и проводником всех реформ, с которых Путин начал свое правление.

Путин начинал свое президентство в полной уверенности, что с Западом, и в частности с Америкой, можно выстроить хорошие отношения. Он считал, что они просто не понимают российских особенностей. Надо встречаться, убеждать, объяснять: где мы находимся, какие у нас проблемы. Путин принимал каждого западного лидера, каждого министра иностранных дел и сидел с ними значительно дольше, чем велели протокол и здравый смысл.

С Блэром у Путина, кажется, все получалось. Британский премьер и прежде не отличался особенной критикой военных действий в Чечне, а объяснения Путина, похоже, его устраивали. Путин внимательно и подолгу рассказывал английскому другу, что вторая чеченская война началась с вторжения боевиков в Дагестан, что лозунг ваххабитов: «Аллах над нами, козлы под нами». «А козлы — это все мы!» — горячился Путин. Блэр не понимал, поскольку в английском слово «козел» не является ругательством, а Путин объяснял, что по-русски это очень, очень обидно.

В 2000 году Путин и Блэр виделись пять раз. В апреле, после выборов, но еще не вступив в должность, с первым зарубежным визитом Путин полетел к другу в Лондон. Английская пресса встречала его неласково. «Единственная известная собственность 48-летнего президента за пределами Москвы — это небольшой деревянный дом... с выгребным туалетом во дворе. Отель Royal Garden, из которого господин Путин так и не вышел вчера вечером, несомненно, роскошнее. В его номере есть спутниковое телевидение, круглосуточный киноканал, массажный душ, бесчисленные сорта мыла, шампуней, полотенец, мазей, телефон с голосовой почтой, факсовая связь, подключение к Интернету и огромный рабочий кабинет, соединенный с роскошной спальней “для гостя, нуждающегося в дополнительном просторе”... Будем надеяться, что он устоит перед соблазном прихватить из своего номера фирменный банный халат отеля Royal Garden», — писала *Daily Mail*. Путин читал, обижался, но терпел.

В Лондоне, кстати, он дал свою первую пресс-конференцию после избрания президентом, совместную с Блэром. Они называли друг друга «Владимир» и «Тони».

В ноябре уже британский премьер приехал в Россию, на этот раз в Москву. Путин повел его в ресторан «Пивнушка». Там они пили водку (Путин уже выяснил, что Блэр любит крепкие напитки), закусывали картошкой, селедкой и маринованными грибами и обсуждали, как выстраивать отношения с США при новой администрации. За две недели до их встречи в Америке состоялись президентские выборы, но их результат был попрежнему неизвестен. Продолжался пересчет голосов в штате Флорида, и было неясно, станет ли имя нового президента известно к Новому году. Путин и Блэр, популярные политики, уверенно выигрывавшие свои выборы, посмеивались над этой ситуацией.

## Алюминиевый крестик

В ходе американской предвыборной гонки «Гор против Буша» Россия играла особую роль. Республиканцы использовали ее как орудие в борьбе с демократами — они обвиняли Билла Клинтона и Альберта Гора в том, что те «потеряли Россию». Как раз под выборы в конгрессе был опубликован специальный доклад экспертной группы по России под названием «Путь России к коррупции». Он обвинял администрацию Клинтона в ужасающем провале на российском направлении. Авторы доклада сравнивали 1945-й и 1991-й — годы окончания Второй мировой и холодной войн. США выиграли обе войны, но если в первом случае администрация Трумэна сумела сделать все, чтобы избежать реваншистских настроений в Европе, реализовала план Маршалла, сумела поднять европейскую и, в частности, немецкую экономику, вернуть Европу к нормальной жизни и, более того, сделать своим союзником, то после 1991 года администрация Клинтона сделала прямо противоположное. Все деньги, направленные на восстановление российской экономики, были разворованы при попустительстве американского правительства, никакой десоветизации (наподобие немецкой денацификации) в России не произошло, наконец, к началу нулевых уровень антиамериканизма в России оказался максимальным — удивительный контраст с тем, что было в начале девяностых. В момент распада Советского Союза США были очень популярны — через десять лет все сошло на нет. Теперь русский народ именно американцев винит в тех бедности и коррупции, которые охватили страну, — констатировали авторы доклада. Администрация Клинтона потеряла исторический шанс помочь России стать демократическим государством потому, что слишком доверилась конкретным руководителям России: Ельцину, Черномырдину и Чубайсу. И виноваты в этом, согласно докладу, три человека, которые единолично занимались Россией: вице-президент Альберт Гор, замминистра, а впоследствии министр финансов Лоуренс Саммерс и замгоссекретаря Строуб Тэлботт. Доклад, конечно, был классической предвыборной уловкой, направленной на дискредитацию Гора. И, кстати, в его завершающей части говорилось, что есть еще один шанс — новый российский президент Владимир Путин пытается провести необходимые реформы и очень важно ему помочь. И именно это станет последним шансом как для России, так и для Америки. В докладе не говорилось, но подразумевалось, что доверять администрации Гора эту важнейшую миссию нельзя, с ней справится только администрация Буша.

Уровень антиамериканизма в конце 1990-х годов действительно резко вырос. С этим, кстати, отчасти была связана популярность старого воина холодной войны Евгения Примакова. На его фоне Путин, а особенно его правая рука Волошин (с прекрасным английским) казались американцам куда более желанными партнерами. «У Путина первоклассная команда, и я верю, что он готов проводить необходимые реформы», — еще до президентских выборов в России говорил Билл Клинтон.

Александр Волошин действительно был хорошо знаком и со Строубом Тэлботтом, и с Ларри Саммерсом и отлично знал, как выстраивать отношения с командой Гора, если она победит. Про Буша было понятно намного меньше. Поэтому в августе 2000 года он решил отправить большую делегацию от «Единства» в Америку на конвент Республиканской партии, которая должна была выдвинуть Буша кандидатом в президенты. Волошин объяснял, что республиканцы — более прагматичные и конструктивные политики, менее идеологизированные и не так внимательно относящиеся к правам человека, отношения между Россией и США всегда были значительно проще в период правления президентов-республиканцев. Знакомство состоялось: и Буш, и его внешнеполитическая советница Кондолиза Райс посланцам Путина и Волошина очень понравились.

На будущую администрацию Кремль возлагал большие надежды, потому что с уходящей личный контакт не сложился. В сентябре 2000 года Путин прилетел в Нью-Йорк, на так называемый «саммит тысячелетия» — заседание Генассамблеи ООН, на которое уходящий президент США Билл Клинтон постарался собрать едва ли не всех мировых лидеров. Путин был еще новичком: с того момента, когда в Давосе был задан знаменитый вопрос «Who is mr Putin?», едва ли прошло полгода. Поэтому саммит воспринимался как ответственные смотрины нового российского президента. Ему было очень важно произвести впечатление.

Но с самого начала все пошло не так. По жребию главе российской делегации выпало выступать 31-м, тогда как первым выступал хозяин саммита, Билл Клинтон. Российская делегация сбилась с ног и приложила все усилия — и в итоге выторговала для Путина возможность поменяться местами с президентом Кипра Глафкосом Клиридисом, он должен был идти пятым.

Речь Клинтона была триумфальной. Он говорил, что человеческая жизнь в современном мире важнее, чем границы, суверенитеты и независимость государств. Через несколько месяцев Клинтон должен был уйти в отставку, и это был его бенефис. Все остальные гости отдавали ему дань уважения.

Закончив речь, Клинтон под всеобщие аплодисменты сел на место. Путин все это время сидел на своем месте и — на виду у журналистов — повторял речь. Но когда пришло его время выступать, Билл Клинтон рассеянно потянулся, встал и пошел к выходу. Через минуту к выходу устремилась добрая половина высоких гостей. Заканчивал свою пятиминутную речь Владимир Путин при полупустом зале.

На следующий день он, правда, отомстил обидчику. На приеме в музее Метрополитен Билл Клинтон стоял у входа, встречая гостей и фотографируясь с ними на память. Когда американский президент заговорил с Владимиром Путиным и предложил сфотографироваться, тот вдруг огрызнулся: «А вы еще действующий политик? Зачем же вы себе при жизни музей устраиваете?»

К знакомству со следующим президентом, Джорджем Бушем, Путин подошел так же ответственно, как и к встрече с Блэром, — он решил мимикрировать под него.

Перед первой встречей в столице Словении Любляне Путин изучил составленное для него досье Буша с подробным описанием его характера и биографии. В частности, там говорилось, что Буш очень религиозен, в молодости увлекался алкоголем, в 40 лет бросил пить и обрел истовую веру в Бога.

В самом начале неформального общения в Любляне Путин рассказал Бушу историю из своей жизни. Когда-то у него была дача под Санкт-Петербургом. И несколько лет назад она сгорела дотла, к счастью, никто из родных не пострадал. Каким-то чудом при пожаре уцелел лишь подаренный матерью алюминиевый крестик, который Путин снял с себя, зайдя в сауну. Тот случай убедил его в том, что чудеса случаются, резюмировал Путин. Религиозный Буш был поражен. «Я взглянул в его глаза и увидел там душу», — скажет он после той памятной первой встречи.

Буш, видимо, тоже считал, что вербует Путина. Это был комплимент в расчете на будущие хорошие отношения, рассказывает тогдашний спичрайтер Буша Дэвид Фрам. По его словам, Буш поначалу считал, что Россия все-таки сможет стать нормальной европейской страной, как Германия, например. Не супердержавой, конечно, как США или Китай, но нормальной успешной страной.

Летом 2000 года Путин принял решение закрыть военные базы, которые достались России в наследство от СССР: во Вьетнаме и на Кубе. Военные и чекисты были в шоке, но он терпеливо объяснял, что на самом деле базами уже много лет никто не пользуется. «На протяжении десяти лет наш военно-морской флот не выходил в Индийский океан и не пользовался услугами военно-морской базы», — объяснял официальную позицию Кремля министр иностранных дел Игорь Иванов. И Центр радиоэлектронной разведки в кубинском Лурдесе, и база ВМФ в Камрани приносили огромные убытки — на аренду и обслуживание приходилось тратить огромные деньги, — а толку от них никакого не было. В конце концов, средствами космической разведки можно достичь куда большего, чем при помощи старых советских баз. Патриоты в рядах вооруженных сил по привычке проклинали политическое руководство за предательство национальных интересов. Но решению подчинились.

В 2013 году Путин пересмотрит свое решение. С Вьетнамом начнутся переговоры, а в 2014 году будет подписано соглашение об использовании порта Камрань кораблями ВМФ России.

## Тучные нулевые начинаются

«Первоклассная команда», о которой говорил Билл Клинтон, действительно начала без отлагательства осуществлять системные реформы. Еще до инаугурации Путин поручил своим старым знакомым из Петербурга либеральным экономистам, работавшим в команде первого мэра-демократа Анатолия Собчака, написать план реформ для нового правительства. Руководили этой креативной группой Герман Греф и Алексей Кудрин. После избрания Путина они получили портфели министров: экономического развития и финансов соответственно.

Еще только начиная работать над планами на будущее, они понимали, что им везет — еще в 1999 году, едва только Путина назначили премьером, в мире начали расти цены на нефть. Благодаря этому уже в 2000 году Кудрин сумел впервые в постперестроечной России добиться профицита бюджета. Теперь нужно было суметь воспользоваться этим нежданным счастьем, свалившимся с небес. И «питерские экономисты» постарались быть максимально амбициозными.

Правительство установило плоскую шкалу подоходного налога — 13%. Общее число налогов было сокращено в три раза, нагрузка перераспределена на нефтяной сектор, а собираемость налогов увеличилась. Был разработан Земельный кодекс — впервые после революции 1917 года в России разрешили куплю-продажу земли сельскохозяйственного назначения.

Эти революционные реформы одобрила Дума — если при Ельцине парламент торпедировал любой закон, который исходил от правительства, то при Путине все стало проходить на ура благодаря новой думской коалиции: бывшие сторонники Примакова объединились с «Единством», новая пропутинская партия «Единая Россия» получила большинство в Думе и голосовала за все законопроекты.

Нефть продолжила расти такими темпами, что позволила правительству досрочно выплатить внешние долги. Население стало богатеть — налицо было настоящее путинское экономическое чудо. Вслед за лихими девяностыми в России начались тучные нулевые.

Одновременно с экономическими реформами Грефа и Кудрина Путин и Волошин провели несколько радикальных политических преобразований. Так, Волошин придумал новый принцип формирования Совета Федерации — верхней палаты парламента. Раньше в нем заседали лично губернаторы регионов, по новым правилам это должны быть профессиональные сенаторы — представители регионов. Где-то на этом этапе политологи называют новую политику «управляемой демократией», очевидно, имея в виду, что при Ельцине была «неуправляемая». Первый шаг в повышении управляемости — лучший контроль над регионами. Цель была только одна — помешать региональным лидерам и лоббистам из бизнеса сорвать реформы.

Эта реформа очень не нравилась самим губернаторам, которых изгоняли из парламента, а значит, лишили права голоса на федеральном уровне. Особенно это не нравилось тем губернаторам, которые в ходе предвыборной кампании присягнули Путину и поддержали «Единство». Всем ясно, за что репрессировали губернаторов-примаковцев — они сделали неверную ставку и должны поплатиться, но за что наказывать своих? Донести общее возмущение до президента губернаторы попросили Бориса Березовского — ведь это он уговаривал их поддержать Путина. Березовский отправился к Путину и попробовал сделать ему внушение. Президент его принял, но не прислушался.

Но в парламенте реформа прошла на ура — ее с готовностью поддержали бывшие примаковские. Чтобы доказать новой власти свою лояльность, бывшие члены ОВР были готовы проголосовать за что угодно. Тогда Волошин и его зам Сурков решили завершить процесс создания новых институтов: объединить «Единство» и ОВР в новую пропутинскую партию «Единая Россия». А заодно еще раз переделить все посты в Думе, расторгнув за ненадобностью прежнее пакетное соглашение с коммунистами. После этого поражения коммунисты уже не оправились. Они перестали быть какой-либо политической силой и были неопасны. Больше об идее вынести Ленина из мавзолея Волошин не вспоминал и соседством с ним уже не тяготился.

В конце года в Кремле появляется идея навести символический порядок и в госсимволике — с конца 1990 года в России никто не пел гимн, так как у него не было слов. В 1990 году Борис Ельцин выбрал новый гимн России: отменил старый советский гимн, введенный еще при Сталине, сменив его мелодией Михаила Глинки, написанной в XIX веке. Но новые слова для гимна никто не писал. Волошину, как и Путину, музыка не нравилась — ее невозможно запомнить, говорили они. Составили длинный список новых мелодий, в основном старых маршей, чтобы сделать их гимном новой России. Но в последний момент Путин вдруг передумал и решил вернуть старый, сталинский гимн, просто поменяв слова. Причем написать новый вариант он решил поручить автору предыдущих версий, старому советскому поэту Сергею Михалкову, отцу кинорежиссеров Никиты Михалкова и Андрона Кончаловского.

Ненавидящий коммунистов Волошин был, конечно, против. Семья понимала, каким это будет ударом для пенсионера Бориса Ельцина. Но Путин убеждал советников, что это полезно для реформ. Поскольку все силы нужно сконцентрировать на экономике, на проведении непопулярных и болезненных реформ, не стоит раздражать население по пустякам. Пусть старики порадуются — тем самым мы сбережем силы для либеральных реформ и дерегулирования, убеждал Путин. И Волошин сдался — ради реформ пусть будет советский гимн.

# Глава 2

## В КОТОРОЙ ПОЛИТЭМИГРАНТА БОРИСА БЕРЕЗОВСКОГО НЕ ПОЗВАЛИ НА КОРОЛЕВСКУЮ СВАДЬБУ

*Я никогда не встречался с Борисом Березовским, хотя почти десять лет проработал в принадлежавшей ему газете — главной деловой газете России нулевых «Коммерсантъ».*

*Когда в 2007 году я писал книгу про «Газпром», то должен был, очевидно, встретиться с Березовским, чтобы взять у него интервью. Но я сознательно не сделал этого. Мне казалось, что Березовский может скомпрометировать книгу — настолько сомнительной казалась репутация его самого и всего с ним связанного. Кроме того, я был убежден, что Березовский все время врет, — какой толк брать интервью, если заранее уверен в его недостоверности?*

*За год до смерти он дал большое интервью моим коллегам, журналистам «Дождя». После этого он максимально красноречиво описал свою версию событий конца 1990-х — начала 2000-х годов в свидетельских показаниях во время суда против Романа Абрамовича. Лондонский суд, впрочем, счел, что Березовский в своих показаниях постоянно врал, поэтому он присудил ему поражение.*

*У Бориса Березовского было одно очень важное свойство, которое резко отличает его от всех остальных (без исключения) героев книги. Он многократно признавался в том, что ошибался. В конце жизни (а не в период своего авантюрного триумфа, конечно же) он часто раскаивался в содеянном. Некоторые говорят, что он делал это абсолютно искренне. А другие уверены, что и здесь была неубедительная поза.*

## Упаковать Гуся

«Я вчера почувствовал себя Березовским, — любит шутить Роман Абрамович, — назначил несколько встреч разным людям на одно и то же время». Люди, хорошо знавшие Березовского, часто вспоминают о нем как о рассеянном гении-математике, который постоянно генерировал идеи, но далеко не всегда успевал уследить за тем, как его задумки реализуются.

Рассказывают, как Березовский случайно позвал в гости одновременно несколько несовместимых друг с другом бизнесменов: Владимира Гусинского, Михаила Ходорковского и Владимира Потанина. Якобы рассадил их по разным комнатам, чтобы они не встретились, и тут к нему приехал приятель, с которым они собирались пойти в баню. Березовский отправился в баню (которая располагалась там же, в его доме) и забыл о гостях. Спустя примерно час гости начали гулять по дому, обнаружили друг друга, собрались в гостиной за одним столом, и вдруг к ним заявился Березовский в банном халате. И очень удивился.

То, что происходило с Березовским в 2000 году, шокировало его еще больше, хотя тоже было результатом его усилий и действий.

Березовский познакомился с Путиным в самом начале 1990-х годов, когда сводил бывшего заместителя Собчака с людьми из ближнего круга Бориса Ельцина. (Впрочем, непосредственно с дочерью Ельцина Татьяной Путина познакомил другой бизнесмен, Сергей Пугачев.) Но именно Березовский летом 1999 года буквально носился с идеей, что Путин — лучший вариант преемника. Эта идея, однако, уже в конце 1999 года зажила своей жизнью, отдельной от жизни Березовского. И чем дальше, тем больше его раздражала.

Березовскому даже в голову не приходило, что он обречен. Что это вовсе не Путин вышел из-под контроля, а на самом деле его, Березовского, списала со счетов Семья. И случилось это не в 2000 году, а еще осенью 1999-го. Рассказывают, что в Семье возник консенсус по этому поводу: «Борю пора сливать». Это означало, что своей политической суетой и, что важнее, постоянными интервью и комментариями по любым вопросам

Березовский утомил Таню, Валю, Волошина и Абрамовича. Они решили, что вреда от него намного больше, чем пользы. И как только угроза потери власти и ареста для них самих стала не такой серьезной, они начали постепенно задвигать бывшего друга.

Березовского страшно возмущало отсутствие вознаграждения для причастных к победе Путина и наказания для вчерашних врагов. Ведь именно так было заведено в 1996 году, когда Березовский и Гусинский поднимали крупный бизнес на поддержку Ельцина и после победы были вознаграждены. Телеканал Гусинского НТВ получил частоту и стал федеральным, Березовский был назначен заместителем секретаря Совбеза. Но в ходе кампании 1999–2000 годов Березовский и Гусинский сражались по разные стороны баррикад, а вместе с Гусинским в лагере проигравших оказались еще Примаков, Лужков и несколько десятков губернаторов. Но победители не получили никаких особенных наград, а проигравшие — какого-то возмездия. Лужков остался мэром столицы. Примаков получил почетную синекуру — должность главы Торгово-промышленной палаты. Их бывшие сторонники растворились в рядах сторонников Путина.

И лишь Владимира Гусинского, медиамагната, агитировавшего против Путина и проводившего против него информационную войну, Кремль решил покарать. Во-первых, Гусинский еще зимой 2000 года якобы вызывающе заявил Путину, что тот никогда не сможет стать президентом без поддержки его телеканала НТВ. Во-вторых, Путина оскорбила сатирическая программа «Куклы», где его сравнили с крошкой Цахесом.

«Ничего личного, просто бизнес», — говорил в тот период Волошин. Бизнес Гусинского бы насквозь закредитован: более миллиарда долларов долгов перед госкомпаниями. Но всякий раз, когда подходил срок выплаты кредитов, Гусинский организовывал превентивную информационную атаку на кредитора, и тот немедленно продлевал кредит на льготных условиях. Тут даже стараться особо нс надо было — можно просто все забрать за долги.

Но ситуация развивалась иначе. Уже через месяц после инаугурации Путина Генеральная прокуратура завела против Гусинского уголовное дело, его арестовали и поместили в печально известный московский следственный изолятор, Бутырку. «Это было необязательно, можно было обойтись и без этого», — вспоминают сотрудники Кремля. Правила игры определяли уже новые силовики из окружения президента. Зато Березовский был доволен — в день ареста Гусинского он не скрывал ликования. «Надо упаковать Гуся! Чтоб знал! Чтоб знал!» — повторял он. Весь остальной крупный бизнес был в шоке: олигархи написали коллективное письмо с требованием отпустить Гусинского. Единственным человеком, который не подписал его, был Березовский.

В момент ареста Гусинского Путин был с официальным визитом в Испании и на вопрос журналистов, что происходит с Гусинским, ответил, что, мол, не знает, так как «не может дозвониться до генерального прокурора». Гусинский просидел за решеткой всего три дня. К нему в камеру пришел министр печати Михаил Лесин. Они подписали соглашение, по которому олигарх должен был выйти на свободу и за это отдать телеканал НТВ. Гусинского освободили, он немедленно уехал из России и опубликовал подписанное в камере соглашение. По международному имиджу Путина был нанесен сильнейший удар — тот только вернулся из рекламного европейского турне, как Владимир Гусинский отправился в антирекламное турне, рассказывать о том, как ужасен новый российский президент. Путин был раздосадован не грубостью проделанной операции — никто из ее организаторов не был наказан, — а скандалом. Поэтому он распорядился приостановить отъем телеканала у Гусинского, пока не утихнут страсти.

Арест Гусинского словно выпустил джинна из бутылки. Почти у всех представителей крупного бизнеса — олигархов, как было принято говорить при Ельцине, — начались проверки, обыски, выемки. Очевидно, это не было спланированной операцией, просто так силовики из окружения Путина поняли сигнал, исходящий от руководителя: надо наводить порядок.

Прокуратура и в поздние ельцинские времена нередко возбуждала громкие уголовные дела — на конец 1990-х годов пришелся апогей олигархических войн. Но теперь было ощущение, что эта активизация следственных органов — примета нового времени. Ее сформулировала в своих заголовках газета «Коммерсантъ» (входившая в медиахолдинг Березовского): раз за разом она публиковала первополосные заголовки, начинавшиеся со слов «Пришли за...» — явная аллюзия на времена сталинских репрессий.

Впрочем, если рассматривать эти случаи в отдельности, становится ясно, что никаких сталинских репрессий 2000 года не было — каждый из случаев «Пришли за...» разваливался на стадии следствия, потому что каждый раз речь шла о банальном рэкете. Самым первым заголовком «Коммерсанта» из печально известной серии был «Пришли за Алекперовым» — об обысках в крупнейшей в стране нефтяной компании «Лукойл». Тот самый «Лукойл», который финансировал на выборах группу Примакова–Лужкова.

Но на самом деле никакой политики в том деле не было: все депутаты от «Лукойла» сбежали от Примакова первыми; они сразу отказались входить во фракцию ОВР, сформировали группу «Регионы России» и впоследствии голосовали только солидарно с «Единством», вплоть до вхождения в «Единую Россию».

Что до прокурорских проверок в «Лукойле», их, по распространенной легенде, инициировал один известный банкир. Прикрываясь своей давней дружбой с Путиным, он еще до думских выборов 1999 года пришел к руководству «Лукойла» и сообщил, что якобы собирает деньги по поручению Кремля, и получил около $50 млн. А чтобы «Лукойл» не просил деньги обратно после выборов, предприимчивый банкир «заказал» компанию Генпрокуратуре. Претензии следственных органов к нефтяной компании действительно вскоре закончились, а вместе с ними и желание Алекперова вернуть свои $50 млн.

## Подводная лодка

Неконтролируемость новой власти так раздражала Березовского, что он решился на крайние меры. Он хотел заставить Путина прислушиваться, но, исчерпав все способы убедить его словом, стал действовать в том стиле, в каком привык, т.е. пустился в авантюры.

Через неделю после того, как газета «Коммерсантъ» начала ковать новый имидж путинской России, публикуя передовицы с заголовками «Пришли за...», Березовский объявил, что сдает депутатский мандат и покидает парламент. Зачем ему это надо, что он затеял, никто не понимал. Публично Березовский заявлял, что намеревается создать реальную оппозиционную силу и собирается бросить на это все силы. И действительно, довольно скоро у него начался серьезный конфликт с властью.

Первым серьезным испытанием для Путина становится катастрофа с атомной подводной лодкой «Курск». Она утонула 12 августа, на 97-й день президентства Владимира Путина. Поначалу он не придал аварии значения и уехал в отпуск в Сочи. Военные докладывали, что все под контролем, волноваться не надо, вот-вот все наладится. Спасательные работы начались на следующий день, и тогда стало ясно, что 118 членов экипажа находятся в ловушке на глубине 108 метров. Путин прервал отпуск и уехал из Сочи только спустя пять дней. За это он был подвергнут разгромной критике в прессе.

22 августа, когда стало понятно, что все моряки погибли, Путин отправился на встречу с их родственниками в североморский поселок подводников Видяево. Встреча была очень тяжелой: родственники кричали и рыдали, обвиняли Путина и военных в бездействии, в том, что командование затягивало время, не хотело привлекать помощь из-за рубежа. В ответ Путин трижды обрушился на телевидение, сказав, что оно «врет», и на тех людей, которым телевидение принадлежит. В начале разговора прозвучал такой выпад: «Там есть на телевидении люди, которые сегодня орут больше всех и которые в течение десяти лет разрушали ту самую армию и флот, где сегодня гибнут люди. Вот сегодня они в первых рядах защитников этой армии. Тоже с целью дискредитации и окончательного развала армии и флота! За несколько лет они денег наворовали и теперь покупают всех и вся! Законы такие сделали!» В середине встречи Путин снова вернулся к той же теме: «Денег наворовали, купили средства массовой информации и манипулируют общественным мнением». И окончательно резюмировал при прощании: «Схема действий их и логика очень простая. Очень простая. Воздейство-

вать на массовую аудиторию, таким образом показать военному руководству, политическому руководству страны, что мы в них нуждаемся, что мы у них на крючке, что мы должны их бояться, слушаться и согласиться с тем, что они и дальше будут обворовывать страну, армию и флот. Вот на самом деле истинная цель их действий. Но мы не можем сказать им: "Прекратите!" — так бы правильно сказать, но... надо более талантливо, правдиво, точно и в срок самим осуществлять информационную политику. Но это требует сил, средств и хороших специалистов»[4].

На встрече не разрешали пользоваться диктофонами, однако ее стенограмму через неделю опубликовал журнал «Коммерсантъ-Власть», входящий в холдинг Бориса Березовского. А через пару дней в прайм-тайм на телеканале ОРТ (тоже контролируемом Березовским) вышла программа Сергея Доренко, того самого, который год назад рассказывал про операцию Примакова, обрушил его рейтинг и таким образом помог Путину стать президентом. Доренко анализировал высказывания Путина о «Курске» и обвинял его во лжи. Среди прочего он дал в эфир и куски той аудиозаписи встречи с родственниками, стенограмму которой опубликовала «Власть». Это был последний эфир Доренко — программу немедленно закрыли. В редакции программы «Время» — теперь уже главной прокремлевской программы Первого канала — до сих пор передают из уст в уста легенду, будто бы после того эфира в аппаратной раздался телефонный звонок и это якобы был сам Путин. Он посчитал, что подобная риторика ОРТ — это предательство. И его он Березовскому не простил.

Для того чтобы отобрать ОРТ у Березовского, не потребовалось много усилий. Как позже заявлял Волошин в Лондонском суде во время процесса Березовского против Абрамовича, он просто позвонил гендиректору телеканала Константину Эрнсту и попросил его больше не обращать внимание на Березовского. Примерно так: «Костя, ты забываешь об указаниях Березовского. Его больше слушать не надо — а иначе мы будем принимать решения».

Это было вполне законно, поскольку у Березовского было только 49%, а у государства — 51%. Основной акционер решил восстановить себя в правах, объявил Волошин, и начинает самостоятельно управлять телеканалом. Он сказал Березовскому: «Концерт закончен», — именно эту фразу из телефонного разговора экс-глава администрации вспоминал в Лондонском суде. Это означало, что Березовский больше не может звонить на канал давать там какие-либо указания — редакции запрещено его слушаться. Из всех сотрудников ОРТ взбунтовался только Доренко, и его немедленно уволили.

В конце августа Волошин передал Путину, что Березовский требует личной встречи. Путин согласился, но это была совсем не такая встреча, как раньше. Путин был даже не холоден. Он равнодушно и неумолимо сказал Березовскому, что тот больше не будет контролировать ОРТ и, если хочет, может продать свою долю, а если не хочет, может оставить. Но все равно ничего сделать с ней ему не дадут.

Подобный прием Березовского шокировал — он всякий раз рассчитывал, что Путин сдастся, чего-то испугается и почему-то уступит. В начале сентября 2000 года он написал ему открытое письмо, которое опубликовал в своем же «Коммерсанте»: «Прошу Вас, господин Президент, остановиться, пока не поздно! Не выпускайте из бутылки джинна беспредельной власти, который опустошал нашу страну семьдесят с лишним лет. Вы с ним не справитесь. Он погубит и страну, и Вас». В этом письме он обещал передать свой пакет акций в управление журналистам и творческой интеллигенции, однако этот план не реализовал.

В октябре он продал свой пакет телеканала ОРТ давнему другу Роману Абрамовичу. 12 лет спустя, когда Березовский подаст в суд на Абрамовича за то, что тот якобы недоплатил ему за его доли в ОРТ и в других компаниях, например в «Сибнефти», станут известны подробности той сделки, более того, суд опубликует стенограмму прослушки разговора между Березовским, Абрамовичем и Бадри Патаркацишвили во французском Ле-Бурже. Три олигарха говорили, что продажа ОРТ санкционирована Путиным и для облегчения процесса переводом денег Абрамовича на счет Березовского будет заниматься лично глава российского Центробанка Виктор Геращенко. Еще на суде Абрамович расскажет, что купить ОРТ у Березовского ему поручили Путин и Волошин. И будет уверять, что никаких долей в компаниях Абрамовича у Березовского не было, а регулярные платежи, которые он ему перечислял, были просто оплатой услуг «политической крыши».

Именно с подлодки «Курск» началась борьба Путина с теми, кто «купили средства массовой информации и манипулируют общественным мнением», т.е., по сути, с неподконтрольными СМИ. Это не было заранее продуманной стратегией, это было лишь спонтанной реакцией на внешние раздражители. Однако с каждым следующим шагом хотелось сделать еще и еще — потому что не слышать критику всегда приятнее, чем слышать ее.

Это необходимые издержки, уверял коллег Волошин, главное, что реформы продолжаются.

## Новый Андропов

Еще одной причиной беспокойства Бориса Березовского, которую мало кто разделял, было то, что Владимир Путин вышел из спецслужб. Березовский не доверял КГБ. Поначалу мысль о гэбистском прошлом Путина не беспокоила его. Однако чем больше Березовский утрачивал влияние, тем больше он был склонен объяснять «чекистским прошлым» все, что ему не нравилось в поведении Путина.

Путин между тем активно заигрывал с сотрудниками ФСБ, на поддержку которых рассчитывал. В декабре 1999 года, за полторы недели до того, как Ельцин назначил его и. о. президента, Путин приехал на Лубянку на празднование Дня чекиста. И, выступая на приеме, пошутил, что «группа сотрудников ФСБ, направленная вами в командировку для работы под прикрытием в правительстве, на первом этапе со своими задачами справляется». Аудитория взорвалась аплодисментами. Все, кто позже видел видеозапись праздника, немного поежились.

В 1999 году Путин санкционировал широкое празднование 85-летия со дня рождения Юрия Андропова, генсека ЦК КПСС, который больше 20 лет возглавлял КГБ и почитается в спецслужбах как мудрейший руководитель СССР. В декабре на здании ФСБ на Лубянке была восстановлена мемориальная доска в честь Андропова.

Позже в многочисленных публикациях по случаю 90-летия покойного генсека стала излагаться версия, что именно Андропов мог и должен был спасти СССР от распада. Он собирался осуществить те самые разумные реформы, которые повели бы Советский Союз по китайскому пути и не допустили бы перестройки и распада страны. Ранняя смерть обрушила все надежды. Андропов умер в 1984 году, успев поруководить страной всего полтора года. В Путине патриотично настроенные ветераны органов видели нежданный второй шанс, реинкарнацию Андропова, которая может возродить из пепла былое советское величие.

Путин явно не чувствовал себя продолжателем дела Андропова, как не являлся и фанатом легендарного председателя КГБ, в первые месяцы президентства его занимало совсем другое. Иначе относился к юбилею Николай Патрушев, новый директор ФСБ, бывший прежде первым заместителем Путина. Он воспринимал Андропова как личный образец: молодость Андропова прошла в Карелии, и Патрушев работал там в начале девяностых, дослужившись до поста министра безопасности Карелии.

В 2004 году Патрушев написал статью в правительственной «Российской газете» к юбилею покойного генсека. «Образ Андропова воспринимался и ныне воспринимается не только среди ветеранов, но и среди молодых сотрудников ФСБ, в массе своей пришедших в систему уже в постсоветскую эпоху, — писал Патрушев, — как образец подлинного государственного деятеля, представителя стратегической элиты страны, стремившегося к постижению и претворению в жизнь общенациональных интересов… Время поистине не имеет силы над теми, кто искренне и честно служил и служит Отечеству»[5]. Для 2004 года это было диковинным — гордиться советским прошлым, тем более советскими репрессивными органами. Десять лет спустя это станет обычной риторикой и Путина, и Патрушева, который после революции 2014 года на Украине станет одним из главных идеологов нового российского изоляционизма.

# Расплата по долгам

Либеральная экономическая команда, которую Путин собрал вокруг себя, ученики Анатолия Собчака, этакого русского Вацлава Гавела, совершенно не переживала из-за ареста Гусинского, из-за того, что пресса писала о начале репрессий, и из-за передела на рынке СМИ. Молодое правительство понимало, что на прорывные, а значит, болезненные реформы у них, наверное, не так много времени, поскольку перед очередной предвыборной кампанией уже особо не пореформируешь. Они старались достичь максимума, пока конъюнктура позволяет, пока цены на нефть растут и популярность президента дает возможность осуществлять революционные перемены. Олигархи-интриганы, потерявшие влияние после отставки Ельцина, были молодым либералам противны, поэтому они втайне даже радовались тому, что бывшим воротилам перекрыли доступ в Кремль, — без них спокойнее. На вопли в прессе правительство тоже реагировало стоически — ну, ничего, это неизбежная плата за болезненные реформы.

Чего либеральное путинское правительство не ожидало, так это того, что ему начнет мешать Запад, который еще вчера, казалось, рукоплескал «блистательной команде» нового русского президента. Дело в том, что Российское государство было по уши в долгах: с одной стороны, Парижский клуб (т.е. неофициальная организация стран-кредиторов, которые щедро давали деньги Советскому Союзу, а потом и России в 1990-е годы), с другой стороны — Лондонский клуб, объединяющий коммерческие банки и частные корпорации, которые также активно давали российскому правительству взаймы. С каждым годом платежи России должны были возрастать и достичь пика в 2003 году, экономисты думали об этом годе с ужасом, говорили о «проблеме-2003» и предрекали, что в этом-то году российская экономика и задохнется под бременем долга.

Премьер-министром своего правительства Путин назначил Михаила Касьянова, который еще до прихода Путина в правительство в 1999 году работал министром финансов. Главной специализацией Касьянова было именно проведение переговоров с международными кредитными организациями — он умел уговаривать иностранцев реструктурировать российские долги как никто другой. В момент формирования правительства Касьянов хотя и был первым заместителем Путина-премьера, но не являлся очевидным фаворитом. Вовсе не он разрабатывал план экономических реформ, этим занимался Центр стратегических разработок, возглавляемый Германом Грефом. Кроме того, Кудрина и Грефа Путин знал много лет, еще со времен работы в Петербурге, — было бы логично, если бы правительство возглавил кто-то из них. Однако Путин выбрал Касьянова, с одной стороны, потому, что он был ближе к Семье, с другой — потому, что именно проблема урегулирования внешнего долга была ключевой для нового премьер-министра. Кудрину же достался пост министра финансов, а для Грефа придумали пост министра экономического развития.

Как ни странно, договориться с частными банками оказалось намного проще: Михаил Касьянов условился о списании более чем трети долга Лондонскому клубу. А Парижский клуб отказывался и требовал выплат в полном объеме, и это при том, что основной вес в Парижском клубе имели новые друзья Путина: Джордж Буш и Тони Блэр. Бизнес есть бизнес, ничего личного.

К Новому году ситуация стала критической настолько, что Путин не отпустил никого из экономического блока на новогодние каникулы. 3 января 2002 года все собрались в Кремле, чтобы решить, как выпутываться из долгов: Путин, премьер Касьянов, глава администрации Волошин, министры Кудрин и Греф, а также экономический советник Путина, российский «шерпа» в G8 Андрей Илларионов, новый enfant terrible Кремля, человек, известный своими крайне радикальными либертарианскими взглядами, а также чудовищным характером.

Совещание вылилось в скандал между Касьяновым и Илларионовым. Премьер говорил, что надо дожимать Парижский клуб, выплачивать долги сполна нельзя — это обескровит экономику. Илларионов кричал, что надо выплатить все, ведь если Россию приняли в «Восьмерку», то она должна оправдывать этот высокий статус и не может унижаться, прося об отсрочке и реструктуризации долга. Касьянова эти аргументы раздражали, он отвечал, что ничего унизительного в переговорах о реструктуризации нет. Волошину явно больше нравилась радикальная позиция Илларионова — «отмороженный» глава администрации был за то, чтобы отдать деньги с гордо поднятой головой, Кудрин возражал, что этих денег просто нет. Путин решил подождать: кредиторам разослали письмо о том, что Россия готова выплачивать проценты по советским долгам, а по основной сумме рассчитывает на отсрочку.

Однако Парижский клуб с этим не согласился. На послание из Москвы он ответил, что по-прежнему настаивает на том, чтобы Россия платила целиком, поскольку экономическая ситуация благоприятная и цены на нефть растут. А в середине января Минфин Германии выпустил пресс-релиз, в котором говорилось, что, если Россия не начнет платить по долгам, Берлин будет против полноправного членства России в G8.

Германский канцлер Герхард Шрёдер не входил на тот момент в число ближайших зарубежных друзей Путина, и было ясно, что это заявление — согласованная позиция «Семерки». Для Кремля это был удар. Присоединение России к G7, случившееся в 1997 году, было, пожалуй, единственным позитивным наследством, которое Путин получил от Бориса Ельцина, — все остальное только проблемы. И вот теперь Путин и его правительство оказались в шаге от того, чтобы лишиться шанса стать полноценным членом престижного клуба.

Путин так разозлился, что немедленно прекратил дискуссию между Касьяновым и Илларионовым. Победил тезис «шерпы»: мы сильные, а сильные должны платить. Министра финансов Кудрина поставили перед фактом, что он должен найти деньги где хочет. Кудрин пообещал найти. Касьянов был в бешенстве — все его многолетние усилия пошли прахом, а Путин больше не хотел его слушать. В довершение всего Андрей Илларионов, ни с кем не посоветовавшись, провел пресс-конференцию, на которой объявил, что Россия будет платить, причем опережающими темпами. Он знал, что президент окончательно утвердил его правоту, и ему не терпелось публично унизить премьер-министра Касьянова. До того момента Касьянов считался очень влиятельной и эффективной фигурой, а тут такой удар и такой конфуз.

Обиделся на Илларионова и Кудрин — поскольку никаких идей относительно того, откуда брать деньги, у него еще не было, он оказывался в глупом положении. В итоге в течение нескольких недель либеральный лагерь в российском правительстве фактически переругался в пух и прах, а заодно и затаил страшную обиду на Запад, который подставил его в такой сложный момент.

Чуть позже окажется, что все эти волнения были абсолютно напрасными. Цена на нефть не упала, а весь год держалась на уровне около $27 за баррель (все предыдущее десятилетие она была в среднем в полтора раза дешевле). Неожиданно заработанных денег хватило не только чтобы расплатиться с Парижским клубом, но и чтобы погасить долги перед Международным валютным фондом. Бюджет в 2001 году был исполнен с профицитом, а Россия перестала согласовывать свою экономическую политику с МВФ. Однако вражда, вспыхнувшая между экономистами, продолжилась. По иронии судьбы враги Касьянов и Илларионов, уйдя в отставку (Касьянов в феврале 2004 года, а Илларионов в декабре 2005 года), окажутся в непримиримой оппозиции Владимиру Путину. Ни Кудрин, ни Греф и не подумают заступаться за них и попробовать сохранить их во власти.

## Антитеррористический интернационал

В отличие от утонувшей подлодки «Курск» военная операция в Чечне, или вторая чеченская, не была проблемой для Путина. Напротив, она была его успехом. Именно благодаря этой войне он набрал свой президентский рейтинг. Единственное, что доставляло беспокойство, — это многочисленные вопросы западных коллег. Операция в Чечне выглядела в глазах Запада как война против чеченского народа: систематические нарушения прав человека, преступления против мирного населения, пытки. В этом же Россию обвиняли и во время первой чеченской войны 1994–1996 годов. Однако между первой и второй кампаниями была существенная разница.

На этот раз Путин сделал ставку на локализацию войны. Во время первой чеченской стороны конфликта делились на «мы» и «они», и для всех жителей республики это означало «чеченцы» и «русские». Но в 2000 году Путин сделал ставку на Ахмата Кадырова, муфтия Чечни, бывшего полевого командира, который согласился стать пророссийским главой республики и собрать вокруг себя сторонников. Так водораздел «мы» и «они» переместился в Чечню — теперь он проходил между «сторонниками Кадырова» и «сторонниками подполья».

Отныне Путин мог говорить, что всему виной террористы, что в Чечне воюют агенты «Аль-Каиды», в том числе иорданец Хаттаб, против которых борются местные жители. И, конечно, вспоминал, что война началась с того, как ваххабиты в августе 1999 года вторглись в Дагестан. Однако после того, как Борис Березовский и Владимир Гусинский стали политэмигрантами, по версии Путина был нанесен ощутимый удар. Владимир Гусинский в многочисленных интервью рассказывал о нарушениях прав человека в Чечне, а Борис Березовский — о том, что вторая чеченская была организована окружением Владимира Путина и являлась частью его предвыборной кампании.

Когда Путин рассказывал западным коллегам про войну с терроризмом, они внимательно слушали и делали вид, что верят. Кивали и говорили, что постараются поспособствовать. Однако на деле все получалось иначе. Сначала разведка доставила в Кремль съемку того, как сотрудники американского посольства в Азербайджане передают фальшивые документы участникам чеченских бандформирований. Доказательства были без лишнего шума показаны посольству США в Москве. Американцы извинялись, уверяли, что произошла ошибка, что это самоуправство какого-то чиновника и виновный в происшедшем дипломат будет немедленно отозван.

Однако со временем становилось все очевиднее, что США не торопятся помогать России в ее борьбе с терроризмом. Например, не закрывают те исламские фонды, которые Кремль обвинял в финансировании чеченского подполья. «Мы их проверили, они выполняют сугубо гуманитарные функции», — отвечали в Вашингтоне. После 11 сентября все эти фонды, кстати, были мгновенно закрыты. В Кремле затаили обиду: поведение Вашингтона означало, что фонды имели вовсе не гуманитарные функции. Просто, когда убивали российских солдат, американцам было все равно, а теперь, когда начали убивать американцев, они приняли меры.

11 сентября стало моментом редкого единения между Россией и США. Владимир Путин был первым мировым лидером, позвонившим Джорджу Бушу, чтобы высказать слова поддержки. С этого момента Путину стало проще объяснять, с кем он воюет в Чечне, — там та же «Аль-Каида», что напала на США. Автором этой концепции, объясняющей, что враги России больше, чем кажутся, был директор ФСБ Николай Патрушев.

Последующие действия американцев Кремль тоже очень поддерживал. Режим талибов в Афганистане всегда был крайне враждебен России: во-первых, талибы были идеологическими наследниками тех моджахедов, которые победили в 1980-е годы Советский Союз. Во-вторых, они дестабилизировали ситуацию в Таджикистане и Узбекистане, т. е. могли в любой момент начать полномасштабную войну у южных границ России. Именно американцы негласно поддерживали Талибан все 1990-е годы, поэтому, когда США решили талибов свергнуть, в Москве был праздник.

Перед самым началом бомбардировок Афганистана американцы обратились с вопросом: не возражает ли Россия против того, что они создадут временную военно-воздушную базу в Киргизии для нужд предстоящей операции — только на время самой военной кампании, максимум на год. Сначала помощник президента по национальной безопасности Кондолиза Райс позвонила Александру Волошину, а потом и Джордж Буш напрямую спросил Путина. Согласие Москвы было необходимо, потому что снабжение ее должно было идти через территорию России, да и Киргизия действовала с оглядкой на Москву. «Это вполне соответствует нашим интересам — это же ради борьбы с талибами», — рассудили Путин с Волошиным. «Мы не возражаем», — ответили они.

Военная операция в Афганистане была молниеносной. Она продолжалась меньше недели, после чего талибы будто бы растворились. Они оставили власть проамериканскому правительству Хамида Карзая и исчезли, но лишь для того, чтобы через пару лет начать появляться из каждой щели и вести против американцев изматывающую партизанскую войну. Но в начале 2002 года все выглядело просто триумфально: весь цивилизованный мир впервые един и в одночасье сокрушил нецивилизованного врага.

В конце 2002 года Волошин поинтересовался у своей американской визави Кондолизы Райс, когда, кстати, американцы собираются покинуть Киргизию. Операция-то уже закончилась. «Вы знаете, мы поняли, что эта база нам очень нужна. Насовсем», — якобы ответили в Вашингтоне.

Путин очень злился. Ему казалось, что американцы его все время обманывают — на каждом шагу. При этом они, с одной стороны, никогда не признают своих ошибок. А с другой — все время указывают Кремлю на его ошибки, выговаривая и поучая, как надо себя вести.

Но важнейшим переломным моментом стала война в Ираке. Джордж Буш, подталкиваемый нефтяным и военным лобби и неоконсервативными идеологами, решил начать военную операцию по свержению режима Саддама Хусейна. Решение было принято в апреле 2002 года сразу после окончания операции против талибов в Афганистане. Однако в Кремле далеко не сразу узнали о том, что нападение на Ирак — дело решенное. Поначалу представители Вашингтона (в первую очередь Кондолиза Райс) в ходе всех переговоров красноречиво расписывали, насколько ужасен режим Саддама Хусейна, как он близок к террористам из «Аль-Каиды» и как угрожает миру своим химическим и бактериологическим оружием. Кондолиза Райс не была откровенна — она не говорила, что решение о начале военной операции уже принято, более того, британский премьер Тони Блэр уже согласился принять в ней участие.

Она, впрочем, вряд ли знала, что российские власти не могут поверить в живописуемые злодеяния Саддама Хусейна, поскольку знают его намного лучше, чем могли себе представить американцы. Бывший премьер-министр и некогда соперник Путина Евгений Примаков, в прошлом арабист, считался едва ли не другом Хусейна, лидеры крупнейших российских псевдооппозиционных партий коммунист Геннадий Зюганов и популист Владимир Жириновский были частыми гостями в Багдаде. Российские компании (в первую очередь «Лукойл» и «Зарубежнефть») добывали нефть в Ираке, российские компании сотрудничали с Ираком по программе «Нефть в обмен на продовольствие». Количество межнациональных — формальных и неформальных связей — между Россией и Ираком трудно описать. Понедельничный рейс, прилетавший в Багдад из Москвы, всякий раз привозил проституток для сыновей Саддама Хусейна и их окружения.

Спустя пару лет следственная комиссия ООН во главе с бывшим председателем Федеральной резервной системы США Полом Волкером обвинит несколько десятков российских компаний, а также Министерство по чрезвычайным ситуациям и Русскую православную церковь в том, что они получали квоты на поставки иракской нефти и платили огромные откаты правительству Саддама Хусейна. Также комиссия Волкера обвинит нескольких российских политиков в том, что они получали взятки от Саддама. Все обвиненные в этом будут отрицать свою вину, но лишь Александр Волошин докажет комиссии ООН, что его подпись на представленных документах фальшивая.

Так или иначе, понимание того, как устроен Ирак, в Москве было куда более полным, чем в Вашингтоне. И российские власти были никак не заинтересованы в свержении понятного, предсказуемого и контролируемого Саддама Хусейна, погрязшего в коррупции, а вовсе не в разработках химического оружия массового поражения. Российский бизнес работал в Ираке и лишался такой возможности в случае начала войны. Однако эти аргументы Кремль предъявить Кондолизе Райс не мог. Поэтому использовал лишь аргументы про ненасилие, помощь мирному населению, дипломатические способы решения проблемы. Все это не производило на американцев никакого впечатления.

Весь 2002 год прошел в спорах вокруг Ирака: Буш и Блэр продолжали врать Путину по поводу опасности химического и бактериологического оружия. Куда проще Путину оказалось найти общий язык с Герхардом Шрёдером и Жаком Шираком. Они на словах также боролись за мир, но на деле не скрывали циничной заинтересованности. Французские компании также работали в Ираке и, возможно, давали взятки, что мотивировало Жака Ширака на борьбу за мир. Причины пацифизма Шрёдера были, возможно, более благородны. В октябре 2002 года в Германии должны были пройти выборы, и его СДПГ была обречена проиграть. Перед лицом неминуемого поражения Шрёдер попытался сделать ставку на популярные у избирателей антивоенные настроения и исключительно из популистских соображений начал протестовать против военных планов США. Чем большим пацифистом был канцлер, тем сильнее рос его рейтинг — в итоге случилось невероятное и он выиграл выборы. Владимир Путин присоединился к этой группе — они втроем, со Шрёдером и Шираком, образовали новую антивоенную Антанту в противовес антииракскому альянсу США, Великобритании и Испании.

Впрочем, Ширака, Шрёдера и Путина объединял не только циничный расчет, но и искреннее раздражение. Все трое были раздосадованы тем, что Джордж Буш принял решение начать войну и ему даже не пришло в голову поинтересоваться их мнением. Лидеры России, Германии и Франции, как, впрочем, и Великобритании, не были допущены в этот условный мировой совет директоров: зато там были вице-президент Дик Чейни, патронируемые им оборонные и нефтяные корпорации, министр обороны Дональд Рамсфелд, его заместитель Пол Вулфовиц и другие влиятельные неоконсерваторы. Значение каждого из них в мировой политике оказалось значительно больше, чем голоса лидеров стран «Большой восьмерки».

С началом войны в Ираке отношение Путина к США изменилось, говорят его советники, и уже никогда не улучшалось. Даже на своего друга Тони Блэра Путин обиделся и всякий раз при встрече выговаривал ему, даже на пресс-конференциях. Британская пресса реагировала на эти инциденты нервно: Путин публично унижает премьер-министра, а тот смущенно улыбается и молчит. Впрочем, это был еще не конец дружбы.

Ни химическое, ни бактериологическое оружие в Ираке обнаружить так и не удалось. Тогдашний госсекретарь США Колин Пауэлл несколько лет спустя даже публично попросил прощения за то, что по ошибке дезинформировал мировую общественность.

## Уникальный журналистский коллектив

Борьба за мир значительно увеличила популярность Владимира Путина на международной арене. В июне 2003 года социологическая служба The Pew Research Center опубликовала результаты опроса, согласно которому Путин был самым популярным политиком в мире, второе место занимал Ширак, а третье — Шрёдер. Все три политика подпортили свои отношения с США.

Но, как писали американские СМИ, в Белом доме приняли разные решения в отношении каждого из восставших лидеров: «Францию наказать, Германию игнорировать, Россию простить». Владимира Путина некоторое время называли в американских СМИ другом диктатора Саддама, хотя на самом деле никогда в жизни с Саддамом Хусейном не встречался, в отличие, скажем, от отца американского президента, Джорджа Буша-старшего. Однако прозвище не слишком прилипло.

Куда сильнее репутацию Владимира Путина за границей портили другие его бывшие друзья: Борис Березовский и Владимир Гусинский.

Еще в ноябре 2000 года, когда скандал вокруг «Курска» утих, российские силовики вновь вспомнили про обоих и начали их искать. Генпрокуратура объявила, что Владимиру Гусинскому вновь назначена мера пресечения «заключение под стражу». Березовского просто вызвали на допрос. Но оба к тому моменту покинули Россию. Гусинский жил на своей вилле в Испании, а Березовский — в своем особняке в Лондоне. Оба заявили, что возвращаться в Россию не планируют.

6 декабря 2000 года генпрокуратура объявила Гусинского в международный розыск по линии Интерпола. Спустя неделю испанские полицейские пришли к Гусинскому и препроводили его в тюрьму. Дело Гусинского отдали на рассмотрение знаменитому судье Бальтасару Гарсону, который прежде расследовал дело экс-президента Чили Аугусто Пиночета. Гусинский провел в испанской тюрьме 11 дней, после чего судья Гарсон дал ему возможность выйти под залог в $5,5 млн. При этом Гусинский остался под надзором испанской полиции, под домашним арестом и без паспорта.

Дело расследовалось долго и тщательно. В апреле 2001 года Бальтасар Гарсон постановил, что дело против Гусинского политически мотивировано и выдавать его нельзя. Принять такое решение Гарсону помогли события в Москве — пока Гусинский был под судом в Испании, в России занимались отъемом его главного актива — телеканала НТВ. Российский газовый монополист «Газпром», который неоднократно кредитовал Гусинского и купил у него пакет акций, решил забрать телекомпанию за долги.

Наезд на НТВ был главным внутриполитическим скандалом зимы 2001 года. Вся страна поделилась на два лагеря: одни говорили, что вместе с НТВ гибнет свобода слова, другие — что НТВ обслуживает личные бизнес-интересы Гусинского и свободой слова на телеканале и не пахнет. Обе точки зрения имели под собой основания. Но особая ирония была в составе основных действующих лиц этого скандала. Роль «убийцы НТВ» (гендиректора компании «Газпром-Медиа», которая забирала телеканал за долги) играл видный либерал Альфред Кох, друг идеолога ельцинских экономических реформ Анатолия Чубайса. Спустя 13 лет он сам станет диссидентом и не вернется в страну, где против него возбудят уголовное дело, т. е. повторит судьбу Гусинского.

Мало кто помнит, что пламенным защитником свободы слова, адвокатом Гусинского и НТВ во всех судах был молодой юрист Павел Астахов. Десять лет спустя он станет не только госслужащим, но и одним из самых ярких символов государственного популистского антиамериканизма. В качестве уполномоченного по правам ребенка в России он отстаивал печально известный «антисиротский» закон, который запрещал усыновление российских детей сначала гражданам США, а потом и вообще гражданам стран, где легализованы однополые браки.

Разгром НТВ до сих пор считается одним из мрачных символов наступления на свободу прессы в России. Однако в тот момент многим он таковым вовсе не казался. В поддержку НТВ проводили многотысячные митинги, но на них ходили только пожилые интеллигенты. Молодой и успешный средний класс к судьбе телеканала был равнодушен, многие лидеры либералов (у которых в Думе была тогда даже своя фракция) в этом конфликте находились на стороне «Газпрома», потому что не могли простить Гусинскому и НТВ поддержку команды Примакова–Лужкова на минувших выборах.

Методы отъема компании были довольно нечистоплотными. На допрос в прокуратуру вызвали самую известную ведущую новостей НТВ, смелую и пламенную журналистку Татьяну Миткову, чтобы расспросить ее о том, как она получила кредит на покупку квартиры. В ответ ее коллега, ведущая популярного ток-шоу Светлана Сорокина выступила с обращением к Путину. Спустя пару минут после ее эмоционального выступления на НТВ позвонил президент и пригласил журналистов телеканала в Кремль на разговор. Но никакие разговоры уже не помогали.

Не удалось Гусинскому привлечь и помощь из-за рубежа: он вел переговоры о продаже своей доли основателю CNN Теду Тернеру, но не успел довести сделку до конца.

В ночь с 13 на 14 апреля 2001 года представители «Газпрома» заменили охрану в студии НТВ и перестали пускать журналистов, включая главного редактора Евгения Киселева. Часть сотрудников (в том числе недавно допрашиваемая Миткова) решили остаться на телеканале и работать уже под руководством газпромовских менеджеров. Десять лет спустя Миткова станет одним из символов государственной пропаганды.

Лояльная Гусинскому команда была отстранена от эфира, но спустя несколько дней ее приютил Борис Березовский, у которого после продажи ОРТ еще оставался один крупный телеканал — ТВ-6. Он уволил весь журналистский коллектив своей телекомпании и предложил легендарной команде НТВ работать у него. ТВ-6 закрыли за долги год спустя по очень похожей схеме, но на этот раз кредитором выступала не государственная газовая компания «Газпром», а частная нефтяная компания «Лукойл».

Чтобы погасить скандал, Волошин все же предложил дать «уникальному журналистскому коллективу» во главе с Евгением Киселевым еще один шанс. Группа из десяти крупнейших российских олигархов скинулась, чтобы создать на месте разрушенных НТВ и ТВ-6 новый качественный телеканал, не принадлежавший ни Березовскому, ни Гусинскому, и чтобы контроля не было ни у кого. Явно в насмешку руководить наблюдательным советом нового свободного телеканала Волошин посадил Евгения Примакова. Его логика была такой: они же хотели, чтобы он стал президентом, — вот пусть теперь он ими и руководит. Но телеканал ТВС просуществовал год: с 2002-го по 2003-й. Совладельцы перессорились, начали выкупать друг у друга доли, после чего администрация президента решила отключить канал. Впрочем, особенного интереса у зрителей он к тому времени уже не вызывал.

К тому моменту, когда Березовский вступился за журналистов НТВ, он еще не был в розыске. Зато в Москве арестовали его близкого друга Николая Глушкова, которого обвиняли в хищении средств авиакомпании «Аэрофлот» (ее акционером был Березовский). Позже Березовский уверял, что Глушков был заложником и инструментом давления на него. Но к осени 2001 года (как раз после того, как журналисты бывшего НТВ обосновались на его канале ТВ-6) дошло дело и до него.

В сентябре 2001 года Генпрокуратура заочно предъявила Березовскому обвинения в пособничестве мошенничеству и отмывании денег. Месяц спустя он попросил в Соединенном Королевстве политического убежища. Однако британское правительство не торопилось с ответом — только что, 11 сентября, мир потрясли теракты, Россия и Британия плечом к плечу стояли в строю борцов с международным терроризмом.

Однако беглый олигарх продолжал свою борьбу. В начале 2002 года на его деньги в Великобритании была опубликована книга «ФСБ взрывает Россию», а также был выпущен фильм «Покушение на Россию» по ее мотивам. Авторами фильма и книги были ближайшие сподвижники Березовского (один из них — бывший офицер ФСБ и помощник Березовского Александр Литвиненко). В обоих произведениях выдвигалась конспирологическая версия, согласно которой взрывы домов в Москве и других российских городах осенью 1999 года организовали не чеченские террористы, а ФСБ. Авторы книги и фильма, а вместе с ними и Березовский уверяли, что теракты были осуществлены для того, чтобы увеличить популярность Путина, только что назначенного премьер-министром, создав ему имидж борца с террором.

После появления обвинений в адрес ФСБ атака на Березовского усилилась. Телеканал ТВ-6, к слову, был закрыт, когда подготовка фильма и книги были на завершающей стадии. В августе 2002 года против Березовского были выдвинуты новые обвинения, в октябре его объявили в международный розыск. Российские чиновники пребывали в полной уверенности, что Великобритания вот-вот выдаст Березовского. Прежней политической и идейной близости между Москвой и Лондоном уже не было, операция в Ираке развела их по разным лагерям. Но Тони Блэр и его правительство по-прежнему старались не портить отношения со старым другом. 2 апреля 2003 года, за день до начала штурма Багдада, министерство внутренних дел Великобритании официально отказало Березовскому в политическом убежище. Вопрос об экстрадиции должен был решить суд. После заседания эксцентричный Березовский вышел в маске Путина и, позируя фотографам, заявил: «Можете теперь звать меня Владимиром Владимировичем».

В августе 2003 года, пока Березовский боролся за право остаться в Лондоне, хорошие новости для российской прокуратуры поступили из Афин — там в аэропорту Элефтериос Венизелос был задержан Владимир Гусинский. После того как его отпустил испанский суд, в России ему предъявили новые обвинения и вновь объявили в международный розыск по линии Интерпола. Греческая полиция его задержала, бывшего медиамагната отправили в городскую тюрьму, и шансы на его выдачу России оценивались очень высоко — куда выше, чем в прошлом шансы на экстрадицию из Испании.

## Норд-ост

Одним из самых страшных дней в истории президентства Владимира Путина стало 23 октября 2002 года. Вечером того дня группа террористов захватила театральный центр в Москве — в тот момент в нем при полном зале шел мюзикл «Норд-Ост». В заложниках оказались около 850 человек. Путин воспринял это как катастрофу — война, закончить которую он обещал три года назад, не только не закончилась, а вновь пришла в Москву.

По воспоминаниям людей из близкого окружения, Путин был не просто растерян — он был убежден, что это конец его политической карьеры. Один из знакомых Путина сравнивает его состояние с поведением Сталина в июне 1941 года. Как известно, после того, как немцы почти без боя взяли Минск, Сталин впал в прострацию, уехал на ближнюю дачу и два дня оттуда не выезжал. А когда за ним приехали члены Политбюро с просьбой возглавить новый орган по управлению страной в состоянии войны, он (по воспоминаниям Микояна) «вжался в кресло», будто ждал, что его приехали арестовывать.

Путин, конечно, никуда не уезжал, но был убежден, что общество никогда не простит ему нападения террористов на Москву. Директор ФСБ Николай Патрушев был куда более спокоен, хотя свободный проезд вооруженных чеченцев в Москву был провалом именно его ведомства.

Однако никаких политических последствий у захвата «Норд-Оста» не было. Через три дня спецслужбы штурмом взяли театральный центр: в зал пустили усыпляющий газ, все находившиеся в нем заснули.

По разным данным, в результате спецоперации погибло от 130 до 175 человек. Большинство — в результате того, что им не была оказана необходимая медицинская помощь. Находившихся без сознания заложников сваливали в автобусы, многие из них умерли не от газа, а оттого, что были задавлены или задохнулись рвотными массами.

В момент штурма всех террористов застрелили — на последующем суде допрашивать стало некого, обстоятельства подготовки захвата навсегда остались тайной.

Спустя полгода журналистка Анна Политковская опубликовала интервью с человеком, который называл себя одним из участников группы террористов, захвативших театральный центр[6]. По его словам, он был чеченцем, которого завербовали российские спецслужбы. В интервью говорилось, что российские силовики заранее знали о готовящемся теракте в Москве. Выяснить, насколько справедлива эта версия, сейчас вряд ли возможно — герой публикации Политковской вскоре погиб в автокатастрофе[7]. Сама Анна Политковская будет убита в 2006 году.

Единственными наказанными за теракт оказались журналисты: на телеканале НТВ вновь сменилось руководство. Гендиректор Борис Йордан, американец русского происхождения, который за полтора года до этого помогал отбирать телеканал у Гусинского, был уволен. Путин обвинил его в желании «заработать на крови сограждан, если, конечно, они считают их своими согражданами», и все якобы из-за того, что НТВ в прямом эфире показывал штурм театрального центра (на самом деле подобной трансляции не было, уверяют сотрудники НТВ).

Руководители спецслужб, организовавшие операцию по освобождению заложников, были представлены к госнаградам, а первый заместитель директора ФСБ Патрушева, возглавлявший штаб, стал героем России.

Формула газа, который был применен в театральном центре, не рассекречена до сих пор. Бывшие заложники много лет судятся против России в различных инстанциях, включая Страсбургский суд, однако государство отказывается раскрывать информацию об использованном газе, которая была необходима для лечения пострадавших.

## Королевская свадьба

24 июня 2003 года Владимир Путин прилетел в лондонский аэропорт «Хитроу» вместе с женой Людмилой. В аэропорту его встречал принц Чарльз. Они вместе отправились на площадь Хорсгардс, где их ждала королева Елизавета II — это был не простой визит, а государственный, визит максимально возможного статуса, которому сопутствуют пышный прием и наибольшие почести. «Государственный визит — это максимальный комплимент, который одна страна может сделать другой, — так объяснял журналистам происходящее пригласивший Путина Тони Блэр, — никогда еще отношения между нашими странами не были так хороши». Действительно, это был первый государственный визит главы Российского государства в Соединенное Королевство с 1896 года, с тех пор как последний царь Николай II посетил королеву Викторию.

Но в назначенный час Путин не приехал. Он вместе с принцем Чарльзом попал в пробку. Королева ждала 14 минут — невиданный дипломатический скандал, хотя и произошедший помимо воли самого Владимира Путина.

Королева простила опоздание, и дальше все шло безупречно. В одном экипаже Путин и Елизавета II отправились в Букингемский дворец, во второй карете ехали Людмила Путина и герцог Эдинбургский, в третьей — наследник престола принц Чарльз и министр финансов Алексей Кудрин, вроде бы не наследник.

Вечером королева дала прием в честь Путиных, которые остановились именно в Букингемском дворце. Российской правящей чете показали Вестминстерское аббатство и Тауэр, президент встретился с лидерами трех крупнейших британских партий, слетал на день в Эдинбург, где беседовал с представителями шотландской интеллектуальной элиты.

«Россия, без всяких сомнений, — часть Европы, — говорил Путин шотландским интеллектуалам. — Европа продолжается и за Уральскими горами, потому что, если мы возьмем людей, которые живут на Дальнем Востоке, они мало чем отличаются от тех граждан России, которые проживают в европейской части. Это в принципе очень хороший потенциал будущего развития Европы, но сегодня мы должны ставить перед собой реальные цели. Мы должны как минимум сделать так, чтобы в Европе не возникало новых разделительных линий, чтобы люди имели возможность общаться между собой, чтобы правила Шенгенской зоны не воспринимались как нечто, подобное Берлинской стене, которая разъединяла Европу еще несколько лет назад. Мы должны сделать все для того, чтобы Россия и Европа помогали развивать друг друга гармонично и стабильно. У нас есть взаимная заинтересованность друг в друге потому, что даже по структуре экономики Россия и Европа удачно дополняют друг друга[8]». Аудитория аплодировала ему.

Но главным результатом этого визита стал прорыв в экономическом сотрудничестве. Президент Путин и премьер Блэр провели энергетическую конференцию, в ходе которой было сделано сразу несколько эпохальных заявлений. Во-первых, в присутствии двух лидеров глава BP лорд Джон Браун и владелец компании российской «Тюменской нефтяной компании» (ТНК) Михаил Фридман подписали соглашение о создании российско-британской компании ТНК-ВР. Британский нефтяной гигант покупал 50% российской компании (что позволяло ему стать второй по величине нефтяной компанией в мире и обогнать извечного конкурента Royal Dutch Shell). Впервые о готовящейся сделке стало известно еще в феврале 2003 года, все приготовления прошли удачно, ничего не сорвалось — сделку курировал лично Владимир Путин. Компания сохраняла российскую прописку, но получала британского гендиректора, им стал Роберт Дадли. Это был удивительный и символический прорыв — отныне англичане начнут добывать сибирскую нефть. Британские журналисты шутили, что Путин повторил достижение Александра II, который приезжал в Лондон в 1874 году с государственным визитом, чтобы выдать замуж свою дочь за герцога Эдинбургского, Путин же приехал, чтобы выдать замуж свою нефтяную «дочку» за лорда Брауна из ВР.

Это был символичный праздник. Аплодировали свадьбе в зале не только Путин и Блэр, но также глава «Газпрома» Алексей Миллер и владелец крупнейшей в России нефтяной компании Михаил Ходорковский. Его партнер по бизнесу, Платон Лебедев, через неделю будет арестован — в России начнется «дело ЮКОСа». А через десять лет Михаила Фридмана заставят продать его долю в ТНК-ВР, и это будет для него спасением. Он выведет все имущество из России, перевезет семью в Лондон и обоснуется в Великобритании. «Брак» окажется недолгим, и дети решат жить подальше от России.

Но слияние ТНК и ВР — не единственное достижение того исторического визита. Путин и Блэр объявили, что две страны запускают амбициозный проект — строительство Северо-Европейского газопровода, трубы стоимостью $5,7 млрд, которая соединит Россию и Великобританию. Два правительства подписали меморандум, оставалось только, чтобы предполагаемые соинвесторы проекта, «Газпром» и Royal Dutch Shell, подписали необходимое соглашение. Как гордо заявлял Тони Блэр, с учетом инвестиций Royal Dutch Shell в проект «Сахалин-2» Британия становилась первой страной по количеству инвестиций в российскую энергетику.

За все время визита Путина присутствие Бориса Березовского неподалеку, в Лондоне, почти не чувствовалось. Разве что в соседнем квартале от Букингемского дворца проходил фестиваль правозащитного кино, в рамках которого показывали «Покушение на Россию». Организаторы фестиваля напечатали гигантский билет для Путина и Блэра и радостно демонстрировали его журналистам.

Государственный визит продолжался четыре дня и стал, наверное, апогеем близости России и западного мира.

Но потом все рухнуло. 9 сентября МВД Великобритании пересмотрело собственное решение и предоставило Березовскому политическое убежище. На следующий день суд отказал России в его экстрадиции.

14 октября греческий суд отказал в экстрадиции Гусинского, который в тот же день, не дожидаясь апелляции Генпрокуратуры, улетел в Израиль.

В ноябре опять-таки Лондонский суд вынес решение по еще одному болезненному и важному для Путина вопросу — отказал в выдаче Ахмеда Закаева, которого российские власти также требовали экстрадировать, считая его одним из лидеров чеченских террористов. Антитеррористического интернационала как и не бывало.

Отказ Британии выдать Березовского и Закаева поставил точку в дружбе между Владимиром Путиным и Тони Блэром. Российский президент счел поступок Блэра предательством. Тот уверял, что британский суд независим и он, как глава правительства, не мог повлиять на его решение, но Путину было, конечно, известно, что независимый суд принял свое решение, только имея на руках бумагу из МВД о получении Березовским политического убежища.

Идею строительства газовой трубы из России в Британию Путин забудет, чтобы вспомнить ее спустя три года, но уже с новым партнером — Герхардом Шрёдером. В 2006 году у Royal Dutch Shell отнимут сахалинские месторождения. Но намного раньше между Россией и Британией начнется полноценная холодная война.

# Глава 3

## В КОТОРОЙ САМЫЙ БОГАТЫЙ ЧЕЛОВЕК В РОССИИ МИХАИЛ ХОДОРКОВСКИЙ ТЕРЯЕТ БИЗНЕС И СВОБОДУ, А СЕМЬЯ ИСЧЕЗАЕТ

*Я встретился с Михаилом Ходорковским 22 декабря 2013 года, через день после его освобождения из колонии. Это было в Берлине, в отеле Adlon. Ходорковский выглядел очень скромным и стеснительным интеллигентом, совсем не таким, каким его описывали люди, знакомые с ним до посадки, жестким, властным, целеустремленным лидером. Он говорил, что не собирается в ближайшее время заниматься политикой, но почти каждую свободную минуту уделял общению с журналистами.*

*Он довольно четко и без раздумий отвечал на любые вопросы (как будто многократно репетировал их до этого). А еще — при выключенных камерах — задавал вопросы сам. Как правило, они касались расклада сил в Кремле, Ходорковский старался выяснить, как обстоят дела теперь, что изменилось, кто у руля. Больше всего его интересовала фигура Игоря Сечина. «Есть ли у Сечина шанс стать премьером?» — спрашивал он.*

*За год после освобождения Ходорковский «заматерел». Он возобновил работу своего фонда «Открытая Россия» и набрал на работу безумное количество журналистов, которые не очень четко понимали, что от них хочет Ходорковский.*

*На интервью для книги он согласился легко, но выделил очень ограниченное время. Мы вели все разговоры при помощи FaceTime, и Ходорковскому явно было приятно, что он может пользоваться гаджетом и технологией, которая возникла, пока он сидел в колонии.*

*Рассказывая о причинах дела ЮКОСа, он почему-то пользовался военной, а вовсе не деловой терминологией. «Путин повел себя как образцовый армейский начальник. Нам в армии говорили: “Не кричите на строй”. Так и он, обнаружив массовое недовольство крупного бизнеса, отыскал ключевое звено и обрушился на него. После этого других желающих выражать недовольство не нашлось».*

*Сам Путин не сказал бы лучше.*

## Шашлычные табу

Летом 2001 года Владимир Путин собрал у себя на даче в Ново-Огарево десяток крупнейших российских бизнесменов на шашлык. Эта встреча вошла в историю как «шашлычное совещание» — новый президент рассказывал олигархам, какими он видит правила игры, что нужно делать, чтобы не повторить судьбу Гусинского и Березовского, которые уже лишились своего бизнеса. В общем правило было простое: не лезть в политику. Михаил Ходорковский, на тот момент владелец пока еще второй по величине нефтяной компании в России, ЮКОСа, вспоминает, что это касалось в основном владельцев СМИ: понятно, что у каждого крупного бизнесмена была возможность оказать политическое давление на власть. Так вот, Путин просил этим не пользоваться.

«ЮКОС был монопольным поставщиком нефтепродуктов в 42 регионах. Если бы я перестал поставлять нефтепродукты, компенсировать дефицит за счет других источников за пару недель невозможно. Это означало, что регионы встали бы. Все машины скорой помощи, пожарные, все жизненно необходимые службы через три дня останавливаются», — вспоминает Ходорковский.

Просьба Путина состояла в том, чтобы олигархи не пользовались подобными рычагами. Тогда у них и не возникнет никаких проблем с силовиками. Предприниматели вздохнули с облегчением. Все с радостью приняли условия президента.

Однако на самом деле все по-разному поняли условия, которые выдвигал Путин. Одни трактуют требования президента довольно четко: не финансировать оппозицию. Подобный вариант высказывает, к примеру, бывший премьер Михаил Касьянов. Другие говорят, что все не было так однозначно, да и не могло быть. На тот момент спонсирование политических партий олигархами было рядовым явлением. В Думе существовала, к примеру, фракция (под названием «Российские регионы»), которую целиком содержала нефтяная компания «Лукойл». У нефтяной компании ЮКОС своей фракции не было, зато депутатом Госдумы являлся один из ее совладельцев, Владимир Дубов, считавшийся главным лоббистом нефтяной отрасли в парламенте.

Еще в 1995 году банк Ходорковского МЕНАТЕП купил 45% ЮКОСа на сомнительном залоговом аукционе за $159 млн. Уже в 1997 году, вскоре после начала публичной торговли акциями ЮКОСа, рыночная капитализация корпорации достигла $9 млрд. А к 2003 году, благодаря успешному менеджменту и курсу на полную транспарентность, капитализация приблизилась к $15 млрд. Темное прошлое с залоговыми аукционами было забыто.

Начало 2000-х годов было для Михаила Ходорковского очень удачным временем. Он прилагал огромные усилия для того, чтобы превратить ЮКОС в крупнейшую в России публичную компанию. И преуспел: ЮКОС стал прозрачной и привлекательной для западных инвесторов компанией.

Глава британской BP лорд Браун писал в своих воспоминаниях, что в 2002 году, планируя получить доступ к российским нефтяным месторождениям, рассматривал три возможных варианта для инвестиций: на третьем месте шла ТНК, на втором — «Роснефть», а на первом — ЮКОС.

«17 февраля 2002 года к моему дому подъехало несколько черных бронированных автомобилей, из которых высыпали дюжие телохранители, — так лорд Браун описывает встречу с Ходорковским в своей книге воспоминаний «Больше, чем бизнес». — Подобно многим олигархам Ходорковский жил под Москвой за высоким забором в тщательно охраняемом доме с ночным освещением по всему периметру участка. Он был помешан на безопасности. Мой дом был намного скромнее, не так хорошо защищен, но тем не менее вполне безопасен»[9].

По словам главы BP, в ходе обеда они с Ходорковским обсудили возможность покупки 25% капитала плюс одну акцию компании ЮКОС. Брауну казалось, что этого было мало. Но когда он заикнулся о большем, Ходорковский ответил: «Двадцать пять процентов, не больше — и никакого контроля. Если будете сотрудничать со мной — о вас позаботятся».

«В очках, с тихим голосом, Ходорковский мог произвести ложное впечатление скромного человека, — вспоминает лорд Браун. — Но чем дольше мы разговаривали, тем больше я нервничал. Он начал говорить о том, как провести людей в Госдуму, как он будет добиваться снижения налогов для нефтяных компаний, и о многих влиятельных людях, которых он контролирует. На мой вкус, он был слишком могущественным. Конечно, теперь легко говорить, но тогда я уловил в этом что-то неуместное».

Михаил Ходорковский, который произвел на руководителя BP впечатление «слишком могущественного», в тот момент испытывал головокружение от успехов. Он не только сделал свою компанию крупнейшей в России и стал самым богатым человеком в стране, он в считаные месяцы стал любимцем всей российской либеральной интеллигенции. Он финансировал организацию «Открытая Россия», которая спонсировала добрую половину российских неправительственных организаций, давала деньги на культурные и просветительские проекты, подключала Интернет в отдаленных сельских школах. Сам Ходорковский выступал с лекциями и речами, демонстрируя, что он пусть еще не политик, но уже готовый лидер.

Владимир Путин, конечно, не мог прямо оговорить такого развития событий на «шашлычном совещании» в 2001 году. Он не мог сказать, что олигархам запрещается быть народными любимцами, но во многом именно это он и имел в виду.

## Парламентская республика

Ходорковский был не просто кумиром либеральных интеллигентов. Кроме этого он довольно быстро стал неформальным лидером всей российской нефтяной промышленности. В 2002 году, когда правительство ввело налог на добычу полезных ископаемых, именно ЮКОС возглавил борьбу с ним. Новый налог в первую очередь увеличивал нагрузку на нефтяников, и накануне рассмотрения поправок в Налоговый кодекс к министру экономики Герману Грефу, идеологу налоговой реформы, пришел партнер Ходорковского, президент «ЮКОС-Москва» Василий Шахновский. Он самоуверенно сообщил министру, что закон будет отклонен, потому что он «противоречит интересам ЮКОСа», а если правительство будет настаивать, то нефтепромышленники напишут коллективное письмо с требованием отправить Грефа и Кудрина в отставку за непрофессионализм. Правительство должно самостоятельно отложить обсуждение законопроекта в Думе и дождаться, когда ЮКОС подготовит свои встречные предложения по нему.

Греф и Кудрин были в бешенстве. Наутро они вдвоем отправились в Думу защищать придуманный ими налог. Они были уверены, что Дума, большинство в которой принадлежит прокремлевским фракциям, не сможет отклонить внесенный правительством законопроект. Однако он с треском провалился у них на глазах. Самое абсурдное, что против закона, повышающего налоговую нагрузку на нефтяных олигархов, единогласно проголосовали коммунисты, а также члены многих фракций, в том числе прокремлевских.

Для правительственных либералов это было неприятным уроком, теперь им приходилось считаться с еще одним набирающим силу игроком, Михаилом Ходорковским. Ни Кудрина, ни Грефа такая перспектива особенно не радовала. Им потребовался целый год для того, чтобы продавить принятие налога на добычу полезных ископаемых.

Свое влияние на Думу Ходорковский использовал не только для того, чтобы лоббировать законы, выгодные нефтяной промышленности.

Сейчас он рассказывает, что еще в начале 2003 года обсуждал с депутатами из «Единой России» возможность изменения конституции и переход к «французской модели президентско-парламентской республики».

«Все они понимали, что в конституции 1993 года переборщили с президентскими полномочиями, — говорит Ходорковский. — Но на такую реформу власть можно было убедить только после 2004 года». Близко знающие Ходорковского люди рассказывают, что в тот период он думал, что в будущем — гипотетически — мог бы стать премьером.

В 2004 году в России должны были пройти президентские выборы. Владимиру Путину предстояло переизбраться на второй срок, а перед тем, на декабрь 2003 года, были намечены выборы в Государственную думу. Соответственно, для внесения необходимых поправок в конституцию Ходорковскому нужно было иметь договороспособный и даже послушный парламент. Поэтому за год до выборов ЮКОС начал финансировать почти все существующие оппозиционные политические партии: и «Яблоко», и «Союз правых сил», и коммунистов.

Глава администрации Волошин о растущих политических амбициях Ходорковского был осведомлен. Ходорковский несколько раз обсуждал идею перехода к парламентской модели с ним лично. В Кремле видели, что юкосовцы занимаются темой очень серьезно, вкладываются в контроль над профильными комитетами и постоянно говорят про парламентскую республику.

То, что ЮКОС спонсирует компартию, Волошин одобрял: чем больше они берут денег у капиталистов, чем больше своих мандатов отдают спонсорам, тем сильнее разлагаются изнутри и перестают быть коммунистами. Все понимали, что коммунистический электорат не за деньги ходит на выборы, поэтому, если у коммунистов будет больше денег, их результат не вырастет. А если к тому же половину списка коммунистов составят бизнесмены, это их будет толкать в социал-демократию.

## Новая элита

Если влиятельных либеральных министров, таких как Алексей Кудрин и Герман Греф, раздражал рост влияния Ходорковского, то главу кремлевской администрации Александра Волошина и премьера Михаила Касьянова куда больше беспокоил другой человек. То был неожиданный соперник, которого они почему-то прозевали и вовремя недооценили. Его звали Игорь Сечин, и работал он под самым носом у Волошина, его собственным заместителем, а также главой личной канцелярии президента.

Первые пару лет они его даже не замечали, полагая, что это просто мелкий клерк, который носит за Путиным портфель, каждый день встречает президента у лифта, организует его график встреч и переписку. Однако к середине второго пребывания Путина (и Сечина) в Кремле они поняли, что сильно недооценили президентского секретаря. Оказалось, что идеальный аппаратчик, всегда стоящий навытяжку перед первым лицом, обладает немалым авторитетом в ФСБ и среди выходцев из органов. Он сумел пролоббировать несколько неожиданных кадровых назначений, и именно вокруг него сформировалась неформальная группировка старых друзей президента, служивших в КГБ СССР и знавших его еще по ленинградской юности. В СМИ эту группу назвали «силовики» (позже это слово войдет во все языки мира, загадочные siloviki будут фигурировать во всех публикациях о российской политике). К этому клану принято относить, помимо Сечина, генерального прокурора Устинова (он успел породниться с Сечиным — их дети поженились), главу ФСБ Николая Патрушева, еще одного заместителя Волошина — Виктора Иванова, и нескольких олигархов: главу компании «Роснефть» Сергея Богданчикова и банкира Сергея Пугачева.

Впрочем, сейчас Пугачев говорит, что у него не было никаких особых отношений с силовиками и Сечин всегда оставался для него всего лишь человеком, «который носит портфель за Путиным». При этом Патрушева он называет своим старинным приятелем, а вот с Ходорковским, по его словам, у него были очень плохие отношения.

Еще больше Волошин и Касьянов недооценили близость Сечина к президенту — тот факт, что практически все 1990-е годы он работал личным секретарем Путина, чем сильно выделялся в мэрии Петербурга (у всех остальных начальников были секретари-женщины, и только у Путина — секретарь-мужчина). Когда Путин уходил в отставку, Сечин ушел вместе с ним, потом попросился взять его с собой в Москву. И Путин взял, так как не сомневался в верности помощника.

По словам Станислава Белковского, возглавлявшего тогда клуб самых влиятельных политологов страны, Совет по национальной стратегии, либеральной части администрации Сечин напоминал Александра Коржакова — легендарного всесильного телохранителя Бориса Ельцина, который тоже отчаянно боролся с молодыми реформаторами — и был ими низвергнут в разгар президентских выборов 1996 года. Так и сейчас, надеялись либералы, Сечина тоже легко удастся оттеснить.

Ходорковский уверяет, что предстоящий конфликт ощущался всеми: «Сечинское крыло двигалось по своей модели, а нам хотелось двигаться по своему пути, к более транспарентной экономике». По его словам, «все чувствовали, что близится время принятия решения, Путину предстоит сделать выбор между одними или другими: силовиками или либералами».

Впрочем, либералы и силовики — это условное клише, ставший привычным стереотип. Тот же Белковский уверяет, что причиной борьбы были вовсе не идеологические расхождения. Двумя противоборствующими лагерями были старая и новая элита. Одна сторона конфликта — это Семья и ее приближенные, которые держали в своих руках все ресурсы и все рычаги власти, вторая — молодые, еще не набравшие достаточного веса и богатства карьеристы. Целью первых было отстоять свое, целью вторых — отобрать у первых как можно больше.

Для борьбы с Сечиным, говорит Белковский, Волошин решил использовать главу ЮКОСа — ему не хотелось подставляться самому, поэтому он придумал свалить Сечина руками Ходорковского. Ему казалось это довольно несложным. Решающий выпад был назначен на 19 февраля — в этот день в Кремле должна была состояться встреча президента Путина с членами РСПП — Российского союза промышленников и предпринимателей, т. е. с клубом крупнейших олигархов.

## Призрак залоговых аукционов

Ходорковский вспоминает, что за несколько дней до памятного совещания 19 февраля 2003 года члены РСПП собрались в администрации президента, чтобы обсудить предстоящие выступления. Александра Волошина на встрече не было — вместо него председательствовал его первый заместитель Дмитрий Медведев. Участники обо всем договорились, в том числе обсудили выступление о коррупции и необходимости бороться с ней. Сначала планировалось, что об этом скажет Александр Мамут, близкий к Семье бизнесмен и давний друг Романа Абрамовича. Однако Мамут уклонился от этого права, зато инициативу взял на себя Ходорковский. Он подготовил речь, в которой содержался выпад против корпорации «Роснефть» — говорилось, что она купила небольшую компанию «Северная нефть» по цене завышенной примерно в три раза.

В день совещания у Путина Ходорковский на всякий случай подошел с текстом выступления к Волошину, спросить, не слишком ли резко и стоит ли говорить все это под камеры, в присутствии журналистов? «Сейчас спрошу у президента», — сказал Волошин и подошел с текстом речи Ходорковского к Путину. И скоро вернулся со словами: «Все ОК, президент говорит, можно под камеры».

А потом на виду у камер разыгралась драматичная сцена. Ходорковский произнес заранее заготовленную речь, а Путин начал отвечать ему лично. Он начал защищать сделку по покупке «Северной нефти», сказав, что у «Роснефти» просто не хватает запасов и нет ничего удивительного в том, что она пытается свои запасы увеличить. Зато у ЮКОСа, сказал Путин, есть сверхзапасы и большой вопрос, как компания их получила. «Это как раз касается обсуждаемой нами темы», — сыронизировал Путин, имея в виду борьбу с коррупцией. Кроме того, президент напомнил Ходорковскому, что у ЮКОСа были проблемы с неуплатой налогов: «Как-то эти проблемы возникли? Так что я возвращаю вам вашу шайбу», — резюмировал Путин.

После окончания той встречи, по словам Пугачева, Путин позвал его с собой. «Он кто вообще такой?» — возмущался Путин. «Президент компании "ЮКОС"» — так пересказывает свой ответ Пугачев. «А откуда он взял этот ЮКОС, а? И теперь, после всего, что они тут наделали, он меня обвиняет, что я взял взятку? Он меня при всех будет поучать?» — примерно так, по словам Пугачева, негодовал Путин.

«Или мы признаем, что мы все всё украли и у нас круговая порука, — так интерпретирует негодование Путина Белковский, — и тогда никто никому ничего не предъявляет. А если вы мне предъявляете “Северную нефть”, тогда я и найду, что вам предъявить».

Чтобы понять суть внезапного раздражения Путина, стоит вспомнить историю залоговых аукционов — печально известного процесса, в результате которого тогдашний крупнейший ресурсный бизнес получил свои активы.

В 1995 году, за год до президентских выборов, российское правительство придумало план, который должен был обеспечить переизбрание Бориса Ельцина. Этот план предусматривал, что все крупнейшие госпредприятия, в том числе добывающие природные ресурсы, будут приватизированы основными банковскими группами. Банки кредитовали государство, а под залог этих кредитов они получали акции предприятий. Заранее было известно, что государство кредит не выплатит, а значит, предприятия перейдут в собственность банков.

У этих сделок было несколько дополнительных деталей: например, банки кредитовали государство его же собственными деньгами. Для этого Министерство финансов открывало в каждом из банков счет и размещало в нем средства.

Однако этим сговор не исчерпывался. Формально в каждом аукционе участвовало несколько компаний-претендентов. Но реально результат каждого конкурса был заранее предрешен. В ходе судебного процесса в Лондоне «Березовский против Абрамовича» в 2011 году Роман Абрамович признался, что аукцион по продаже «Сибнефти» был фикцией. Заранее было известно, что победить должна структура, связанная с Абрамовичем и Березовским. Один из конкурентов был устранен силой убеждения: под давлением гендиректор компании-претендента снял свою заявку. Второй конкурент был фиктивным — структура, связанная с Михаилом Ходорковским, которая подыгрывала Борису Березовскому.

Аналогичным образом по заранее согласованной схеме были проданы крупнейшие месторождения страны: нефтяные компании «ЮКОС», «Сибнефть», «Сургутнефтегаз», «Сиданко» (будущая ТНК) и пакет компании «Лукойл», металлургические «Норникель», «Мечел» и Новолипецкий металлургический комбинат (НЛМК). Любопытно, что некоторые из десяти крупнейших банков, такие как Инкомбанк и Альфа-банк, были либо отстранены от дележа государственной собственности, либо проиграли все конкурсы. Их дальнейшие попытки оспорить итоги аукционов оказались тщетными. Зато тем, кому повезло, повезло по-крупному: в первую очередь это были структуры, связанные с Борисом Березовским, Михаилом Ходорковским и Владимиром Потаниным. Кстати, именно Потанина, бывшего в 1996–1997 годах первым вице-премьером правительства, считают настоящим автором схемы залоговых аукционов.

Все аукционы были двухступенчатыми. Первая часть — попадание предприятия под залог — происходила до президентских выборов. Вторая часть — окончательное приобретение права собственности — после. Так правительство получало гарантию, что все банкиры соблюдут договоренности.

Идеолог российской приватизации Анатолий Чубайс, в 1994–1996 годах первый вице-премьер, позже в интервью *Financial Times* объяснял, что у правительства не было другого выбора.

«Мы не могли выбирать между “честной” и “нечестной” приватизацией, потому что честная приватизация предполагает четкие правила, установленные сильным государством, которое может обеспечить соблюдение законов, — говорил Чубайс. — У нас не было выбора. Если бы мы не провели залоговую приватизацию, то коммунисты выиграли бы выборы в 1996 году, и это были бы последние свободные выборы в России, потому что эти ребята так просто власть не отдают»[10].

В 2014 году в интервью газете «Ведомости» Ходорковский так вспоминал про залоговые аукционы: «А в чем, собственно говоря, был сговор? Был огромный список приватизируемых предприятий, порядка 800, и каждый говорил, с чем он из этого списка может справиться. Проблема в тот момент была не в деньгах, которые нужно заплатить государству, а в наличии кадрового ресурса. Я бы мог взять намного больше — ограничений не было, пожалуйста. Государству надо было как-то разрешать ситуацию с красными директорами, которые в преддверии выборов взяли и перестали платить зарплаты людям, не говоря уже о налогах. Они [красные директора] все время создавали точки напряжения. В этом была политическая проблема.

Так вот, я прекрасно понимал — уже к тому времени успел кое-чем поруководить, — что ресурсов у моей команды хватит от силы на одно предприятие»[11].

При этом он признавался, что в начале нулевых испытывал угрызения совести по поводу нечестной приватизации и даже предлагал принять «закон о компенсационных выплатах»: «Мы смотрели на британский опыт, готовили записку об этом и через премьер-министра Касьянова отправляли ее Путину. Мы тогда предполагали сложить их в Пенсионный фонд и создать за счет этого возможность компенсировать его неизбежный дефицит в будущем». Потом Касьянов рассказывал, и публично, и лично, что до Путина записку донес, но тот сказал: «Сейчас не время»[12].

Так или иначе, Путин воспринял упреки Ходорковского в том, что сравнительно мелкая компания «Северная нефть» была продана с нарушениями, как вызов. Он помнил, что все крупные предприниматели вовсе не купили свою собственность, а фактически получили ее от государства в подарок. По этой логике по сравнению с залоговыми аукционами любое последующее нарушение просто меркло, поэтому Ходорковский просто не имел морального права публично читать президенту лекцию о вреде коррупции.

## Выбор сделан

Тогдашний премьер Михаил Касьянов, сидевший на встрече с РСПП по правую руку от Путина, вспоминает, что после окончания совещания Путин поразил его удивительным точным знанием всех деталей сделки по «Северной нефти», президент начал сыпать цифрами, которых даже премьер не знал. Тогда Касьянов понял, что ситуация намного серьезнее, чем можно было представить.

«Мы не могли предположить, что решение уже принято, что выбор уже сделан, — говорит сейчас Ходорковский, — это единственное, что вызвало удивление». Он считает, что сделка по приобретению «Северной нефти» «Роснефтью» осуществлялась под личным контролем Путина и откат от нее позже пошел на финансирование последующих избирательных кампаний 2003 и 2004 годов.

Впрочем, это сейчас кремлевский скандал 19 февраля 2003 года кажется переломным моментом, но тогда он не произвел на основных действующих лиц особого впечатления. Ходорковский продолжал как ни в чем не бывало заниматься бизнесом и делать громкие заявления.

Во-первых, он активно выступал по поводу готовящейся военной операции в Ираке — призывал Россию поддержать американскую кампанию против Саддама Хусейна с тем, чтобы обеспечить российским нефтяникам долю в послевоенном распределении природных богатств этой страны.

Во-вторых, он вел активные переговоры о слиянии ЮКОСа с «Сибнефтью» Романа Абрамовича, даже больше того — о продаже доли будущей объединенной компании кому-то из американских гигантов: ExxonMobil или Chevron. Словом, Ходорковский оказался в двух шагах от того, чтобы стать совладельцем крупнейшей нефтяной компании мира. Конечно, без согласия Путина реализовать все эти планы было невозможно, говорит он, государство легко могло заблокировать сделку, например, ее могла не одобрить Федеральная антимонопольная служба. Тем не менее государство никаких негативных сигналов не подавало. 22 апреля 2003 года главы ЮКОСа и «Сибнефти» официально объявили о слиянии компаний.

«Мы понимали, что никакой ExxonMobil не потратит $20 млрд, не получив добро от президента», — говорит Ходорковский. Поэтому они с Абрамовичем сообща вели работу по согласованию сделки с властями: владелец «Сибнефти», как более близкий приятель Путина, согласовывал с ним предстоящее объединение, а глава ЮКОСа занимался согласованием на уровне правительства и Михаила Касьянова.

Спустя пару недель после скандала на РСПП, по воспоминаниям Касьянова, Ходорковский пришел к нему с проектом закона, который закреплял итоги приватизации 1990-х годов и делал невозможным их пересмотр. Согласно этому предложению, владельцы предприятий, приватизированных в 1990-е годы за бесценок, которые в 2000-е годы стоили уже миллиарды, были готовы выплатить государству компенсацию, а взамен получали стопроцентные гарантии неотчуждаемости их прав собственности, а заодно многократную прибавку к капитализации их активов. Ходорковский принес это предложение премьеру от имени всего профсоюза олигархов, на правах его лидера. Инициатива была всем на руку — бюджет получал неожиданные налоговые поступления, а олигархи увеличивали инвестиционную привлекательность своих компаний. Особенно такой закон нужен был Ходорковскому и Абрамовичу, чтобы подороже продать долю своей будущей компании американцам.

Касьянов говорит, что в случае принятия этого закона доход бюджета мог составить $15–20 млрд. Ему идея Ходорковского понравилась, и он отнес готовый законопроект Путину. Но президент ничего не ответил. Он забрал принесенные ему две страницы текста и оставил их у себя. Больше к этому вопросу они не возвращались.

## Операция «Энергия»

Противоборствующая группировка, так называемые «силовики», времени тоже не теряли. Теперь Ходорковский рассказывает, что спецслужбы, по его данным, готовили некую операцию «Энергия», т. е. осуществляли массовый сбор компромата на руководство всех энергетических компаний. Впоследствии появилась информация, говорит Ходорковский, что изначальной целью был обозначен не ЮКОС, а «Альфа-Групп». Но Владимир Путин наезд на эту компанию не одобрил. Во-первых, он еще с начала 1990-х годов был знаком с Петром Авеном и даже был ему многим обязан — именно Авен ввел его в околокремлевскую элиту, в частности познакомил с Борисом Березовским. Во-вторых, «Альфа-Групп» с благословения Путина готовила сделку по слиянию своей компании ТНК с британской BP. Рисковать эпохальным контрактом и своими отношениями с Тони Блэром Путин совсем не собирался.

«Напряжение мы ощущали с весны, но это не было чем-то необычным или представляющим угрозу собственно компании», — говорит Ходорковский. Арест сотрудника службы безопасности ЮКОСа Алексея Пичугина, к примеру, он не счел чем-то знаковым — решил, что это бытовой конфликт. Уже после ареста Пичугина у него состоялась последняя встреча с Путиным, на которой они с Абрамовичем рассказывали президенту о готовящейся сделке по объединению компаний. Касьянов вспоминает, что на той встрече Путин много язвил. «А зачем вы мне все это рассказываете? — ерничал он. — Ведь даже если мне это не нравится, вы же все равно будете продолжать, да?» На самом деле осуществление сделки без согласия Путина было, конечно, невозможным.

Рубиконом оказался арест Платона Лебедева, партнера Ходорковского и вице-президента ЮКОСа. Его забрали в СИЗО с больничной койки, после этого всем стало ясно, что против ЮКОСа началась серьезная кампания.

СМИ тогда связали ее старт с публикацией загадочного доклада под названием «Государство и олигархия» (или «В России готовится олигархический переворот»)[13]. Его подготовил Совет по национальной стратегии, организация, которая объединяла на тот момент всех крупнейших политологов России, а автором доклада был Станислав Белковский, на тот момент гендиректор Совета.

Доклад, при всей достоверности изложенной в нем фактуры, все же довольно сильно напоминал донос. Вот его ключевые фрагменты:

«...Фактически страна оказалась на пороге ползучего олигархического переворота.

Можно констатировать, что олигархи, завершив первичную приватизацию основных объектов национальной экономики, перешли к своего рода приватизации политико-властного пространства России. В такой ситуации институт президента страны как основа политической системы постсоветской России из гаранта стабильности правящего слоя, каковым он был в 1992–2002 годах, превращается в потенциальную помеху финальной монополизации и возможную угрозу логике олигархической модернизации.

Следует отметить, что, с учетом изложенного, модель функционирования олигархии в России приближается к Венецианской республике XIII–XVIII веков [олигархи играют роль Совета десяти, а избираемый ими (де-факто) президент — роль дожа].

Следует отметить также, что семьи большинства олигархов постоянно живут за пределами России, за рубежом обучаются их наследники. Много указывает на то, что большинство олигархов не связывают личные и семейные стратегические интересы с Россией как геополитической и этнокультурной сущностью.

Продолжение масштабного вывоза капитала за пределы России объясняется не только особенностями инвестиционного климата страны, но и базовыми представлениями олигархии о личной/фамильной (семейной) стратегии. Эта стратегия обычно связана с Западом и почти никогда — с Россией.

Важными элементами олигархической ценностной системы являются:

— гедонизм;

— культ денег как орудия власти;

— нарочитое пренебрежение к людям, находящимся вне олигархических корпораций, к их жизненно важным интересам».

Далее автор доклада переходит к конкретике, прямо называя потенциальных заговорщиков: собственники ФПГ «Русский алюминий» в сотрудничестве с НК ЮКОС и консорциумом «Альфа-Групп», т. е. фактически четыре богатейших человека в стране — Роман Абрамович, Олег Дерипаска, Михаил Ходорковский и Михаил Фридман. По словам автора доклада, они «опираются на эксклюзивные политико-административные ресурсы, включая, но не ограничиваясь этим, особое влияние на председателя правительства М. Касьянова и руководителя Администрации президента РФ А. Волошина».

Однако в итоге доклад называл лидером заговорщиков именно Михаила Ходорковского: «Объединяя административный ресурс акционеров "Сибнефти", известных своими лоббистскими возможностями и неформальным контролем над рядом властных структур, Михаил Ходорковский может преследовать достаточно амбициозные долгосрочные задачи. В последнее время многие наблюдатели сходятся во мнении о предстоящей политической карьере Ходорковского. Об этом косвенно свидетельствует финансирование ЮКОСом большинства партий, претендующих на места в Государственной думе».

Конец доклада превращается в совсем уже очевидное запугивание президента:

«...Капитулянтское государство, прикрываясь либеральной риторикой, сегодня не исполняет даже функций "ночного сторожа", но расчищает дорогу для усиления всевластия и влияния олигархов, реализации доктрины "финальной монополизации" и концентрации в руках олигархов всех рычагов политической власти.

...Поскольку институт президента, с точки зрения правящего слоя, выполнил свою историческую миссию и потому более не нужен (в будущем — скорее опасен, в силу чрезвычайно широких формальных полномочий главы государства, потенциально позволяющих корректировать базовую философию и технологию власти), а также — поскольку олигархи как физические лица не располагают публичным политическим ресурсом для победы на прямых общенациональных выборах, ключевой субъект правящего слоя принял решение ограничить полномочия президента РФ и трансформировать Россию из президентской республики в президентско-парламентскую (квазифранцузская модель). Основным идеологом подобной трансформации выступает глава НК ЮКОС ("ЮкосСибнефть") Михаил Ходорковский, его явно и неявно поддерживают другие ключевые фигуры олигархического пула (Р. Абрамович, О. Дерипаска, М. Фридман).

Согласно проекту ключевого субъекта правящего слоя, уже в 2004 году может быть сформировано новое правительство РФ, подконтрольное и подотчетное парламенту. Приоритетным кандидатом на роль председателя такого правительства, образованного в соответствии с новой конституцией, считается Михаил Ходорковский. ...Вполне очевидно, что сход с траектории "олигархической модернизации" в ближайшей перспективе отнюдь не гарантирован, это лишь исторический шанс для России, но этим шансом необходимо воспользоваться».

Доклад был опубликован в мае 2003 года и вскоре, как утверждали СМИ, попал на стол Владимира Путина. Его туда положил замглавы администрации и неформальный лидер силовиков Игорь Сечин. Более того, независимые СМИ в 2003 году утверждали, что сам доклад был написан по заказу главы компании «Роснефть» Сергея Богданчикова (считавшегося в тот момент «кошельком» силовиков).

Сейчас Белковский утверждает, что никакого заказчика у доклада не было, фактура, изложенная в нем, хоть и провокационна по форме, но все же правдива. Инициаторами шумихи вокруг доклада Белковский называет руководителей ЮКОСа, в первую очередь зама Ходорковского по идеологии Леонида Невзлина: «ЮКОС сам раскрутил этот доклад и привлек к нему внимание. Они были уверены, что поймали бога за бороду — думали, что, если прикинутся "политическими", их точно никто не тронет».

По словам Белковского, на Путина произвел впечатление вовсе не научный доклад про «олигархический переворот», а распечатки прослушек телефонных разговоров Ходорковского, которые также принес ему Сечин: «Не учли тотальной прослушки. Недооценивали степень утечки всего, что они делают. Став кумиром либеральной интеллигенции, Ходорковский все время вел разговоры о том, какое Путин ничтожество, не задумываясь, что этот самый Путин все эти разговоры может прочесть».

Помимо разговоров о грядущей смене конституции и перспективах возглавить правительство (которые Ходорковский подтверждает), ходят легенды еще об одном обвинении, которое в адрес Ходорковского якобы выдвинул Сечин и которое произвело впечатление на Путина. В донесениях, которые легли на стол президенту, говорилось, что в ходе переговоров о предстоящей сделке с Chevron или ExxonMobil Ходорковский якобы говорил с Кондолизой Райс и пообещал ей, что, возглавив Россию, откажется от ядерного оружия. Ходорковский утверждает, что подобных переговоров никогда не вел. Впрочем, это уже не важно. Важно, что Путин, очевидно, этой информации поверил.

## Миссия выполнена

После ареста Платона Лебедева стало очевидно, что власть предлагает Михаилу Ходорковскому отправиться вслед за Борисом Березовским и Владимиром Гусинским: в эмиграцию. Однако

Ходорковский никуда не уехал, а наоборот, отправился в турне по России. Его арестовали в октябре в аэропорту Новосибирска.

Станислав Белковский считает, что Ходорковский был уверен, что его не посадят, так как полагал, что его прикрывают Волошин и Касьянов. А Волошин не смог его прикрыть, так как не ожидал, что Ходорковского могут посадить. «Он думал, что Путин сначала как минимум позовет его посоветоваться, — говорит Белковский. — Волошин думал, что Ходорковского не посадят, потому что это уже перебор. А Путин решил: ничего страшного, переберем».

У многих в Кремле в тот момент был шок — руководство администрации президента узнало об аресте Ходорковского из новостей. В тот день ультралиберальный советник президента по экономике Андрей Илларионов встретил в коридоре замглавы администрации Владислава Суркова, который начинал охранником, а потом пиарщиком Ходорковского, прежде чем ушел из МЕНАТЕПа и оказался в Кремле. «Слава! И что же теперь делать? — спросил шокированный Илларионов. — Что же ты теперь будешь делать?»

«Знаешь, Андрюша, — улыбнулся Сурков, — нет пределов человеческой гибкости».

Его начальник Александр Волошин окажется недостаточно гибким: он подаст в отставку 30 октября 2003 года, спустя пять дней после ареста Ходорковского. Вскоре после этого именно Сурков станет новым главным идеологом Кремля.

«В принципе Волошин мог остаться, Путин не требовал его отставки, но это означало бы, что Волошин с Абрамовичем специально все подстроили, чтобы отобрать у Ходорковского ЮКОС», — говорит Белковский.

Сам Белковский, кстати, в декабре 2003 года перестал был гендиректором Совета по национальной стратегии и сконцентрировался на консультировании Бориса Березовского. Позже он работал советником и Михаила Ходорковского и советует ему до настоящего времени, когда уже освободившийся из тюрьмы Ходорковский переехал в Швейцарию. Иначе говоря, обиды за доклад «Государство и олигархия» глава ЮКОСа не затаил.

Волошин сейчас предпочитает о своей отставке говорить более философски.

«Было ощущение, что драйв потерялся. В первые годы у власти мы сделали много полезных вещей: плоская шкала налогов, частная собственность на землю, другие реформы. Все постоянно двигались, двигались. Я понимал, на что я трачу дни и годы своей жизни. Я думал, что страну продвигаю. Потому что со всех других точек зрения время в Кремле — это годы, выброшенные из жизни. Ты совершенно не видишь детей. Ни одной прочитанной книжки — почти за пять лет. Вообще-то это не жизнь. Надо быть сильно больным человеком, чтобы это нравилось. Или надо уметь себя по частям резать — есть люди, у которых это получается. Я так не мог, я там был целиком».

Сейчас Волошин говорит, что выполнил свою миссию — перевод страны «от периода перманентной революции, который был в 1990-е годы, к эволюционному развитию». «1990-е годы были временем возможностей для интеллигенции, креативного класса, но вообще-то для всех людей они были очень тяжелыми. Правила игры постоянно менялись. Главной задачей для всех было — выживать. Люди не врастали в новую жизнь, а мучились в судорогах. Переход к эволюционному периоду все перевернул — с белого на черное, с черного на белое. И свобода, и рыночная экономика в России далеки от совершенства, но они есть, критическая масса достигнута, и этого хватит. За это приходится расплачиваться менее комфортной жизнью для интеллигенции и креативного класса. Но всем остальным — хорошо. Налицо более стабильная политическая и экономическая ситуация».

Год спустя Ходорковского приговорили к восьми годам тюремного заключения. В 2010 году завершился процесс по второму делу, и срок увеличили до 14 лет. Однако в 2014 году бизнесмена помиловали и выпустили на свободу.

## Семья исчезает

Дело ЮКОСа стало таким землетрясением, которое полностью изменило расклад сил в российской политике. Семья президента Ельцина — или то, что было принято считать ею, — самоустранилась. Последний влиятельный и близкий к Владимиру Путину игрок из этого лагеря, Роман Абрамович, купил футбольный клуб «Челси» и перебрался жить в Англию. Сделка по объединению «Сибнефти» с ЮКОСом была сорвана, но Абрамович ни разу публично не высказал сожаления по этому поводу — спустя два года он продаст «Сибнефть» «Газпрому» по цене, в полтора раза превышающей рыночную оценку. Перед этим он продаст почти все остальные свои активы в России: доли в «Аэрофлоте», «Русском алюминии», «Иркутскэнерго», Красноярской ГЭС, «РусПромАвто».

Важнейший политический клан, который руководил страной в течение предыдущего десятилетия, исчез, как в те же дни исчезло все прежнее руководство Ирака при появлении американских танков под Багдадом: и семья Саддама Хусейна, и функционеры партии «Баас» просто растворились в воздухе. Точно так же та могущественная сила, которая считалась основой политического режима в России, бежала с поля боя после первого удара даже не по ней, а по почти никак не связанному с ней Михаилу Ходорковскому. План использовать ЮКОС в борьбе с силовиками провалился, и Семья тут же капитулировала, сделав вид, что даже не собиралась бороться.

Единственным эпизодом сопротивления можно считать разве что контрдоклад, опубликованный в «Новой газете» и на нескольких интернет-ресурсах. Его написал известнейший политтехнолог того времени Глеб Павловский, и он был ответом на доклад Станислава Белковского. Доклад назывался «О негативных последствиях “Летнего наступления” оппозиционного курсу президента РФ меньшинства».

Меньшинством называлась как раз группа силовиков (в докладе упоминались Игорь Сечин, генпрокурор Владимир Устинов, Виктор Иванов, бизнесмены Пугачев и Богданчиков). Автор доклада утверждал, что эта группа — не что иное, как «новая системная оппозиция, фактически создавшая параллельный центр власти и пытающаяся провести коррекцию курса Президента изнутри, опираясь на поддержку части силовых структур государства под флагом поддержки и усиления “слабого” Президента».

Доклад не повлек почти никаких последствий для самой группы силовиков — по крайней мере, почти три года они оставались всесильны. Зато имел самые неприятные последствия для автора — он проиграл в суде $1 млн Сергею Пугачеву, который обвинял его в клевете.

Впрочем, одну часть того доклада можно считать пророческой. Вот как Глеб Павловский описывал в 2003 году цели, которые ставила перед собой «силовая группа»:

«Во-первых, формирование нового типа бизнеса, заданного “делом ЮКОСа”: полностью лояльного к новым хозяевам, определяющим кадровую и экономическую политику. Неповиновение будет подавляться за счет силового воздействия. Сам бизнес может оставаться частным, но роль государства в управлении им должна быть высокой.

Во-вторых, создание сильных государственных монополий или холдингов с государственным участием в большинстве привлекательных секторов экономики.

В-третьих, решение задачи роста экономики через перераспределение ресурсов и собственности в топливно-сырьевом и других секторах экономики, введением “ресурсной ренты”, созданием государственных монополий (в том числе возвратом госмонополии на выпуск винно-водочной продукции) и ужесточением контроля за функционированием бизнеса.

В-четвертых, резкое усиление силового компонента власти, превращением силовиков в главную и, по сути, единственную опору президента. Активизация силового вмешательства в политику, начиная от выборов всех уровней и заканчивая контролем частной жизни.

В-пятых, формирование новой “левопопулистской” идеологической платформы власти, опирающейся на упрощенное и превращенное в идеологию православие, ориентацию на “массы бюджетников” и антиолигархически настроенный средний и малый бизнес»[14].

Пророчество сбывалось долго — пятый пункт, к примеру, был реализован только через десять лет.

## Последний член Семьи

Тектонический сдвиг в Кремле не мог не отразиться на публичной политике, тем более что на декабрь 2003 года были назначены думские выборы. Партия власти «Единая Россия», сложенная из двух частей — «Единства» и «Отечества», впервые шла на выборы в качестве фаворита. Коммунистическая партия, занимавшая первое место на всех выборах по партспискам в России на протяжении почти десятилетия, впервые должна была эти выборы проиграть, а все потому, что ненавидящий коммунистов Волошин перед отставкой создал коммунистам дублеров — искусственный популистский с уклоном в национализм блок «Родина». Это синтетическое объединение должно было пройти в парламент и отобрать у коммунистов значительную часть их электората.

Наконец, либеральные партии «Яблоко» и «Союз правых сил» были полностью деморализованы и не готовы к выборам. С одной стороны, ЮКОС перестал их финансировать как раз в тот момент, когда началась избирательная кампания. С другой — они так и не сформулировали свой посыл избирателям, не рискнули публично заступиться за Ходорковского. Федеральные телеканалы преподносили дело ЮКОСа как борьбу Путина с разграбившими страну олигархами, и эта идея оказалась довольно популярной среди населения. Идти против общественного мнения, защищать интересы бизнеса или хотя бы выказывать обеспокоенность мелких предпринимателей партии не стали.

Впрочем, исчезновение либеральной группы из Кремля и не могло сопровождаться сохранением позиций либералов в парламенте — и «Яблоко», и «Союз правых сил» не преодолели пятипроцентный барьер и остались за бортом Думы. Обновленная кремлевская администрация даже не мешала им — просто не стала помогать и накручивать голоса в их пользу. Все усилия были брошены исключительно на то, чтобы помочь «Единой России».

Но разгром остатков Семьи на этом не закончился. Более того, не закончился поиск заговорщиков. Тем более что во власти оставался еще как минимум один влиятельный человек, который не был креатурой Владимира Путина, а был скорее навязан ему, — премьер-министр Михаил Касьянов.

На новогодние каникулы глава правительства улетел отдыхать — кататься на лыжах в Австрию. Его пригласил к себе в гости австрийский канцлер Шюссель, и они провели некоторое время вместе. Еще туда же на один день — покататься и поговорить — прилетал лидер проигравшей партии «Союз правых сил» Борис Немцов. Он уговаривал Касьянова возглавить партию, но тот, подумав, отказался.

Пока Касьянов катался, на стол Путина ложились новые донесения. Они свидетельствовали, что Касьянов является ключевой фигурой заговора с целью свержения Путина — именно его детали он и обсуждает с канцлером Шюсселем.

Суть заговора такова: в марте 2004 года должны состояться президентские выборы. Однако они могут быть сорваны, если явка составит меньше 50%. Как их сорвать? Убедить всех кандидатов снять свои кандидатуры. Среди распечаток, которые приносили Путину, по словам Касьянова, были и стенограммы его разговоров с Немцовым, якобы имевших место, но на самом деле абсолютно вымышленных. Согласно этим расшифровкам, Касьянов и Немцов говорили, что все соперники Путина: и коммунист Харитонов, и статист Малышкин, и социалист Глазьев, и либералка Хакамада выйдут из гонки, в бюллетене останутся только Путин и его дублер, спикер Совета Федерации Сергей Миронов, избиратели потеряют интерес к выборам и «проголосуют ногами». Дальнейший ход событий очевиден: новый тур выборов назначается на июнь, между тем полномочия Путина истекают 6 мая. Это значит, что исполняющим обязанности президента по конституции становится премьер-министр Касьянов. И перед выборами вся полнота власти оказывается в его руках.

Касьянов о существовании подобного заговора не подозревал, а в администрации президента уже полным ходом шла работа по борьбе с ним. В Кремль вызвали 66-летнего Виктора Геращенко, бывшего многолетнего председателя Центробанка, этакого российского Алана Гринспена, престарелого харизматика, который только что избрался в Думу по спискам популистского блока «Родина». «Виктор Владимирович, мы очень просим вас выдвинуться в президенты», — сказали ему. Он всячески отказывался, говоря, что это очень трудоемкое и совершенно ненужное ему дело, но в ответ слышал: «Нет, вы не понимаете, мы вас очень просим». Геращенко выдвинулся, возможно, даже не подозревая, что его используют, чтобы придать выборам дополнительной интриги и не допустить их срыва.

Когда Касьянов вернулся из отпуска, то не сразу понял, что случилось. Он вспоминает, что на приеме по случаю Дня Российской армии 23 февраля Путин вел себя очень странно — ни с кем не общался, а в углу шептался о чем-то с директором ФСБ Николаем Патрушевым.

На следующий день Путин вызвал Касьянова в Кремль и объявил, что решил воспользоваться своим конституционным правом и принял решение отправить в отставку премьер-министра. Касьянов вспоминает, что Путин, видимо, нервничал, поэтому перепутал — и Касьянов его поправил: «Вы не можете отправить в отставку премьер-министра, вы можете только все правительство целиком»[15].

Тогда же Путин поведал Касьянову, что все знает о заговоре. Касьянов выразил искреннее удивление, после чего Путин даже предложил уже бывшему премьеру пост секретаря Совета безопасности. Касьянов отказался.

Он ушел в отставку тихо, не делая никаких заявлений, и хранил молчание несколько лет. Все это время власть была к нему абсолютно толерантна, как и к другим ставленникам Семьи.

Вернуться в политику Касьянов попытался только ближе к президентским выборам 2008 года — и провалился. Вернее, был разгромлен. Все федеральные СМИ вспомнили старую, запущенную еще Гусинским легенду о том, что Касьянов от всех визируемых им сделок брал себе откат 2%, чем и заслужил прозвище «Миша 2%». Касьянова не зарегистрировали кандидатом, а его рейтинг никогда не превышал 2%.

Разгром Касьянова и недопущение его во власть стали уже не столько борьбой с остатками Семьи, сколько психотерапевтической борьбой со следующим главным страхом Владимира Путина. Напоминанием о его главном поражении — «оранжевой революции». Стремлением не допустить ее повторения в России и не позволить Михаилу Касьянову стать Виктором Ющенко.

# Глава 4

## В КОТОРОЙ ГЛАВА КРЕМЛЕВСКОЙ АДМИНИСТРАЦИИ ДМИТРИЙ МЕДВЕДЕВ СОЗДАЛ НОВОЕ РОССИЙСКОЕ СОСЛОВИЕ

*Дмитрий Медведев производит очень необычное для политика впечатление — он кажется хорошим человеком. По нему видно, что он не очень уверен в себе, — особенно это заметно по тому, что он старается произвести впечатление человека, который уверен в себе. При этом он точно умеет слушать и даже любит советоваться: например, может спросить у журналистов перед телеинтервью, какого цвета галстук ему надеть. Или лучше вообще без галстука?*

*Дмитрий Медведев начинал свою карьеру как преподаватель — в нем до сих пор много от молодого учителя, который заходит в класс, не уверенный, как его воспримет аудитория, поэтому старается быть более взрослым, более серьезным, а иногда, наоборот, говорить на молодежном сленге. Он вроде уже привык быть не в своей тарелке. Даже когда он показывает своего кота или рассказывает про учебу своего сына, видно, как он старается произвести правильное впечатление.*

*Иногда Медведев вообще походит на прилежного студента. Когда он говорит вещи, с которыми совершенно не согласен — но должность обязывает, в нем появляется что-то от отличника, который выучил свой урок наизусть. И может его отлично пересказать, даже сымпровизировать, хотя сама тема ему глубоко неприятна и противна.*

*Дмитрий Медведев, конечно, никогда не планировал стать политиком. Он в политику попал случайно. Может, даже против воли. Но он отличник. Поэтому при-*

*ходится терпеть и чувствовать себя не в своей тарелке. И, кажется, он верит в то, что может всех перетерпеть.*

## Дима

Приняв отставку Александра Волошина, президент Путин назначил новым главой администрации президента его первого заместителя — Дмитрия Медведева. Совершенно неизвестного публике чиновника, у которого в послужном списке было только то, что он приехал из Петербурга, а потом в 2000 году возглавлял предвыборный штаб Владимира Путина на президентских выборах. При этом все знали, что тот предвыборный штаб был только формальностью и реально ничего не делал (ведь классической предвыборной кампании Путин не вел: в дебатах не участвовал, наружной рекламы не расклеивал). Настоящую предвыборную кампанию Путина вела администрация президента во главе с Волошиным: именно Кремль раздавал указания федеральным телеканалам, Кремль организовывал все предвыборные поездки Путина, которые при этом назывались вовсе не предвыборными, а рабочими поездками премьер-министра.

Наследство Медведеву осталось очень мощное, с 1999 года так повелось, что именно администрация президента являлась основным центром силы в государстве. По сути, став главой кремлевской администрации, Дмитрий Медведев оказался самым влиятельным чиновником в России, ведь помимо этого он занимал еще одну важнейшую должность — с 2000 года он возглавлял совет директоров компании «Газпром». Но, возможно, именно поэтому Медведев и занял две эти ключевые должности — он еще несколько лет оставался совершенно незаметен, не тянул одеяло на себя, не набирал никакого политического веса — до тех пор, пока не получил от Путина следующее предложение.

О том, что Медведев является «официальным преемником» Волошина и после него возглавит администрацию, сам Путин объявил еще до того, как стал президентом. Он говорил об этом еще в марте 2000 года в книге «От первого лица». Эта официальная биография вышла как раз перед выборами, состояла она из интервью, которые взяли у Путина три журналиста из «Коммерсанта» (лучшей газеты страны, принадлежавшей Березовскому): Наталья Тимакова, Наталья Геворкян и Андрей Колесников. (По иронии судьбы, почти сразу после выхода книги пути журналистов разошлись в противоположные стороны. Тимакова ушла работать в Кремль, чтобы впоследствии стать пресс-секретарем и правой рукой Дмитрия Медведева, Наталья Геворкян уехала жить в Париж, чтобы через 15 лет стать медиасоветником Михаила Ходорковского, а Андрей Колесников остался в «Коммерсанте» и остался верен Путину: стал его ежедневным биографом в качестве «пристегнутого» к Путину корреспондента.)

Вот небольшой фрагмент из их книги, в котором Путин перечислял самых близких и доверенных людей:

«— К чьим предложениям вы прислушиваетесь, кому доверяете? Вот вы говорили, что ваши технологи в качестве задачи на первый год ставят формирование команды. Кто в вашей команде? Кому вы доверяете?

— Доверяю? Сергею Иванову, секретарю Совета безопасности.

— Вы давно знакомы?

— Давно, но не очень близко. Он начинал работать в Ленинградском управлении КГБ. Я тогда просто знал, что есть такой человек. Потом он уехал в Москву и так здесь и остался. Был в нескольких длительных загранкомандировках, по нескольку лет. У нас было много общих друзей. В общем, информация о нем была с разных сторон, положительная информация. Знает несколько языков: английский, шведский и финский, по-моему. Я считаю, что он вполне на своем месте. Недавно вернулся из Штатов, очень хорошо поработал. Он встречался с Клинтоном, Олбрайт, Бергером. Я доволен его работой.

— Но вы же еще ни с кем не съели пуд соли.

— Конечно, лучше, если есть возможность в чем-то убедиться на практике. Но давайте согласимся, что есть еще такое понятие, как чувство локтя. Вот с Ивановым такое чувство возникает. И с Николаем Патрушевым тоже, и с Димой Медведевым.

— Медведев возглавляет ваш предвыборный штаб. Он же тоже питерский?

— Он работал на кафедре гражданского права в Ленинградском университете, кандидат юридических наук, эксперт хорошего уровня. Во время работы с Собчаком мне там, в аппарате мэрии, нужны были люди. Я пришел за помощью к юрфаковцам, и они мне предложили Диму. Когда я был заместителем мэра, он был у меня советником, работал года полтора. А потом, после тех неудачных выборов, он, естественно, через какое-то время ушел из мэрии и вернулся в университет.

— Вы его недавно пригласили в Москву?

— Совсем недавно, в этом году. Вообще-то у меня идея была насчет Димы другая. Я хотел, чтобы он возглавил Федеральную комиссию по ценным бумагам. Он специалист по рынку ценных бумаг. Ему вроде бы работать в нашей команде нравится, а где конкретно — посмотрим.

— Еще кто?

— Я Алексею Кудрину доверяю. Он сейчас первый замминистра финансов. Считаю, что он парень порядочный и профессиональный. Мы вместе работали у Собчака, оба были его заместителями. За годы совместной работы можно было человека узнать как следует.

— А Игорь Сечин откуда появился?

— Сечин тоже работал у нас в Петербурге, в протокольном отделе. Он филолог по образованию. Знает португальский, французский и испанский языки. Работал за границей — в Мозамбике и Анголе.

— Воевал?

— В общем, воевал. Потом попал в исполком Ленсовета. Когда я стал заместителем мэра и набирал свой аппарат, многих пересмотрел, и Сечин мне понравился. Предложил ему перейти ко мне на работу. Это было году в 92–93-м. А когда поехал работать в Москву, он попросился со мной. Я его взял.

— А что же будет со старой-то гвардией в Кремле, с камарильей? Все говорят: подождите, вот Путин выиграет выборы и от них освободится. В лучшем случае уволит.

— Вы знаете, такая логика характерна для людей как раз с тоталитарным мышлением. Потому что так, по идее, должен был бы поступить человек, который хочет остаться на этом месте на всю жизнь. А я не хочу.

— Но есть какие-то фигуры, которые воспринимаются как общественные аллергены. Мы говорили о Павле Бородине. Вот еще глава администрации президента Александр Волошин. Не любим общественностью.

— Волошин не любим не столько общественностью, сколько частью истеблишмента. Есть негатив, возникший на уровне группировок и кланов, которые боролись между собой. Досталось и Волошину. Боролись, между прочим, негодными средствами. Я не считаю, что это — основание увольнять кого-то. На сегодняшний день он меня более чем устраивает. Работа, которой занимается Волошин, довольно тонкая. Мы с ним вместе обсуждали, кого можно было бы поставить на его место, говорили про Диму Медведева. Волошин сам сказал: "Пусть замом Дима поработает, потом, может быть, вырастет и будет вариант на мою замену". Сейчас загадывать нет смысла»[16].

Оказалось, что Путин как заранее знал — все так и вышло, как он предсказывал в 1999 году. Действительно, все перечисленные товарищи занимали ключевые посты вокруг Путина. Но и журналисты оказались правы — питерское окружение не скрывало своего восторга, когда в отставку подал «семейный» глава администрации Волошин. «Все, Византия закончилась!» — провозгласил в интервью газете «Коммерсантъ» министр финансов Алексей Кудрин, комментируя новость об отставке Волошина.

Новый хозяин администрации, Медведев, полная противоположность своему предшественнику, действительно совершенно не походил на византийца. Скорее на идеального гоголевского чиновника. Он (через несколько месяцев после назначения) предложил Путину новую структуру администрации: фактически она ничем не отличалась от старой, все прежние чиновники сохраняли свои места и функционал, менялись только их названия. Первых заместителей главы администрации больше не было. Обычных заместителей было два: Сечин и Сурков. Остальные заместители переименовывались в «помощников президента».

Журналистам Медведев (возможно, в шутку) объяснял это преобразование тем, что так иностранцам понятнее, кто чем занимается в администрации. «Это гораздо красивее. Я выезжаю за границу. Иногда это бывает. Не часто. И вот как замглавы администрации приезжал, например, в Америку — и никакого впечатления не мог произвести там на людей, которые командуют, для примера, скрепками. Они понимают, что такое помощник. У них руководитель аппарата Белого дома Эндрю Кард — помощник президента. Но вот и у нас теперь все нормально»[58].

Но главное достижение Медведева на новом посту заключалось в том, что он добился принятия закона «О государственной гражданской службе», который сам же и написал. Этот закон, по сути, был повторением административной реформы, произведенной в России императором Петром I в начале XVIII века, который ввел Табель о рангах для госслужащих. Медведев, по сути, эту табель о рангах воссоздал, только теперь вместо «тайных советников» и «статских советников» возникли «действительные государственные советники 1, 2 и 3 классов». Более того, главный чиновник России Медведев часто говорил о том, что в России госаппарат вовсе не раздут и не нуждается в сокращении — напротив, по сравнению с другими странами у нас даже дефицит профессиональных чиновников.

Это пожелание Медведева вскоре осуществилось. Следующее десятилетие стало золотым для российских госслужащих. Их число выросло в три с половиной раза. А насколько выросло благосостояние — можно только гадать. В 2003 году российские чиновники были еще бесхитростными и не слишком коррумпированными, если этот эпитет вообще применим к российским чиновникам. Они могли оказывать невероятные преференции дружественным бизнесменам в обмен на довольно скромные знаки внимания. Например, распространенным видом взятки был вывоз чиновника с семьей на отдых за границу. Предприниматели организовывали заграничный досуг крупнейших госслужащих и их семей (это обходилось им максимум в несколько тысяч долларов), а взамен получали контракты стоимостью в миллионы.

Подобная близость чиновников и бизнесменов даже не считалась конфликтом интересов: к примеру, все знали, что Владимир Ресин, вице-мэр Москвы, курирующий стройки, вместе с семьей жил в Монако в одном роскошном люксе с крупнейшим девелопером Шалвой Чигиринским. И никого это не смущало.

Лишь спустя лет пять чиновники распробуют вкус роскоши, поймут, как много они по-настоящему стоят, и осознают, что не стоит брать подачки от миллиардеров, если можно стать миллиардерами самим. Но в начале нулевых эта революционная мысль просто не приходила им в голову.

## Идеальный кандидат

Основной задачей Медведева в качестве главы администрации стало переизбрание Путина на второй срок. В первый раз он был главой предвыборного штаба, теперь возглавлял реальный штаб — Кремль. Реальным политтехнологом, который вел предвыборную кампанию, впрочем, был первый зам Медведева, доставшийся ему еще в наследство от Волошина, — Владислав Сурков.

На первый взгляд выборы были чистой формальностью: Путин побеждал легко и уверенно. Но на самом деле интрига заключалась в другом: с окончанием первого срока (и «дела ЮКОСа») и началом второго срока старая ельцинская гвардия окончательно уступала место новой путинской. «Ленинградский клан», как назвали бы его в советские годы, или «питерские», как звала их тогда пресса, обретали настоящую власть, они окончательно выходили из тени после четырех лет «стажировки».

«Спасибо, что показали нам, как управлять страной. Теперь мы можем сами» — такую фразу, якобы произнесенную помощником Путина Игорем Сечиным, вспоминает бывший премьер-министр Михаил Касьянов. По его словам, именно так Сечин провожал его из Белого дома после того, как Путин сообщил премьеру о неожиданной отставке.

Накануне объявления нового премьера в это кресло прочили и министра финансов Алексея Кудрина, и министра обороны Сергея Иванова, и даже главу предвыборного штаба Путина Дмитрия Козака. Но Путин сделал странный выбор — он обошел всех близких себе людей, всех выходцев из «питерского клана» и сделал ставку на абсолютно чужого и малознакомого человека.

Премьером стал Михаил Фрадков, безликий чиновник из ниоткуда, но с большим опытом аппаратной работы в правительстве. Фрадков служил в органах (хотя в его официальной биографии этот пункт отсутствует), был министром внешнеэкономических связей и торговли в нескольких правительствах при Ельцине, возглавлял налоговую полицию в первые годы Путина, а в 2003 году был отправлен послом в Брюссель. Оттуда его неожиданно и вытащил Путин, к общему изумлению всей политической элиты. Никаких преимуществ, кроме того, что он был абсолютно неопасен для Путина.

Путин знал Фрадкова еще с начала 1990-х годов: тот был его фактическим начальником. В тот момент, когда будущий президент возглавлял Комитет по внешним связям мэрии Санкт-Петербурга, будущий премьер работал замминистра внешнеэкономических связей России. Однако определяющим моментом для назначения Фрадкова стал разговор, который Путин позже пересказывал журналистам.

В начале 2003 года Кремль осуществлял перестановку в рядах силовиков и решил ликвидировать сразу три мощных ведомства: ФАПСИ (агентство, осуществлявшее секретную правительственную связь), Федеральную пограничную службу и налоговую полицию. Функции ФАПСИ и погранслужбы переходили ФСБ, а борьба с налоговыми преступлениями отходила МВД. Руководители закрываемых ведомств по-разному отреагировали на известие о своем увольнении (притом, что все получили новые назначения): кто-то даже пытался спорить с Путиным. И лишь Фрадков удивил Путина.

«Михаил Ефимович! Забудьте, что вы руководитель, и скажите, вот если действовать из интересов государства, то, как вы считаете, возможна передача ваших функций в МВД? Только по-честному», — спросил президент. И тот прямо сказал, что так будет, конечно, эффективнее. И добавил, что надеется, что «при любых решениях люди не пострадают». Готовность к самопожертвованию по воле начальника Путин оценил. Фрадкова отправили в самую почетную ссылку: послом при Евросоюзе, в Брюссель. Но главное — Путин запомнил его как человека исключительной лояльности.

«Я легко могу себе представить, как рассуждал Путин, когда выбирал Фрадкова премьером, — рассказывал бывший высокопоставленный сотрудник Кремля, — у него одни плюсы и никаких минусов. Имеет опыт работы во всех сферах: и в силовых органах, возглавлял налоговую полицию, и в экономике, был министром внешнеэкономических связей, и на международной арене, был послом в Брюсселе. И нигде не зазнался».

Став премьером, Фрадков в точности скопировал реформу, которую провел в администрации президента Дмитрий Медведев, — произвел арифметическое уменьшение числа руководителей при увеличении общей структуры. Вместо шести вице-премьеров остался только один, а вместо 23 министров — 14, зато под каждым министерством выросло несколько федеральных агентств.

Чем больше рос госаппарат, тем меньше было результатов его деятельности. Волошин и Касьянов говорят, что в конце их пребывания во власти реформы практически остановились, однако именно с приходом Фрадкова начались сосредоточенный дрейф и исключительная имитация бурной деятельности. Фрадков осознавал, что именно в этом и есть его предназначение — он не имел возможности проявить какие-либо амбиции, не должен был перейти кому-либо дорогу.

Парадоксально, но официальный экономический курс, провозглашенный Путиным перед переизбранием на второй срок, был максимально амбициозным — президент требовал, чтобы к 2010 году в стране был удвоен ВВП. Министр экономического развития Греф, архитектор путинских реформ, вяло сопротивлялся, утверждая, что к 2010 году успеть невозможно, разве что к 2015-му. А вот премьер-министр президенту не перечил и уверял, что все будет сделано. В коридорах Белого дома тогда существовало такое объяснение беспечности Фрадкова: «За плохую работу не увольняют — увольняют за нелояльность». Поэтому Фрадков был абсолютно спокоен и не боялся не выполнить предписание президента. В конце концов, он не преуспел ни на одном из предыдущих постов, почти все ведомства, в которых он работал, расформировывали за ненадобностью. И все же именно этим путем он пришел к успеху.

## Удвоение ВВП

Президентские выборы 2004 года прошли без сбоев, Путин получил 71% голосов. И в тот момент, когда шел подсчет, в самом центре Москвы, прямо напротив Кремля, загорелось историческое здание Манежа — самого центрального выставочного зала столицы. Пожарище у стен Кремля производило мрачное впечатление на зрителей, которые следили за результатами голосования. Здание было возведено в 1817 году по приказу императора Александра I в честь пятилетия победы над Наполеоном. А в пятилетие правления Владимира Путина сгорело. Покидая свой штаб, Путин вместе с журналистами поднялся на одну из башен Кремля, чтобы понаблюдать за пожаром.

В ходе тушения погибли двое пожарных. Причины возгорания остались невыясненными, все указывало на поджог. В правительственных кабинетах шептались, что Манеж, скорее всего, подожгли в интересах мэра Москвы Юрия Лужкова, чтобы тот мог разрешить конфликт с инвесторами. Любопытно, что сам Лужков приехал на место пожара в считаные минуты и с ходу заявил журналистам, что версия поджога исключена.

Журналисты как один шептались про плохое предзнаменование. Но Путин, говорят, даже не злился. Задача была выполнена, выборы позади, все остальное — мелочи. Наказывать Юрия Лужкова, своего бывшего главного противника, за то, что тот испортил ему праздник, Путин не стал. Лужков обеспечил Путину приличный результат в Москве — 69%, и это главное.

Самый лучший результат Путин получил в Чечне. Новый чеченский лидер Ахмат Кадыров, бывший муфтий республики, в 1990 году объявлявший джихад русским, а в 1999 году вставший на сторону Путина, обеспечил 92,4% голосов. Это было символом эффективности первого срока Путина: война в Чечне, которая привела его в Кремль четыре года назад, закончилась.

Через день после инаугурации Путина, 9 мая 2004 года, во время празднования Дня Победы в чеченской столице прогремел взрыв. Бомба была заложена под трибуной, на которой сидел президент Чечни Ахмат Кадыров. Он умер по дороге в больницу. В тот же день в Кремль к Путину привезли его младшего сына

Рамзана. Он был в спортивном костюме, с трудом сдерживал слезы. Единственная фраза, которую он произнес на камеры, была: «Чеченский народ сделал свой выбор, и этот выбор — окончательный». Встреча Рамзана Кадырова с Путиным фактически означала, что президент тоже выбор сделал и он тоже окончательный: следующим главой Чечни назначается Кадыров-младший. Тому, впрочем, еще не исполнилось 30 лет, и по закону стать президентом он еще не мог. Но тем не менее начал готовиться к вступлению во власть. Сначала он руководил силовиками республики в качестве вице-премьера, потом стал премьером и только через три года — полновластным хозяином Чечни.

## Гламурное лето

Лето 2004 года было, наверное, самым спокойным летом в истории Путина и, наверное, самым бессмысленным. Какая-либо государственная деятельность остановилась. Столица страны де-факто переместилась в Сочи — там поочередно отдыхали и работали все руководители государства.

Путин провел там почти весь август, туда к нему съезжались в гости зарубежные лидеры: сербский премьер Воислав Коштуница, белорусский президент Александр Лукашенко, армянский президент Роберт Кочарян, украинский президент Леонид Кучма с наследником — Виктором Януковичем.

В конце августа у Путина случилось дежавю. Как и четыре года назад, в конце первого лета его первого срока, случилась страшная трагедия. Тогда это была подлодка «Курск», теперь — два самолета, вылетевшие из московского аэропорта Домодедово. Они были взорваны прямо в воздухе террористками-смертницами. Чтобы не повторить ошибку четырехлетней давности, Путин немедленно приехал в Москву, провел совещание в Кремле, а потом вернулся в Сочи. Теракты случились за пару дней до предстоящих выборов нового президента Чечни (вместо погибшего Кадырова). Эти выборы должны были продемонстрировать, что новая пропутинская власть в республике абсолютно легитимна.

Выборы состоялись. Правда, многие приехавшие в Чечню журналисты свидетельствовали, что участки почти пусты, избиратели попросту боялись выходить из дома. Несмотря на это, официальная явка составила 85%.

Через день в гости на сочинскую дачу Путина приехали Жак Ширак с Герхардом Шрёдером. Они заявили, что нет никаких сомнений в честности и легитимности чеченских выборов. Главный гештальт, с которым Путин вступал в должность президента, был закрыт. Война в Чечне была в прошлом, никто больше не интересовался тем, что там происходит. Сидя в роскошной сочинской резиденции, президент Франции и канцлер Германии заверяли Путина, что у них нет к нему никаких претензий.

Этот триумф был испорчен на следующий же день, 1 сентября 2004 года. Не успели Ширак и Шрёдер покинуть Сочи, как группа террористов захватила школу в городе Беслан, в 100 километрах от Грозного, в республике Северная Осетия. В заложниках оказались 1128 человек. Это был самый страшный теракт в истории России (масштабнее «Норд-Оста») — и самое наглядное доказательство того, что война в Чечне далека от завершения.

Путин снова прервал отпуск и прилетел в Москву. Чтобы не повторять ошибки с «Курском». А дальше власти повторили все прежние ошибки — даже в еще более страшном виде. Официальные сообщения занизили число заложников: по телевидению говорили, что их от 200 до 500. Потом власти уверяли, что террористы не предпринимали попыток вести переговоры. Притом, что выжившие свидетели говорили, что террористы передавали несколько видеокассет с записанными требованиями. Наконец, по официальной версии штурм школы 3 сентября был спровоцирован подрывом самодельного взрывного устройства внутри здания. Но по данным независимого расследования, проведенного депутатом Госдумы Юрием Савельевым, причиной смерти большей части заложников стал огонь, который велся снаружи школы, т. е. штурмовавшими сотрудниками спецслужб[17].

В тот день, когда в Беслане хоронили погибших, в город приехали многие руководители государства: премьер-министр Фрадков, глава администрации президента Медведев, мэр Москвы Лужков, спикеры палат парламента, генпрокурор. Они не пошли на кладбище. Вместо этого они под камеры провели траурный митинг на центральной площади. В городе весь день лил проливной дождь. Никто из жителей, потерявших в школе своих детей, на митинг не пришел. Никто из московских чиновников, стоявших перед телекамерами на трибуне под черными зонтами, не пошел на кладбище.

Расследование причин теракта проведено не было. Самое страшное преступление нулевых, по сути, осталось нераскрытым.

На следующий день после штурма Путин выступил с пространной философской речью, очень напоминавшей речь Джорджа Буша после терактов 11 сентября 2001 года. Правда, в отличие от терактов в Нью-Йорке, среди напавших на Беслан не было ни одного иностранца — все они были ингушами, чеченцами и русскими (изначально СМИ писали про найденный труп негра, но довольно скоро выяснилось, что это было просто сильно обгоревшее тело).

Начал Путин свою речь с воспоминаний о Советском Союзе: «Сегодня мы живем в условиях, сложившихся после распада огромного великого государства. Государства, которое оказалось, к сожалению, нежизнеспособным в условиях быстро меняющегося мира. Но, несмотря на все трудности, нам удалось сохранить ядро этого гиганта — Советского Союза. И мы назвали новую страну Российской Федерацией. Мы все ожидали перемен. Перемен к лучшему. Но ко многому, что изменилось в нашей жизни, оказались абсолютно не подготовленными».

Затем начал обвинять внешних врагов: «Наша страна — с некогда самой мощной системой защиты своих внешних рубежей — в одночасье оказалась не защищенной ни с Запада, ни с Востока. В общем, нужно признать, что мы не проявили понимания сложности и опасности процессов, происходящих в своей собственной стране и в мире в целом. Во всяком случае, не смогли на них адекватно среагировать. Проявили слабость. А слабых — бьют. Одни хотят оторвать от нас кусок “пожирнее”, другие им помогают. Помогают, полагая, что Россия — как одна из крупнейших ядерных держав мира — еще представляет для кого-то угрозу. Поэтому эту угрозу надо устранить».

Никакой конкретики Путин не привел. Зато ситуацией военного времени объяснил изменение политической системы: «Это не вызов президенту, парламенту или правительству. Это вызов всей России. Всему нашему народу. Это — нападение на нашу страну. Уважаемые соотечественники! Те, кто послал бандитов на это ужасное преступление, ставили своей целью стравить наши народы, запугать граждан России, развязать кровавую междоусобицу на Северном Кавказе. В ближайшее время будет подготовлен комплекс мер, направленных на укрепление единства страны».

Под укреплением единства Путин подразумевал отмену губернаторских выборов. Отныне глав регионов предстояло определять лично президенту — после чего региональный парламент должен был проштамповать решение главы государства.

Михаил Касьянов, к сентябрю 2004 года уже уволенный премьер-министр, уверен, что отмена губернаторских выборов была заготовкой. Он считает, что Путину был нужен предлог, чтобы принять нужное ему решение, и Беслан стал таким предлогом.

Сотрудники администрации президента это предположение не подтверждают. Наоборот, настроение перед терактом в Беслане было максимально расслабленное. Никакого плана не существовало, а решение отменить выборы губернаторов было жестом отчаянного раздражения.

Теракт в Беслане завершил самое спокойное и безмятежное лето Путина. Удивительно, но непропорциональный ответ на теракт, фактически превративший Россию в унитарное государство, оставил общество равнодушным. Сытое и безмятежное лето, обеспеченное постоянным притоком нефтедолларов, продолжалось в стране еще четыре года — до кризиса 2008 года.

В России начались гламурные нулевые — самый странный период в ее истории. Фокус всеобщего внимания полностью переключился на потребление предметов бытовой культуры. Впервые в жизни российское общество в смысле достатка и комфорта оказалось не позади человечества, а впереди него.

Рядовые граждане России первыми в мире осваивали айфоны, айпады, плазменные панели, новые автомобили, посудомоечные машины, соковыжималки и пылесосы. В каждом крупном городе России появились гипермаркеты, многозальные кинотеатры, боулинги, рестораны, ночные клубы. Граждане начали регулярно и массово выезжать отдыхать за границу. Россия неуверенно и неумело училась быть богатой страной.

Политическую и бизнес-элиту бытовой роскошью было уже не удивить. Она конкурировала в невиданной роскоши. Она открыла для себя Лазурный Берег и Куршевель, куда московский свет вылетал частными самолетами на один вечер — просто выпить и погулять.

Среди московских предпринимателей стояла очередь за частными самолетами Falcon — не иметь собственного джета считалось прямо-таки зазорно. Производитель не успевал удовлетворять спрос со стороны богатых русских, зато в России появился новый бизнес. Предприниматели средней руки занимали место в очереди на бизнес-джет, а потом продавали свою очередь какому-то более медлительному миллиардеру.

Каждый из «олигархов» пытался в чем-то перещеголять соседа. У Романа Абрамовича была самая дорогая яхта. У Михаила Прохорова — самые шумные вечеринки с девушками-моделями.

Символом московского высшего света стал ресторан «Марио», там ежедневно ужинал не только весь российский список *Forbes*, но иногда и президент Путин — для него полностью закрывали весь второй этаж. А молодой хозяин Чечни Рамзан Кадыров предпочитал итальянский ресторан Antinori — для него ресторан закрывали полностью.

Главные ночные клубы в Москве строились и открывались лишь на три-четыре месяца, чтобы затем закрыться, потому что пресыщенная публика хотела чего-то нового. Заказать столик стоило безумных денег, но в клубы было не попасть, вспоминает Ксения Собчак — участница вечеринок, на тот момент студентка, дочь покойного мэра Санкт-Петербурга и некогда начальника Владимира Путина Анатолия Собчака. По клубам, впрочем, чиновники не ходили, зато там бывали бизнесмены: и Роман Абрамович, и Михаил Прохоров, и Владимир Потанин, и Олег Дерипаска.

Гламурные нулевые страна провела в забытьи. Никакой политики, никакой общественной жизни — сплошной гедонизм.

В этот период московские «олигархи» и прилипающая к ним тусовка были значительно богаче и жили значительно ярче, чем армия госчиновников. Министры и губернаторы, хоть и не бедствовали, все же смотрели на безумную роскошь с расстояния: они еще не распробовали Cristal и еще не успели покататься в Куршевеле. Пока «московские» гуляли, «питерские» работали: брали власть в свои руки. Настоящее богатство они распробуют только спустя пять лет, когда будет уже поздно.

# Глава 5

## В КОТОРОЙ ГЛАВА АДМИНИСТРАЦИИ ПРЕЗИДЕНТА УКРАИНЫ ВИКТОР МЕДВЕДЧУК ОСТАЛСЯ ПОСЛЕДНИМ УКРАИНЦЕМ, КОТОРОМУ ВЕРИТ ПУТИН

*В начале нулевых Медведчук на фоне украинских политиков выглядел как человек из космоса. Абсолютный европеец, совершенно не похожий на остальных, интеллигентный, образованный и очень эффективный — так описывают Медведчука московские политтехнологи, которые работали с ним в начале нулевых, Марат Гельман и Глеб Павловский.*

*Сейчас «абсолютный европеец» производит другое впечатление — теперь это совершенно закрытый человек, который старается не разговаривать с журналистами, а если и говорит, то произносит такое количество слов, что может уйти от любого ответа и спрятать любой смысл. Это абсолютный профессионал маскировки своих чувств, человек, никогда не говорящий, что он думает на самом деле.*

*Виктор Медведчук окружен огромной свитой. Чтобы поговорить с ним, надо миновать с десяток кордонов, ответить на сотню вопросов, обойти с десяток помощников и советников. Здесь есть все: парни, похожие на бандитов, и мужчины, похожие на банковских клерков, девушки с лицами моделей и женщины с внешностью школьных учительниц. Когда ты разворачиваешь все эти обертки, добираешься до самого влиятельного человека на Украине, то не обнаруживаешь почти ничего. Ты оказываешься лицом к лицу с зеркалом, которое может отражать собеседника, если захочет. А может и ничего не отражать.*

*Но сам с собой Медведчук, очевидно, совершенно искренен. Он и правда стремится повести Украину по совсем другому пути, который считает спасительным и европейским. Он убежден, что настоящее цивилизованное развитие Украины возможно только с Россией — как в то время, когда украинцы руководили огромной Советской империей. Именно это, по его мнению, настоящий европейский путь, дорога в будущее. Именно Советский Союз сделал его европейцем, а нынешнюю Украину — развитой страной с огромным потенциалом. Тот вектор, который кажется европейским его противникам, он считает глубоко провинциальным и местечковым, это путь на европейскую обочину, путь к нищете и убогости. Может быть, Медведчук потому так снисходительно и так не слишком разборчиво относится к своей свите.*

## Крымский друг

Когда все российские олигархи уже распробовали настоящую роскошь, Владимир Путин отдыхал в своей резиденции «Бочаров ручей», что около Сочи. Там, конечно, все тоже было очень богато, но все же очень по-советски. Главным альтернативным местом отдыха для Путина, как и для любого советского человека, был Крым. А все потому, что в Крыму находилась дача его друга — главы администрации президента Украины Виктора Медведчука.

Медведчук родился в Тюменской области России, почти не говорил по-украински и, хотя и был гражданином Украины, разделял некоторую украинофобию московских чиновников. В молодости он, очевидно, сотрудничал с КГБ СССР: в 1970-е и 1980-е годы, работая в Киеве адвокатом, Медведчук, к примеру, был защитником на процессе известнейших украинских диссидентов Юрия Литвина и Василия Стуса. Обоих приговорили к максимальным срокам, оба умерли в лагерях. Литвин в последнем слове обвинял своего защитника Медведчука в чрезмерной пассивности, обусловленной указаниями свыше. В итоге в украинских диссидентских кругах у Медведчука сложилась четкая репутация агента КГБ. Но для Путина подобный бэкграунд скорее выглядел плюсом.

Медведчук легко подружился с Путиным, а также со своими коллегами — главами администрации Кремля: сначала Волошиным, а потом Медведевым. В 2004 году, когда у Медведчука родилась дочь Даша, он даже отправился крестить ее в Петербург. Крестными на церемонии, которая проходила в Казанском соборе, были сам Владимир Путин и жена главы его администрации Светлана Медведева. Именно Медведчук стал для Кремля главным источником информации о том, что происходит на Украине, он стал главным советником и главным каналом связи. Фактически он даже заменил своего московского коллегу Медведева в качестве реального куратора украинского направления.

О будущем Украины Путин, по словам бывших сотрудников Кремля, начал особенно переживать почти сразу после того, как стал президентом. «Надо что-то делать, а то мы ее потеряем», — не раз повторял он.

## Ленинградские и украинские

После распада Советского Союза так повелось, что Министерство иностранных дел занималось только отношениями со странами дальнего зарубежья, т. е. странами, не входящими в СНГ. А бывшими братскими республиками ведала администрация президента — по сути, это было продолжением старой советской схемы, когда союзные республики подчинялись ЦК КПСС. Поскольку администрация президента занимала ровно то же здание на Старой площади, что и ЦК КПСС, получалось, что традиция не менялась десятилетиями, хотя Советский Союз уже не существовал. Украину, вторую по величине после России республику СССР и самого близкого партнера России, курировал лично глава администрации. То есть сначала Волошин, а потом Медведев.

Отношение к Украине всегда было на Старой площади особенным. «Украинский клан» (точнее даже «украинские кланы») в ЦК традиционно был самым сильным. Можно сказать, именно он руководил Советским Союзом многие десятилетия. Если проанализировать персональный состав членов Политбюро, нетрудно заметить, что в нем традиционно доминировали выходцы с Украины. Самыми яркими «украинцами» во главе СССР были Хрущев и Брежнев. Хрущев руководил Украиной (в качестве первого секретаря и председателя Совета министров) с 1938 по 1949 год, а Брежнев с 1946 по 1950 год руководил Запорожской и Днепропетровской областями Украины. Помимо них к «украинскому клану» в 1950–1980-е годы можно причислить главу Президиума Верховного Совета (т. е. формального главу государства) Николая Подгорного, главу Совета министров Тихонова, вторых секретарей ЦК (т. е. фактических глав администраций) Кириченко и Кириленко, членов Политбюро Щербицкого, Шелеста, Полянского, главу МВД Щелокова.

Днепропетровск, мощный индустриальный центр на востоке Украины, стал для Брежнева важнейшим источником кадров для государственного аппарата. Что характерно, даже через десятилетия после смерти Брежнева днепропетровский клан сохранил свои позиции — очередной выходец из него, Леонид Кучма, в 1994 году стал президентом Украины.

Вторую по величине группу в советском руководстве составляли выходцы из Ленинграда. В 1949 году, еще при Сталине, была произведена мощная зачистка советского руководства от «ленинградцев»: их обвиняли в том, что они хотели создать российскую компартию в противовес союзной и перенести столицу в Ленинград. В результате 23 человека были расстреляны, в том числе первый зам Сталина в правительстве (и, по слухам, его потенциальный преемник) Вознесенский, секретарь ЦК ВКП(б) Кузнецов, председатель Совета министров России Родионов, руководители Северной столицы Попков и Капустин. «Ленинградское дело» через пять лет было признано сфабрикованным, и всех казненных реабилитировали. И ленинградцы, даже несмотря на репрессии, находились на важнейших постах: сначала Шверник (глава Президиума Верховного Совета), затем глава правительства СССР Косыгин. Партийному руководителю города (сначала это был Козлов, потом Романов, Зайков) было почти всегда гарантировано персональное место в Политбюро, подобную привилегию имел только один региональный руководитель — первый секретарь ЦК компартии Украины.

По иронии судьбы в течение всего XX века «украинские» и «ленинградские» составляли две крупнейшие силы в советской власти. То боролись друг с другом, то вступали во взаимодействие. В начале нулевых, когда в России к власти пришел «ленинградский клан», а Украиной руководил «днепропетровский», им оказалось несложно найти общий язык.

Впрочем, даже в Кучме, типичном советском «красном директоре», и в его команде, максимально близкой по духу и понятной, кремлевских чиновников кое-что раздражало. И вовсе не то, что украинские чиновники были в среднем на поколение старше и куда меньшими либералами и реформаторами, чем московская политическая элита. Раздражало «украинство».

Один из бывших высших госчиновников вспоминает, как приезжал с визитом в Киев. Его поселили в доме приемов на Банковой улице — в здании, примыкающем к администрации президента Украины. На переговоры далеко идти не пришлось — позвонил Кучма и сказал, что сам заглянет в гости к визитеру из Москвы. Появившись на пороге, украинский президент немедленно попросил обслугу «соорудить на стол». Несмотря на 11 утра, без водки не обошлось — в итоге задушевные переговоры затянулись до вечера. Все намеченные официальные встречи представителю России пришлось отменить — не откажешь же президенту. Но что смутило российского чиновника в ходе беседы больше всего, так это отношение Кучмы к украинским националистам. «Они, конечно, бо́льшие украинцы, чем мы. Будущее за ними, нам у них еще учиться и учиться» — так пересказывает слова Кучмы его российский гость.

Подобный подход Москву всегда ужасно раздражал. В Кремле, например, возмущались по поводу украинской традиции «переводить» имена: все Николаи на Украине становятся Миколами, все Дмитрии — Дмитро, все Александры — Олександрами, Владимиры — Володимирами и т. д.

Надо сказать, что возмущение по поводу «украинизации» было частым явлением еще в советском Политбюро. Прения на тему, существует ли украинский язык или это просто «неправильный русский» и почему украинцы нарушают права русскоязычных, можно обнаружить еще в протоколах заседаний ЦК.

Самыми знаменитыми «украинофобами» были председатель хрущевского КГБ Шелепин и руководитель правительства РСФСР брежневского периода Соломенцев. Но у Украины и украинского языка всегда были надежные заступники в виде первых лиц государства. В путинские годы отношение к концепции «государства украинской нации» стало резко негативным.

У Дмитрия Медведева как у нового куратора украинского направления не было особенной своей точки зрения. Он как хороший исполнитель и как четкий юрист воспринял ту ориентировку, которая досталась ему от Волошина и Путина.

## В поисках слабого

Как специалист по вербовке, хорошо умеющий «зеркалить» собеседника, Владимир Путин выстраивал отношения к Украине с учетом личности тогдашнего лидера, а им был Леонид Кучма, «красный директор», «представитель днепропетровского клана». Леонид Кучма тоже делал вид, что играет с Москвой по старым советским правилам.

В 2005 году у Леонида Кучмы должен был истечь второй президентский срок, и он никак не мог решить: пойдет ли на третий или же пересядет в кресло премьера, сохранив реальную власть и назначив президентом договороспособного преемника. Потенциальные претенденты по очереди ездили на «смотрины» в Москву — ровно так же, как еще 20 лет назад ездили кандидаты в первые секретари ЦК. В основном это были предшественники Медведчука на посту главы администрации Кучмы, т. е. люди, которым президент доверял. Одним из них был экс-глава администрации, харьковский губернатор Евгений Кушнарев. Другим — экс-глава администрации, спикер Верховной рады Владимир Литвин. Глава администрации Медведчук явно был готов предложить и себя, а Путин был готов его кандидатуру рассмотреть, но Кучма говорил, что Медведчук «неизбираем». И послал в Москву на смотрины донецкого губернатора Януковича.

Янукович Путину не понравился, но тут выяснилось, что Кучма вовсе не всерьез играет в первого секретаря УССР ЦК КПУ, лояльного Москве, а просто соблюдает политес. На самом деле он не собирался предоставлять выбор Путину, а просто делал вид. Он сам выбрал Януковича, с предельной искренностью объясняя, что все остальные не подходят: только Янукович сможет сам оплатить свою предвыборную кампанию, а у остальных таких денег нет. «Кто будет платить? Ты будешь платить?» — этим аргументом Кучма сражал собеседников наповал. У Москвы есть желание щедро проспонсировать собственного кандидата? А раз нет такого желания, значит, подойдет и Янукович.

В Кремле, правда, подозревали, что за этим аргументом кроются еще два: Янукович выиграл «тендер», т. е. предложил Кучме самую крупную сумму. А кроме того, донецкий губернатор, хоть и не был для днепропетровского президента своим, но производил на него впечатление очень недалекого и управляемого человека. Такому хитрому политику, как Кучма, показалось, что он сможет сохранить максимум власти, если посадит в свое кресло слабого Януковича, а не кого-то из опытных, да и еще близких к Кремлю аппаратчиков. Но самое главное — в Кремле считали, что Кучма не собирается никуда уходить — он прощупывает возможности остаться президентом на третий срок. Поэтому чем хуже преемник, тем выигрышнее будет смотреться сам Кучма.

Так Янукович стал премьером. До президентских выборов на Украине оставался год, потом полгода — а Кучма все еще сомневался. Он не был уверен, что хочет оставить президентское кресло. И тянул с тем, чтобы одобрить выдвижение кандидатуры Януковича. Уже начал свою избирательную кампанию оппозиционер и бывший премьер-министр Виктор Ющенко. У Януковича тоже был сформирован избирательный штаб, только он ничего не делал, потому что ждал отмашки от Кучмы. А Кучма сомневался. По конституции он вроде бы не мог выдвинуться в третий раз. Но мог найти лазейку. Например, если бы очередные президентские выборы по какой-то причине не состоялись, т. е. были бы сорваны, он мог бы вновь принять участие во внеочередных.

Он несколько раз приезжал в Москву, к Путину. Тот разубеждал его: срывать выборы неправильно, власть должна действовать по закону, надо передать власть преемнику. Только к апрелю Кучма решился — Янукович официально выдвинул свою кандидатуру.

## Осенний карнавал

По осени огромное количество российских политологов и политтехнологов потянулось на Украину. Некоторые заключили контракты загодя, понимая, что предстоящие президентские выборы на Украине — это золотое дно. Другие пытались впрыгнуть в последний вагон уходящего поезда, понимая, что в России с отменой губернаторских выборов предвыборные кампании теперь будут куда реже и зарабатывать надо на стороне.

В 1990-е годы и первую половину нулевых политтехнологи стали особой кастой. Их развелось очень много: региональные предвыборные кампании были в России делом очень прибыльным, на каждого из кандидатов (а особенно на действующего руководителя) работали огромные бригады специалистов по черному пиару. Они использовали, как правило, чудовищные приемы, несовместимые не только с этикой, но и с законодательством.

Осенью 2004 года практически все российские политтехнологи оказались на Украине. Кроме того, туда же были делегированы специальный десант из российских спецслужб и группа советников из администрации президента. В Киеве был организован так называемый «Русский клуб» — постоянно действующая команда российских политтехнологов, проводящих бесконечные (и довольно бессмысленные) круглые столы.

Притом, что официально поддержанным кандидатом Москвы был Янукович, российские специалисты работали еще и на противоположный лагерь — на команду оппозиционера Виктора Ющенко. Тем более что его предвыборную кампанию взялся финансировать лондонский изгнанник Борис Березовский. Он, к примеру, отрядил в «оранжевый лагерь» в качестве советника Станислава Белковского.

Поддержка Виктора Януковича Москвой была довольно бесхитростной. Путин регулярно (примерно раз в два месяца) встречался с ним и, ничего не стесняясь, говорил о поддержке на предстоящих выборах. Янукович дважды приезжал в Сочи, трижды — в Ново-Огарево, Путин звонил ему поздравить с днем рождения, приезжал в гости в Крым (останавливался, правда, на даче Медведчука). А Виктор Янукович за три недели до выборов приезжал на день рождения к Владимиру Путину.

В победу Януковича вкладывалось немало: Россия ввела льготный режим для работающих в стране украинских мигрантов (позволив им пребывать в стране без регистрации 90 дней — даже для граждан России, переезжающих из одного города в другой, аналогичный порог составлял три дня), снизила цены на энергоресурсы и отменила НДС на экспортируемые в страны СНГ нефть и газ (подарок стоимостью $800 млн).

Чем ближе были выборы, тем комичнее выглядела поддержка Владимира Путина, оказываемая Виктору Януковичу. 28 октября, за три дня до выборов на главной улице Киева, Крещатике, был проведен парад по случаю 60-летия освобождения Киева от фашистов. Вообще-то Киев освободили 6 ноября, но украинские власти без зазрения совести перенесли годовщину на неделю раньше, чтобы превратить ее в мощное предвыборное шоу в поддержку Виктора Януковича. Из Москвы специально привезли Знамя Победы, красное полотнище, водруженное на Рейхстаг 9 мая 1945 года. На Крещатике был проведен парад (больше напоминавший карнавальное шествие): сотни артистов, наряженных в костюмы бойцов Второй мировой, прошествовали перед трибуной для почетных гостей. На трибуне стояли президент Украины Леонид Кучма и его преемник Виктор Янукович, Владимир Путин и глава его администрации Дмитрий Медведев (тогда еще никому и в голову прийти не могло, что он — тоже будущий преемник), а рядом с ними почему-то президент Азербайджана Ильхам Алиев (по иронии судьбы тоже преемник, унаследовавший президентское кресло от своего покойного отца Гейдара Алиева).

Мероприятие было беспрецедентным: президент России лично включился в предвыборную кампанию в иностранном государстве.

Главная тема патриотического карнавала — русские и украинцы вместе в борьбе против фашистов — стала в тот момент едва ли не ключевой в предвыборной кампании Януковича. С подачи российских политтехнологов «прозападный» штаб Ющенко начали обвинять в том, что он «антироссийский» и, более того, «националистический» и «профашистский». Эта кампания 2004 года, впрочем, окажется только репетицией следующей информационной войны, 2014 года.

То, что десять лет спустя повторится как трагедия, начиналось в виде фарса. YouTube тогда только начинал развиваться, но хитом русскоязычного Интернета в предвыборной Украине стало видео, на котором Янукович, стоя на трибуне во время парада, предлагает Путину леденец. Тот отказывается. Тогда украинский премьер протягивает конфету Медведеву — тот соглашается и засовывает ее за щеку.

Самым загадочным эпизодом той предвыборной кампании стала другая трапеза — ужин Виктора Ющенко в компании руководителей украинских спецслужб. После того ужина Ющенко почувствовал недомогание, а спустя несколько дней был госпитализирован с сильнейшим отравлением. Австрийские врачи спасли ему жизнь, но в Киев в самый разгар предвыборной кампании он вернулся с обезображенным лицом. Еще недавно бывший молодым красавцем, Ющенко за неделю превратился в урода с опухшим лицом. С одной стороны, это стало ударом по его кампании, с другой — сильнейшим доказательством того, что кандидат-оппозиционер готов принести себя в жертву собственному народу, а его враги ни перед чем не остановятся. В собственную жертвенность, избранность и в собственную миссию уверовал, кстати, и сам Ющенко.

Обстоятельства отравления не расследованы до сих пор. Ющенко, теперь уже бывший президент, говорит, что знает, кто организовал покушение на него, но не может говорить об этом публично.

Российский политолог Глеб Павловский, работавший в тот момент в штабе Януковича неким «смотрящим из Кремля», говорит, что отравление Ющенко, по сути, полностью изменило ход всей кампании. Карнавал закончился — появилась атмосфера страха. Отныне это были уже не политтехнологические игры — это уже выглядело как борьба, в ходе которой могут убить.

Главным соперником Ющенко на тех выборах был, конечно, не Янукович. Это был сам Путин. И он проводил предвыборную кампанию так, как будто это была его личная предвыборная кампания. Перед первым туром для самых непонятливых российский президент дал интервью трем ведущим украинским телеканалам. Белковский, работавший в штабе Ющенко, вспоминает, что среди «оранжевых» это интервью поселило уныние. Если до него большая часть сторонников Ющенко все же верила, что шанс победить велик, то после появления Путина в эфире всех украинских телеканалов, такого уверенного в себе, такого спокойного и вальяжного, такого убедительного и надежного, все сникли.

К слову, рейтинг Путина на Украине был очень высок — намного больше любого политика, будь то Кучма, Янукович или Ющенко. Трагедия в Беслане его немного подорвала — сказался страх перед чеченским терроризмом, — но ненадолго.

По иронии судьбы главными российскими советниками двух штабов стали два главных московских политолога, которые еще год назад устроили «битву докладов» вокруг дела ЮКОСа: Станислав Белковский и Глеб Павловский.

«Не надо сопротивляться неизбежному», — говорил в эфире оппозиционного Пятого канала накануне выборов советник Януковича Глеб Павловский в очном поединке советнику Ющенко Станиславу Белковскому. Белковский же вел себя так, как будто победа Януковича и ему тоже казалась неизбежной: зло язвил и обзывал избирателей премьер-министра упырями и оборотнями.

Неожиданно первый тур выборов закончился почти вничью: Ющенко опередил Януковича на полпроцента (первый набрал 39,87%, второй — 39,32%). На Кремль это не произвело никакого впечатления. Никто из московского фан-клуба Януковича по-прежнему не сомневался в том, что победа неизбежна, что все схвачено. То, что случилось дальше, стало историческим и самым первым и самым страшным поражением Владимира Путина за первые десять лет его пребывания у власти.

## Оранжевый кошмар

12 ноября Путин приплыл в Крым — открывать паромную переправу. Вместе с ним на пароме плыл Леонид Кучма, Янукович встречал их в крымском порту Керчь. Вместе с министром

транспорта Георгием Кирпой, который прямо в порту подписал с российским коллегой пакет договоров о строительстве в Керчи нового порта для контейнерных перевозок. Этот предвыборно-рекламный договор так и не будет выполнен. А сам подписавший его министр Кирпа через месяц застрелится — прямо в ночь выборов, когда узнает о поражении Януковича.

21 ноября на Украине прошел второй тур выборов. Владимир Путин в этот момент находился с официальным визитом в Бразилии. Когда в Киеве закрылись избирательные участки, в Рио было около четырех часов вечера. Путин позвонил Кучме, тот рассказал, что, согласно экзит-поллам, Янукович победил. После чего Путин позвонил Виктору Януковичу, чтобы поздравить премьер-министр с победой по итогам экзит-поллов. Об этом немедленно сообщили информагентства. К утру 24 ноября украинский избирком объявил Януковича победителем, и Путин на следующий день направил ему поздравления.

В ночь на 22 ноября на главной площади Киева, майдане Незалежности, собрались несколько десятков тысяч сторонников Ющенко. Они разбили там палаточный лагерь и под оранжевыми флагами на лютом морозе простояли почти месяц. Они требовали отмены результатов второго тура, называя их сфальсифицированными. Один из комендантов Майдана Юрий Луценко считает, что Януковича в тот момент погубила именно чрезмерная поддержка Путина — избирателей возмутило то, как президент России беззастенчиво навязывает им своего фаворита.

Московский советник Януковича Глеб Павловский вспоминает, что ему было довольно некомфортно выходить из гостиницы, которая находилась неподалеку от Майдана, — чтобы беспрепятственно пройти сквозь толпу, заполонившую центр города, ему пришлось надеть оранжевый шарф. Но, приехав в Москву, он обнаружил, что Кремль совершенно далек от реального понимания ситуации: в Кремле пили шампанское и поздравляли его с успешно проведенной кампанией. Всем казалось, что дело сделано, больше никаких проблем не будет, Янукович — президент, а толпу на Майдане можно проигнорировать.

Но толпа не расходилась.

Разгонять многотысячный палаточный лагерь власти не решились. Резко против разгона был Леонид Кучма — ведь приказ об этом, а значит, и ответственность за возможную кровь была бы на нем. Но от силового сценария он ничего не выигрывал — победителем оказался бы Янукович, а Кучма в любом случае ушел бы в отставку. Биться за своего преемника, рискуя собственным будущим, Кучма не стал. По словам одного из советников Кучмы, американский сенатор Ричард Лугар, возглавлявший делегацию наблюдателей на выборах, после второго тура предупредил президента, что его может постичь судьба Милошевича.

Из Москвы Кучму призывали решить вопрос быстро и жестко. Но Кучма уехал в свою загородную резиденцию и сидел там. Янукович был в растерянности и не мог ничего предпринять. Здание администрации президента фактически опустело. Единственным человеком, кто продолжал работать, несмотря на охватившие Киев акции протеста, был Виктор Медведчук. Он оставался на постоянной прямой связи с Москвой, регулярно летал туда, чтобы посоветоваться с Путиным, — как говорили в Киеве, у него для этих целей были и личный самолет, и личный аэродром. Именно Медведчук добился того, чтобы Центральная избирательная комиссия все же объявила официальные результаты второго тура — и объявила Януковича президентом.

Впрочем, было уже поздно. Весь Киев стоял на главной площади в оранжевых шарфах. Государственные телеканалы стали переходить на сторону оппозиции. Президент Леонид Кучма, вместо того чтобы передать власть своему преемнику, включился в переговорный процесс: 26 ноября в Киев приехали президент Польши Александр Квасьневский, президент Литвы Валдас Адамкус и бывший генсек НАТО Хавьер Солана, которые усадили Ющенко, Януковича и Кучму за стол переговоров. В Киев прислали и представителя России — это был спикер Госдумы Борис Грызлов, которому приписывается фраза «Парламент — не место для дискуссий». Он, впрочем, находился в Киеве не как переговорщик, а как человек, который должен был этих переговоров не допустить. Первый раунд переговоров зафиксировал главное требование Ющенко — аннулировать результаты второго тура и переголосовать еще раз. На следующий день украинский парламент потребовал признать второй тур выборов незаконным — дело осталось за Верховным судом.

Владимира Путина происходящее в Киеве невероятно злило. Он не мог понять, почему Кучма не разгоняет Майдан, почему Янукович еще не президент. Кучма отвечал ему, что он ничего не может поделать, что на него, мол, давят американцы. Своего раздражения Путин скрыть не пытался. Возвращаясь из Бразилии, он сначала приземлился в Португалии, где накричал на журналистов, задававших ему вопросы про Украину. А мировое сообщество он обвинил в предвзятости, ведь оно признает выборы в Афганистане, Косово и Ираке (явно недемократичные, подразумевал он), но почему-то не признает итоги выборов на Украине.

25 ноября Путин приехал в Гаагу на встречу с руководством Евросоюза. На итоговой пресс-конференции он снова бушевал и открыто обвинил США во вмешательстве во внутренние дела Украины: якобы сенатор Ричард Лугар все время сидит в штабе Ющенко и руководит его предвыборной кампанией.

Российские СМИ освещали происходящее в Киеве односторонне: на Украине происходит инспирированный Западом антироссийский переворот. Неожиданно в конце ноября в качестве одной из карт в этой игре возник сепаратизм. Сначала 26 ноября депутаты Луганского облсовета проголосовали за создание Юго-Восточной республики и обратились к Владимиру Путину за поддержкой. Уже 28 ноября в городе Северодонецке прошел так называемый «съезд депутатов всех уровней» — собрание противников «оранжевой революции», съехавшихся из 15 областей Украины. Задавали тон губернатор Харьковщины и глава Донецкого облсовета, которые предложили провести референдум о создании «Юго-Восточного федеративного государства со столицей в Харькове». В качестве специального представителя Путина на съезд приехал мэр Москвы Юрий Лужков, опытный популист, еще в 1990-е годы позиционировавший себя как защитник прав русскоязычного населения на Украине, особенно в Крыму. Впрочем, он ничего конкретного участникам съезда не сказал, очевидно, не имея на то санкции из Кремля: «На Украине сейчас действуют две полярные силы. С одной стороны, грубое вмешательство в дела Украины, с другой — Россия, которая с полным уважением относится к суверенитету страны. Я, как мэр Москвы, готов снять свою любимую кепку, чтобы быть похожим на Виктора Януковича».

Однако еще менее определенно выступил Янукович, который все еще надеялся стать президентом всей Украины и хотел использовать съезд лишь как козырь в политической игре: «Еще немного — и все рухнет. Давайте постараемся найти решение, не прибегая к радикальным мерам. Если прольется хоть одна капля крови, этот поток уже не остановить. Защита законов и прав людей — наша цель. Пожалуйста, примите то решение, которое обеспечит целостность в стране и порядок в государстве…»

Участники поговорили и разъехались — больше ничего в направлении автономии сделано не было. Идея была начисто забыта на десять лет.

У Леонида Кучмы было несколько других планов. Он вдруг вспомнил, что еще полгода назад искренне желал именно такого варианта — чтобы выборы по какой-то причине не состоялись и он мог бы вновь выдвинуться. 2 декабря он (вместе с Медведчуком) приехал в Москву к Путину, чтобы обсудить выход из ситуации. Он пытался убедить Путина в перспективности этого сценария. Но Путин уже не верил Кучме. Он теперь верил только одному человеку на Украине — своему куму Медведчуку. Но даже Медведчук не мог убедить Кучму ввести чрезвычайное положение.

По итогам переговоров президенты России и Украины выпустили заявление, в котором предлагали отменить оба тура и провести выборы заново — «без иностранного вмешательства». Но самом деле это была чистая фантастика. С формальной точки зрения никто из участников выборов не оспаривал законность первого тура, зато обе стороны оспаривали второй (лагерь Януковича говорил, что имели место фальсификации в пользу Ющенко в Киеве и на Западе Украины). В итоге Верховный суд отменил только второй тур — и назначил третий (вернее, повторный второй) на 26 декабря.

8 декабря в результате долгих дебатов Верховная рада Украины приняла несколько компромиссных законов. С одной сторо-

ны, по предложению Ющенко был изменен закон о выборах — внесены нормы, существенно затруднявшие фальсификацию. Кроме того, в преддверии так называемого третьего тура 26 декабря был изменен состав Центризбиркома. Еще по предложению Кучмы были внесены изменения в конституцию: президент терял значительную часть своих полномочий, которые переходили к правительству, а его формировало парламентское большинство. Расчет Кучмы был прост — парламентское большинство на тот момент находилось на стороне лагеря Кучмы и Януковича. Он надеялся, что сумеет остаться на плаву и стать премьером. Президент явно не мог ожидать, что в момент поражения Януковича 26 декабря большинство его прежних сторонников переметнется на сторону победителя.

Итог голосования 26 декабря 2004 года был для Москвы шоком. До самого последнего в Киеве работал десант политологов, политтехнологов, депутатов, которые посылали в Кремль депеши о том, что в целом ситуация под контролем, о том, что народ «не приемлет оранжевую чуму», что у «прозападного кандидата почти нет шансов». Объяснить провал собственной неэффективностью они не могли. Признаться в том, что деньги, заплаченные им, были растрачены зря, что они ничего не сделали и во всем просчитались, было бы самоубийством. Все, что они могли, — это доложить, что сделали все, что могли. И пожаловаться на Запад.

Да и сам Владимир Путин не мог признаться себе в том, что перестарался, что действовал топорно, что ошибся в истинных намерениях Кучмы и Януковича, что слишком положился на своего друга Медведчука.

Поражение оказалось чудовищно болезненным, потому что в Кремле совершенно не понимали его причин. Как такие невероятные усилия, которые приложила Россия для достижения нужного результата, могли не увенчаться успехом? Только в том случае, если противник, т. е. Запад, приложил еще большие.

За три месяца до поражения на Майдане Владимир Путин был застигнут врасплох терактом в Беслане и инстинктивно обвинил в нем врагов, которые хотят нанести России удар исподтишка. Поражение на Украине не оставляло у него никаких сомнений.

# Глава 6

## В КОТОРОЙ ЗАМГЛАВЫ ПРЕЗИДЕНТСКОЙ АДМИНИСТРАЦИИ ВЛАДИСЛАВ СУРКОВ ОБОРОНЯЕТ ОСАЖДЕННЫЙ КРЕМЛЬ

*Владислав Сурков напоминает романтического героя из романа XIX века. Он может выглядеть одиноким, задумчивым отшельником, даже если идет по красной бархатной дорожке в Большом Кремлевском дворце. Он выглядит увлеченным философом, даже если выпивает среди ночи в кафе «Пушкинъ», дорогом ресторане в центре Москвы, который любят богатые иностранные туристы и российские поп-звезды. Он всегда выглядит как человек, который знает значительно больше, чем говорит. Который все просчитал наперед и поэтому относится ко всем вопросам с нескрываемой иронией. Даже несмотря на это, ему легко удается обаять собеседника. Он может говорить удивительно циничные вещи — но всегда выглядит, во-первых, искренним, во-вторых, мудрым.*

*Сурков многим кажется гением — или гением злодейства. Он очень обаятельно говорит страшные вещи: про убийства, войну, смерть. «А кто вам сказал, что война — это не метод XXI века? В XXI веке создано самое смертоносное оружие в истории человечества, в XXI веке мы еще увидим самые смертоносные войны», — с улыбкой эпатирует публику утонченный интеллектуал.*

*Но даже далеко за полночь, сидя в компании звезд (например, рок-звезды Земфиры и культовой актрисы Ренаты Литвиновой) в дорогом ресторане, рассуждая о современном искусстве и выпивая, он остается в высшей степени государственником, преданным Владимиру Путину.*

*Он, конечно, не считает себя обычным чиновником. Он считает себя, наверное, самураем, который отдает себя служению императору. Он не такой, как все остальные, — это видно невооруженным взглядом. В этом Владислав Сурков себя на 100% убедил.*

## Съемная квартира

17 февраля 2005 года в жилом доме в центре Петербурга, в большой арендованной квартире, состоялась тайная встреча, очень похожая на собрание революционеров-подпольщиков. Только что победила «оранжевая революция» на Украине, и молодые люди, заходящие в квартиру, только о ней и говорили. Больше того, они обсуждали вероятность ее повторения в России.

Один из последних пришедших был чуть старше — ему уже исполнилось 40 лет, — и его сопровождал охранник. Это был Владислав Сурков, заместитель главы администрации президента, главный идеолог Кремля. Явившись на конспиративную квартиру, он начал шокировать петербургскую молодежь своими свободными и даже оппозиционными взглядами. Например, жестко обругал все существующие политические партии, включая правящую «Единую Россию». (Про тот факт, что именно Сурков ее фактически создал и он же ею руководил в тот момент, замглавы администрации умолчал[18].)

Сурков пламенно обличал действующих политиков за продажность, объясняя молодежи, что политики будущего должны быть идейными — и собравшиеся в этой квартире имеют все шансы стать этими самыми политиками будущего. Может быть, даже составить костяк будущей власти.

Собрание, конечно, было вовсе не кружком мятежников, а совсем наоборот — так зарождалась контрреволюционная молодежная организация «Наши». Сурков просто умело скопировал внешний антураж молодежных бунтарских объединений, чтобы сделать из него мощную охранительную структуру. В Грузии, Сербии, Украине в результате переворотов введено внешнее управление, чего нельзя допустить в России, объясняли мальчикам и девочкам Сурков и его помощник Василий Якеменко, будущий лидер «Наших». Более того, по их словам, в Москве уже было создано отделение движения «Пора!», украинской молодежной организации, подготовившей «оранжевую революцию» на Украине. Противовесом подобным марионеточным организациям и должны стать «Наши».

Десять дней спустя в подмосковном санатории, принадлежащем Управлению делами президента, состоялся первый съезд нового движения — там были активисты прежних прокремлевских групп, студенты-активисты из столичных вузов, а также представители объединений футбольных фанатов. Они должны были составить основу «молодежных отрядов правопорядка», которые в случае чего смогут силой противостоять надвигающейся «оранжевой революции».

Все оргсобрания проходили в обстановке строжайшей секретности. Так, как если бы создавалась не мощная охранительная структура, а тайное общество, нацеленное на смену режима. Журналиста «Коммерсанта» Олега Кашина, проникшего на первый съезд организации, уверяли, что никаких «Наших» не существует, а из подмосковного санатория, где проводился съезд, немедленно выдворили[19].

15 мая «Наши» впервые вышли из подполья: они провели первую массовую акцию в Москве, приуроченную к Дню Победы. В столицу на автобусах привезли 60 000 человек из соседних областей, ради митинга был перекрыт Ленинский проспект, одна из главных магистралей города, ведущая в аэропорт Внуково. Ораторы заявляли, что этот митинг — «настоящий русский майдан».

В начале июля «Наши» организовали летний лагерь на озере Селигер в Тверской области. На двухнедельный слет свезли 3000 молодых людей из 45 регионов. Они две недели занимались спортом, слушали концерты модных музыкантов (на Селигер приехала даже Земфира — самая популярная рок-певица в стране).

Лекции членам организации приезжал читать политолог Глеб Павловский, курировавший кампанию Януковича в Киеве, а теперь превративший свое детище Фонд эффективной политики в главный контрреволюционный think tank Суркова. «Ваша главная проблема, — говорил он, — это избыточная уверенность в своем существовании. Оно не гарантировано, уверяю вас. Европейская цивилизация так устроена, что ей постоянно нужен враг, особенно в периоды, когда все хорошо. Так было с евреями в конце XIX — начале XX века, так сейчас происходит с русскими. Русские для Запада сегодня — объективно главные изгои, какими бы хорошими мы ни были. Русские — это евреи XXI века, и это нужно учитывать. Вы должны быть жестче, учиться держать в руках винтовки, жестко отвечать своим оппонентам. "Наши", по-моему, — это такой кулак, который общество должно показать фашистам. А пока я не вижу активности»[20].

Уже осенью Павловский пошел еще дальше — он стал главным штатным пропагандистом Суркова и начал вести еженедельную аналитическую программу в воскресный прайм-тайм на телеканале НТВ. Она называлась «Реальная политика». Сейчас Павловский раскаивается в этом: «Именно тогда мы начали терять время. В тот момент нам казалось, что мы заняты чем-то важным. Но на самом деле власть понапридумывала себе иллюзорных задач и увлеченно их выполняла. На самом деле все это было бессмысленно. Но тогда, глядя на ситуацию изнутри, мы этого не понимали».

26 июля, на следующий день после окончания лагеря, самых ярких активистов «Наших» привезли к президенту Путину. Владимир Путин сказал: «Ваша организация — яркий пример гражданского общества» — и добавил, что он «очень надеется на то, что "Наши" смогут повлиять на ситуацию в стране».

«Наши» превратились в постоянно действующую структуру — возможно, единственную в стране полноценную политическую организацию, которая собиралась не только на время массовых акций или съездов, но функционировала и между ними: активистов устраивали на учебу или работу, проводили с ними регулярные тренинги, отправляли в бесплатные турпоездки. Организация была устроена по классической схеме сетевого маркетинга. Каждый активист должен был привести как можно больше друзей — от этого его статус повышался.

Сурков осознавал, что основной идеей любой революции является не позитивная, а негативная повестка. Очень трудно сплотить массы на борьбу «за» — куда проще мобилизовать на борьбу «против». Многотысячный Майдан собрался в Киеве, потому что люди хотели демократии и свободы? Конечно. Но в большей степени они боролись против надоевшего режима Кучмы и коррупции. Разумеется, самым сильным чувством, которое объединяло актив Майдана, было желание освободиться от России, противостоять давлению и диктату Путина. Страх перед внешним врагом, особенно давним внешним врагом, мобилизует лучше всего. Это все учел Владислав Сурков, формулируя основной посыл молодежи. По сути, Сурков делал все, как если бы готовил революцию: отбирал самых активных и инициативных молодых людей, а потом заряжал их идеологически. Причем это была именно не охранительная идеология, а, напротив, идея борьбы и бунта — но против внешнего врага, американского агрессора и всемирного заговора.

«Наши» были самым ярким, но не единственным проектом Суркова — после «оранжевой революции» ему было поручено разработать целую антиреволюционную доктрину.

Замглавы администрации проанализировал все основные движущие силы, которые помогли произвести революцию в Киеве, и стал прицельно работать по всем этим направлениям. Какие основные силы привели к победе «оранжевой революции»: молодежная организация «Пора», популярные рок-музыканты, игравшие на Майдане, неправительственные организации, которые проводили мониторинг выборов и независимый подсчет голосов, и, конечно, независимые СМИ — в первую очередь Пятый канал, принадлежавший шоколадному магнату Петру Порошенко.

Сурков прошелся по всем пунктам. В апреле он в одном из московских отелей провел тайную встречу с самыми популярными российскими рок-музыкантами — чтобы завербовать. Встреча прошла удачно.

На всех российских государственных телеканалах были введены стоп-листы — списки персонажей, которых нельзя звать или даже упоминать, и — с другой стороны — списки деятелей, о которых запрещено высказываться критически.

В крупнейшем в России социологическом агентстве ВЦИОМ осенью 2003 года фактически был произведен рейдерский захват: его руководитель Юрий Левада и вся команда покинули свою организацию, зато на их место пришли новые люди, отобранные Сурковым и не имевшие особенного отношения к социологии.

В декабре 2005 года Государственная дума приняла поправки к закону о неправительственных организациях. Их главной целью стала борьба с финансированием политической деятельности из-за рубежа. Владислав Сурков не раз прямо говорил, что нужен закон, чтобы пресечь попытки Запада организовать «цветную революцию» в России. «Все знают, что Freedom House возглавляет Вулси, который когда-то возглавлял ЦРУ, — рассуждал Сурков 16 мая (на следующий день после митинга «Наших» на Ленинском проспекте) на закрытой встрече с предпринимателями. — Поверить в сугубо гуманитарную миссию этой конторы, наверное, может только идиот». К октябрю Human Rights Watch, Amnesty International, «Врачи без границ» были вынуждены временно приостановить свою деятельность из-за якобы неправильно оформленных документов.

Еще более неприятная история приключилась с Московской Хельсинкской группой — старейшей правозащитной организацией в стране. Спустя несколько дней после принятия поправок к закону об НКО на государственном телеканале «Россия» вышел документальный фильм «Шпионы», где рассказывалось о некоем шпионском камне, установленном в центре Москвы, при помощи которого британские дипломаты собирали секретную информацию. В фильме использовались оперативные съемки, назывались конкретные имена, например второго секретаря посольства Марка Доу. А также говорилось, что упомянутый Доу финансировал российских правозащитников, в частности Московскую Хельсинкскую группу, которую возглавляла 78-летняя Людмила Алексеева, в течение нескольких лет подряд выдвигавшаяся на Нобелевскую премию мира. Сама Алексеева была в шоке, говорила, что имя Марка Доу слышит впервые, что ее организация получила всего один британский грант.

Любопытно, что в разоблачения телеканала «Россия» мало кто поверил — уж слишком грубой советской пропагандой выглядел фильм «Шпионы». Однако спустя шесть лет Джонатан Пауэлл, экс-глава канцелярии британского премьера Тони

Блэра, в интервью вдруг признался, что шпионский камень действительно существовал и многие факты, изложенные в документальном фильме на российском госканале, были верны.

Другими словами, Путин, Сурков и товарищи не были просто объяты паранойей. Они в ежедневном режиме получали информацию о том, что западные партнеры ведут усиленную разведывательную работу на российской территории. И на фоне украинской революции это приводило их к очень пугающим выводам.

## Осажденная крепость

Новая идеологическая доктрина, которую разработал Сурков, получила название «суверенная демократия». По сути, она пришла на смену «управляемой демократии» Александра Волошина. То есть кремлевский идеолог первого срока Путина всерьез полагал, что российской экономике и политической системе нужны серьезные реформы, демократия никак не может наладиться сама, поэтому нуждается во внешней помощи — иногда терапевтической, а иногда и хирургической. Концепция Суркова заключалась в том, что простой внутренней наладкой проблемы не решишь, потому что проблемы у России не только внутренние (а возможно, совсем не внутренние), но и внешние. России мешает внешний враг, который покушается на ее суверенитет. Поэтому российская демократия должна быть особой — она должна быть готова к собственной обороне от внешней угрозы.

В начале 2005 года Кремль ощутил себя осажденной крепостью не случайно. Тому было очень много причин. Главная среди них — унизительное поражение, нанесенное «оранжевой революцией» в Киеве. Но это был не единственный повод для паники.

Примерно одновременно с Украиной президентские выборы проходили в Абхазии, небольшой непризнанной республике, отколовшейся от Грузии в начале 1990-х годов и граничащей с Сочи, т. е. находящейся буквально в десяти километрах от любимой резиденции Путина. В Абхазию российские чиновники любили заезжать инкогнито, когда им становилось скучно в официозной обстановке президентского курорта.

Результатом одной из таких поездок стала массовая выдача российских паспортов жителям Абхазии — к отдыхавшему на пляже в Сухуми высокому кремлевскому чиновнику подошел узнавший его местный житель. И рассказал, что не может никуда вывезти на лечение больного раком отца, потому что абхазские паспорта не признает ни одна страна мира. Чиновник поведал об этом случае Путину и предложил — якобы из чистого гуманизма — выдать абхазам российские паспорта. Так и случилось.

Словом, к Абхазии в Кремле относились даже не как к «заднему двору», а как к подсобному помещению любимой летней резиденции президента. Поэтому и к президентским выборам там подошли еще проще: «пророссийского кандидата» назначили по одному критерию — выбрали того, кто больше понравился Путину. У Путина не было времени (и желания) рассматривать кандидатов, поэтому он наугад ткнул в главу местного КГБ.

После того как выбор был сделан, кандидату (Раулю Хаджимбе) был оказан стандартный набор почестей, который должен был символизировать на родине, что именно он — человек Путина. То есть примерно все то же, что было сделано с Януковичем, только с поправкой на размеры Абхазии. Отдыхая в августе в сочинской резиденции, Путин принял Хаджимбу перед телекамерами в те же дни, что и Януковича. И в Сухуми тоже приехали российские «специалисты» (в основном из ФСБ), которые выступали по телевидению и говорили, что Абхазия должна «отблагодарить Россию за поддержку» — а именно проголосовать за того, кого надо. Но на выборах 3 октября 2004 года (т. е. за месяц до украинского первого тура) победил оппозиционер, а фаворит Путина из абхазского КГБ с треском проиграл.

Абхазии это простили бы, если бы это не наложилось на ужас от Украины. Мятеж избирателей следовало бы подавить, но уж очень упертыми оказались и граждане непризнанной республики, и кандидат-оппозиционер, бывший местный секретарь компартии и директор республиканской энергокомпании Сергей Багапш.

Победив, они приехали в Сочи на поклон к российским чиновникам. Их принял Владислав Сурков — с порога наорал на них.

(Вообще-то Сурков отвечал в администрации за внутреннюю политику, но Абхазия никогда не считалась иностранным государством, хотя де-юре во всем мире считалась частью Грузии.) Багапш и товарищи были так оскорблены, что развернулись и уехали в Сухуми.

Избранный президент не уступал давлению ФСБ до тех пор, пока Россия не перекрыла Абхазии кислород. То есть не запретила экспортировать в Россию мандарины — товар, за счет продажи которого жила вся республика. Очутившись в блокаде, Багапш пошел-таки на компромисс — согласился на повторные выборы и взял проигравшего ставленника Путина, главу местного ФСБ, своим вице-президентом. После такой уступки он был еще раз избран президентом. Это случилось 12 января 2005 года, через день после того, как в Киеве президентом был признан Виктор Ющенко.

Но абхазская революция была не вторым, а третьим тревожным сигналом для Кремля. Московские аналитики тут вспомнили еще и «революцию роз», произошедшую годом раньше в Грузии. Та революция сместила старого президента Эдуарда Шеварднадзе. Основной движущей силой была молодежная группа «Кмара» («Хватит»), революционеров активно поддерживали американские неправительственные организации.

Впрочем, революцию в Грузии Кремль «проморгал» — в 2003 году он вовсе не видел в ней какой-либо опасности. Во-первых, Россию очень раздражал Эдуард Шеварднадзе, старый грузинский президент, в прошлом — министр иностранных дел СССР и правая рука Михаила Горбачева. В Москве любили говорить, что Шеварднадзе был лично виновен в распаде Советского Союза, что он якобы нарочно заключал соглашения, крайне невыгодные для России, так как не считал ее своей родиной и жаждал скорейшего крушения империи.

В 1990-е годы вся политика Шеварднадзе также считалась в Москве антироссийской, к примеру, он был одним из главных сторонников строительства нефтепровода Баку–Тбилиси–Джейхан, первой трубы, по которой нефть из бассейна Каспийского моря пошла на Запад в обход России.

У Путина с Шеварднадзе были чудовищные отношения: его обвиняли в поддержке чеченских террористов, российские военные самолеты не раз бомбили Панкисское ущелье на севере Грузии, где скрывались отряды чеченских боевиков. Грузия Эдуарда Шеварднадзе была первой страной, против которой Путин ввел санкции — для грузин был введен визовый режим въезда в Россию, хотя граждане всех прочих стран СНГ могли приезжать без виз.

В момент его свержения «революция роз» 2003 года не вызвала в Москве никакого неприятия. Наоборот, Кремль даже способствовал падению Шеварднадзе.

По иронии судьбы в субботу, 22 ноября 2003 года, члены Совета безопасности России после традиционного еженедельного заседания отправились в ресторан грузинской кухни «Генацвале», который находится в самом дорогом московском районе, на улице Остоженке, недалеко от Кремля. Как описывает в своей книге британский журналист Ангус Роксборо, как раз во время ужина Путину сообщили, что по закрытой линии с ним хочет поговорить Эдуард Шеварднадзе[21].

В Тбилиси в этот момент начались беспорядки — парламентские выборы, прошедшие 2 ноября, по данным экзитполлов выиграла оппозиционная партия во главе с Михаилом Саакашвили, но власти объявили о своей победе. К 22 ноября антиправительственные митинги достигли своего апогея — протестующие ворвались в здание парламента, а Шеварднадзе не оставалось ничего, кроме как просить помощи у заклятого врага, Владимира Путина.

Несмотря на неприязнь к Шеварднадзе, все члены Совбеза не очень доверяли грузинской оппозиции, и им не нравилась перспектива падения власти в результате народной революции в одной из соседних республик. Поэтому прямо из ресторана «Генацвале» в аэропорт, а потом в Тбилиси немедленно выехал министр иностранных дел Игорь Иванов. Во-первых, он и сам родился в Грузии, а во-вторых, знал Шеварднадзе еще по работе в советском МИДе. Скорее это была рекогносцировка, чем конкретная миссия, Путин не очень хорошо понимал, что и почему происходит в Грузии. Четких инструкций у Иванова не было, главное — не допустить кровопролития и революции. В непонятной ситуации Кремль всегда предпочитал поддерживать действующего начальника.

Прилетев в Тбилиси, Иванов сходил на площадь перед парламентом, поговорил с лидерами оппозиции, в том числе Михаилом Саакашвили, встретился со своими тбилисскими друзьями, а утром отправился в загородную резиденцию Шеварднадзе. К тому моменту он уже убедился, что Шеварднадзе окончательно потерял авторитет и влияние. Если бы Путин потребовал от него предотвратить революцию, то Иванов, наверное, попытался бы. Но поскольку такого требования не было, министр прямо сказал Шеварднадзе, что не верит в его политическое будущее и считает, что надо срочно начать переговоры. Через несколько часов Иванов свел Шеварднадзе и тройку лидеров оппозиции во главе с Саакашвили за одним столом, похлопал их по плечу и сказал: «Президент Путин попросил меня помочь вам принять политическое решение. Теперь дело за вами — провести переговоры и избежать кровопролития. На этом я с вами прощаюсь»[22].

Иванов сразу улетел в Батуми, а там узнал, что Шеварднадзе подал в отставку. Старый президент ждал ясных слов поддержки и, не услышав их, истолковал сигнал Иванова как требование сдаться на милость победителей.

4 января 2004 года в Грузии прошли досрочные президентские выборы. Их выиграл Михаил Саакашвили, который уже через месяц отправился в Москву со своим первым зарубежным визитом. На встрече в Кремле новый грузинский президент восторженно говорил, что очень уважает Путина и очень хочет быть на него похожим (действительно, в последующие месяцы он начал выстраивать в Грузии практически путинскую вертикаль власти). А еще Саакашвили заверил Путина, что постарается исправить многочисленные ошибки, которые допустил Шеварднадзе.

Как вспоминает Саакашвили, в ответ Путин прочитал ему небольшую лекцию об отношениях с США. Он рассказал историю про то, как должен был в 2003 году лететь в Молдавию на подписание соглашения о молдавско-приднестровском урегулировании, передовой борт уже даже вылетел, когда ему позвонил президент Молдавии Владимир Воронин. Он якобы сказал, что подписания не будет, потому что ему «запретил второй секретарь американского посольства». Потом рассказал вторую историю — про то, как президент Литвы просил Путина о скидке на газ, но тот отказал, потому что литовцы плохо себя ведут. «Мораль была проста, — говорит Саакашвили, — не надо быть плохим и не надо дружить с американцами».

Расстались Путин и Саакашвили, несмотря ни на что, довольные друг другом: грузинский президент был по-прежнему очарован старшим товарищем, российский был убежден, что наставил младшего коллегу на путь истинный.

Отношение к Грузии и Саакашвили резко поменялось только после того, как тот поддержал «оранжевую революцию» на Украине. Тогда-то в Кремле переосмыслили отношение к событиям в Грузии. Невольный творец грузинской революции Игорь Иванов не смог поспорить — он к тому моменту уже был отправлен в отставку. Под занавес первого срока Владимира Путина министром стал Сергей Лавров.

Лишь осенью 2004 года московские конспирологи вдруг пришли к выводу, что недооценили врага. Революции вокруг границ России, грузинская, украинская и даже абхазская — результат антироссийского заговора. Более того, очевидно, что у «заокеанских покровителей» «цветных революций» есть следующая цель — Россия. И «оранжевую революцию» в России надо любой ценой не допустить.

В 2005 году паника усилилась: в апреле революция произошла в Киргизии — маленькой среднеазиатской стране, одной из самых бедных республик бывшего СССР. Протестующие свергли президента Аскара Акаева и разграбили его резиденцию. Сам Акаев убежал в Москву, уверяя принимающую сторону, что пал жертвой американского заговора, а вовсе не был свергнут мелкими лавочниками, уставшими от постоянных поборов.

Представители США уверяли, что к революции в Киргизии не имели никакого отношения — наоборот, Акаев их даже устраивал, так как еще в 2001 году дал возможность (с согласия Путина) разместить американскую военную базу в аэропорту Бишкека. Однако Джордж Буш радостно приветствовал движение киргизского народа к демократии, а в Кремле это заявление сочли чистосердечным признанием.

Из Киргизии революция едва не перекинулась в соседний Узбекистан, самую густонаселенную республику Центральной Азии. Восточная часть этой страны, расположенная в Ферганской долине, отрезана от остального Узбекистана горной грядой, соединяет их лишь небольшой перевал. Окраина Ферганской долины принадлежит Киргизии, и победа тамошней революции сказалась на настроениях соседей, и вскоре после победы киргизской революции там начались протесты. Даже не против властей — просто в городе Андижане вышли на главную площадь родственники предпринимателей, которых посадили в тюрьму, чтобы отобрать их бизнес. Семьи требовали вернуть им кормильцев.

Потом были провокации, на митинг вышел весь город, всех заключенных освободили. А в ночь на 13 мая 2005 года милиция расстреляла митингующих. Расстрел начался на главной площади — там, где шел митинг. Жители Андижана в страхе побежали в сторону границы с Киргизией — это примерно 15–20 километров от города. Но на дороге стояли заградотряды, которые продолжали отстреливать убегающих. Несколько тысяч человек сумели спастись, укрывшись в Киргизии. Власти Узбекистана требовали их выдать как террористов, но Киргизия переправила их в качестве беженцев в страны ЕС.

Оказавшись первым человеком, который сумел победить «цветную революцию», президент Узбекистана Ислам Каримов стал для Владимира Путина героем. Спустя пять месяцев после андижанской резни Россия и Узбекистан подписали договор о союзнических отношениях, в котором гарантировалось, что в случае, если подобная угроза режиму Каримова повторится, Россия окажет военную помощь.

«По законам невроза катастрофа на Украине немедленно отразилась во всех прочих местах — с темы Украины она перешла на внутреннюю политику, — констатирует сегодня Глеб Павловский, тогдашний советник администрации президента. — Мы стали думать только о том, что не готовы к “цветной революции”. И я не являюсь исключением, я тоже думал только об этом».

Так в России Владимира Путина начался новый исторический этап. Интеграция с Западом, дружба с европейскими лидерами, разговоры о европейских ценностях — все это начало отходить в прошлое. Средневековый Московский Кремль, который уже несколько столетий никто не осаждал, вновь почувствовал себя осажденной крепостью. И именно эта паника заставила Владимира Путина требовать от Владислава Суркова немедленных действий.

## Военный император мира

2 ноября 2004 года в США прошли президентские выборы. Это случилось всего через три дня после первого тура выборов на Украине и за 20 дней до второго тура, который и положил начало выступлениям на Майдане. В резиденции американского посла в Москве Александра Вершбоу был прием. Мониторы показывали прямой эфир CNN, в большом зале были установлены картонные фигуры Джорджа Буша и Джона Керри, с которыми с удовольствием фотографировались гости. В ту пору на приемы в американское посольство приходили почти все московские селебрити, в том числе депутаты Госдумы и журналисты государственных каналов. Только через десять лет это станет абсолютным моветоном, а у входа гостей будут караулить корреспонденты все тех же государственных каналов с вопросом: «За сколько вы продались американцам?»

Но 2 ноября 2004 года в Спасо-хаусе собрался весь политологический бомонд, в том числе те, кто только что прилетел из Киева. Они гордо гуляли по залу, излучая полную уверенность в том, что кампания Януковича под их чутким руководством идет блестяще, дело почти сделано и их кандидат практически победил. Внук сталинского наркома иностранных дел Вячеслава Молотова, политолог Вячеслав Никонов, который спустя несколько лет возглавит фонд под названием «Русский мир» и станет депутатом Думы, потягивал виски и шутил про то, что вот, мол, какая в США нестабильность — в день выборов неясно, кто победит: Буш или Керри. Другое дело на Украине — заранее понятно, что выиграет наш, Янукович.

Эта бравада очень скоро рассеялась. Джордж Буш убедительно победил. Реальный расклад голосов был всего 51% против

48% в пользу республиканца, но на Кремль победа Буша произвела колоссальное впечатление. Он переизбрался на второй срок, а заодно получил полный контроль над обеими палатами конгресса. Он производил впечатление абсолютного хозяина всего мира, «военный император» — так называли его в Кремле.

Долгое время Джордж Буш был для Владимира Путина моделью идеального президента, считает Глеб Павловский: «сильный лидер, ломающий правила». Он относился к Бушу с завистью и уважением и в то же время со страхом.

В январе 2005 года в своей второй инаугурационной речи Буш заявил: «Политика Соединенных Штатов — искать и поддерживать ростки демократических движений и институтов в каждой стране и каждой культуре. Наша главнейшая цель — покончить с тиранией по всему миру». Это называлось «доктриной Буша» — новый для американской политики подход, при котором США фактически становились мировым жандармом, прикрываясь словами о борьбе за демократию и права человека.

«В Кремле было ощущение, что очень скоро мы увидим господина Буша в России, — была паническая реакция, — говорит Павловский, — это, конечно, была переоценка роли и значимости Джорджа Буша. У нас было полное ощущение, что Буш уже никуда не уйдет. Его избрали на второй срок, и теперь он навсегда. Во всем мире была тогда такая атмосфера, что это не казалось удивительным. Мы были уверены, что надо консолидироваться, укреплять силы, создавать актив, который будет противостоять их активу».

Но даже в такой ситуации Путин все еще надеялся на восстановление отношений с Джорджем Бушем. Ему нравился «военный император», он хотел бы установить честные партнерские отношения, обязательно равноправные. И очень обижался, что Буш не отвечал ему взаимностью. На двусторонних встречах президент США всякий раз убеждал его, что все хорошо. Но как только президенты расставались, опять что-то шло не так: революция на Украине, Иран, Ирак, американские разведчики на Кавказе или планы США по развертыванию ПРО в Европе. Поэтому на следующую встречу Путин приезжал с набором претензий: у него даже были заведены специальные карточки с перечнем всех упреков Джорджу Бушу. Во время откровенных переговоров он доставал шпаргалку и начинал выяснение отношений.

Традиционный набор аргументов Путина сводился к тому, что в международных отношениях Россия все время уступает. Путин первым поддержал Буша в его войне против мирового терроризма в 2001 году, тогда же Россия закрыла свои зарубежные базы — во Вьетнаме и на Кубе — как ненужные. Россия проглотила выход США из договора по ПРО и вторую волну расширения НАТО на Восток — альянс подошел к российским границам, когда в него в 2004 году вступили три бывшие советские республики, Эстония, Латвия и Литва.

В ответ Путин ждал знаков уважения, протянутой руки и взаимных уступок — но их не было. США не отменяли поправку Джексона–Вэника, введенную в 1974 году и ограничивающую торговлю с СССР до тех пор, пока Москва препятствует отъезду евреев в Израиль. Уже нет СССР, все евреи давно уехали, а многие даже вернулись, а поправка по-прежнему не отменена, злился Путин.

Следующими претензиями было нежелание Буша ратифицировать Договор об обычных вооружениях в Европе (ДОВСЕ), стремление развернуть противоракетную оборону в Европе (якобы против Ирана) и, наконец, перспектива включения в НАТО новых членов из числа бывших советских республик — на этот раз Грузии и Украины. Вместо благодарности за сотрудничество все, что слышит Путин, — это одни упреки: из-за свободы слова, дела ЮКОСа, Чечни и т. д.

Буш терпеливо выслушивал все это, но его советники негодовали. Они были убеждены, что Путин не имеет права вмешиваться в дела других государств, например Украины или Грузии, — пусть лучше сначала разберется у себя дома. Окружение Буша вовсе не разделяло симпатии своего президента к Путину.

## 60 лет без войны

Глеб Павловский рассказывает, что примерно до 2005 года в Кремле продолжали всерьез надеялись на приглашение в НАТО. И обсуждали, при каком раскладе это приглашение примут.

Еще до избрания президентом в феврале 2000 года, на первой же встрече с генсеком НАТО Джорджем Робертсоном Путин спросил: когда альянс планирует пригласить Россию вступить. Робертсон был совершенно не готов к такому повороту и ответил, что существует процедура — каждая страна, которая хочет присоединиться, должна подать заявку. Путин был обескуражен. Он был убежден, что Россия не должна подавать заявки и стоять в очереди — напротив, НАТО должно попросить Россию о присоединении.

Совет Россия–НАТО был создан еще в 2002 году, его придумал итальянский премьер Сильвио Берлускони как промежуточную ступень, предваряющую полноценное присоединение России к Североатлантическому альянсу. Ради реализации этой идеи Берлускони даже организовал роскошный саммит в Риме. С этого момента представитель России получал место за общим столом наряду с остальными членами. На закрытых встречах все время обсуждалось, как преодолеть последнее препятствие, какие условия должны быть выполнены, чтобы НАТО могло безбоязненно впустить Россию, а Россия чувствовала бы, что ее уважают и ценят по достоинству.

Присоединение к НАТО восточноевропейских стран, в том числе Прибалтики, о котором Путину сообщили постфактум, стало первой серьезной проблемой. «Цветные революции» стали второй. В 2005 году провозглашение доктрины Буша и превращение Кремля в осажденную крепость поставили крест на этих надеждах.

В апреле 2005 года Путин выступил с традиционным посланием к Федеральному собранию — эта речь была символичной. Самая яркая фраза, которую процитировали все мировые СМИ, прозвучала в самом начале: «Крушение Советского Союза стало крупнейшей геополитической катастрофой века». Впрочем, больше реваншизма и ностальгии в речи не было. Наоборот, Путин (очевидно, вслед за главным кремлевским идеологом Сурковым, готовившим речь) говорил о том, что Россия — европейская страна, европейские ценности для нее — это «определяющий ценностный ориентир», на протяжении 300 лет Россия «шла рука об руку с европейскими нациями», в том числе и в борьбе за права человека. Более того, Путин рассказывал унылым и скучающим чиновникам и депутатам, что, мол, «в наши планы не входит передача страны в руки неэффективной коррумпированной бюрократии», а «находиться в ответственном диалоге с обществом политически целесообразно».

«Для современной России ценности демократии не менее важны, чем стремление к экономическому успеху или социальному благополучию людей», — разъяснял он, добавляя, что «наши ценности определяют и наше стремление к росту государственной самостоятельности России, укреплению ее суверенитета». Именно после второй реплики скучающие чиновники в зале разразились аплодисментами[23].

Закончил свое послание Путин воспоминанием о Великой Отечественной войне — через месяц, в мае 2005 года, наступала 60-я годовщина Победы. Но все высказывания Путина были крайне скромными и вовсе не ура-патриотическими:

«Победа была достигнута не только силой оружия, но и силой духа всех народов, объединенных в то время в союзном государстве. Россия, связанная с бывшими республиками СССР, а ныне независимыми государствами, единством исторической судьбы, русским языком и великой культурой, не может оставаться в стороне от общего стремления к свободе.

Отстаивая российские внешнеполитические интересы, мы заинтересованы в развитии экономики и укреплении международного авторитета государств — наших ближайших соседей, заинтересованы в синхронизации темпов и параметров реформаторских процессов в России и государствах Содружества и готовы перенимать действительно полезный опыт наших соседей, а также делиться с ними своими идеями и своими результатами в работе».

Никаких аналогий между Великой Отечественной войной и современностью Путин не провел — странным образом они ни ему, ни Владиславу Суркову не приходили в голову.

60-летие Победы было для Путина важным испытанием. 9 Мая в постсоветской России осталось единственным советским праздником, который не только не умер (как главные праздники в СССР — 1 Мая, День трудящихся, или 7 Ноября, День революции), а наоборот, приобрел статус «святого». Кроме того, этот праздник символизировал решающую роль Советского Союза в победе над фашизмом, а значит, и уважение, которое должны испытывать все страны мира по отношению к России. (Спустя десять лет государственная пропаганда даже изобрела лозунг для этого праздника: «Помнит мир спасенный».) Для Путина особенно это было очень важным и своевременным: ему требовалось, чтобы зарубежные партнеры продемонстрировали максимум уважения ему и России в целом.

Перед глазами был пример Бориса Ельцина десятилетней давности: в 1995 году Россия переживала тяжелые времена, но 50-летие Победы отпраздновали с помпой. Специально к этому дню в Москве был построен новый мемориал — Поклонная гора, где и провели основные торжества (включая парад военной техники). На традиционном месте парадов, Красной площади, состоялась лишь первая, «историческая» часть парада: прошли колонны ветеранов (которых на тот момент оставалось в живых еще довольно много). В качестве почетных гостей на 9 Мая в Москву приехали все лидеры стран СНГ и почти все лидеры «Большой семерки», включая Билла Клинтона и Джона Мейджора, председателя КНР Цзян Цзэминя, генсека ООН Бутроса Гали.

Путин решил ничего специального к 60-летию не строить, а сосредоточиться на торжествах на Красной площади. Никакой современной военной техники не было — только ветераны. 2500 человек проехали по площади на военных грузовиках, еще столько же сидели на трибунах.

Что касается высоких гостей, то цель перещеголять 1995 год была достигнута. В Москве одновременно оказались более полусотни действующих и бывших президентов, премьер-министров и канцлеров, Генеральный секретарь ООН и генеральный директор ЮНЕСКО. Зарубежные гости, которые должны были приехать, чтобы продемонстрировать уважение, показали почти стопроцентную явку: вся «Восьмерка» была в сборе, кроме Тони Блэра. Бывший ближайший друг Путина просто не мог себе позволить приехать после недавнего скандала со «шпионским камнем» и публичным унижением британских дипломатов на российском телевидении.

Буш вел себя ровно так, как хотелось Путину: сидел рядом на трибуне, вставал под гимн, смахивал слезу при виде ветеранов, говорил проникновенные слова про вклад русского народа в общую победу. Но впечатление все равно было подпорчено. И дело даже не в том, что буквально накануне 9 мая группа конгрессменов внесла законопроект об исключении России из «Восьмерки» за систематические нарушения прав человека. На подобные выпады в Кремле привыкли не реагировать. Расстроил сам «друг Джордж».

По дороге в Москву он умудрился заехать на два дня в Ригу, да еще заявил там в телеинтервью, что собирается поднять перед Путиным вопрос о признании факта оккупации стран Балтии. А из Москвы (даже пропустив торжественный ужин в Кремле) отправился в Тбилиси, где его ждал по-настоящему исторический прием. На главной площади грузинской столицы Буша встречали 150 000 человек, размахивавшие американскими флажками — такой прием президент США мечтал бы видеть в Ираке, но этому не суждено было случиться. Выступая перед толпой, он назвал «революцию роз» торжеством демократии, а Грузию — «маяком свободы» на постсоветском пространстве и во всем мире. По окончании визита президент Михаил Саакашвили переименовал улицу, по которой ехал Джордж Буш из аэропорта, назвав ее именем американского президента.

Все это подтверждало вечные претензии Путина в адрес американцев: они все время лицемерят, в глаза говорят одно, а за глаза другое. Окончательно маски были сброшены год спустя, в мае 2006 года, когда вице-президент США Дик Чейни прилетел в Вильнюс, чтобы произнести там программную речь о демократии, свободе и неприятии российского авторитаризма. А оттуда он отправился в Казахстан, вести переговоры с авторитарным президентом Нурсултаном Назарбаевым, руководившим своей республикой на тот момент уже 16 лет, о будущем взаимодействии в нефтяной отрасли. Путина это и разозлило, и рассмешило: «Товарищ волк знает, кого кушать. Кушает и никого не слушает» — так отозвался он о прежних американских друзьях на следующей неделе.

Глава 6

# Суверенная демократия

В своей борьбе против воображаемой «цветной революции» Сурков и его команда держали в голове вполне конкретную дату, на которую эта революция могла быть назначена, — 2008 год, окончание второго президентского срока Владимира Путина.

«В 2008 году мы либо сохраним суверенитет, либо будет внешнее управление», — говорил Сурков на партийном собрании в Красноярске. «Мы будем с "Единой Россией", мы просим вас быть с нами, потому что будет борьба, даже не как в 1993 году», — пугал Сурков. В 1993 году в Москве шла настоящая гражданская война и танки расстреливали парламент. Аудитория не очень понимала, но чувствовала, что ситуация серьезная.

По конституции Путин не имел права выдвигаться президентом на третий срок. Это означало, что перед ним открывалось множество путей. Прежде всего он должен был решить, собирается ли остаться на своем посту на третий срок. Именно так сделали многие его коллеги из других стран СНГ.

К примеру, президент Белоруссии Александр Лукашенко (избранный впервые в 1994 году) в 1996 году изменил конституцию, поэтому с 2001 года тогда и начал новый отсчет своих президентских сроков. В 2004 году он провел референдум, отменивший ограничение сроков президентства. В 2006 году избрался на третий, а в 2010-м — на четвертый срок.

Президенты Казахстана и Узбекистана Нурсултан Назарбаев и Ислам Каримов поступали похожим образом: Назарбаев регулярно вводил конституционные поправки, продлевавшие его президентские сроки, а Каримов в середине нулевых просто перестал обращать внимание на конституционное ограничение и даже не потрудился сообщить, чем объясняется продление его полномочий.

Несмотря на такое количество примеров под боком, Путин вовсе не собирался становиться еще одним «последним диктатором Европы», как называла пресса Лукашенко. Как юристу Путину было очень важно, чтобы с правовой точки зрения все его действия выглядели безупречно. Несмотря на то что ближайшее окружение то и дело предлагало Путину задуматься о третьем сроке, он был тверд в мнении, что на третий срок ему идти не следует.

В оставшееся до очередных выборов время Путину предстояло определиться со сценарием передачи власти. Сценарии разрабатывал Сурков и приносил их шефу. Тот анализировал и ничего не отвечал, какой сценарий кажется ему наиболее удобным. Путин тянул с принятием решения.

Обязательным условием для спокойной передачи власти был послушный парламент, который в случае чего не станет поддерживать «цветную революцию». Для этого Сурков, во-первых, радикально изменил избирательную систему, а во-вторых, создал партию власти, которая смогла бы разрешить «проблему-2008» — так в Кремле называли предстоящие президентские выборы.

Важнейшим элементом «суверенной демократии» стало изменение избирательной системы. Во-первых, произошло резкое сокращение числа партий и ужесточение правил регистрации — по сути, только марионеточные партии, одобренные в администрации президента, получали возможность быть допущенными к выборам. Во-вторых, было решено, что отныне парламентские выборы будут проходить не по смешанной системе (половина — по пропорциональной системе, вторая половина — по мажоритарной, т. е. по одномандатным округам), а только по партийным спискам. Иначе говоря, независимые кандидаты, не входившие ни в одну из зарегистрированных партий, баллотироваться в парламент больше не смогут. Это отсекало от участия в выборах кандидатуры, не согласованные с Кремлем.

Новая избирательная система больше всего устраивала «Единую Россию» — творение Суркова, новую правящую партию, слепленную им из двух прежних заклятых врагов: пропутинского «Единства» и «Отечества — вся Россия» Примакова–Лужкова. В апреле 2005 года Сурков начал подготовку к предстоящим выборам. Превратить правящую партию «Единая Россия» из сборища безыдейных бюрократов во что-то более осмысленное оказалось намного сложнее, чем с нуля построить контрреволюционную молодежную организацию.

Сурков решил, что в партию надо привлечь как можно больше ярких личностей, более того, надо поощрять внутрипартийную дискуссию. Чтобы политический процесс происходил не в борьбе между партиями, а внутри правящей партии — примерно так, как была в течение многих десятилетий устроена политическая жизнь в Японии, где баталии разворачивались внутри Либерально-демократической партии.

С этой целью Сурков создал внутри партии два крыла: либеральное и консервативное. А также провел масштабную чистку в партийном руководстве. Из руководящих органов были изгнаны пожилые и малоэффективные выходцы из спецслужб, давно знакомые с Путиным. Вместо них Сурков расставил на ключевые посты лично им отобранных карьеристов. Они должны были сделать партию более управляемой — разумеется, им самим. На ключевую должность секретаря президиума генерального совета партии Сурков назначил Вячеслава Володина, тогдашнего вице-спикера Госдумы, а в прошлом руководителя фракции примаковского ОВР.

Вступая в должность нового руководителя партии, Володин провозгласил несколько принципов, которых намерен придерживаться в своей работе. В том числе такие: «единороссы — сторонники европейских ценностей», «либерализация партийной жизни», «развитие партийной дискуссии», «широкая разъяснительная работа с населением», «жесткая борьба с оппонентами, которые должны прекратить пудрить мозги гражданам». Тезисы абсолютно сурковские по духу.

По иронии судьбы именно Володин спустя шесть лет скинет своего патрона. Из своих тезисов он к тому моменту сохранит только последний: жесткую борьбу с оппонентами. С идеологическим наследием Суркова он поступит творчески: борьбу с внешним врагом (как эффективный и крайне популярный в народе способ консолидации сил) он возведет в абсолют, а с зачатками внутрипартийной дискуссии покончит навсегда. Более того, разовьет его идеи: все то, что Сурков тестировал на одних лишь «Наших», будет применено в национальном масштабе.

# Глава 7

## В КОТОРОЙ ПОМОЩНИК ПРЕЗИДЕНТА ИГОРЬ ШУВАЛОВ ПРИДУМЫВАЕТ, КАК СДЕЛАТЬ РОССИЮ ИМПЕРИЕЙ

*Игорь Шувалов производит впечатление «графа Шувалова». Среди путинских чиновников Шувалов довольно сильно отличается от всех — он как бы немного над и немного вне; оставаясь крайне лояльным шефу, он кажется человеком с особой миссией. Он, кажется, ощущает себя органичной частью власти: он мог бы занимать этот кабинет (не в Белом доме, так в другом месте) и 100 лет назад, и через 100 лет. Для Шувалова как будто бы нет никакой дилеммы, морально или нет то, что делает режим, может ли он еще отстаивать свои убеждения. Он не выбирал, быть или не быть путинским фельдмаршалом, — так решила судьба.*

*Вспоминая в разговоре Екатерину II или Александра II, он делает это так деловито и непринужденно, как будто говорит о коллегах или ближайших предшественниках, которые недавно покинули кормило власти, чтобы уступить ему место. Кстати, в разговоре он резко возражает, когда я называю его чиновником. «Я не чиновник. Я государственный деятель».*

*Среди журналистов существует шутка, что он вместе с Сечиным составляет пару «ангел–демон», сидящую на плечах Путина: мол, Игорь Иванович Шувалов дает хорошие советы, а Игорь Иванович Сечин — плохие. А еще есть такой анекдот. Будто бы Путин однажды попросил секретаря соединить его с Игорем Ивановичем. «С Шуваловым?» — переспросил секретарь. «Нет, с настоящим», — ответил Путин.*

*Как граф Шувалов, кстати, точно не настоящий — все потомки рода, который находился при власти, начиная с императрицы Елизаветы Петровны, эмигрировали после 1917 года. Он однофамилец.*

## Энергетическая сверхдержава

В августе 2005 года в гости к Владимиру Путину, в сочинскую резиденцию, приехал его новый друг — Сильвио Берлускони. Российский президент показывал итальянскому премьеру своих питомцев: лабрадора Кони и пони Вадика. Они долго говорили об итальянском бизнесе в России. И о том, что Россия попытается поддержать стремление Италии стать постоянным членом Совбеза ООН, но, поскольку объективно это маловероятно, по крайней мере заблокирует предоставление этого статуса Германии. Путину очень нравилось общаться с Берлускони — с тех пор, как он разочаровался в Буше, именно итальянский премьер стал для него самой приятной ролевой моделью. Политик-бизнесмен, использующий свой бизнес как инструмент для победы на выборах и использующий политику как инструмент обогащения. Берлускони был самым удобным и комфортным коллегой для Путина — он никогда не критиковал, ни к чему не придирался.

В конце разговора Путин рассказал другу Сильвио о том, какая тема станет основной на предстоящем через год саммите G8, который должен пройти в Петербурге. Россия, как принимающая сторона, имела право предложить свою повестку дня — и ключевой темой собиралась сделать энергетическую безопасность. Берлускони закивал, ему всегда удавалось найти общий язык с Россией в вопросах энергетики: вскоре после знакомства с Путиным он договорился о том, что «Газпром» будет поставлять газ итальянской ENI по льготной цене в обмен на дружбу и политическую поддержку.

Сделать «энергетическую безопасность» главной темой саммита придумал Игорь Шувалов, новый главный экономический помощник Путина. Корпоративный юрист с огромным опытом, он успел поработать поочередно практически у всех российских олигархов, стал миллионером и был, наверное, самым богатым сотрудником администрации президента. В январе 2005 года Путин назначил его своим «шерпой» в G8 и поручил ему подготовку первого для России «домашнего» саммита. Одновременно Шувалов принялся за разработку новой российской внешнеполитической идеологии. Если внутри страны Владислав Сурков в этот момент выстраивал «суверенную демократию» и готовился к обороне от «цветных революционеров», то во внешней политике Шувалов предложил Путину занять более наступательную позицию.

Новая стратегия получила название «энергетическая сверхдержава». На предстоящем саммите Россия должна была предложить европейским странам пакт: она берет на себя заботу об их энергетической безопасности, о поставках энергоносителей в каждый европейский дом — а они платят за это дружбой, пониманием и лояльностью по примеру Сильвио Берлускони. Концепция очень нравилась Путину — она позволяла продемонстрировать новый, более прагматичный подход к отношениям с Европой. Ему больше не хотелось говорить с европейскими лидерами про права человека, про Чечню или свободу слова, ему надоело слушать критику — единственный способ покончить с этим виделся в переводе разговора в плоскость бизнеса.

Путин назначил Шувалова главным экономическим переговорщиком: он стал представлять Россию в G8, ВТО, стал ездить в Давос и вести переговоры с Евросоюзом. Целью его стратегии было трансформировать российские нефть и газ в политическое влияние и, по сути, сделать Путина нефтегазовым императором Европы.

## Пакт Путина–Шрёдера

Через неделю после встречи с Берлускони в Сочи российскому президенту нужно было срочно лететь в Берлин. У его другого товарища, канцлера Германии Герхарда Шрёдера были серьезные проблемы на парламентских выборах. Его партия серьезно уступала по рейтингам оппонентам — ХДС/ХСС. За три года до этого Путин уже однажды выручил Шрёдера — тот должен был неминуемо проиграть выборы, но чудом уцелел, вступив в антивоенный альянс с президентами России и Франции. Они втроем выступили против войны в Ираке, и такой пацифистский жест обеспечил Шрёдеру победу на выборах. В этот раз Путин привез другой подарок: «Газпром» и немецкие концерны E.ON и BASF договорились о строительстве газопровода по дну Балтийского моря. 8 сентября — за десять дней до выборов в Германии — в присутствии Путина и Шрёдера главы компаний подписали соглашение. Выгодный для германского бизнеса контракт был очень хорошим предвыборным ходом, но Шрёдеру он уже не помог. С небольшой разницей тот проиграл лидеру оппозиции Ангеле Меркель.

В Европе реакция на российско-германское соглашение была неоднозначная. С одной стороны, лидеры Польши, Балтии, Украины и Белоруссии негодовали. Польский президент Александр Квасьневский назвал контракт «пактом Путина–Шрёдера», намекая на пакт Молотова–Риббентропа. Белорусский президент Александр Лукашенко говорил, что это «самый дурацкий проект России». Премьеры трех балтийских стран говорили, что строительство трубы по дну обернется экологической катастрофой. Такая реакция неудивительна: новый газопровод должен был обойти все эти страны. Лукашенко и Квасьневский надеялись, что вместо этого Россия построит вторую нитку трубопровода Ямал–Европа, который проходил как раз через Белоруссию и Польшу. Но у Путина не было никакого желания делать им такой подарок. Он хорошо помнил, что именно Квасьневский и президент Литвы Валдас Адамкус были посредниками на переговорах в разгар «оранжевой революции» и именно они сделали все возможное для победы Виктора Ющенко.

Но Западная Европа смотрела на это соглашение совершенно иначе. После подписания контракта в Берлине Путин отправился в Лондон на саммит «Россия–ЕС», европейская пресса ему рукоплескала. Когда Путин говорил об энергетической безопасности и готовности обеспечить Европу топливом, его благоговейно слушали и радостно соглашались. С особенным злорадством Путин смотрел на своего бывшего друга Тони Блэра — ведь именно с ним четыре года назад Путин начал обсуждать проект этой трубы, тогда он планировался как российско-британский. Но теперь Путин решил не иметь дела с англичанами, предпочтя немцев.

Особенный ажиотаж объяснялся тем, что к 2010 году в Европе ожидался дефицит газа — запасы в Северном море иссякали, добыча в Великобритании и Норвегии падала. Проект немедленно одобрила Еврокомиссия, заинтересованность в участии в нем выразили Бельгия, Великобритания и Нидерланды. Европейские правительства заявили о готовности допустить «Газпром» в дистрибуцию и распределение газа в своих странах. Голландская компания Gasunie предложила построить продолжение газопровода из Германии в Нидерланды и далее в Великобританию. «Газпром» договорился о строительстве крупного газового хранилища в Бельгии. Проектировалось даже строительство отводов от трубы в Швецию и Финляндию. Это означало, что в течение пяти лет в распоряжении «Газпрома» должна была оказаться крупнейшая газотранспортная система в Западной и Северной Европе.

## Циничный интернационал

После окончания парламентских выборов в Германии Герхард Шрёдер, не дожидаясь формирования коалиции, отправился в Петербург на день рождения к Владимиру Путину. «Лучший подарок для меня — это когда канцлер приезжает в гости», — радостно сказал Путин журналистам. Впрочем, вскоре оказалось, что Шрёдер приезжал не просто так, а устраиваться на работу. Как только в Берлине закончились переговоры по поводу создания нового правительства и бывший канцлер потерял все шансы продолжить борьбу за власть, было объявлено, что он возглавит комитет акционеров North European Gas Pipeline Company (NEGPC), компании-оператора будущей трубы.

Это шокировало многих немецких избирателей, но не смутило Шрёдера. Он и до этого был частым гостем в Петербурге, к примеру, в 2004 году канцлер Германии и его жена Дорис удочерили трехлетнюю девочку из петербургского детдома. Но после отставки он едва ли не поселился в России.

Михаил Саакашвили, бывший в тот момент президентом Грузии, рассказывает, что Владимир Путин любил демонстрировать Шрёдера своим гостям как дорогой сувенир. Однажды, во время саммита СНГ, показывая лидерам свою резиденцию, Константиновский дворец, Путин повел их в винный погреб. А там — как бы случайно — оказался Герхард Шрёдер. Путин подозвал его, попросил произнести тост, а потом отпустил, рассказывает Саакашвили. «Каково же было мое удивление, когда через год он проделал ровно то же самое, но на этот раз желая произвести впечатление на гостей Петербургского экономического форума».

Кстати, с преемницей Шрёдера на посту канцлера, Ангелой Меркель, отношения у Путина не сложились. Первый год они пытались притереться, но уже в 2007 году российский президент решил не скрывать своего раздражения из-за чересчур принципиальной фрау Меркель. Зная, что она боится собак, он привел с собой на переговоры в сочинской резиденции своего огромного черного лабрадора. И не расставался с ним ни на секунду — даже на пресс-конференцию политики и собака пришли втроем. Меркель была в полуобморочном состоянии от страха — и в ярости от подобного издевательства.

Зато Шрёдер и Берлускони сформировали новый круг общения Путина, после того как он поссорился с Бушем и Блэром. С этими европейскими циниками ему было намного удобнее — они фактически разговаривали на одном языке.

Впрочем, если Шрёдер находился в некоторой зависимости от Путина, то Берлускони стал настоящим другом и партнером. Как следует из материалов Wikileaks, итальянский премьер был единственным иностранным лидером, который ночевал в Кремле; по оценкам дипломатов, Путин и Берлускони общались друг с другом чаще, чем с любыми другими иностранными руководителями.

Они любили ездить друг к другу в гости, дружили семьями: и Путин, и его дочери отдыхали на вилле Берлускони на Сардинии — Катя и Маша дружили с дочерью итальянского премьера Барбарой. А когда Берлускони приезжал в Москву, Путин приглашал его на семейные ужины. Как известно из материалов суда 2009 года над Берлускони (по делу о сутенерстве), самая роскошная кровать с балдахином в римской резиденции итальянского премьера Палаццо Грациоли носила шутливое название «Кровать Путина»[24].

Расшифровки Wikileaks сообщали, что американские дипломаты были убеждены: Берлускони с Путиным связывали и бизнес-отношения: Валентино Валентини, личный переводчик и компаньон итальянского премьера, летал в Москву по делам по несколько раз в месяц.

У итальянского нефтегазового концерна ENI тоже выстроились привилегированные отношения с «Газпромом». К примеру, в 2005 году две компании подписали пакетное соглашение, предусматривавшее прямые поставки газа конечным потребителям Италии. В том же году итальянские парламентарии выяснили, что бенефициаром компании-поставщика должен стать Бруно Ментасти-Гранелли, давний друг и конфидент Сильвио Берлускони, действующий, как полагали СМИ, в его интересах. Из-за разразившегося скандала сделку пришлось приостановить. Однако другие проекты ENI в России бурно развивались. Так, это была единственная иностранная компания, которой позволили купить частичку разгромленного ЮКОСа.

Впрочем, главным детищем дружбы Путина и Берлускони стал, конечно же, проект газопровода «Южный поток». Он стал братом «Северного потока» — проекта трубы в Германию. Таким образом, два друга Путина, Шрёдер и Берлускони, должны были полностью гарантировать энергетическую безопасность Европы и реализовать новую, популярную в Европе, российскую внешнеполитическую концепцию Игоря Шувалова.

Партнером «Газпрома» по строительству Южного потока должна была стать, конечно, ENI. По первоначальному плану Южный поток должен был проходить через Болгарию, Грецию и Сербию в Италию и заканчиваться во Франции. В 2009 году Владимир Путин пытался нанять в качестве менеджера на этот проект, по аналогии со Шрёдером, кого-то из отставных европейских лидеров: настойчиво предлагал большую зарплату бывшему президенту Франции Жаку Шираку и бывшему итальянскому премьеру и экс-главе Еврокомиссии Романо Проди. Оба отказались — настали другие времена, когда политики уже не могли не принимать во внимание, что работа на Путина просто уничтожит их репутацию.

Еще одну попытку использовать неформальные дружеские отношения с целью превращения России в «энергетическую сверхдержаву» Путин предпринял в 2005 году, но в американском направлении. В декабре 2005 года, в тот момент, когда Европа еще была очарована «энергетической безопасностью» по-русски, в Москву прилетел бывший министр торговли США Дональд Эванс. Ближайший друг детства Джорджа Буша до 40 лет был его вечным собутыльником, а затем, по легенде, достигнув сорока, они дружно бросили пить. Более того, Эванс якобы подарил Бушу Библию для ежедневного чтения, разделенную на 365 частей. И именно Эванс возглавлял предвыборный штаб Буша в 2000 году.

Путин сделал Эвансу щедрое предложение — стать председателем совета директоров государственной нефтяной компании «Роснефть». Тот поколебался, но отказался. Очевидно, что, если бы этот коррупционный интернационал был создан и мировые политики согласились принять дружбу Владимира Путина и его деньги, подобно тому как это сделали Герхард Шрёдер и Сильвио Берлускони, дальнейшего развития событий по модели холодной войны не произошло бы. Владимир Путин забыл бы «цветные революции», убедился бы в том, что все западные лидеры одинаково беспринципные и ко всем можно найти подход. Россия, возможно, и правда стала бы «энергетической сверхдержавой» или просто сколотила бы собственный картель влиятельных энергетических топ-менеджеров.

Но ничего этого не получилось. И опять из-за Украины.

## Комитет по управлению Украиной

После поражения в «оранжевой революции» Кремль пару месяцев просто не знал, как подступиться к Украине. Как теперь иметь дело с новой украинской властью, как на них влиять. Прежняя схема — опора на первое лицо — показала свою несостоятельность. К весне в Кремле обнаружили на всех ключевых постах понятных и давно знакомых людей: например, премьером стала Юлия Тимошенко, которая много лет вела переговоры с «Газпромом», а секретарем Совета национальной безопасности и обороны стал шоколадный магнат Петр Порошенко, хорошо известный в администрации президента. Он еще в ходе революции приезжал в Кремль наводить мосты. Однако президент Ющенко казался абсолютно недоговороспособным — в первую очередь потому, что он был тяжело болен. Последствия отравления давали о себе знать, весь 2005 год президент продолжал бороться за жизнь, вспоминают его ближайшие помощники, его под руку водила лечащий врач и фактически его рукой подписывала необходимые документы.

В Москве тем временем решили, что полагаться на украинских политиков слишком опасно — они безответственные и часто меняются. К тому же Владимир Путин верил только одному человеку в Киеве — своему другу Виктору Медведчуку. С победой революции тот потерял пост главы администрации президента и не имел какого-либо влияния на новые власти. Но влияние на Путина сохранил. Именно Медведчук сформировал новую систему взаимоотношений с Украиной — отныне диалог велся не через президента, а через бизнес.

«Нет украинской политики — есть украинский бизнес» — эту крылатую фразу приписывают Медведчуку. И с учетом слабости новой власти было понятно, что бизнес сможет диктовать свои правила. Фактически был сформирован неформальный комитет по управлению украинской политикой из основных украинских олигархов. Руководителем этого совета директоров был Медведчук — он выступал посредником между украинскими олигархами и Путиным.

Самой влиятельной группой в этом комитете акционеров «ЗАО "Украина"» были те, кто имел отношения к торговле газом. С начала 1990-х годов поставки российского газа через Украину в Западную Европу были самым непрозрачным бизнесом. Схема торговли не менялась — изменялись только фамилии людей, получающих прибыль. Последнее газовое соглашение, которое должно было имитировать окончание грязных схем и замещение их новой структурой, было подписано за три месяца до «оранжевой революции». Россия и Украина договорились, что отныне между ними будет посредник — компания под названием «Росукрэнерго» (РУЭ). Эта компания должна была сменить предыдущего посредника, мутную, зарегистрированную в Венгрии компанию Eural Trans Gas, которую эксперты подозревали в связи с российским криминальным авторитетом Семеном Могилевичем. Новый посредник выглядел респектабельно: 50% принадлежали «Газпрому», а 50% австрийскому Райффайзенбанку. Так, по крайней мере, было написано в первых пресс-релизах. Чуть позже выяснилось, что вторая половина акций находится в управлении Raiffeisen Investment, а кто является конечным бенефициаром — неизвестно. Саспенс длился долго, а могущество компании росло: «Газпром» уступил ей не только право поставлять газ на Украину, но и экспортировать 17 млрд кубометров российского газа в Западную Европу.

Лишь в апреле 2006 года владельцы 50% РУЭ объявились и ими оказались украинские предприниматели Дмитрий Фирташ (90% пакета) и Иван Фурсин (10%). Более того, Фирташ признался, что ему же принадлежала и Eural Trans Gas. Почему «Газпром» и Российское государство уступили какому-то Фирташу возможность зарабатывать несколько миллиардов долларов в год? Кто стоит за Фирташем и этой колоссальной коррупционной схемой? Точного ответа на эти вопросы не существует до сих пор.

Глава Службы безопасности Украины Александр Турчинов, назначенный Виктором Ющенко, утверждал в 2005 году, что за РУЭ стоит Семен Могилевич. Между Фирташем и Могилевичем действительно много связующих звеньев: бывшая жена Могилевича работала в принадлежащем Фирташу офшоре Highrock Holdings, а партнер Могилевича Фишерман числился финансовым директором в другой компании Фирташа — Highrock Properties. Могилевич, как и Фишерман, много лет входил в топ-10 самых разыскиваемых людей в мире, уступая лишь Усаме бен Ладену.

Весь вопрос в том, кто такой Могилевич, чтобы заставить Россию и Украину отдать ему важнейшее торговое направление. И мог ли какой-то международный бандит Могилевич обрушить все наметившиеся российские успехи в Европе?

## Первая газовая

На первой же встрече с Владимиром Путиным Виктор Ющенко предложил договориться о новой схеме торговли газом: отказаться от бартера и перейти на исключительно денежные расчеты по европейской формуле. Переговоры закончились неприятностью: во время выхода к прессе Ющенко стало плохо, и Владимир Путин вовремя подставил ему плечо, поддержал и шепнул на ухо: «Обопритесь на меня». Ющенко до сих пор с большой теплотой вспоминает об этом моменте.

В «Газпроме» тоже. Они просто не верили своим ушам от счастья, услышав, что Украина предлагает с нового года пересмотреть цену на газ. В Москве видели, что среди «оранжевых» властей царит хаос: бывшие союзники по Майдану провели первый год у власти в постоянных перебранках и внутренних конфликтах. В сентябре Виктор Ющенко сделал резкий шаг: одновременно уволил двух самых остро враждующих: премьер-министра Юлию Тимошенко и своего кума, секретаря Совбеза Петра Порошенко.

Тимошенко имела огромный опыт в переговорах по газу и была убежденной противницей РУЭ — все время своего премьерства она добивалась того, чтобы компанию устранили из торговой схемы. «Пыталась отжать под себя или получить долю», — говорили в «Газпроме». После ее отставки противников у РУЭ в украинской власти не осталось.

Новые украинские переговорщики прилетели в Москву, чтобы договориться о параметрах нового соглашения. В Москве их принял лично Путин, который сам, в ручном режиме руководил «Газпромом» — украинские менеджеры были поражены тем, как глубоко он погружен в тему, с какой легкостью набросал на бумажке формулу цены на газ. Украинцы разбирались в теме значительно хуже. Поняв, что перед ним люди не слишком компетентные, Путин начал над ними издеваться: сначала произнес пафосную речь о том, что не позволит «оранжевым революционерам» обкрадывать российский народ. И потребовал, чтобы они соглашались с требованиями «Газпрома» — а не то завтра речь пойдет о совсем другой цене.

На тот момент предложение «Газпрома» составляло $90 за тысячу кубометров в начале 2006 года с постепенным ростом вплоть до выхода на уровень $230 за тысячу кубометров через три года. Украинские газовики от таких цен были в ужасе, но на следующий день Владимир Путин, как и обещал, появился на экранах телевизоров и заявил, что у «Газпрома» новое требование — $230 за тысячу кубов прямо с января 2006 года. Даже сотрудники «Газпрома» были шокированы таким заоблачным требованием.

Договориться до Нового года, конечно, не удалось. По российским госканалам начали показывать сюжеты о том, как «Газпром» репетирует отключение газа Украине. А европейским партнерам были разосланы письма-предупреждения о том, что начиная с новогодней ночи можно ожидать перебоев с газоснабжением, так как Россия готовится сократить подачу газа ровно на тот объем, который потребляет Украина, а та, видимо, будет воровать газ, предназначенный для европейцев.

Путину такой шаг казался очень удачным развитием концепции энергетической безопасности: он на деле показывал европейцам, что безопасность их поставок под угрозой, пока на пути труб находятся ненадежные транзитеры вроде Украины. Логичным выходом, по его мнению, было строительство новых труб в обход Украины, т. е. Северного и Южного потоков.

Как и предупреждал «Газпром», 1 января давление в трубе упало, уже 2 января поставки газа в Австрию сократились на треть, а в Словакию и Венгрию на 40%. 3 января команда переговорщиков из Киева прилетела в Москву — их отвезли в гостиницу «Украина», где до поздней ночи и продолжались переговоры. По слухам, в этой гостинице находился офис Семена Могилевича. Российская сторона предложила компромисс: цена $230 может быть снижена только в том случае, если торговля будет вестись через РУЭ. К разговору немедленно присоединился Дмитрий Фирташ и подтвердил готовность.

В итоге ближе к ночи была заключена удивительная сделка: «Газпром» продавал РУЭ газ по цене $230 (как и объявил по телевизору Путин), но Украина покупала у РУЭ по цене $95 (т. е. по первоначальной цене, предложенной «Газпромом»). А убытки

РУЭ покрывал «Газпром», позволяя продавать российский газ в Европу по рыночной цене.

Но и после этой сделки Владимир Путин публично уверял, что не знает, кто стоит за «украинской» половиной РУЭ. «Со своей непрозрачной украинской долей РУЭ отдыхает по сравнению с тем, какое жульничество творилось все эти 15 лет у нас в газовой сфере», — говорил он. Лишь в 2011 году стало известно, что Дмитрия Фирташа связывают партнерские отношения с братьями Ротенбергами, друзьями детства Владимира Путина, которые еще в 1960-е годы занимались с ним в одной секции по дзюдо.

Новогодняя газовая война произвела колоссальное впечатление на европейскую публику. Как будто рассеялся тот гипноз, которому она подверглась, услышав слова «энергетическая безопасность» из уст Путина. Если кто и представляет угрозу для Европы — так это «Газпром», и только от него надо защищаться, констатировали европейские чиновники и политики, вернувшись с рождественских каникул в январе 2005 года. Зависимость от России и так слишком велика, говорили они, а Северный и Южный потоки стали сравнивать с клещами, в которые Россия хочет зажать Европу.

Кто бы ни был инициатором первой газовой войны, он, конечно, выиграв по мелочи, сломал всю большую игру. Отныне шуваловскую концепцию «энергетической супердержавы» никто больше не воспринимал всерьез — ею теперь пугали детей.

На саммите «Восьмерки» в Петербурге, который как российский «шерпа» готовил Шувалов, энергетическую безопасность обсуждали. «Мы настаивали на том, что энергетическая безопасность включает в себя и безопасность добычи, и безопасность транзита, и безопасность потребления, — вспоминает Шувалов. — Мы говорили им: смотрите, мы же от вас больше зависим, чем вы от нас! Но они не хотели слушать. Они говорили: нет, мы хотим иметь двух-трех поставщиков».

Фактически это предопределило крах проекта «Южный поток». С самого начала расчеты говорили, что эта труба экономически не обоснована — у нее только политический смысл, но никакого бизнеса. Европейцы в ответ выдвигали встречные предложения: например, газопровод «Набукко», который должен был идти из Азербайджана в Европу в обход России. Этот проект был тоже нерентабельным и чисто политическим, поэтому его свернули гораздо раньше. Южный поток просуществовал в мечтах Владимира Путина аж до 2014 года, когда он неожиданно объявил о том, что Россия не будет реализовывать этот проект — назло европейцам.

# Глава 8

## В КОТОРОЙ ВИЦЕ-ПРЕМЬЕР СЕРГЕЙ ИВАНОВ ВСЕРЬЕЗ ПОВЕРИЛ В ТО, ЧТО ОН НАСЛЕДНИК

*Сергей Иванов — это советский Джеймс Бонд. Настоящий, без прикрас и лишних деталей, без киношного романтизма и голливудского лоска.*

*Он идеальный советский разведчик — его невозможно выделить из толпы, он этакий мистер Смит из матрицы, и по имени, и по внешности. В 1990-е годы две главные российские спецслужбы — ФСБ и СВР боролись за него. В итоге директору ФСБ Путину удалось переманить его к себе: Путин обманул тогдашнего директора СВР Трубникова, сказал, что одолжит Иванова на время, но не вернул.*

*Сергей Иванов — идеальный советский человек. Интеллигент, выпускник филфака, говорит по-английски и по-шведски, любит балет и баскетбол. По утрам читает американскую и британскую прессу — и возмущается тем, как они искажают советскую действительность.*

*Мне не удалось лично поговорить с Сергеем Ивановым — пришлось довольствоваться его публичными выступлениями, интервью, а также разговорами с его товарищами. Все они говорят, что Иванов — человек крайне порядочный и не коррумпированный. Такое вообще редко про кого говорят. Но Иванов — образцовый советский офицер.*

*Иванов действительно верит в то, что он говорит. Впрочем, это очень распространенный типаж: офицеры несуществующей империи, хранящие ей верность и готовые за нее бороться.*

## Забег преемников

Осенью 2005 года Владимир Путин наконец решил начать подготовку к выборам 2008 года и даже определился с тем, какой будет предстоящая предвыборная кампания. Цены на нефть высокие, сверхдоходов много, и большая их часть по настоянию министра финансов Алексея Кудрина сберегается — откладывается в стабилизационный фонд. Однако часть излишков все же стоит потратить на передачу власти преемнику, решил Путин. Главный предвыборный механизм получил название «приоритетные национальные проекты». То есть правительство решило выделять дополнительные деньги (150–200 млрд рублей в год) на здравоохранение, образование, строительство жилья и сельское хозяйство. А чтобы избиратель ассоциировал падающие с неба деньги с конкретным человеком и считал именно путинского преемника своим благодетелем, его нужно было назначить ответственным за распределение этих денег. Российские граждане всегда испытывают особенную благодарность и любовь к конкретному чиновнику, который выдает им деньги, даже если эти деньги ими честно заработаны.

Отвечать за распределение денег Путин поручил Дмитрию Медведеву. Чтобы того начали узнавать избиратели, его надо было перевести на более заметную должность, например в правительство. Но этого Медведев не очень хотел, так как понимал, что именно близость к Путину — его ценнейший капитал. Да еще президент в шутку сказал, что новым главой администрации назначит Игоря Сечина — злейшего врага Медведева. «Ну нет, тогда я точно никуда не пойду. Останусь в Кремле, — заупрямился Медведев, — зачем мне это надо? Я там, в правительстве, буду на виду у всех подставляться, а он тут станет против меня интриги плести?» Подобная неамбициозность нравилась Путину. «Ладно, посмотрим», — уклончиво ответил он, так и не прояснив заранее, кого сделает новым главой администрации, отправляя старого главу в Белый дом.

14 ноября 2005 года Владимир Путин собрал расширенное заседание правительства, чтобы объявить о новой мощной кадровой перестановке — уже третьей за время его президентства.

Возможно, для достижения большего эффекта Путин всегда старался не менять чиновников по одному, а производить сразу масштабные перетасовки, пусть даже и не связанные друг с другом, но синхронные. Таких кадровых переворотов уже было два. Первый — в 2003 году, когда он сменил разом несколько силовиков, расформировал налоговую полицию Михаила Фрадкова и создал федеральную службу по контролю за оборотом наркотиков во главе со своим давним другом Виктором Черкесовым. Второй — в 2004 году, когда он уволил правительство Касьянова и заменил его правительством Фрадкова. И вот настал третий исторический момент.

Смысл перестановок Путин объяснил не слишком четко: просто глава администрации президента Дмитрий Медведев становился первым вице-премьером, а министр обороны Сергей Иванов — просто вице-премьером. Необходимость перемещения Медведева Путин объяснил именно тем, что он будет отвечать за национальные проекты. А повышение Иванова никак не объяснил. Но чиновники поняли все верно — для баланса. Главой администрации он назначил не Сечина, а вообще нового для московской элиты человека, губернатора Тюменской области Сергея Собянина.

Путин никогда не любил ясность и предсказуемость, поэтому не мог просто объявить, что Медведев — будущий президент. А параллельным возвышением двух близких соратников Путин продемонстрировал, что еще ничего не решил и все еще колеблется.

Это была лишь видимость, уверяют бывшие советники Путина. Осенью 2005 года Путин готовил в преемники именно Медведева. Повышение Иванова было лишь операцией прикрытия — чтобы сделать ситуацию не слишком очевидной. Это было проявлением заботы, уверяет один из бывших советников Путина, если бы Медведев был безальтернативным преемником, все недоброжелатели объединились бы и за два года наверняка съели бы его.

Но по ходу дела отношение Путина изменилось. Иванов, которого он поначалу считал просто спарринг-партнером Медведева, стал набирать очки в глазах патрона. Кроме того, все вокруг так активно обсуждали соревнование между двумя кандидатами в преемники, что Путин сам в него поверил. И решил подождать и посмотреть, как Медведев и Иванов будут справляться со своими обязанностями.

Сергей Иванов был одним из давних и надежных друзей Путина — они познакомились еще в конце 1970-х годов, когда вместе работали в Управлении КГБ по Ленинграду и Ленинградской области. Правда, карьера Иванова в разведке была куда более успешной, чем карьера Путина: Иванов работал в резидентурах в Финляндии и Кении, а Путин — завклубом в ГДР; служить в капстране или даже стране третьего мира считалось куда более престижно и перспективно, чем прозябать в соцстране. Однако даже если Путин и завидовал своему более удачливому товарищу, то не показал этого в 1998 году, когда возглавил ФСБ. Тогда, по совету товарищей, ставших заместителями, Черкесова и Патрушева, он позвал на работу и Иванова. Более того, переманил из Службы внешней разведки, где Иванов к тому моменту дослужился до генерала.

Именно Иванову Путин, становясь премьер-министром, передал ключевую должность секретаря Совбеза, и именно ему, став президентом, доверил Министерство обороны — во время продолжающейся войны в Чечне.

Иванов выполнял при Путине и еще одну важнейшую функцию — он всегда был связным с Вашингтоном. В 2001 году, когда Путин знакомился с Джорджем Бушем, они договорились, что для упрощения коммуникации нужно назначить людей, которые всегда будут на связи друг с другом и смогут оперативно решать вопросы. Таким связным с американской стороны стала Кондолиза Райс, а с российской — Сергей Иванов.

В отличие от Медведева, которого до 2005 года вообще никто не знал, Иванов все эти годы был на виду. Он проводил реформу армии, начал переход к контрактной системе. Впрочем, умудрился не поссориться ни с кем из тяжеловесов Минобороны — наоборот, он повсюду ходил окруженный толпой пузатых генералов.

Поскольку все обитатели Кремля восприняли повышение Иванова и Медведева именно как старт предвыборной гонки, для многих это стало вызовом. В первую очередь для тех чиновников, у которых был свой, альтернативный взгляд на проблему-2008. К таким относились замглавы администрации Игорь Сечин и генпрокурор Владимир Устинов. Они начали немедленную борьбу против того, кто казался им более сильным кандидатом в преемники. То есть против Иванова.

## Удар по ногам

В новогоднюю ночь 2006 года в Челябинском танковом училище произошла трагедия — пьяный сержант начал издеваться над одним из солдат. Есть разные версии насчет того, что именно произошло, — как минимум рядового по имени Андрей Сычев в ночь на 1 января заставили в течение трех часов сидеть на корточках. В результате у Сычева началась гангрена и через две недели ему ампутировали ноги и половые органы.

Это был вопиющий, но далеко не уникальный случай. По данным Генпрокуратуры, только за полгода — с января по июнь 2006 года — в невоюющей России от «неуставных отношений» погибло 17 человек. Этот результат Минобороны считало неплохим показателем, так как в предыдущем году количество смертей было в два раза больше. И это еще не считая солдатских самоубийств — их в 2005 году случилось 276.

Тем не менее именно случай с рядовым Сычевым стал единственным в современной России, который имел хоть какой-то резонанс. Пострадавший попал в гражданскую больницу, а не в военный госпиталь, ее врачи сообщили о происшедшем в Комитет солдатских матерей, родственникам и журналистам. Главная военная прокуратура с особым усердием взялась за расследование дела — подобное распоряжение дал лично генеральный прокурор Устинов. Так началась война между Генпрокуратурой и Министерством обороны.

Именно Генпрокуратура сделала все, чтобы о челябинской трагедии узнали все: федеральные СМИ начали освещать происшедшее после того, как подробный отчет о начавшемся следствии появился на официальном сайте Генпрокуратуры. Это случилось 25 января 2006 года.

О трагедии под Челябинском уже написали все СМИ, когда журналисты 26 января попросили прокомментировать ее министра обороны Сергея Иванова, находившегося в тот момент в поездке по Армении. «Я последние несколько дней находился далеко от российской территории, высоко в горах, и о том, что произошло в Челябинске, не слышал, — сказал Иванов. — Думаю, что ничего очень серьезного там нет. Иначе я бы об этом обязательно знал». Фраза министра возмутила всех — он (или, вернее, его окружение) счел, что ампутация ног у солдата — это «ничего серьезного».

Скандал продолжал раскручиваться: спустя месяц у Министерства обороны в Москве собирался митинг, участники которого требовали «отрезать ноги Иванову». Президенту принесли обращение от группы правозащитников уволить министра. А на радиостанции «Эхо Москвы» прошел опрос, в ходе которого выяснилось, что 95% слушателей считают, что Иванов должен немедленно подать в отставку. Одновременно журналисты вспомнили, что годом раньше сын Иванова, сотрудник ВТБ, насмерть сбил на своем автомобиле пенсионерку. Более того, он ушел от наказания, а уголовное дело возбудили против зятя погибшей, его обвинили в избиении сына министра.

На этой стадии ни у кого в Кремле — и особенно у самого Иванова — не было сомнений в том, что он стал объектом травли и кампании, развязанной Генпрокуратурой.

Вмешательство публичной политики в предвыборную кампанию, начатую Владимиром Путиным, на этом закончилось. Определяя Иванова и Медведева в преемники, он в целом не имел в виду, что выбирать должны общественность или его окружение. Он предполагал сделать выбор сам. Поэтому политические игры решил пресечь. Тем более что на интриги Сечина и Устинова регулярно жаловался не только Иванов, но и Медведев.

## Заговор четырех

13 апреля 2005 года верхняя палата российского парламента, Совет Федерации, собрался, чтобы утвердить генерального прокурора Владимира Устинова на новый срок — по предложе-

нию президента Владимира Путина. К этому моменту Устинов считался почти легендарной фигурой. Он был едва ли не самым мощным силовиком в стране. Генпрокуратура стала образцом политического волюнтаризма — она максимально жестко и грубо выполняла политическую волю Кремля, зачастую не оглядываясь на правовые тонкости.

Устинов всегда выполнял все самые важные поручения администрации президента: например, в преддверии любых региональных выборов прокуратура безотказно выдвигала обвинения против ненужных кандидатов и четко не допускала их до выборов.

Главным достижением генпрокурора Устинова перед Путиным стал, конечно, показательный процесс над хозяевами ЮКОСа Михаилом Ходорковским и Платоном Лебедевым — каждый был приговорен к семи годам тюрьмы. Президент Путин однажды рассказал прессе, что именно Устинов в октябре 2003 года в частной беседе настоял на немедленном задержании Михаила Ходорковского.

Устинов лично возглавлял расследование по поводу аварии на подводной лодке «Курск». И пришел к выводу, что всему виной технические неполадки в торпедном вооружении подводной лодки, а военные не виноваты.

Устинов провел расследование теракта в Беслане. Это дело стало апофеозом следственного произвола: присланные из Москвы прокуроры последовательно игнорировали доводы потерпевших, будто намеренно демонстрируя, что никакого желания разобраться в происшедшем у них нет — все и так уже ясно.

Но самое главное — Генпрокуратура при Устинове превратилась в настоящий четко отлаженный репрессивный механизм. Ведомство продемонстрировало, что любой человек может стать объектом его внимания — если, например, он занимался бизнесом, то его наверняка можно обвинить в мошенничестве или каком-либо еще экономическом преступлении. Еще одно правило, появившееся при Устинове: подобные обвинения непременно возникнут, если нежелательный субъект вознамерился заняться политикой.

Устинов любил вмешиваться в сферы, которые никогда прежде не считались зоной ответственности Генпрокуратуры, например в ЖКХ, и пытаться навести порядок там. «Заботит все», — говорил он. Генпрокурор очень пекся о вопросах морали и нравственности. Во всех своих публичных выступлениях он подолгу говорил об упадке духовности и о том, как с ним может бороться Генпрокуратура, и, наконец, о том, как важна роль православия и церкви. Наконец, Устинов регулярно посещал разнообразные православно-патриотические мероприятия, на которых генпрокурора не раз называли «человеком года».

Несмотря на более чем спорную репутацию генпрокурора, соображения политической целесообразности все перевесили: 149 человек проголосовали за, один воздержался.

Год спустя, 2 июня 2006 года, председатель Совета Федерации Сергей Миронов неожиданно зачитал сенаторам, что получил представление президента Путина об отстранении генпрокурора от должности — «на основании личного заявления». Сенаторы были явно в шоке — им казалось, что происходит революция, в немилость попал самый могущественный чиновник в государстве.

За несколько минут до начала заседания об этом узнали члены профильных комитетов (по обороне и безопасности и по судебно-правовым вопросам): они одобрили просьбу президента единогласно, не задав ни одного вопроса. Поэтому, когда на заседании один-единственный сенатор, бывший губернатор Калужской области Сударенков, вдруг поинтересовался причиной отставки Устинова, это вызвало оторопь. «В заявлении мотив не указан», — отрезал председатель Совета Федерации Миронов. «Мы мотив не рассматривали. Мы рассматривали только заявление генерального прокурора», — растерянно вторил ему председатель профильного комитета[25].

За проголосовали 140 сенаторов, двое воздержались, еще 36 вообще ничего не поняли и решили не голосовать. Когда журналисты спросили главу комитета по обороне и безопасности, почему сенаторы не поинтересовались причиной отставки генпрокурора, тот ответил: «Однажды Совет Федерации уже чересчур заинтересованно отнесся к вопросу смены генпрокурора, — ответил сенатор, — после чего подвергся реформированию». (Имелось в виду, что в 1999 году сенат отказался удовлетворить просьбу Александра Волошина, главы администрации президента Ельцина, уволить генпрокурора Скуратова. Год спустя все тот же Волошин, ставший главой администрации президента Путина, отомстил сенаторам — разработал реформу Совета Федерации, которая полностью поменяла схему его формирования, все прежние сенаторы лишились своих должностей, а все новые стали исключительно послушными.)

Всем было очевидно, что произошла спецоперация в духе спецслужб: неприятеля надо застигнуть врасплох, нанести удар неожиданно, чтобы он не успел сориентироваться и даже и не думал сопротивляться. Путин всегда любил подобный стиль — неожиданные назначения и неожиданные отставки. Но обычно (как, например, с отставкой Михаила Касьянова) он тяготел к тому, чтобы объявлять о перестановках лично — ну или по крайней мере их лично комментировать. Но тут Путин даже не появился — ни через день, ни через два. Растерянные чиновники и депутаты несколько дней обсуждали: неужели Путин так сильно опасался генпрокурора Устинова, что избавился от него с такими мерами предосторожности.

В действительности, как рассказывает один из приближенных Путина, главной его целью было произвести впечатление на чиновников. Истинной мишенью удара был не Устинов лично, а ближний круг Путина вообще.

Дело в том, что к 2006 году прямо под боком у Путина сформировалась тесная компания единомышленников. Еще в ноябре 2003 года генеральный прокурор Устинов и помощник президента Игорь Сечин породнились: поженились сын Устинова Дмитрий и дочь Сечина Инга (по иронии судьбы это случилось через месяц после другого важнейшего в жизни Сечина и Устинова события — ареста Михаила Ходорковского). Два влиятельных чиновника стали регулярно встречаться и общаться. Их роднило многое: довольно консервативный взгляд на политическую систему, недоверие к Западу, увлечение философами-почвенниками, православие. Со временем дружеский кружок стал шириться. Сначала к нему стал все чаще присоединяться премьер-министр

Михаил Фрадков, а потом с Сечиным и компанией подружился московский мэр Юрий Лужков. Эта странная четверка стала регулярно встречаться в приватной обстановке и обсуждать будущее страны.

Уже это, подобная дружба столь высокопоставленных людей, не могло не показаться подозрительным. По концентрации начальников — просто готовое ГКЧП-2: ближайший помощник Путина, самый могущественный силовик в стране, по-прежнему популярный и опытный мэр столицы и, наконец, пусть слабый и тщедушный, но все же второй человек в государстве, который начнет исполнять обязанности президента, если с Путиным вдруг что-то случится.

Зимой 2004 года Путин счел убедительными предположения Сечина, что нелояльный премьер-министр Касьянов накануне президентских выборов может быть опасен — на этот раз ситуация повторялась, но уже против Сечина. К тому же в 2003 году Глеб Павловский написал докладную записку, в которой говорилось об угрозе именно этой группы.

Приближались очередные президентские выборы, самые сложные для Путина, выборы, когда ему предстояло передать власть преемнику, — поэтому ему хотелось, чтобы все прошло максимально комфортно и безболезненно. Он еще не знал до конца, кого выберет: Сергея Иванова или Дмитрия Медведева. Но четко понимал, что и первому, и второму уже становится очень некомфортно от странной дружбы четверки Сечин–Устинов–Лужков–Фрадков.

Путину было хорошо известно, что Сечин ненавидит и Иванова, и Медведева. Ярким примером стал случай рядового Сычева. Но одно дело держать его при себе, чтобы возможные преемники оставались в тонусе, — другое дело ставить под угрозу всю конструкцию передачи власти.

Недоброжелателей у «четверки» было предостаточно. Во-первых, Семья и ее окружение: Лужков был ее давний, исторический враг, а Сечин — новый, после того как он посадил Ходорковского и уволил Касьянова. Во-вторых, все давнее, питерское окружение Путина: Сечин считал себя правой рукой президента, поэтому пытался старательно оттеснить всех прочих друзей, в том числе и Иванова, и Медведева. Особенно злились из-за этого те приближенные, чьим главным ресурсом была именно близость к телу: например, начальник личной охраны Путина Виктор Золотов и его бывший зам Виктор Черкесов. Охранника Золотова и секретаря Сечина связывала давняя вражда, но Золотов не мог ее продемонстрировать публично без санкции начальника. И тут вдруг санкция поступила — Путин заинтересовался, что, собственно, обсуждает «четверка», когда остается наедине. Золотов и Черкесов охотно принесли ему распечатки подслушанных разговоров.

Подтверждались все самые худшие предположения: заговор еще не созрел, но зреет. «Четверка» обсуждала, среди прочего, что Михаил Фрадков мог бы стать прекрасным президентом — раз он и так уже прекрасный премьер. В планы Путина не входило ни делать Фрадкова своим преемником, ни даже обсуждать эти перспективы с «четверкой».

На самом деле ничего страшного, кроме амбициозных разговоров, Сечин и компания не сделали — да и вряд ли сделали бы. Наказывать их было особенно не за что — стоило просто припугнуть. Да и то не всех. «Путин решил, что Устинова надо урезонить — все-таки Генпрокуратура стала непозволительно влиятельной, на Сечина достаточно просто наорать, а Лужкова можно даже не трогать — он и без того перепугается», — пересказывает ход мыслей президента один из его приближенных. Фрадкова Путин даже и в расчет не брал — было ясно, что он в этой четверке не равноправный партнер, а просто орудие.

Операция по пресечению несозревшего заговора закончилась так же неожиданно, как и началась. Пять дней все гадали, что станет с зарвавшимся Устиновым и кто вместо него будет новым могущественным генпрокурором. Решение Путина поразило всех: он произвел рокировку. На место отставленного генпрокурора был предложен куда более скромный (и, как говорили, близкий к Семье) министр юстиции Юрий Чайка. А на его место в свою очередь назначили Владимира Устинова. В течение нескольких месяцев Чайка уволил почти всех замов Устинова (тот взял их к себе в Минюст) и перетянул за собой свою прежнюю команду.

В Кремле потом шутили, что намного проще и дешевле было просто перевесить таблички: с Генпрокуратуры на Министерство юстиции и наоборот.

Шутки шутками, но точно такая же история спустя несколько лет произойдет с Белым домом и Кремлем, когда меняться местами будут президент Медведев и премьер Путин вместе со всеми своими аппаратами, помощниками и челядью.

## Империи наносят удар

В конце августа 2005 года произошло событие, неожиданным образом преобразившее всю российскую политику, как внутреннюю, так и внешнюю. На первый взгляд оно не имело к России вообще никакого отношения, но это ложное впечатление. 29 августа на Атлантическое побережье США обрушился ураган «Катрина». В зоне стихийного бедствия оказались Луизиана, Миссисипи, Флорида, Алабама и Джорджия. Власти не смогли заранее эвакуировать всех жителей Нового Орлеана, не предвидели, что защитные дамбы не выдержат напора воды. В течение первых дней Новый Орлеан оказался во власти преступников и мародеров, из-за чего даже пришлось прервать спасательную операцию. Джордж Буш оказался под градом критики из-за того, что не прервал свой отпуск в Техасе, узнав о трагедии, т.е. повторил ту же ошибку, что и Владимир Путин ровно за пять лет до этого, после аварии на подводной лодке «Курск».

Российское Министерство по чрезвычайным ситуациям предложило США помощь (в виде двух спасательных самолетов). США отказались, но через несколько дней передумали и попросили прислать эти самолеты. И Путин, и министр обороны Сергей Иванов, и министр по чрезвычайным ситуациям Сергей Шойгу были удивлены подобной хаотичностью. Но еще сильнее шокировало Путина то, что случилось потом. Рейтинг Джорджа Буша обвалился.

Вообще-то Владимир Путин (особенно в первые годы президентства) никогда не полагался на доклады социологических служб. Уверения помощников, что его рейтинг на высоте, его не убеждали: «Может рухнуть в любую секунду», — говорил он.

Помня, как за считаные месяцы телеканалы и война в Чечне сделали из него самого популярного политика в стране, он полагал, что так же быстро может произойти и обратный процесс. После каждой трагедии в России, будь то «Курск», «Норд-Ост» или Беслан, Путин всякий раз ожидал, что его рейтинг немедленно провалится, что население именно его обвинит в произошедшем. Однако этого каждый раз не случалось. И вдруг главный кошмар Путина реализовался прямо на его глазах, но не с ним, а с человеком, которого он считал более сильным, опытным и удачливым политиком, с самим «военным императором мира» Джорджем Бушем.

Самым удивительным было то, что Буш не смог никак отреагировать на этот провал. Он не смог ни ответить на обвинения в неэффективности, ни переложить ответственность на кого-то, ни сменить повестку дня, ни поразить избирателей каким-либо другим сильным ходом. Буш, которого Путин считал сильным, куда более сильным лидером, чем он сам, оказался слабаком. Это вселило в Путина огромную уверенность в своих силах. И в корне изменило тон всех дальнейших переговоров с США: ведь теперь он имел дело не с военным императором, а с хромой уткой.

В октябре 2006 года, как описывает Ангус Роксборо, Путин поиздевался над Кондолизой Райс: ей пришлось несколько часов сидеть и ждать в гостинице, пока он согласится ее принять. А ему просто не хотелось, потому что он выпивал в Барвихе с товарищами. После заседания Совета безопасности его члены решили не разъезжаться, а отметить недавние дни рождения вице-премьера Дмитрия Медведева и секретаря Совбеза Игоря Иванова. Путин решил, что нет ничего страшного в том, что госсекретарь США подождет до вечера. Но и вечером он решил, что ему не хочется прерываться и лучше пригласить Кондолизу Райс прямо к столу — пусть поговорит сразу со всем Советом безопасности. Помощник президента США по национальной безопасности Стивен Хедли вспоминал, что просто остолбенел, когда они приехали в замок Майендорф на Рублевке, зашли внутрь и обнаружили за столом с закусками сразу десяток высших руководителей России. «Конди, присоединяйтесь, у нас тут как раз для вас есть несколько секретных материалов», — ехидно пошутил Сергей Иванов, указывая на бутылки с грузинскими винами. Но Кондолиза Райс ничуть не смутилась. Она хладнокровно попросила Путина выйти для недолгого конфиденциального разговора. Он согласился, взяв с собой своего конфидента по связям с американцами Сергея Иванова и еще министра иностранных дел Сергея Лаврова в качестве переводчика[26].

Этот разговор закончился скандалом: Райс и Путин поругались из-за ситуации в Грузии. Госсекретарь США продолжала настаивать на том, что все страны — соседи России имеют право сами решать свою судьбу, а Путин отвечал, что Россия не допустит силового решения замороженных конфликтов в соседних с Грузией республиках: Абхазии и Южной Осетии. Разговор шел на повышенных тонах и совершенно не напоминал идиллию четырехлетней давности.

А когда-то Сергея Иванова и Кондолизу Райс связывали по-настоящему дружеские отношения. В мае 2002 года Джордж Буш с женой и свитой гостили у Путина в Санкт-Петербурге. В один из вечеров президент повел американцев в Мариинский театр, на «Щелкунчик». По дороге Сергей Иванов и Кондолиза Райс говорили, что являются увлеченными балетоманами и вовсе не хотят в сотый раз смотреть классическую постановку «Щелкунчика». Как только в зале погас свет, Иванов (тогда уже министр обороны) предложил Кондолизе (тогда — помощнику президента по национальной безопасности) сбежать и посмотреть что-то более любопытное. Она согласилась. И Иванов повез ее в репетиционный зал студии Бориса Эйфмана, смотреть на русский авангардный балет. Приглядывать за беглецами отправили секретаря Совбеза Владимира Рушайло (российского коллегу Кондолизы Райс по должности), который был явно страшно недоволен такой суетой. Зато Иванов и Райс были в восторге.

В октябре 2006 года от этого восторга не осталось и следа. Кондолиза Райс, испортившая душевное застолье в Майендорфе, стоя на высоких каблуках, смотрела на Путина и Иванова сверху вниз и едва ли не кричала. Они отвечали ей такими же полными ярости и презрения словами и взглядами.

Через две недели в США прошли промежуточные выборы в конгресс. Республиканцы потерпели сокрушительное поражение: потеряли и сенат, и палату представителей, которые контролировали два года перед этим. Для Путина это было совершенно четким сигналом: Буш — лузер, с ним больше не нужно считаться. Надо давить.

Слабость Буша не вызывала никаких сомнений — Путину казалось, что Буш больше не хозяин даже в своей собственной администрации. В 2007 году, желая предотвратить развертывание ПРО в Европе, Путин выступил с неожиданным предложением: создать совместную российско-американскую систему ПРО, а вместо того, чтобы создавать новую РЛС в Чехии, использовать уже существующую габалинскую РЛС в Азербайджане. Американские партнеры были в шоке: ни Джордж Буш, ни Кондолиза Райс не ожидали от Путина такой открытости и готовности к сотрудничеству. Казалось, он просто обезоружил США своими предложениями. Но спустя месяц эксперты Пентагона прилетели в Азербайджан, чтобы проинспектировать габалинскую РЛС, и она их совершенно не впечатлила. Они доложили в Белый дом, что РЛС устаревшая и не соответствует американским требованиям. Чиновники явно спускали на тормозах прорывные предложения России, а Буш, на словах соглашавшийся на все предложения Путина, не проявлял никакой политической воли, чтобы отстаивать их совместную договоренность.

Заочное выяснение отношений случилось в феврале 2007 года. Владимир Путин и Сергей Иванов приехали на Мюнхенскую конференцию по безопасности с тем, чтобы проучить Джорджа Буша. Путин подготовил речь, которая должна была, с одной стороны, продемонстрировать его отношение к поверженному «императору мира», а с другой стороны, быть предложением к новому диалогу для всего мирового сообщества[27].

Начал Путин с серии выпадов против США и «доктрины Буша».

Предлагавшийся после холодной войны однополярный мир не состоялся.

История человечества, конечно, знает и периоды однополярного состояния и стремления к мировому господству. Чего только не было в истории человечества.

Однако что же такое однополярный мир? Как бы ни украшали этот термин, он в конечном итоге означает на практике только одно: это один центр власти, один центр силы, один центр принятия решения.

Это мир одного хозяина, одного суверена. И это в конечном итоге губительно не только для всех, кто находится в рамках этой системы, но и для самого суверена, потому что разрушает его изнутри.

И это ничего общего не имеет, конечно, с демократией. Потому что демократия — это, как известно, власть большинства при учете интересов и мнений меньшинства.

* * *

«Сегодня мы наблюдаем почти ничем не сдерживаемое, гипертрофированное применение силы в международных делах, военной силы, силы, ввергающей мир в пучину следующих один за другим конфликтов. В результате не хватает сил на комплексное решение ни одного из них. Становится невозможным и их политическое решение.

Мы видим все большее пренебрежение основополагающими принципами международного права. Больше того, отдельные нормы, да, по сути, чуть ли не вся система права одного государства, прежде всего, конечно, Соединенных Штатов, перешагнула свои национальные границы во всех сферах: и в экономике, и в политике, и в гуманитарной сфере — и навязывается другим государствам. Ну кому это понравится? Кому это понравится?»

Именно эта яркая антиамериканская часть выступления Путина была замечена и процитирована всеми. Она спровоцировала такой серьезный скандал, что вторую и третью части речи никто не заметил. А вторая часть была тоже амбициозной, но куда более миролюбивой: Путин предлагал разработать новую архитектуру мировой безопасности, т.е. прислушиваться к голосу России и других стран БРИК, а не решать все только в рамках НАТО. Третья часть и вовсе содержала рутинное перечисление традиционных путинских обид: отказ европейских стран и США от ратификации адаптированного ДОВСЕ, расширение НАТО на восток, препятствия для российских инвестиций в Европе, неудачи России на пути вступления в ВТО.

Такой международный популизм сыграл двоякую роль. С одной стороны, Мюнхенская речь стала очень популярной. Опробованный Путиным образ главного антиамериканиста мира быстро принес дивиденды — по итогам года Путин был объявлен человеком года по версии журнала *Time*. И вовсе не благодаря каким-то достижениям, хотя в этом, 2007 году ему удалось осуществить, наверное, самую сложную операцию в своей политической карьере, операцию «Преемник». Всеобщее признание пришло к Путину исключительно благодаря его новой риторике, которую он обрел, поняв, что ему больше не надо ориентироваться на Джорджа Буша, не надо больше стремиться понравиться ему или кому-то еще. В июне 2007 года, накануне саммита G8, он выразил эту мысль в интервью таким иносказанием: «После смерти Махатмы Ганди уже и поговорить не с кем». Попрощавшись с Джорджем Бушем, Путин остался наедине с самим собой, в полной уверенности, что теперь он самый опытный, сильный и удачливый мировой лидер.

## Война каждый день

Чем ближе было окончание президентского срока, тем больше Путин нервничал, а значит, тем более нервозной становилась российская внешняя политика. Он не был уверен в том, что операция «Преемник» пройдет удачно, — в конце концов, он сам до конца не определился с тем, кто будет преемником, когда он назовет его имя, и не возникнут ли в процессе непредвиденные сложности.

Вторым источником постоянного раздражения были отношения с США. Накопленные обиды приходилось на ком-то вымещать, поэтому 2006 и 2007 годы превратились в годы сплошных скандалов — российская власть то и дело обрушивалась всей своей мощью на кого-то из маленьких соседей.

Весной 2006 года Россия решила наказать Грузию и Молдавию за новую прозападную политику их властей: был запрещен импорт в Россию грузинских и молдавских вин, а заодно еще и грузинской минеральной воды.

Грузинские власти объявили о раскрытии российской шпионской группы, а в ответ в России началась полномасштабная антигрузинская кампания — в течение недели из страны выслали всех трудовых мигрантов — граждан Грузии; чтобы их оперативно разыскать, милиционеры ходили по школам и переписывали детей с грузинскими именами. Одновременно было прекращено авиасообщение с Тбилиси.

В Польше хулиганы побили детей сотрудников российского посольства. Путин немедленно увидел в этом провокацию и намеренное желание унизить Россию. Сразу вспомнил, что в начале своего президентства бывший коммунист президент Александр Квасьневский втерся к нему в доверие, но потом именно Квасьневский стал основным посредником на переговорах после «оранжевой революции», именно он способствовал приходу к власти Виктора Ющенко. И в России начиналась антипольская кампания, сопровождающаяся запретом польских продуктов.

Наконец, весной 2007 года статус главного врага перешел к Эстонии. Под влиянием местных националистов власти республики приняли решение перенести захоронение советских солдат, а также стоявший на этом месте памятник с одной из главных площадей Таллина на воинское кладбище. Среди русскоязычного населения Эстонии начались протесты, которые немедленно подхватили сурковские «Наши». Они отправили десант в Таллин и одновременно начали осаду эстонского посольства в Москве. Их напор моментально поддержала вся остальная сурковская пропагандистская машина: российские госканалы стали называть эстонских руководителей наследниками нацистов и начали проводить параллели между событиями 2007 года и Второй мировой войной — будто бы борьба между «русскими» и «фашистами» продолжается, как и полвека назад. Эту метафору развил и сам президент Путин, выступая на параде 9 мая: «как и во времена Третьего рейха», кое-кто в мире демонстрирует «все то же презрение к человеческой жизни, те же претензии на мировую исключительность и диктат», фактически сравнив США и гитлеровскую Германию. А через пять месяцев осудил ЕС за «потворство героизации нацистов и их карателей-пособников», имея в виду власти Эстонии и Латвии. Это стало первым и на долгое время единственным опытом подобных аналогий — в следующий раз перенос политической реальности в прошлое и реконструкция ролевых моделей Второй мировой войны в российской политике случится через семь лет — в 2014 году.

Сергей Иванов, являясь не просто потенциальным преемником, но путинским уполномоченным по связям с США, скоро стал позволять себе выступать с жесткими внешнеполитическими заявлениями. После окончания антиэстонской кампании именно он встретился с активистами «Наших» (а также с их кураторами Владиславом Сурковым и Глебом Павловским) и поблагодарил их за проделанную работу. Хотя осада эстонского посольства в Москве являлась стопроцентным нарушением Венской конвенции и официально власти заявляли, что они тут ни при чем, министр обороны говорил, что «поддерживает патриотические настроения» и «в целом за это благодарен».

Фактически в 2007 году Сергей Иванов стал вторым внешнеполитическим лицом России после Владимира Путина. Его довольно воинственные заявления показывали во всех новостях, что, естественно, повышало рейтинг. Одновременно оба потенциальных преемника неустанно колесили по стране, якобы проверяя, как проходит курируемая ими работа в регионах. На самом деле это, конечно, был предвыборный чес: Медведев открывал новые больницы, университеты, раздавал бесплатное жилье и посещал новые сельхозпредприятия. Иванов, как куратор ВПК, посещал новые заводы: обещал запустить производство российских самолетов и компьютеров. Поездки каждого в обязательном порядке освещали все телеканалы: в вечерних новостях были обязательные блоки про Путина, про Иванова, про Медведева.

К лету 2007 года стало понятно, что Иванов побеждает. Его патриотичная тематика находила явно больший отклик у телезрителей: сюжетов о нем становилось все больше, хотя на эту тему не было никаких распоряжений сверху — сказывался общий настрой госканалов. Рейтинг Иванова явно опережал рейтинг Медведева. Наконец, именно в сторону Иванова склонялись симпатии главного кремлевского идеолога Владислава Суркова. Иванову нравились созданные Сурковым молодежные движения, он охотно воспроизводил контрреволюционную риторику, которую Сурков оседлал, чтобы побороть «цветную революцию» в зародыше.

У каждого из преемников был собственный аппарат, но что важнее — свой неформальный штаб, который на самом деле занимался продвижением своего кандидата.

По воспоминаниям тогдашних сотрудников Кремля и правительства, Иванов все же первым совершил ошибку. Он поверил в то, что у него есть шанс и он очень велик. Он не мог не замечать, что по всем параметрам опережает своего соперника Медведева, и, скорее всего, всерьез захотел стать преемником. В июне 2007 года именно Иванову (неожиданно) доверили открывать работу Петербургского экономического форума — президент Путин выступал во второй день, а первый день стал бенефисом вице-премьера, который и за экономику-то не отвечал.

В какой момент Иванов прокололся, неясно. Вспоминают, к примеру, такой эпизод. Во время зарубежного визита в одну из азиатских стран Путин и Иванов обсуждали возможности поставки систем противовоздушной обороны. Министр обороны Иванов, очевидно, лучше ориентировался в теме обсуждения и в какой-то момент поторопился и начал отвечать на вопрос собеседников, даже не взглянув на Путина. Президент обернулся к нему и вполголоса сказал: «Ты что, уже и за меня отвечать будешь?»

## Третий неизвестный

В сентябре 2007 года, за полгода до предстоящих президентских и за три месяца до парламентских, Путин вдруг преподнес своему окружению сюрприз. Все ожидали ясности вокруг фигуры преемника, а он, наоборот, решил еще сильнее все запутать — без видимой причины отправил в отставку правительство Михаила Фрадкова. Более того, он поступил с премьером даже чуть более унизительно, чем годом раньше с его другом генпрокурором Устиновым. Устинова Путин уволил, велев ему симулировать заявление об уходе (прощаясь с коллективом Генпрокуратуры, Устинов немедленно развеял версию о том, что его уход был добровольным).

Чтобы аналогичная ситуация не возникала во второй раз, Фрадкова заставили подавать в отставку публично — перед телекамерами. Зрелище получилось крайне неубедительное: премьер-министр что-то лепетал, пытаясь объяснить, почему уходит в отставку, хотя сам, очевидно, не понимал, почему он это делает, и сам, очевидно, был шокирован известием о собственной отставке.

Главной причиной увольнения Фрадкова были, разумеется, его тайные амбиции. По мере того как Путин продолжал тянуть время и никак не объявлял, кому оставит престол, у Фрадкова все больше укреплялась надежда на то, что шанс есть. Эту надежду, в меру сил, поддерживал и его давний друг Игорь Сечин. Они оба не были наказаны за неслучившийся «заговор четырех», но существенно умерили активность. Тем не менее опытный бюрократ Фрадков то и дело ставил палки в колеса обоим преемникам, которые формально являлись его заместителями. Нет сомнения, что и Иванов, и Медведев жаловались президенту на саботаж — и с приближением ответственного момента передачи власти Путин решил избавиться от ненужного звена, которое может нечаянно расстроить его план.

В 2004 году, после назначения Фрадкова, Путин нахваливал его журналистам, вспоминая историю, как Михаил Ефимович в 2001 году отважно и бескомпромиссно выступил за расформирование собственного ведомства (налоговой полиции) ради интересов государства. Но в 2007 году доброжелатели рассказали Путину, что теперь Фрадков при каждом удобном случае рассказывает уже совсем другую версию тех событий. Якобы его налоговая так достала олигархов, так честно и бескомпромиссно собирала с них налоги, что они бросились кляузничать президенту, наврали ему с три короба — лишь бы только избавиться от такого надоедливого и эффективного органа. А президент якобы поверил, поддался на оговоры толстосумов и — по ошибке — налоговую полицию расформировал. И лишь в 2004 году после дела ЮКОСа осознал ошибочность собственного решения и вернул Фрадкова.

Услышав, что тихий премьер так преобразился и сочиняет про себя такие истории, Путин, по словам очевидцев, очень смеялся. Но сделал выводы.

На место Фрадкова был назначен не менее загадочный персонаж — Виктор Зубков, давний знакомый Путина еще по Ленинграду (был в начале 1990-х годов его заместителем в комитете по внешним связям мэрии Петербурга), в последний год занимавший скромный пост начальника финансовой разведки. Как чиновник человек ничем не выдающийся, а как политик и вовсе очень слабый — лишь однажды, в 1999 году, Зубков попытался поучаствовать в выборах губернатора Ленинградской области (имея при этом покровительство премьер-министра Путина), но смог занять только четвертое место.

Предлагая Зубкову место главы правительства, Путин, очевидно, ничего ему не объяснил. Он, говорит один из приближенных президента, просто сказал ему несколько общих слов про то, что «родине нужен ваш опыт» и «в любом случае будем работать вместе». Скорее всего, Путину было неловко сказать, что ему нужен статист, который подержал бы место премьера полгода и у которого не взыграли бы никакие амбиции. Но Зубков этого точно не понял — уже через две недели после назначения он заявил журналистам, что не исключает вероятности собственного выдвижения в президенты. Более того, человек с рейтингом узнаваемости меньше процента стал вести себя довольно экстравагантно. К примеру, в первые же дни премьерства он устроил унизительную выволочку пензенскому губернатору: пригрозил отправить его «водить с детишками хороводы», если тот немедленно не повысит зарплаты воспитателям детских садов.

Неделю спустя Путин Зубкова одернул, сказав, что не стоит начинать собственную предвыборную кампанию. Тот притих и больше ни одного неосторожного жеста не делал до следующего мая, когда уступил кресло премьера самому Владимиру Путину.

Отправляя в отставку правительство Фрадкова, Путин уже окончательно определился с тем, кого сделает преемником.

Смена кабинета и была символическим жестом — окончание подковерной предвыборной борьбы, начало прицельной работы с преемником. Уже в сентябре весь ближний круг знал, что выбор сделан — следующим президентом станет Дмитрий Медведев.

Оставшиеся месяцы нужны были Путину и Медведеву, чтобы подробно обговорить технологию передачи власти, процесс будущей работы, систему согласования решений. «Мы все придумали», — хвастался Путин в кругу ближайших соратников. Для того чтобы не возникло проблем коммуникации, глава администрации президента Сергей Собянин переедет в Белый дом и станет главой аппарата правительства. А глава аппарата правительства Сергей Нарышкин, наоборот, переедет в Кремль. Они хорошо знают работу друг друга — они и будут обеспечивать бесперебойный контакт двух голов тандема. «Кто бы мог подумать, что уже через полгода Собянин и Нарышкин не будут друг с другом разговаривать, а между Кремлем и Белым домом едва ли не гранаты будут летать», — иронизирует участник того разговора.

# ЧАСТЬ III

# ЦАРЕВИЧ ЛЖЕДМИТРИЙ

# Глава 9

## В КОТОРОЙ ПРЕЗИДЕНТУ ГРУЗИИ МИХАИЛУ СААКАШВИЛИ УДАЕТСЯ СОХРАНИТЬ НЕ ТОЛЬКО ВЛАСТЬ, НО И НЕЧТО ГОРАЗДО БОЛЕЕ ЦЕННОЕ

*Михаил Саакашвили очень любит жизнь. Даже больше, чем власть. Все время, пока он был президентом Грузии, было принято сравнивать его с Путиным. Часто их поведение выглядело почти зеркальным: они оба старались выглядеть мачо, сильными, воинственными лидерами с твердой рукой, летали на самолетах, ездили на болидах «Формулы-1». Саакашвили, конечно, подражал Путину (хотя сам утверждает, что это Путин подражал ему). Но в решающий момент между красивой жизнью и властью он выбрал первое.*

*Еще будучи президентом, он удивлял. Как президент может полдня просидеть в ресторане с журналистами, выпивая Moet & Chandon? Или, например, как он может сорваться и улететь на вечер на вертолете в ночной клуб в Батуми? Его образ жизни, казавшийся довольно расслабленным, никак не вязался с образом президента-реформатора, который готов положить жизнь на то, чтобы изменить историю своей страны. Равно как и не вязался с образом диктатора, который готов отдать жизнь, лишь бы только не отдать власть.*

*Неожиданно Саакашвили действительно отдал власть оппозиции — нечастое для бывшего СССР явление. В очередной раз встречались мы с ним уже в Киеве, на улице Банковой, в администрации президента Украины — он готовился вернуться во власть, только в другой стране.*

*Михаил Саакашвили провел, наверное, самые впечатляющие экономические реформы в СНГ. Идеологом многих преобразований принято считать покойного Каху Бенду-*

*кидзе, а автором самой знаменитой реформы, реформы полиции, — сидящего в тюрьме Вано Мерабишвили. Но факт остается фактом: ни в одной постсоветской стране не было таких быстрых и таких эффективных реформ. Правда, длились они недолго, как это обычно и бывает, все существенное было сделано за первые два года, а потом начался застой.*

*Да, он жил на широкую ногу, то и дело летал по делам сомнительной важности в компании юных помощниц — поведение отнюдь не аскетичное, чего уж говорить. При этом нельзя утверждать, что Саакашвили украл миллионы. Впрочем, его в этом никто и не обвиняет: все обвинения, выдвинутые против него в Грузии, касаются превышения должностных полномочий и растраты госсредств, но не хищений. К нему много вопросов, но кто справился лучше?*

*Самое интересное, почему именно Саакашвили стал главным врагом Путина. Сам он уверен — потому, что сменил внешнеполитический вектор своей страны и оказался успешным реформатором.*

*Саакашвили во многом ошибается в воспоминаниях — иногда он меняет местами события, так что это заметно даже неподготовленному слушателю. И, возможно, дело не в реформах и не в политике вовсе. Может быть, дело в том, что Саакашвили удалось выполнить мечту Путина — он сумел, не цепляясь за власть, сохранить красивую жизнь. Путин так сильно этого хотел, но ему этого не удалось.*

## Враги по наследству

Дмитрию Медведеву в наследство от Владимира Путина достался главный враг — Грузия и ее президент Михаил Саакашвили. Еще после «антигрузинской кампании» 2006 года он утвердился в этом статусе. В Кремле любили рассказывать байку, что Путин ненавидит «Мишико» (уменьшительно-ласкательный вариант имени грузного и рослого грузинского президента) потому, что якобы тот в разговоре с белорусским президентом Лукашенко обозвал российского лидера «Лилипутиным». А Лукашенко якобы немедленно передал эти слова Путину.

С одной стороны, это очень похоже на правду — пересказывать содержание доверительных разговоров и сплетни очень в характере Александра Лукашенко. Он всегда рассказывает своим собеседникам все, что говорят о них за спиной, — подобное кляузничество нередко помогает ему решать собственные проблемы. С другой стороны, сам Саакашвили уверяет, что такого никогда не было — по его мнению, этот миф придумали в Кремле, чтобы хоть как-то объяснить неприязнь Путина.

По словам Саакашвили, с самого начала Путин старался продемонстрировать собственное могущество. К примеру, Саакашвили рассказывает такую историю. Став президентом Грузии, он отправился в первое зарубежное турне, в ходе которого посетил, среди прочего, Германию. Во время первой встречи с канцлером Герхардом Шрёдером он был еще крайне доброжелательно настроен в отношении Путина (большая часть проблем лежала еще впереди), но подробно рассказал, какие у Грузии и России есть проблемы. Спустя несколько дней, когда грузинский президент вернулся в Тбилиси, к нему пришел российский посол со стенограммой закрытой встречи Шрёдера и Саакашвили. «Я хотел обратить ваше внимание на те моменты в ваших переговорах с федеральным канцлером, которые нам не понравились», — сказал посол. «Я тогда еще считал Шрёдера крупным западным лидером. Поэтому был в шоке оттого, что он передал Путину полную стенограмму нашего разговора», — говорит Саакашвили.

Чем ближе было окончание президентского срока Путина, тем яснее становилось, что дружеские отношения с Грузией недостижимы. 4 апреля 2008 года должен был состояться саммит НАТО в Бухаресте, на котором планировалось предоставить Грузии и Украине статус кандидатов в члены альянса. Предоставление стране так называемого ПДЧ (план действий по членству) означает, что ее присоединение к НАТО неизбежно — осталось только выполнить небольшое домашнее задание.

Весьма символично то, что из всех стран СНГ только Грузия и Украина стали пытаться вступить в НАТО и освободиться от влияния Москвы. Положение Грузии, как и Украины, и в Российской империи, и в СССР было особым. Притом, что Грузия была завоевана в 1801 году, уже в 1812 году потомок грузинской царской династии Петр Багратион стал героем войны с Наполеоном и погиб во время Бородинской битвы.

Среди руководства СССР с первых лет было немало влиятельных выходцев из Грузии. Из них в Политбюро в 1930–1950 годах входили сразу трое: генеральный секретарь ЦК партии Иосиф Сталин, руководитель советской тяжелой промышленности Серго Орджоникидзе (выступал против сталинских репрессий, покончил собой в 1937 году) и, собственно, один из дирижеров репрессий, глава НКВД, хозяин ГУЛАГа и отец советской атомной бомбы Лаврентий Берия.

Иосиф Сталин родился в грузинском городе Гори. И для России, и для Грузии эта фигура до сих пор является крайне поляризующей. В 1956 году, после XX съезда партии, на котором Хрущев развенчал культ личности Сталина, в Тбилиси начались волнения — при подавлении протестов были жертвы.

Популярность Сталина, особенно среди грузинской политической элиты, и в дальнейшем была очень велика — многолетний (в 1950–1970 годах) первый секретарь ЦК компартии Грузии Василий Мжаванадзе участвовал в антихрущевском заговоре и был сторонником сохранения музея Сталина в Гори. Памятник Сталину в его родном городе не снесли даже после развенчания культа личности и после распада СССР.

Одновременно Грузия в позднесоветские годы была центром десталинизации и даже десоветизации. Грузинское искусство — кинематограф, живопись, музыка и театр — были важной частью советской культуры. Фильм Тенгиза Абуладзе «Покаяние», снятый на грузинском языке еще до перестройки, в 1984 году, стал, пожалуй, главным символом наступления гласности, а в 1987 году получил Гран-при Каннского кинофестиваля. Фильм рассказывает о жизни местного грузинского тирана, проклятого потомками, с лицом, напоминающим одновременно Берию и Мжаванадзе. В конце фильма собственный сын выкапывает тело мертвого диктатора из могилы и выбрасывает его.

Позднесоветский руководитель Грузии Эдуард Шеварднадзе стал в 1985 году министром иностранных дел СССР и, наряду с Горбачевым, одним из архитекторов новой советской внешней политики, которая привела к концу холодной войны и падению Берлинской стены.

Как утверждает Саакашвили, в ходе всех встреч Путин говорил с ним про Сталина: например, подчеркивал, что работает в бывшем кабинете Сталина в Кремле. «Зачем мне это было говорить? Мне вообще наплевать на Сталина», — говорит Саакашвили.

Трудно сказать, насколько наплевать на Сталина Путину, — в публичных выступлениях он никогда не упоминал Сталина. Однако бывшую сталинскую дачу в Волынском он действительно любил использовать для деловых переговоров.

Так или иначе, именно президенты Грузии и Украины Михаил Саакашвили и Виктор Ющенко были главными сторонниками евроатлантической интеграции на территории бывшего СССР. А Джордж Буш, для которого это был последний год президентства, был убежден, что обеим постсоветским республикам этот статус надо предоставить. Саакашвили вспоминает, что за несколько недель до Бухарестского саммита был в Вашингтоне. И утром, перед встречей с Джорджем Бушем, ему позвонила Ангела Меркель. «Что бы вам ни обещал Буш, знайте, я не допущу, чтобы Грузии и Украине предоставили ПДЧ», — предупредила она. Саакашвили рассказал об этом Бушу, и тот ответил: «Делайте свои дела, а я сам займусь этой женщиной».

Но на саммите в Бухаресте было очевидно, что без скандала не обойтись. Ангела Меркель была готова стоять насмерть, ее поддерживал президент Франции Николя Саркози. Их аргументы состояли в том, что Украина и Грузия не готовы к вступлению в альянс. Что касается Украины, то бóльшая часть ее населения выступает резко против НАТО. А что до Грузии, то Меркель и Саркози говорили, что, во-первых, Михаил Саакашвили вовсе не выглядит настоящим демократом, в ноябре 2007 года он закрыл крупнейший оппозиционный телеканал и жестоко разогнал митинг протестующих против его власти. А во-вторых, говорил президент Франции, у Грузии есть два нерешенных приграничных конфликта, неужели страны НАТО готовы послать своих солдат туда, в случае если «замороженные» конфликты в Абхазии и Южной Осетии перейдут в горячую фазу?

Подобная позиция Франции и Германии вызывала возмущение восточноевропейских стран. На общей встрече глав государств Меркель и Саркози едва ли не в глаза обвиняли в том, что они заняли пророссийскую позицию, что они подкуплены российским газом. Более того, германскому министру иностранных дел Франку-Вальтеру Штайнмайеру сказали, что Германия после всего, что она сделала в XX веке, не имеет морального права снова вставать на пути восточноевропейских стран к свободе. Штайнмайер был оскорблен.

Вечерний ужин в день открытия саммита превратился в непрерывный скандал. И после ужина делегации США и Германии продолжали спорить. Переговоры продолжились и на следующее утро. По словам очевидцев, любопытнее всего выглядит спор Ангелы Меркель и Кондолизы Райс: эти единственные женщины в зале стояли отдельно от мужчин и громко разговаривали между собой по-русски — на этом языке они обе говорят свободно. Именно в ходе этого утреннего разговора Ангела Меркель предложила компромиссное решение: ПДЧ Грузии и Украине предоставлено не будет, но в финальном заявлении отметят, что члены альянса убеждены, что две эти страны обязательно «будут членами НАТО». Без уточнения, когда.

Компромисс, который в итоге был принят всеми странами-членами альянса, не устроил ни Грузию, ни Украину, ни Россию. Саакашвили негодовал. Но еще больше негодовал Владимир Путин, который прилетел в Бухарест в последний день саммита, когда решение об отказе в ПДЧ уже было принято. Несмотря на это, он был в ярости оттого, что альянс утвердил перспективу принятия двух стран в альянс.

По словам очевидцев, на закрытой встрече Путин вспылил, когда речь зашла об Украине. «Украина — это вообще не государство! — заявил он Джорджу Бушу. — Часть ее территорий — это Восточная Европа, а часть, и значительная, подарена нами!» Закончил свою небольшую речь Путин фразой «Если Украина уйдет в НАТО, то уйдет без Крыма и Востока — она просто распадется».

На эту угрозу Путина тогда мало кто обратил внимание, потому что все следили за тлеющими противоречиями между Москвой и Тбилиси. О том, что реальный конфликт может вспыхнуть между Россией и Украиной, никто всерьез не верил. К тому же оставался лишь месяц президентства Путина, на 7 мая была намечена инаугурация нового президента, Дмитрия Медведева.

## Все может быть гораздо хуже

Медведев поначалу постарался построить с Саакашвили новые отношения с чистого листа. Во время их первой встречи, рассказывает Саакашвили, он говорил, что, мол, конфликты созданы до нас, мы их унаследовали и нам надо начать отношения без оглядки на багаж прошлого. И предложил чаще общаться и встречаться. Однако, когда Саакашвили впоследствии звонил в Москву, чтобы пообщаться с новым коллегой, оба раза его соединяли с Путиным. «При чем тут Медведев? — так, по словам Саакашвили, отвечал ему новый российский премьер. — Вам со мной надо разговаривать, Михаил Николаевич, отношения с Грузией я курирую».

Сразу после Бухарестского саммита обстановка вокруг Грузии стала нагнетаться, при этом было стойкое ощущение, что может начаться война из-за Абхазии. Грузия стягивала войска к границам, Россия увеличивала контингент своих миротворцев. Грузия направляла беспилотники в небо над непризнанными республиками. Их сбивали. Россия вводила новый порядок консульской работы в Абхазии и Южной Осетии. Грузия назвала его аннексией и требовала замены российских миротворцев в зоне конфликта на натовских.

В конце мая Россия ввела в Абхазию свои железнодорожные войска. Последовала достаточно жесткая реакция Запада: Госдеп, ОБСЕ, Евросоюз выступили с осуждением этих действий. Саакашвили рассказывает, что как раз после этого он и пытался вновь связаться с Медведевым, но трубку снова взял Путин.

«Да-да, — пересказывает его слова Саакашвили, — мы видели эти заявления. Очень жесткие, очень неприятные. Очень много бумаги. Вы знаете, что можете сделать? Передайте вашим друзьям, чтобы они взяли все эти заявления и засунули их себе в жопу». Повисла пауза. «Да, в жопу, в жопу».

Спустя месяц долгожданная встреча Саакашвили и Медведева все-таки состоялась. Оба президента приехали в Казахстан на праздник в честь 10-летия переноса столицы в Астану. Саакашвили рассказывает, что долго бегал за Медведевым, а тот избегал общения один на один. И лишь вечером, в ночном клубе, ему удалось настичь российского коллегу. На вопрос, почему же они не встречаются, не общаются, Медведев начал пространно говорить, что «мы, конечно, одного поколения, нам нравится одна музыка, мы выходцы из одной и той же профессии», но в Москве другие законы жанра.

— Если мы встретимся официально, будет еще хуже, — якобы сказал Медведев.

— Куда уж хуже? — спросил Саакашвили.

— Вот увидите, может быть гораздо хуже.

Ту же встречу Медведев в телеинтервью 2011 года описал совсем иначе: «Его трудно избегать, потому что он липкий. И если он хочет пристать, то он пристанет как следует. Он ко мне подходил несколько раз. Мы с ним разговаривали, я отлично это помню, сидя в автобусе, гуляя по какому-то парку. Я даже больше скажу. Мы потом пошли попить вечером чайку и по бокалу вина, и даже там мы сидели с ним на каком-то диванчике и обсуждали, как встретиться. Поэтому это сказки, пусть они останутся на его совести, как и многое другое»[28].

По версии Саакашвили, российские власти заранее знали о будущей войне и именно они спланировали ее. Факты, однако, говорят о том, что и сам грузинский президент немало сделал для того, чтобы наступила военная развязка. Медведев, кстати, вспоминал, что Саакашвили затих за месяц до войны и в июле перестал выходить на связь. Россия настаивала на том, чтобы он подписал с Абхазией и Южной Осетией соглашения о неприменении силы, но грузинский президент отвечал, что согласен подписывать соглашение только с Россией, а с марионетками не будет.

По словам Саакашвили, американцы летом 2008 года уверяли его, что ничего не будет: русские войны не хотят, «главное, вы сами не провоцируйте и не поддавайтесь на провокации».

Кондолиза Райс вспоминает иначе: в мемуарах она пишет, что и она, и Джордж Буш несколько раз говорили Саакашвили: «Если вы начнете военные действия, мы не поддержим вас, даже не рассчитывайте на нашу помощь»[29].

Она приехала в Грузию 10 июля. Саакашвили повел ее ужинать в ресторан «Копала» на высоком берегу Куры. Она вспоминает, что убеждала его подписать соглашение о неприменении силы. «Как я могу подписать, когда Путин делает то, что он делает!» — кричал в ответ Саакашвили. Райс настаивала: «Не позволяйте русским вас спровоцировать. Если вы поддадитесь, никто не придет на помощь и вы проиграете». Так выглядит эта встреча в пересказе Кондолизы Райс. Впрочем, на итоговой пресс-конференции она публично заявила, что США поддерживают территориальную целостность Грузии и готовы за нее вступиться.

Весь июль между Грузией и Южной Осетией происходили перестрелки и столкновения. В начале месяца грузинские войска взяли стратегическую высоту, доминирующую над Цхинвали. Потом в небе над Грузией появились российские истребители — как раз в тот момент, когда в Тбилиси прилетела Кондолиза Райс; Грузия в ответ пообещала их сбивать. Затем начались грузино-американские военные учения «Немедленный ответ — 2008», а следом — российские военные учения «Кавказ-2008»: 8000 военнослужащих и 700 единиц военной техники отрабатывали сценарий боевых действий в Абхазии и Южной Осетии. Учения прошли как раз в районе Рокского тоннеля, соединяющего Южную Осетию с Россией.

Саакашвили уверяет, что он отдыхал в итальянском Мерано, который являлся местом, облюбованным богатыми русскими, и в его гостиничном номере показывали российские телеканалы. В начале августа он обнаружил, что российские военные корреспонденты уже находятся в Южной Осетии, более того, по Первому каналу уже сообщили, что 8 августа, в день начала Олимпийских игр в Пекине, Грузия нарушит Олимпийскую хартию и начнет войну против Южной Осетии. Не дожидаясь обозначенной даты, Михаил Саакашвили прервал отпуск и вернулся домой. И, похоже, начал выполнять пророчество Первого канала.

## «Только между нами»

Примерно неделю на границе Южной Осетии и Грузии шли непрекращающиеся перестрелки, были убитые с обеих сторон. 7 августа Михаил Саакашвили объявил об одностороннем прекращении огня и перемирии. А уже ночью отдал приказ начать штурм южноосетинской столицы Цхинвали. К тому моменту, как утверждает грузинская сторона, колонна российской 58-й армии как раз пересекала Рокский тоннель. В день открытия пекинской Олимпиады действительно началась полномасштабная война.

Сейчас он уверяет, что план Путина состоял в том, чтобы свергнуть режим Саакашвили. Поэтому ему пришлось делать что-то, работать на опережение, чтобы не допустить переворота.

«Танковые колонны были уже внутри Грузии. Мы пытались зайти в Цхинвали, чтобы перекрыть им дорогу, но опоздали. Они хотели, чтобы это выглядело так, что во время Олимпиады какие-то повстанцы вошли в Тбилиси, случился переворот, а российские военные совсем ни при чем, они просто миротворцы, которые предотвратили кровопролитие. Нам нужно было не допустить развитие событий по такому сценарию», — говорит Саакашвили.

В одном он явно преувеличивает — танковые колонны перешли Рокский тоннель только 8 августа — если бы Саакашвили заранее знал о российских танках в Южной Осетии, он не стал бы молчать и тем более объявлять «одностороннее перемирие».

В 15:00 8 августа российские телеканалы показали обращение президента Медведева, объявившего о начале операции по «понуждению к миру». Войной он это не считал, поэтому одобрения у Совета Федерации не просил. Хотя если бы и попросил, то получил бы стопроцентную поддержку. Это был политический дебют Медведева, по его словам, он принял решение о начале войны один, даже без предварительного обсуждения с Путиным. Якобы даже с Путиным они связались только через сутки[30].

Владимир Путин в этот момент был в Пекине, встретился там на открытии Олимпиады с Джорджем Бушем, однако их разговор вышел неубедительным. Буш потребовал соблюдать территориальную целостность Грузии, но, видимо, довольно мягким тоном — в результате после разговора российские танки продолжили продвигаться в сторону грузинской столицы.

Роль посредника в переговорах попытался взять на себя президент Франции Николя Саркози. Сначала он пытался поговорить с Путиным во время открытия Олимпиады в Пекине и просил его не начинать войну с Грузией, а подождать — дать ему как текущему председателю ЕС на дипломатию хотя бы 48, ну или 24, или 12 часов. Путин три раза ответил «нет». И улетел из Китая — сначала в Северную Осетию, а потом в Сочи, где и встретился с Медведевым[31].

Кондолиза Райс тоже была на отдыхе — уже зная, что начинается война, она все же решила не откладывать запланированную поездку и отправилась с семьей в Гринбри, что в Западной Виргинии. 10 августа ей позвонил Сергей Лавров. Их разговор она подробно описывает в воспоминаниях.

— У нас есть три требования.

— И какие же?

— Первое. Грузины должны подписать соглашение о неприменении силы. Второе. Их войска должны вернуться в казармы.

— Считайте, что это сделано.

— Третье условие — только между нами. Миша Саакашвили должен уйти.

— Сергей, госсекретарь США не может обсуждать с российским министром иностранных дел свержение демократически избранного правительства. Ваше третье условие только что стало публичным — потому что я собираюсь обзвонить всех, кого смогу, и сказать им, что Россия требует свергнуть грузинского президента.

— Я же сказал, что это только между нами.

— Нет, это не между нами. Теперь об этом узнают все.

И она повесила трубку. И правда обзвонила британского и французского министров, а спустя несколько часов посол США при ООН Залмай Халилзад пересказал содержание разговора на заседании Совбеза ООН.

«Я думаю, что у меня не было выбора. Если грузины хотели наказать Саакашвили за войну, у них еще был шанс сделать это в соответствии с их собственной конституцией. Но Россия не имела права этого делать. Все это имело душок советского периода, когда Москва контролировала судьбы лидеров всей Восточной Европы. И я определенно не хотела участвовать в том, чтобы возвращать те дни», — пишет Райс в своей книге[32].

Путин тоже не промолчал. «Удивляет, конечно, не сам цинизм. Удивляет масштаб этого цинизма, умение выдавать белое за черное и черное за белое. Умение ловко выставлять агрессора в качестве жертвы агрессии и возлагать ответственность за последствия на самих жертв» — так он прокомментировал позицию американцев. И вспомнил фразу, приписываемую Франклину Рузвельту: «Сомоса, конечно, мерзавец. Но это наш мерзавец. И мы будем ему помогать, будем его защищать». Более того, Путин сравнил Саакашвили с Саддамом Хусейном: «Саддама Хусейна за то, что он уничтожил несколько шиитских деревень, надо было, конечно, повесить. А вот нынешних грузинских правителей, которые в одночасье стерли с лица земли десять осетинских деревень, — вот этих деятелей, конечно, нужно взять под защиту».

К 11 августа российские танки уже взяли Гори, родной город Сталина, и даже стояли под Тбилиси. В канцелярии Саакашвили была паника. Чиновники экстренно паковали вещи, жгли документы, срывали картины со стен. Саакашвили позвонил Бушу со словами: «Посмотрите на часы, и вы увидите, как возвращается время Советского Союза».

Райс прервала свой отпуск, Буш вернулся из Пекина, министр обороны Боб Гейтс — из Германии. Однако никакого конкретного решения администрация не приняла. Как описывает ситуацию Кондолиза Райс, участники совещания долго били себя в грудь, перечисляя, что США должны сделать, — до тех пор, пока помощник президента по национальной безопасности Стивен Хедли не прервал их вопросом: «Мы правда готовы начать войну с Россией из-за Грузии?»

Версию, что главной целью Кремля было именно свержение режима в Грузии, фактически позже подтвердил и Медведев. «Он вообще должен быть признателен мне, что в какой-то момент я просто остановил войска. Если бы они вошли в Тбилиси, то, скорее всего, в настоящий момент в Грузии был бы другой президент», — говорил Медведев в интервью три года спустя[33].

Впрочем, на вопрос, почему танки не дошли до Тбилиси, Медведев тут же ответил: «Цель той операции по принуждению к миру, которая продолжалась пять дней, была выполнена. Целью этой операции не был захват Тбилиси или какого-то города. Нужно было просто остановить агрессию, которую развязал Саакашвили. Более того, я не судья и не палач, еще раз подчеркиваю, оценку Саакашвили и его судьбу должен определить народ при помощи голосования или другим способом».

## Война, которой не было

Все те дни свою дипломатическую миссию продолжал выполнять французский президент Николя Саркози. 12 августа он должен был прилететь в Москву, а затем отправиться в Тбилиси. Челночные переговоры уже были согласованы, самолет французского президента находился в воздухе, когда на российских телеэкранах появился Дмитрий Медведев и сказал, что операция по принуждению к миру достигла своих целей и поэтому объявляется законченной. Саркози прилетел в Москву, чтобы ощутить себя идиотом — главная цель его визита была достигнута без него. Но худшее было еще впереди.

Едва он начал переговоры с президентом Медведевым, как через 40 минут разговора к ним присоединился Владимир Путин, который заявил Саркози, что собирается «повесить Саакашвили за яйца». Позже Саркози рассказывал, что в ходе тех переговоров Путин подошел к нему, схватил его за галстук и начал трясти, чтобы продемонстрировать серьезность своих намерений.

Из Москвы Саркози полетел в Тбилиси, имея с собой шесть пунктов, которые он согласовал в Москве с Медведевым и Путиным. Саакашвили согласился с первыми пятью, но наотрез отказался от шестого, в котором говорилось о том, что в Женеве начинаются переговоры о статусе Южной Осетии и Абхазии, а на это время в обоих регионах остаются российские миротворцы. Этот пункт Грузию не мог устроить. И Саркози полетел обратно в Москву. На этот раз он поставил одной жесткое условие: будет разговаривать только с Медведевым, а Путина не должно быть в комнате.

К этому моменту администрация Буша также решилась на действия. «Россия напала на суверенное соседнее государство и угрожает демократически избранному правительству. Такие действия недопустимы в XXI веке», — заявил Буш на лужайке Белого дома. И через два дня, 13 августа, объявил о начале гуманитарной операции: 16 транспортных самолетов направились в Грузию, через Босфор прошел флагман Шестого флота. Именно это грозное объявление заставило Путина остановить танки, считает Саакашвили. Впрочем, хронологически это совсем не сходится — Медведев объявил об окончании операции по принуждению к миру на сутки раньше.

Самое удивительное в пятидневной войне — ее быстротечность. Стороны выдвигали в адрес друг друга ужасающие обвинения, однако спустя год они фактически забылись. Григол Вашадзе, грузинский министр иностранных дел, который всего за год до войны принял гражданство этой страны, а до 2005 года жил в Москве и работал в российском МИДе, в разгар боевых действий сокрушался: «От этого России не отмыться уже никогда. Она грехи другого государства, СССР, еще не замолила. Прага, Будапешт, теперь мы. Российская внешняя политика хорошо подготовила этот кошмар. А дальше что? Одержали маленькую победоносную войну. Люди погибли — уже трагедия, и теперь Москве десятилетиями будут припоминать проект "Грузия-2008"»[34].

Но ничего этого не случилось. Все забылось.

С первых часов войны Россия стала обвинять Грузию в «геноциде» осетинского населения — в ООН представитель России заявлял о тысячах или даже десятках тысяч погибших. Несколько лет спустя следственный комитет России, подводя итоги войны, подсчитал, что погибло 162 жителя Южной Осетии.

В первые часы войны на территорию Грузии было введено 40 000 российских военных. Российские самолеты бомбили Гори и Поти, затем югоосетинские войска под прикрытием российских захватили и фактически разрушили Гори. За пять дней погибло 397 жителей Грузии.

Через полтора года Россия и Грузия восстановили авиасообщение. А еще через два года Грузия в одностороннем порядке отменила визы для российских граждан.

Последний акт короткой войны произошел 26 августа 2008 года. Президент Медведев объявил о том, что Россия признает независимыми республиками Абхазию и Южную Осетию. Присоединения их к России, которого ждали и хотели многие, не произошло. Возможно, именно поэтому последствия для имиджа России и лично Медведева оказались не столь ужасающими. К нему совершенно не приклеился ярлык человека, который начал свое президентство с войны в Грузии. Возможно, потому, что никто в мире так и не поверил, что это была его война.

Осенью того же 2008 года российское государственное телевидение провело историческую телеигру «Имя Россия», в ходе которого нужно было определить самого популярного исторического персонажа в истории страны. В результате народного голосования в Интернете однозначно побеждал Сталин. Это было чересчур, и на уровне Кремля было принято решение результаты сфальсифицировать. Сталина опустили на третье место, пропустив вперед князя Александра Невского, правителя Руси XIII века, и реформатора начала XX века Петра Столыпина.

В Грузии же тем временем было принято решение снести в Гори памятник Сталину, который был установлен еще при его жизни и пережил все волны десталинизации. Решение было выполнено только в 2010 году — монумент демонтировали ночью, чтобы не вызывать излишнего возмущения населения.

## Мировая война

Михаил Саакашвили вспоминает, что, когда российские танки остановились, не дойдя до Тбилиси, Владимир Путин почему-то пропал. Он почти месяц не появлялся на телеэкранах вплоть до 31 августа, когда по государственному телевидению показали, как он усыплял уссурийскую тигрицу в заповеднике на Дальнем Востоке. Суть операции была в том, чтобы надеть на тигрицу специальный ошейник с передатчиком GPS и потом отслеживать ее перемещения по тайге. Телевизионная картинка была блестящей: Путин целится в тигра из ружья со снотворным, тут же попадает, храбро подходит к расслабленному зверю и надевает ошейник. Впрочем, зоологи рассказывали позже, что все это было инсценировкой: для съемок позаимствовали тигрицу из зоопарка, которую на волю и не собирались выпускать. Чтобы обезопасить жизнь премьер-министра, тигрицу с самого начала накачали транквилизаторами. Поэтому выстрел-укол Путина стал для нее передозировкой и она умерла. Об этом не стали объявлять публично, на официальном сайте Путина еще долго висел баннер, предлагавший последить за перемещениями «той самой тигрицы», которая якобы продолжала бегать по тайге.

Однако и уссурийские тигры, и война в Грузии в конце августа отошли на второй план. Во всем мире случились куда более серьезные проблемы. 15 сентября один из крупнейших инвестбанков в мире, Lehman Brothers, объявил о банкротстве. На следующий день появилась первая ласточка и в России — о своем банкротстве объявил банк «КИТ-Финанс». На следующий день торги на бирже были приостановлены по распоряжению регулятора.

Вообще-то российский фондовый рынок падал еще с мая. Летом падение усилилось: сказались два фактора. С одной стороны — война в Грузии. С другой — так называемый случай с доктором. В конце июля премьер-министр Путин проводил совещание по черной металлургии и очень рассердился из-за отсутствия владельца компании «Мечел» Игоря Зюзина. «Конечно, болезнь есть болезнь, но я думаю, что Игорь Владимирович должен как можно быстрее поправиться, — вспылил Путин. — Иначе к нему доктора придется послать и зачистить все эти проблемы». Грубость Путина шокировала рынок — акции компании немедленно рухнули, за день она подешевела на $5 млрд. Через неделю президент Медведев сказал на совещании другую историческую фразу: потребовал, чтобы представители власти перестали «кошмарить бизнес». Однако инвестиционный климат это не спасло: все вспоминали именно про путинского «доктора».

Однако если в августе про финансовый рынок никто не вспоминал, потому что все думали про Грузию, в сентябре игнорировать обвал стало невозможно. 17 сентября все главные экономисты страны собрались в доме правительства, в кабинете у первого вице-премьера Шувалова. Инициатором встречи был идеолог путинских либеральных реформ, Герман Греф. Теперь, правда, он действовал с другой стороны баррикад — в 2007 году Греф ушел из правительства и убедил Путина назначить его руководителем крупнейшего российского госбанка — Сбербанка. Теперь Греф больше всего опасался, что финансовый рынок рухнет без господдержки, и планировал уговорить товарищей выделить средства на господдержку банков. Кроме него на встречу съехались министр финансов Кудрин, новый министр экономразвития, преемница Грефа Эльвира Набиуллина, глава Центробанка Сергей Игнатьев и первые лица основных государственных финансовых институтов[35].

Все сравнивали ситуацию с 1998 годом, когда случился дефолт и сотни банков разорились. Тягостное молчание прервал Кудрин. Вечно экономный министр финансов предложил выделить 500 млрд рублей из бюджета на депозиты крупнейших банков. Аттракцион невиданной щедрости продолжил первый вице-премьер Шувалов — он предложил еще 500 млрд рублей из Фонда национального благосостояния на скупку корпоративных ценных бумаг. На следующий день было совещание у Медведева: он предложил объявить о том, что правительство готово выделить 250 млрд из бюджета и 250 млрд из ФНБ.

«Вам, Алексей Леонидович, об этом говорить не нужно, я сам это объявлю», — предупредил Медведев, не собиравшийся уступать Кудрину качественный пиар. Главным и единственным благодетелем должен быть президент.

Либеральные экономисты в правительстве были очень довольны — они говорили, что государство не оставило бизнес один на один с кризисом, поступило очень ответственно. После этого в Кремле и Белом доме стали популярны рассуждения о том, что Россия — это «островок стабильности», место, которое глобальный кризис обойдет стороной, благодаря дальновидности правительства и, в частности, Алексея Кудрина, которые сберегли деньги на черный день. В эту мантру — о том, что во всем мире плохо, а у нас хорошо, — в 2008 году поверили многие. Даже те, кто в целом помнили, что Россия в принципе не может быть «островком стабильности» — ее экономика слишком сильно зависит от мировых цен на нефть.

Владимир Путин, пересев из кресла президента в кресло премьера, по словам очевидцев, приобрел несколько новых качеств. Например, уверенность в том, что он разбирается абсолютно во всем. Поскольку теперь ему, в силу новых обязанностей главы правительства, приходилось регулярно погружаться в вопросы самых разных сфер, Путин вдруг стал демонстрировать, что он все прекрасно знает и готов читать лекции по любой теме всем, включая собственных министров. Иногда, правда, он прислушивался к экономическим советам Алексея Кудрина, которого тоже считал специалистом, но со временем начал приходить к мысли, что его собственная экспертиза превосходит чью-либо еще. У него и опыта больше, и кругозора, и информации. «Вы просто не все знаете. Вы не знаете того, чего знаю я», — отвечал премьер на доводы членов правительства, которые хотели было его переубедить.

Суть финансового кризиса Путин уяснил для себя быстро — и раз и навсегда. Кризис спровоцирован внутренними американскими проблемами и является исключительно виной США. Именно из-за американцев весь мир оказался втянут в серьезнейшие проблемы. И эта мысль его искренне раздражала. Он регулярно философствовал на тему, как американцы смеют упрекать какие-либо страны в каких-то ошибках или нарушениях, когда из-за их ошибок трудности испытывает весь мир. Разобрались бы сначала у себя, а потом других учили.

«Пусть жену свою учат щи варить», — сказал Путин в феврале 2008 года о попытках международных наблюдателей критиковать президентские выборы в России.

## Второй Украинский фронт

С прекращением боевых действий на Кавказе грузинская война, как это ни странно, продолжилась в Киеве. «Оранжевые» власти Украины с самого начала были ближайшими и вернейшими союзниками Михаила Саакашвили, президент Виктор Ющенко прилетал в Тбилиси во время военных действий в августе

2008 года, чтобы продемонстрировать собственную поддержку. В сентябре украинский парламент собрался принять специальную резолюцию, осуждающую российскую агрессию. Но вдруг выяснилось, что антироссийское заявление не набирает достаточного числа голосов. Против выступает не только Партия регионов Виктора Януковича, но и союзник Ющенко по правящей коалиции — Блок Юлии Тимошенко.

Неожиданный союз врагов, Юлии Тимошенко и Виктора Януковича, зародился еще 8 сентября 2005 года, до первой газовой войны, когда Виктор Ющенко уволил Тимошенко с поста премьера. Вечером того дня Тимошенко пришла к Януковичу — договариваться. Она не выходила из его кабинета четыре часа — в приемной даже заволновались. А когда ушла, Янукович еще долго сидел, погрузившись в собственные мысли и не реагируя ни на какие вопросы. Когда же он пришел в себя, услышав вопрос пресс-секретаря «Ну что, понравилась вам Юлия Владимировна?», Янукович втянул оставшийся после гостьи запах духов Angel и произнес: «Она такая подлая, что я, даже если б захотел, не смог бы ее трахнуть».

Альянс не состоялся. Два года спустя, осенью 2007 года, на Украине прошли внеочередные парламентские выборы, на которых Юлия Тимошенко продемонстрировала очень внушительный результат — второе место и 31%. Она хоть и уступила Партии регионов Януковича, но «оранжевые» вновь смогли сколотить коалицию, и Тимошенко вновь стала премьер-министром.

Однако за год отношения Ющенко и Тимошенко испортились окончательно, к сентябрю 2008 года президент был уверен, что премьер ведет тайные переговоры с Москвой с тем, чтобы ее поддержали на следующих президентских выборах. Именно поэтому, стараясь заслужить симпатии Владимира Путина, она и не поддерживает резолюцию в поддержку Грузии. Больше того, Юлия Тимошенко и Виктор Янукович неожиданно объединились и сообща проголосовали за пакет законов, значительно сокращающих полномочия президента. Предательство было налицо.

Действительно, в начале октября 2008 года премьер-министр Тимошенко отправилась в Москву вести переговоры по газу —

надо было урегулировать украинскую задолженность в размере $2 млрд. Ющенко странным образом пытался помешать ее визиту, даже забрал самолет, на котором премьерская делегация должна была вылететь в Москву. Но Тимошенко все равно прорвалась — она вылетела на встречу к Путину на чартерном восьмиместном самолете. На переговоры в Ново-Огарево она приехала с идеальной прической и макияжем — в ходе зарубежных визитов перед любыми самыми срочными переговорами она всегда сначала ехала в посольство, где ее поджидал стилист. Тимошенко знала, что женское обаяние и дар убеждения — ее главные орудия. Даже работая премьером, она три раза в неделю занималась с преподавателем по технике речи и ораторскому мастерству.

Впрочем, значительная часть переговоров с Путиным вышла не о газе, а о Грузии. Буквально накануне ее визита российская газета «Известия» опубликовала разоблачительный материал о том, что украинские власти якобы по время августовской войны поставляли оружие в Грузию и, более того, помогали военными специалистами. Во время переговоров с Тимошенко Путин выражал демонстративное возмущение этим фактом.

«Несколько месяцев назад и в голову никому не могло прийти, что русские и украинцы будут воевать друг с другом, — патетически восклицал он. — Но это случилось. Человек, который это сделал, совершил огромную ошибку»[36]. «Я знаю, что ситуация вокруг Грузии развивалась сложно, но мы хотим мирного урегулирования этого конфликта, хотим, чтобы воцарился покой», — оправдывалась Тимошенко.

Взаимопонимание между ними было достигнуто. Но соглашения по новой цене на газ все равно не было. Тимошенко мечтала о том, чтобы устранить старого врага — компанию РУЭ в качестве посредника между двумя странами. А «Газпром» говорил, что это, конечно, возможно, но сначала надо заплатить долг. Более того, Дмитрий Медведев заявил вскоре, что если Украина не будет платить, то «Газпром» подаст на нее в Стокгольмский арбитраж. «Газпром» грозил поднять цену до $400 за тысячу кубометров (против $179,5, которые Украина платила на тот момент). Ющенко тоже пошел на обострение — он заявил, что в этом случае пересмотрит соглашение о базировании российского Черноморского флота в Крыму. Подобные угрозы для Путина означали, что Ющенко действительно хочет воевать.

В этот момент в Кремле был сформулирован план очередной попытки объединения Юлии Тимошенко и Виктора Януковича: они должны создать правящую коалицию в Верховной раде, объявить импичмент Виктору Ющенко из-за якобы незаконных поставок оружия Грузии и поделить между собой посты президента и премьера. Уже была выбрана дата объявления о новом объединении: 4 декабря. Но в решающий момент фракция Ющенко сделала все, чтобы предотвратить возникновение «кремлевской» коалиции, согласившись на все условия Тимошенко. План сорвался, а газовая война стала набирать обороты.

26 декабря «Газпром» предупредил европейских потребителей о возможности перебоев в поставках через Украину. В окружении Ющенко дальнейшие события вспоминают так: 31 декабря переговорщик с украинской стороны, глава госкомпании «Нафтогаз» Украины Олег Дубина вернулся с переговоров из Москвы успокоенным. Он попросил о встрече с Ющенко «так, чтобы не знала Юля» и рассказал, что глава «Газпрома» Алексей Миллер пообещал ему газ по цене $250 — «если такую цену согласует Путин». Ющенко посетовал, что дорого, но все согласились, что другого выхода нет. И все руководство страны спокойно разъехалось в новогодние отпуска. По этой версии, позиция «Газпрома» изначально была уловкой, и Миллер знал, что «Путин не согласует цену», просто тянул время.

Российская версия, которую многократно повторял Владимир Путин, звучит прямо противоположным образом. Олег Дубина отказался от цены $250, а 31 декабря Виктор Ющенко отозвал украинскую делегацию с переговоров. Эту версию подтверждала и Юлия Тимошенко, повторявшая, что в газовом кризисе виноват один только Ющенко.

Виктор Ющенко говорит, что никого не отзывал — иначе его решение уехать на Новый год в Карпаты без согласованного договора выглядело бы по меньшей мере странным. Так или иначе, в новогоднюю ночь «Газпром» сократил подачу газа — ровно на тот объем, который был нужен Украине. А к 7 января транзит через Украину прекратился полностью. Без газа остались Австрия, Румыния, Словакия и Польша. Европа почти три недели находилась в панике.

Владимир Путин обвинял в случившемся Виктора Ющенко, мол, это он сорвал договоренности, потому что хотел сохранить РУЭ в качестве посредника: «Мы наблюдаем политический коллапс внутри самой Украины. И, к сожалению, это говорит о высокой степени коррумпированности властных структур, которые сегодня в этих условиях борются не за цену на газ, а за возможность сохранить тех или иных посредников».

Все завершилось только 17 января, когда Юлия Тимошенко приехала в Москву к Владимиру Путину. Поразительно, что никто из журналистов не запомнил, о чем конкретно договорились два премьера, — все обратили внимание только на черное платье Юлии Тимошенко с огромной вертикальной молнией через всю спину, с помощью которой, шутили они, оно должно сниматься одним движением руки.

То, что подписанные соглашения не запомнились, неудивительно — их результаты два премьера не раскрыли публике.

В администрации президента Украины в тот день пытались выяснить, о какой цене договорилась Тимошенко, но она отвечала, что «цена нормальная», а цифру не называла. И только спустя неделю в Киев пришел факс из «Газпрома», из которого украинские власти и узнали детали заключенного соглашения. В бумаге было написано, что в первом квартале 2009 года Украине придется покупать газ по $360 за тысячу кубометров (в последующие кварталы дешевле). Договор был долгосрочным — на десять дет. Однако он не предусматривал каких-либо посредников, Тимошенко выполнила свое давнее обещание и избавилась от РУЭ.

Договоренность между Путиным и Тимошенко действительно была впечатляющей: через неделю в Москве был арестован Семен Могилевич, «крестный отец» газовой мафии, которого Тимошенко называла подпольным куратором РУЭ. Одновременно и номинальный совладелец РУЭ Дмитрий Фирташ был объявлен в России в федеральный розыск. Тайные покровители газовой мафии — а без них компания не смогла бы работать так долго и так успешно, — вероятно, сдали их, предпочтя договориться с Тимошенко.

Впрочем, бизнес Дмитрия Фирташа не сильно пострадал. Он остался владельцем сети областных газовых компаний и химических предприятий и, как утверждает бывший советник Виктора Ющенко по энергетике Богдан Соколовский, продолжил получать газ из России напрямую, в обход «Нафтогаза» и официальных договоренностей. Часть газа он вполне мог перепродавать в Европу, декларируя как добытый на территории Украины.

Юлия Тимошенко объявила соглашение с Путиным своей победой, а Ющенко назвал его государственной изменой — из-за непомерной цены и кабальных условий. После этого отношения Тимошенко и Ющенко уже больше не налаживались. Вместо этого Тимошенко продолжила переговоры с извечным врагом Виктором Януковичем о создании так называемой «широкой коалиции». На ней особенно настаивал Владимир Путин, который очень хотел, чтобы противники Виктора Ющенко объединились против него и объявили президенту импичмент.

На этот раз договоренность о создании «широкой коалиции» была тщательно прописана. Янукович и Тимошенко должны были внести поправки в конституцию, согласно которым президент избирался бы в парламенте, а не всенародным голосованием. После этого Янукович и Тимошенко должны были стать соответственно президентом и премьер-министром — и чередоваться на этих должностях до 2029 года.

Следил за заключением сделки Виктор Медведчук, окончательно превратившийся в спецпредставителя Путина на Украине. Он понимал, насколько для российского президента принципиально важно, чтобы «прыщавый» (так в Кремле называли Виктора Ющенко) был повержен.

Однако план сорвался — уже в третий раз. 7 июня 2009 года, в День Святой Троицы, Виктор Янукович сходил помолиться в Киево-Печерскую лавру, а после этого вышел к журналистам и сообщил, что отказывается от «широкой коалиции». В Кремле были уверены, что к этому шагу Януковича подговорил Ющенко, убедивший лидера оппозиции в том, что он и так станет всенародно избранным президентом — зачем ему зависеть от

Тимошенко. В стане Тимошенко были убеждены, что Януковича убедил ее заклятый враг Фирташ.

Пусть и ненадолго, но Виктор Ющенко был спасен — он доработал свой конституционный срок и благополучно провалился на следующих выборах. Но для Владимира Путина провал «широкой коалиции» был поражением. Вторым после «оранжевой революции» ударом с Украины. И второй неудачной попыткой свергнуть врага: в 2008 году ему не удалось «повесить за яйца» Михаила Саакашвили, год спустя остался невредимым и Виктор Ющенко.

# Глава 10

## В КОТОРОЙ БАРАК ОБАМА СТАЛ ЛУЧШИМ ДРУГОМ И ГЛАВНЫМ ВРАГОМ КРЕМЛЯ

*Когда Барак Обама впервые произносил речь в России, его слушатели откровенно засыпали. То ли по окончании предвыборной кампании пламенный оратор устал и стал менее красноречив, то ли на российскую аудиторию его чары не действовали. В 2009 году в ходе своего первого визита в Москву Обама выступал на выпускном вечере в Российской экономической школе. Его речь длилась около получаса, а студенты клевали носом. И это было в тот момент, когда популярность Обамы в мире, да и в России тоже, была максимальной.*

*Владимир Путин с самого начала не полюбил нового американского президента. Для него Барак Обама, с одной стороны, слабак, на которого нужно давить. С другой — это абсолютно недоговороспособный партнер, слишком идеологизированный, слишком непрагматичный. Сказалась традиционная, известная еще со времен Политбюро, примета: с республиканцами Москва может находить общий язык, а с демократами — нет.*

*Владимир Путин и его окружение никогда не верят в красивые высокопарные слова о том, что мировое сообщество хочет видеть Россию сильной и свободной, о том, что права человека — это высшая ценность, о том, что США не хотят навязывать свою политику другим странам и уважают их интересы. Об этом Обама говорил, выступая в РЭШ. И даже молодые магистры экономики, свободно говорящие по-английски, не очень ему верили.*

*Путин и вовсе уверен, что все это — стопроцентное неприкрытое лицемерие. Джордж Буш открыто утверждал, что Америка собирается насаждать свой путь и свой взгляд. Его прямота вызывала уважение Путина в той же степени, в которой речи Обамы вызывали недоверие.*

*Парадоксально, но именно Обама, самый идеалистичный и миролюбивый президент США, стал символом войны в России, мишенью для расистских шуток госпропаганды и объектом ненависти миллионов патриотичных россиян. За несколько лет он превратился в карикатурный образ неудачливого врага, который обречен уступить Владимиру Путину.*

*Обама сильно удивился бы, узнав, что о нем говорят в России, ведь многое из этого вымысел. Впрочем, он вряд ли бы сильно расстроился — его не слишком заботит Россия.*

*Представляя Обаму студентам РЭШ, ведущий выпускного вечера напомнил, что его родители познакомились в Гавайском университете на уроке русского языка. Сам Обама, хотя и цитировал в своей речи Пушкина, русского не учил — и никогда не стремился понимать российских партнеров. Этого равнодушия Путин и его команда простить не могли.*

## Выход из тени

Два первых года основной задачей Дмитрия Медведева на посту президента было просто быть замеченным. Все мировые СМИ называли Медведева hand-picked successor и никто не воспринимал его всерьез. Даже в тот момент, когда он объявлял и прекращал войну с Грузией, все говорили, что это война Путина, а Медведева будто бы и не было вовсе.

В начале июня 2008 года Медведев выступил с предложением разработать новый договор о европейской безопасности. К слову, мало кто в мире всерьез прислушался к этому. А для Кремля это был важнейший вопрос — ровно об этом говорил разъяренный Владимир Путин в своей Мюнхенской речи. Раздраженная расширением НАТО Россия начала требовать учитывать ее интересы. В 2007 году это стало навязчивой идеей Путина. В 2008 году об этом стал говорить и Дмитрий Медведев, но уже совсем новым, примирительным тоном; они будто играли в доброго и злого полицейского. Но, конечно, никто не планировал прислушиваться к предложениям Медведева, сделанным за месяц до войны в Грузии. Боевые действия отбросили отношения между Европой и Россией далеко назад. Доверие к Путину резко упало, а доверия к Медведеву ни у кого еще и не успело возникнуть.

После войны у команды Медведева возникли две полностью противоречащие друг другу цели. С одной стороны, внутри страны нужно было доказать, что именно он, Медведев, отдал приказ начать эту войну, не советуясь с Путиным, он сильный и самостоятельный. С другой стороны, в мире надо было доказать обратное — что за войну несет ответственность Путин, а Медведев — политик нового типа, он тут совсем ни при чем.

Выстраиванием нового имиджа Медведева одновременно занимались двое: с одной стороны — Владислав Сурков, которому это следовало делать по должности главного идеолога Кремля. И Наталья Тимакова, пресс-секретарь Медведева, которая все больше и больше становилась тайным советником, самым близким и самым влиятельным идеологом из медведевского окружения. По сути, она все больше и больше тянула на себя сурковские полномочия, отчего конфликт между ними усиливался.

4 ноября 2008 года в США прошли выборы президента. Чикаго не спал всю ночь с 4 на 5 ноября, потому что в Грант-парке отмечали победу сенатора от Иллинойса Барака Обамы. После восьми лет «военного императора» Буша предвыборная кампания Обамы стала для Америки глотком свежего воздуха. Победивший кандидат произносил не пафосные речи о Боге и исторической миссии, он говорил про обычных людей, демонстрировал, что он тоже обычный человек и каждый может изменить свою жизнь и мир вокруг себя. «Yes, we can», — отвечали ему избиратели. Старый вояка Джон Маккейн с треском проиграл молодому улыбчивому юристу, активному пользователю соцсетей — большая часть денег для кампании Обамы была собрана как раз в Интернете.

В Москве на избрание Обамы не отреагировали, вернее, отреагировали весьма своеобразно. 5 ноября, в день, когда стал известен результат выборов в США, Медведев выступал со своим первым посланием к Федеральному собранию. Самым ярким его тезисом было обещание разместить ракеты «Искандер» в Калининградской области, т. е. в российском анклаве внутри Евросоюза. Ответом на победу миролюбивого президента США стал неожиданный привет из времен холодной войны, причем не в исполнении «старого вояки Путина», а из уст «молодого улыбчивого юриста Медведева».

Впрочем, если вчитаться, первое выступление Медведева было еще более парадоксальным, чем заметила мировая пресса.

У текста было множество авторов. Основные пассажи придумывали (параллельно и иногда независимо друг от друга) и Дмитрий Медведев, и Владимир Путин, и оба идеолога нового президента: Владислав Сурков и Наталья Тимакова.

В целом первая программная речь нового президента была проникнута извечным сурковским принципом: отобрать и присвоить себе лозунги оппонентов. Речь Медведева была на удивление оппозиционной: стоя перед главными бюрократами страны, он обрушился на бюрократию с такой силой и яростью, с какой редкий оппозиционер выступал в тот момент.

«Бюрократия периодически “кошмарит” бизнес — чтобы не сделал чего-то не так. Берет под контроль средства массовой информации — чтобы не сказали чего-то не так. Вмешивается в избирательный процесс — чтобы не избрали кого-нибудь не того. Давит на суды — чтобы не приговорили к чему-нибудь не тому. И так далее»[37].

К некоторым пунктам Медведев как президент, возможно, и не имел отношения, но контроль над средствами массовой информации и за свободными выборами уже успел стать и его грехом как главы государства. По сути, Медведев обличал сам себя. Однако в этом и был излюбленный прием Суркова. Разоблачая проблемы, спикер будто бы отстраняется от них, демонстрирует, что он к подобному безобразию непричастен.

Медведев критиковал госаппарат так, как будто не он его пестовал, создавая закон о госслужбе и возглавляя администрацию президента. Но самое ироничное в послании было не это, а предложения по легкой либерализации избирательного законодательства. Ничего существенного Медведев не менял, однако в своей речи жестко критиковал те порядки, которые существовали к тому моменту. А если учесть, что над речью работал Владислав Сурков, то получалось, что кремлевский идеолог по заданию нового президента старательно сек сам себя и изобличал собственный избирательный закон, придуманный в 2005 году ради борьбы с «цветной революцией».

И, наконец, пропев оду гражданскому обществу и свободным выборам, Медведев внес последнее предложение: увеличить президентский срок с четырех до шести лет, а срок работы парламента с четырех до пяти. Инициатором подобных перемен был, конечно, не Медведев, а Владимир Путин. Сам он не стал трогать ельцинскую конституцию и даже, подчинившись ей, не пошел на третий срок. Однако сделал все, чтобы преемник исправил текст при первой же возможности.

Предложение изменить конституцию Медведев цинично приурочил к ее 15-летнему юбилею. Со словами «реформаторский зуд в отношении Основного закона абсолютно неуместен» новый президент взялся за его переписывание.

## Русский Обама

По мере поиска нового образа для президента стало очевидно, что наиболее выигрышная маска для молодого интеллигентного юриста — это Барак Обама. Из Медведева стали постепенно лепить «русского Обаму». Тем более что самому президенту американский коллега понравился. Никогда не декларируя этого, даже в кругу близких, он очевидным образом хотел быть немного похожим на него. Мешало отсутствие харизмы, впрочем, Наталья Тимакова уверяла президента, что все приходит с опытом. Она завела ему видеоблог, потом аккаунты в твиттере и фейсбуке, купила ему айфон и айпад — Медведев искренне интересовался гаджетами и его не надо было заставлять. Иногда он в своем увлечении больше походил на московского хипстера, чем на американского президента, но это, считали имиджмейкеры, тоже неплохо.

Если Медведев попал под очарование Обамы, то новая американская администрация относилась к российскому коллеге весьма скептически. С одной стороны, вице-президент Джо Байден и госсекретарь Хиллари Клинтон придумали ход, который должен был символизировать, что все взаимные обиды эпохи Буша остались в прошлом. Выступая в феврале 2009 года на Мюнхенской конференции, Байден сказал, что Россия и США должны нажать на кнопку reset в своих отношениях — так родилась знаменитая «перезагрузка». Через месяц Сергей Лавров и Хиллари Клинтон встретились в Женеве. И госсекретарь подарила коллеге символическую кнопку, на которую они должны были нажать. На кнопке было написано два слова: reset по-английски и «перегрузка» по-русски. Лавров объяснил коллеге, что это ошибка, но все равно на кнопку нажал, пошутив, что «постарается не допустить перегрузки в российско-американских отношениях». Вообще это было, конечно, очень символично. Новое руководство США и России по-прежнему не понимали друг друга, по-прежнему говорили на разных языках — и, даже будучи уверенными, что обнулили свои претензии, на самом деле ничего не поменяли. Медведев и Путин не хотели никакой «перезагрузки» — они хотели именно «перегрузки», большего веса в мировых делах, большего уважения, ощущения партнерства, доказательств, что их слышат и с ними считаются. Администрация Обамы была готова бороться со всеми перекосами Буша, не собиралась продолжать политику «мирового жандарма», но сохранила все предубеждения в отношении России.

Барак Обама впервые приехал в Москву в июле 2009 года. С Медведевым он встретился в Кремле, а Путин его принял в Ново-Огарево. Был роскошный завтрак с икрой. Желая быть вежливым собеседником, Обама начал разговор с вопроса «Ну и как же мы докатились до жизни такой?». В ответ Путин прочел ему часовую лекцию о том, как это, по его мнению, произошло. Обама ни разу не перебил.

В итоге ни Путин, ни Медведев Обаме не понравились, и это несмотря на все попытки российского президента стать другом американского, как когда-то дружили Путин и Буш. Символом «перезагрузки» должен был стать договор о сокращении стратегических наступательных вооружений. Медведев очень хотел торжественного подписания в Пражском граде, но дипломаты никак не могли утрясти детали соглашения. А еще Белый дом, даже не скрываясь, демонстрировал пренебрежительное отношение к новому российскому лидеру: «Может, мы не будем подписывать никакой договор? Может, мы просто пошлем ему SMS?» — в присутствии журналистов высмеивали медведевскую гаджетоманию высокопоставленные американские чиновники.

Договор в итоге подписали, но он оказался пустышкой: скорее поводом сфотографироваться в зале Пражского дворца, чем реальным документом. Россия хотела увязать новый договор с обязательством США отказаться от развертывания ПРО в Европе. Американцы наотрез отказывались. В итоге российская сторона приписала к русской части договора приложение, которое сама в одностороннем порядке и подписала: что, мол, Москва оставляет за собой право выйти из договора, если Вашингтон начнет создавать европейский противоракетный щит.

Не менее впечатляющим примером отсутствия дружбы между Медведевым и Обамой стал визит российского президента в США в июне 2010 года. Сначала Обама отвел Медведева в свою любимую закусочную Ray's Hell Burger в Арлингтоне, неподалеку от Вашингтона. Президенты заказали две Coca-Cola, холодный чай Nestea, одну на двоих картошку фри и по бургеру: с луком, салатом, помидорами и чеддером (для Медведева) и с луком, чеддером, острым перцем халапеньо и грибами (для Обамы). Фотографии вышли впечатляющие — лидеры вроде бы подружились.

Но на самом деле встреча не получилась такой дружеской, как планировали в Белом доме. В очереди в кассу Обама встретил солдат, вернувшихся из Ирака, и, повернувшись к Медведеву спиной, начал с ними оживленно болтать. Президент России стоял с подносом и терпеливо дожидался, пока его снова заметят.

Спустя три дня, когда Медведев находился на саммите G8 в Торонто, стало известно, что американцы арестовали большую группу российских шпионов — десять человек. Обама ни словом не обмолвился об этом Медведеву. Никаких иллюзий о дружбе между президентами не оставалось.

## Медведев — Антипутин

Одновременно внутри страны борьба с имиджем «копии Путина» шла не на жизнь, а на смерть. Первое интервью российским печатным СМИ Медведев дал изданию, с которым Путин вряд ли когда-либо говорил, — оппозиционной «Новой газете». Той самой, где работала Анна Политковская, после убийства которой Путин сказал, что «ее смерть принесла больше вреда, чем ее деятельность».

В 2009 году Медведев написал знаковую статью «Россия, вперед!» — она была опубликована и вовсе в онлайн-издании «Газета.ru» — на тот момент наиболее качественном независимом интернет-СМИ.

Однако все заигрывания с либеральной общественностью не приносили почти никакого результата. Естественно, Медведев, который долго рассуждал о демократии и тут же вносил поправки в конституцию, увеличивающие президентский срок, выглядел двойником Путина в овечьей шкуре. Три первых года правления Медведева московские интеллектуалы ожесточенно спорили на тему «можно ли верить Медведеву». Некоторые, вроде старейшей правозащитницы Людмилы Алексеевой, говорили: «Нужно его поддержать. Самое страшное, что может случиться, — мы ошибемся. И окажется, что он не лучше Путина. Но если мы ничего не будем делать, то мы просто так и останемся с Путиным». Но большинство, как, например, поэт Дмитрий Быков, считало, что Медведев — тень Путина и не надо тратить время на ложные иллюзии. Они привыкли смеяться над Медведевым и всеми попытками Натальи Тимаковой придать ему оттенок фрондерства. Увлечение соцсетями и гаджетами, открытость в общении — все это шло только в минус. Тимакова невероятно злилась, но Медведев, по ее словам, не обижался, так как «умел отсекать все лишнее». Впрочем, другие приближенные говорят, что Медведев не только обижался, но еще и запоминал всех тех, кто особенно жестоко над ним насмехался.

Апогей этого странного романа пришелся на лето 2010 года. Тогда фокус протестной активности переместился на Химкинский лес — небольшой участок земли под Москвой, через который должна была пройти скоростная трасса Москва–Петербург. По какой-то причине (скорее всего, из-за спора двух подрядчиков) будущая автомагистраль стала главной темой для всей страны — местные экологи протестовали против вырубки леса, и к ним присоединились все оппозиционные политики и гражданские активисты. В самый разгар кампании за сохранение леса ее поддержал культовый российский рок-музыкант Юрий Шевчук, а к нему в свою очередь присоединился лидер U2 Боно. В тот момент, когда борьба за Химкинский лес достигла планетарного масштаба, Дмитрий Медведев совершил неожиданный шаг — он объявил, что решил прислушаться к протестам и намерен отменить стройку магистрали. Или, вернее, «пересмотреть планы». Владимир Путин так не поступил бы никогда — он считает, что идти на поводу у протестов — значит проявлять слабость, это все равно что вести переговоры с террористами.

Дополнительной сюрреалистичности этому сюжету придает то, что, несмотря на указание Медведева, дорога все же была построена. Спустя полгода после пика протестов областное правительство решило, что опасения экологов были необоснованны и трасса никому не повредит. Никто уже не стал протестовать. А пять лет спустя, когда магистраль построили, многие либеральные активисты согласились: дорога хорошая, добираться до аэропорта Шереметьево стало намного легче.

Единственным ощутимым последствием стало только то, что на волне протестов в число совладельцев компании-подрядчика вошел Аркадий Ротенберг, друг детства Владимира Путина, с которым он еще в Ленинграде вместе ходил в секцию по дзюдо.

# Глава 11

## В КОТОРОЙ ВИЦЕ-ПРЕМЬЕР ИГОРЬ СЕЧИН СТАЛ РУССКИМ ЧЕ ГЕВАРОЙ

*У Игоря Сечина, как рассказывают люди, работавшие с ним, очень любопытный райдер: микроавтобус и апельсиновый сок. Везде, куда бы он ни прилетал, его встречает микроавтобус — на нем, считает Сечин, передвигаться удобнее. Микроавтобус трогается в ту секунду, когда в него сел сам Сечин, все остальные должны запрыгивать на ходу.*

*Апельсиновый сок, наверное, просто причуда — приближенные считают Сечина едва ли не киборгом: он может не спать сутками, он работает стоя, про него рассказывают истории, будто бы он едва ли не сам вылечил себя от рака.*

*Он вызывает ужас. И он знает об этом. Он может провести совещание, разнести в пух и прах всех его участников, уехать — после чего все участники уже стягивают галстуки и тянутся к бутылкам с коньяком, — а потом внезапно вернуться, сделав вид, что что-то забыл, — и тем самым добить подчиненных.*

*Сечин говорит очень тихим, мягким голосом, который совершенно не вяжется с его демоническим образом и брутальной внешностью. Впрочем, эти противоречия неудивительны. Скромный исполнитель, добившийся высшей власти, просто приучает своих подчиненных к исполнительности и дисциплине. И ему это удается — по всей вертикали. В приемной Сечина нельзя, например, читать газету — за такое сразу выгоняют. Нужно сидеть на краю стула и трепетать. Это ритуал. Потому что именно так сам Сечин всегда ведет себя перед начальством.*

## Наш человек в Гаване

В начале августа 2008 года, всего за несколько дней до начала войны в Грузии, огромная делегация полетела из России на Кубу. Три министра (энергетики, связи и образования), руководители крупнейших нефтяных компаний («Роснефти» и «Сургутнефтегаза») и «Газпрома», секретарь Совбеза (в недавнем прошлом глава ФСБ) Николай Патрушев и, наконец, руководитель делегации Игорь Сечин.

Сечин еще в Петербурге много лет проработал личным секретарем Путина, после перехода патрона в правительство был назначен вице-премьером, курирующим энергетику, а заодно главой правительственной комиссии по связям с Латинской Америкой. Это неудивительно: по профессии Сечин — филолог-романист, переводчик с испанского и португальского языков. Карьеру свою начинал в качестве военного переводчика в Анголе и Мозамбике, где работал бок о бок с кубинскими военными специалистами. О союзниках из Гаваны у Сечина еще с юности остались теплые воспоминания. Еще в студенчестве он страшно увлекался латиноамериканскими революционерами, причем не только Че Геварой.

Но все же Сечин вывез треть правительства на Кубу не для того, чтобы предаваться воспоминаниям. Летом 2008 года уходящая администрация Буша завершала выполнение своего плана по развертыванию американского противоракетного щита в Европе. Госсекретарь Кондолиза Райс должна была подписать соглашения о размещении радара в Чехии и противоракет в Польше, т. е. фактически у российских границ.

Россия должна была чем-то ответить, однако слова опережали дела. Сначала газета «Известия» написала, что Россия готова вернуть себе свои военные базы в Лурдесе (Куба) и Камрани (Вьетнам), которые Владимир Путин решил оставить в 2001 году. Более того, писала газета, России следует разместить на Кубе стратегические бомбардировщики. На воинственную публикацию почему-то отреагировал начальник штаба ВВС США Норман Шварц, который сказал, что в этом случае Россия «перейдет красную черту». И только в этот момент в Москве вспомнили, что совершенно забыли обсудить эту тему с братьями Кастро.

С кубинцами вообще после распада Советского Союза было очень сложно: они обижались, считали, что Россия их сдала. А Сечин хотел возобновить старую дружбу, наладить связи с Кубой, в том числе, чтобы, как встарь, показать американцам «кузькину мать».

Мощный российский десант в августе 2008 года ничего не добился, Фидель Кастро даже не принял российскую делегацию. Однако Сечин был настойчив, продолжал приезжать в Латинскую Америку примерно раз в месяц. Во второй раз он уже объехал Кубу, Венесуэлу и Никарагуа. Всюду он предлагал российское оружие и услуги российских нефтедобывающих компаний, в первую очередь «Роснефти», председателем совета директоров которой являлся.

В результате вскоре Никарагуа, а потом Венесуэла признали независимость Абхазии и Южной Осетии. Это была личная заслуга Сечина, который уговорил Даниэля Ортегу и Уго Чавеса. Подобную задачу никто Сечину не ставил — он сам придумал, что этот ход быстро продемонстрирует Путину его эффективность на новом посту. Признание непризнанных республик — быстрый эффектный результат, в отличие от долгого и сложного подписания нефтяных контрактов.

С Чавесом Сечин сошелся намного быстрее, чем с братьями Кастро. Венесуэльский президент на первой же встрече, заключив в объятия российского вице-премьера, воскликнул: «Наконец-то! Теперь мы не одни в битве против американской империи! Теперь с нами Россия!» За признание Абхазии и Южной Осетии Россия щедро заплатила: предоставила Венесуэле кредит в миллиард долларов на поставку оружия. Также был создан нефтяной консорциум для совместного освоения венесуэльских нефтяных месторождений, однако российские нефтяники терпят там лишь убытки.

По сути, политика Сечина представляла собой логическое продолжение шуваловской концепции «энергетической сверхдержавы», но если Игорь Шувалов пытался применить ее к строптивым европейцам, то Сечин применил ее к податливым латиноамериканцам. Экономического смысла в его внешнеполитической деятельности не было, но и не предполагалось: это была чистая политика. Зато латиноамериканские лидеры впервые почувствовали себя в центре внимания. Владимир Путин был очень доволен эффективностью своего давнего помощника, а подчиненные были шокированы его работоспособностью, рассказывали, что после многочасового перелета в Каракас Сечин шел в спортзал на беговую дорожку, а потом ехал на многочасовые переговоры с Чавесом. И никогда не засыпал во время его речей.

Так Сечин постепенно становился антиподом Медведева: если президент становился лицом России, обращенным на Запад, то Сечин становился антизападной витриной, символом и идеологом для тех, кто не любит Америку.

## Капитан Крюк

Превращение Сечина в публичного политика было неожиданностью для всех, ведь его сила проистекала из близости к президенту и умения вести аппаратные игры. Еще во время первого срока Путина Сечин возглавлял его канцелярию и изо дня в день был первым человеком, которого тот встречал утром у лифта, и последним, который провожал его обратно до лифта. Таким образом, именно он «заряжал президента на день», а потом подводил итоги дня. Более того, сила Сечина удваивалась тем, что он умел следовать неким едва ли не средневековым ритуалам демонстрации преданности хозяину, которые делали его фигурой приближенной и абсолютно неуязвимой. Например, никто другой не считал важным провожать президента в аэропорт и встречать его там.

После переезда Путина в Белый дом Сечин делал все возможное, чтобы стать главой аппарата правительства и сохранить свою прежнюю близость к телу. Однако вмешался Дмитрий Медведев, который не мог допустить, чтобы его злейший враг занимал такую ключевую должность в правительстве. Поэтому Путин «сослал» Сечина в энергетику.

Взаимная ненависть Медведева и Сечина не была ни для кого секретом. Однажды Сечин с женой и друзьями собрались на дружеский ужин (место выбирала жена Сечина Марина). Гости подошли раньше, а Сечин задержался. Когда же пришел, был очень сердит и потребовал немедленно уйти из ресторана: «Ну и место вы выбрали, что, не видите, там в углу Медведев сидит?»

Однако публично Сечин демонстрировал абсолютную лояльность и даже подобострастие не только в отношении бывшего президента, но и нового. Это проявлялось в мелочах. Во время долгих перелетов в ходе зарубежных визитов чиновники обычно переодевались в более удобную одежду, спортивные костюмы и тапочки. Так делал и Сечин, но только не в присутствии президента. Если он сопровождал Медведева, он всегда был в костюме, при галстуке и навытяжку. Чтобы продемонстрировать свою лояльность.

Впрочем, влияние Сечина объяснялось не только тем, что он был близок к президенту. У Путина было немало друзей, но только Сечин стал «духовным лидером» российских силовиков. После того как Сечин инициировал дело ЮКОСа и раскулачил Михаила Ходорковского, вокруг него сформировалась неформальная команда выходцев из спецслужб, которые считали своим долгом заставить олигархов делиться — они называли это «бархатной реприватизацией».

«Президент Путин сказал, что большой бизнес должен иметь социальную ответственность перед государством. Тогда наши коллеги из ФСБ решили, что должна возникнуть организация, которая будет Ходорковских всяких наклонять, нагибать, мучить, выводить на социальную активность» — так описывал схему ее активный участник, бизнесмен Олег Шварцман в 2007 году в интервью газете «Коммерсантъ»[38]. По его словам, Сечину удалось консолидировать огромное количество действующих сотрудников силовых органов, а также ветеранов спецслужб и вооруженных сил (называлась даже цифра — 600 000 человек).

Всех их объединяло не только и не столько желание заработать, сколько общие убеждения. Силовики считали залоговые аукционы злом, были уверены, что стратегические активы, распроданные в лихие девяностые, на самом деле должны принадлежать государству, а не «неправильным» частным лицам.

Сечин и его единомышленники ни в коем случае не считали себя рейдерами, они ощущали себя тайными добровольными спасателями, действующими в интересах родины. Дело ЮКОСа для них было отчаянной попыткой спасти власть Владимира Путина от заговора американцев: Ходорковский финансировал большинство партий в парламенте и одновременно вел переговоры о продаже блок-пакета компании американским ChevronTexaco и ExxonMobil. Ни в коем случае нельзя было допустить, чтобы компания с американским акционером получила большинство голосов в Думе.

Впрочем, силовики Сечина (сердцевиной которых была ФСБ) оказались не единственными тайными супергероями путинской России. Существовала и конкурирующая структура, которая ставила себе те же благородные цели и тоже руководствовалась идеалами служения Отчизне. Хотя со стороны ее деятельность походила на рэкет и рейдерство. Это была Федеральная служба по контролю за оборотом наркотиков (ФСКН), которую возглавлял Виктор Черкесов, давний товарищ Владимира Путина, бывший его заместителем, когда тот возглавлял ФСБ. Союзником Черкесова был глава личной охраны Путина Виктор Золотов, и они враждовали с кланом Игоря Сечина и Николая Патрушева (преемника Путина на посту главы ФСБ). Именно Черкесов и Золотов сумели в 2006 году свергнуть генпрокурора Устинова, когда принесли Путину распечатки его бесед с Сечиным, Лужковым и Фрадковым. Но в 2007 году в разгар операции «Преемник» борьба между благородными чекистами обострилась.

В октябре 2007 года генерал Черкесов совершил отчаянный поступок. Опытный разведчик вдруг опубликовал в либеральной газете «Коммерсантъ» (некогда принадлежавшей Березовскому, но к этому моменту сменившей владельца) публицистическую статью под заголовком «Нельзя допустить, чтобы воины превратились в торговцев»[39]. Наибольшую известность приобрел пассаж, в котором автор философски замечает, что только чекисты спасли Россию от гибели в конце девяностых — начале нулевых:

«Падая в бездну, постсоветское общество уцепилось за этот самый “чекистский” крюк. И повисло на нем. А кому-то хотелось, чтобы оно ударилось о дно и разбилось вдребезги. И те, кто этого ждал, страшно обиделись. И стали возмущаться, говоря о скверных свойствах "чекистского" крюка, на котором удержалось общество…

И все же мы помогли в конце концов удержать страну от окончательного падения. В этом один из смыслов эпохи Путина, в этом историческая заслуга президента России. И это налагает на наше профессиональное сообщество огромную ответственность, не имеющую ничего общего с кичливым самодовольством».

Далее автор констатировал, что внутри «чекистской корпорации» идет война:

«Для того чтобы любая корпорация (чекистская в том числе) была здоровой, она должна быть носителем норм. Желательно, чтобы эти нормы были не только внутренними, но и общенациональными. Но они прежде всего должны быть нормами. Если нормы исчезают и наступает произвол, корпорация разрушается. Уже сейчас эксперты и журналисты говорят о "войне групп" внутри спецслужб».

Фактически Виктор Черкесов выдвигал обвинение против Игоря Сечина и руководства ФСБ, которые действительно незадолго до этого инициировали уголовное дело против его (Черкесова) заместителя. «Но не в меньшей степени это будущее определяет сегодня состояние дел внутри нашей корпоративной среды. Нельзя допустить скандала и драки. Нельзя превращать нормы в произвол. Нельзя позволить, чтобы воины становились торговцами. Как члену корпорации, мне она дорога как таковая. Думаю, что и каждому, кто действительно посвятил себя подобной профессии».

Истинной причиной публикации, как предполагали журналисты, стал конфликт ФСБ и ФСКН из-за контроля над таможней и потоками китайской контрабанды. Но обе стороны, возможно, искренне верили в то, что работают на пользу Отечеству.

Публикация имела колоссальный резонанс — и не пошла Черкесову на пользу. Он хотел достучаться до Путина, доступ к которому ему перекрыл Сечин. Но Путин решил, что нельзя выносить сор из избы. Во время очередной перестановки Черкесов потерял пост в ФСКН, но все же был переведен на менее значимую должность — в новое, специально под него созданное агентство по оборонному заказу. А Сечин, несмотря ни на что, только упрочил свой аппаратный вес.

## Настоящий нефтяник

До дела ЮКОСа у него не было никакого опыта работы в энергетике. Только в июле 2004 года он возглавил совет директоров компании «Роснефть», т. е. к маю 2008 года его опыт работы в отрасли был меньше четырех лет. Впрочем, дотошный Сечин времени не терял. Если его вечный соперник Дмитрий Медведев, возглавляя совет директоров «Газпрома», компанией совершенно не интересовался, а предоставлял возможность руководить ею лично президенту Путину, то Сечин в своей компании, «Роснефти», вникал во все детали.

В 2006 году Сечин пошел дальше: с его подачи следственные органы начали усиленно проверять еще одну крупнейшую нефтяную компанию, «Русснефть». «Роснефть» Сечина хотела выкупить месторождения компании с таким похожим названием, так как у нее было много перспективных неразработанных запасов. Но о цене не договорились, владелец «Русснефти» Михаил Гуцериев отказался продавать. Тогда ему предъявили налоговые претензии на 17 млрд рублей и возбудили уголовное дело. В последний момент он продал компанию, но не «Роснефти», а алюминиевому магнату Олегу Дерипаске, и уехал из страны.

Впрочем, эта история получила неожиданную развязку. В 2010 году, когда президентом уже стал Медведев, бывший владелец Гуцериев был прощен, смог вернуться и выкупить компанию обратно. За него заступились друзья: бывший министр экономики, возглавивший Сбербанк, Герман Греф и олигарх Владимир Евтушенков.

Освоившись в совете директоров «Роснефти», Сечин рассорился с президентом компании Сергеем Богданчиковым и в 2010 году избавился от него, посадив туда подконтрольного себе человека.

Постепенно Сечин становился самым влиятельным человеком в российской промышленности и в российском правительстве.

В этом он очевидно обошел даже своего тезку Игоря Ивановича Шувалова (хотя формально Шувалов был выше по должности: первый вице-премьер, а Сечин просто вице-премьер).

Коллеги по правительству говорили про него, что у Сечина нет экономического мышления, что он не любит частный бизнес и считает, что все должно принадлежать государству.

## Первый после Путина

В качестве вице-премьера Сечин начал все активнее проявлять внимание к «Газпрому». Именно «Газпром» после новогодней газовой войны 2006 года с Украиной стал главным внешнеполитическим инструментом Кремля. Путин руководил компанией лично, а Сечин, в качестве куратора, был обязан ему помогать. Председатель правления «Газпрома» Алексей Миллер ужасно раздражал Сечина тем, что ничего не делал. Во время зарубежных визитов Сечин жаловался журналистам, что он, мол, уже договорился о том или ином соглашении, но подписать ничего невозможно, потому что Миллер спит.

Подобных усилий Сечина, наверное, хватило бы, чтобы свалить любого другого руководителя, но Миллер тоже был старым товарищем Путина, тоже работал в мэрии Петербурга в 1990-е годы. К тому же его стиль совершенно не мешал Путину принимать все решения самостоятельно. Путин ведь воспринимал «Газпром» не как корпорацию, а как политический инструмент, зачастую не заботясь об экономической стороне действий.

Став вице-премьером, Сечин продолжил борьбу с «неправильными» олигархами, но на новом уровне. В 2009 году произошла самая серьезная в постсоветской России техногенная катастрофа — авария на Саяно-Шушенской ГЭС. Сечин приехал на место лично разбираться в произошедшем, по словам очевидцев, сам, не жалея времени, разговаривал с родственниками погибших. А потом на одном из совещаний произнес крылатую фразу: показав в сторону толпы местных жителей, которые хоронили родных, Сечин сказал: «Дайте им все». Это означало, что компания-владелец электростанции должна была взять на себя полную ответственность за выплату компенсаций пострадавшим.

А затем Сечин возглавил комиссию по ликвидации последствий аварии и, удивительным образом, пришел к выводу, что во всем виноват его давний противник Анатолий Чубайс, архитектор еще ельцинской приватизации, которую Сечин считал несправедливой. Именно Чубайс по заданию Путина разрабатывал реформу российской электроэнергетики и успешно завершил ее, полностью ликвидировав электроэнергетическую госмонополию РАО ЕЭС в 2008 году. Когда компания прекратила свое существование, Игорь Сечин принялся за обратный процесс: он возглавил крупный осколок прежней госкорпорации, «Интер РАО», и начал собирать ее обратно, поворачивая вспять либеральную реформу Чубайса.

Председателем совета директоров расформированной корпорации РАО ЕЭС при Чубайсе был Александр Волошин, бывший глава администрации президента и, соответственно, бывший начальник и давний враг Сечина.

В 2003 году фактически именно Сечин добился отставки Волошина. Но после кризиса 2008 года усилившийся Сечин вступил с Семьей в непримиримое сражение — и сумел одолеть Волошина, Дерипаску, Юмашевых и даже Медведева.

Внешне это выглядело как корпоративный конфликт в компании «Норникель», крупнейшей металлургической корпорации мира. Вплоть до 2008 года ее основными акционерами были Владимир Потанин, бывший российский вице-премьер ельцинской поры, автор схемы залоговых аукционов, и его давний партнер Михаил Прохоров. Накануне кризиса партнеры решили развестись, Прохоров продал свою долю Олегу Дерипаске, алюминиевому королю и зятю Валентина Юмашева, который приходился, соответственно, зятем Борису Ельцину. Основатель компании Владимир Потанин потерял контроль над ней, а новым председателем совета директоров стал Волошин, представлявший интересы Дерипаски. И как раз в этот момент Потанин обратился к Сечину как к единственной силе, которая могла защитить его от вновь набирающей силы Семьи.

Сечин пожаловался на конфликт Путину — и тот решил разрешить противоборство по-своему. Прислал собственного смотрящего. Новым гендиректором компании стал тогдашний глава Ростуризма. Не слишком профильное назначение — но кандидат был другом президента Путина еще с петербургских времен, чем никто из боссов «Норникеля» похвастаться не мог: ни Потанин, ни Дерипаска, ни Волошин. Он был далек от обеих сторон конфликта и, по логике Путина, мог бы стать независимым арбитром. И он взялся за металлургическую компанию. В 2010 году новый гендиректор к радости Сечина и Потанина выкинул Волошина из совета директоров. Потом на внеочередном совете директоров Волошина восстановили. Но три месяца спустя вообще вывели из совета директоров. Война была проиграна Семьей — оказалось, что Сечин просто более терпелив и вынослив. Даже сообща вся так называемая «семейная группировка» — Медведев, Волошин, Дерипаска, Юмашевы — не смогла его одолеть. Это поражение в бизнесе было очень болезненным, ибо демонстрировало, что президент Медведев отнюдь не авторитет.

Но потом оказалось, что все они бессильны перед лицом случайного человека — бывшего главы Ростуризма, назначенного Путиным. И сторонам конфликта пришлось объединять усилия, чтобы избавиться от назначенца, разрушающего компанию. Вернее, откупиться от него — он ушел из «Норникеля» только в 2012-м и, по оценкам СМИ, получил $100 млн в качестве «золотого парашюта».

## Битва за Москву

Самое скандальное публичное столкновение между Медведевым и Сечиным произошло осенью 2010 года. Внешне Сечин к этому скандалу никакого отношения не имел: вызов президенту бросил вовсе не он, а ветеран российской политики, бессменный мэр Москвы Лужков. Однако опытный политик Лужков никогда не осмелился бы пойти против президента, если бы не был уверен, что его не накажут. Сечин убеждал Лужкова, что его аппаратный вес столь велик, что он вообще-то не обязан с Медведевым считаться. Если что — Путин не позволит его и пальцем тронуть.

Сечин в присутствии Медведева всегда вел себя корректно и в соответствии с протоколом, но был рад унизить его чужими руками. Тем более что Юрий Лужков считал, что Медведев ему не ровня. Он стал мэром Москвы еще в 1992 году. В 1993 году он решительно поддержал Ельцина в борьбе с Верховным Советом. В 1999 году он был уверен в том, что станет президентом, но сошел с дистанции под давлением черного пиара. Хозяин столицы с 18-летним стажем полагал, что Медведев ему не ровня и он совершенно не обязан с ним миндальничать.

Сам Лужков вспоминает, что конфликты с Медведевым у него начались еще в 2005 году, когда тот был главой президентской администрации. По его словам, поводом было решение Кремля повысить зарплаты медсестрам по всей стране. Лужков, узнав об этом, решил параллельно повысить зарплаты еще и всем московским врачам — иначе, уверяет он, возникла бы серьезная диспропорция. А Медведев обиделся. «Что вы делаете? Вы эффект государственного решения обнулили!» — якобы кричал он.

Следующий конфликт, о котором вспоминает Лужков, случился, уже когда Медведев стал президентом. В ноябре 2008 года мэр Москвы давал интервью легендарному телеведущему Владимиру Познеру, в котором сказал, что, по его мнению, столичный градоначальник должен избираться гражданами, а не назначаться президентом. (Сейчас, впрочем, он оговаривается, что в 2004 году после Беслана якобы был за отмену губернаторских выборов и, когда Путин с ним советовался, поддержал его решение.)

В этом интервью было еще несколько интересных моментов. Например, Лужков поддержал только что внесенную Медведевым идею (на самом деле путинскую) увеличить президентский срок. А еще неожиданно заговорил о Крыме и Севастополе: «Севастополь никогда не был территорией Украины… А Крым отдали Украине одним росчерком пера, когда делили страну… и теперь эта проблема берет за сердце каждого из россиян», — сетовал Лужков. В тот момент эта проблема на самом деле вовсе не была мейнстримом в российском обществе. Ее широко не обсуждали, разве что сам Лужков в компании Игоря Сечина и единомышленников. Поэтому никто не обратил внимания на эти слова московского градоначальника. Все запомнили только критику отсутствия выборов мэра.

На эти откровения президент Медведев отреагировал нервно — его Лужков раздражал, и он очень хотел показать, кто в доме хозяин. «Кто не согласен, пусть уходит», — заявил он на следующий день.

Сейчас Лужков рассказывает историю как патетическую притчу: мол, услышав слова Медведева, он собрал семью (а именно жену Елену Батурину, самую богатую женщину в России, входящую в топ-20 списка *Forbes,* и двух дочерей) и спросил их: «Что мне делать? Проглотить? Сделать вид, что ничего не произошло?»

«Дети мне сказали: "Папа, честь — никому!"» И после этого Лужков написал издевательское заявление об уходе, в котором обвинял Медведева в том, что тот возвращает 37-й год и репрессирует инакомыслящих. Уволить Лужкова за то, что тот выступил за демократические выборы, было бы очевидной ошибкой, поэтому Медведев его заявление не принял.

Однако следующий конфликт был вовсе уже не между «демократом» Лужковым и «диктатором» Медведевым. Бывший мэр рассказывает, что он был связан со Сталиным. В 2010 году московские власти готовились к очередной, 65-й годовщине Победы в Великой Отечественной. И на этот раз Лужков решил, что в праздничном оформлении должны присутствовать портреты Сталина.

«Сталина мы размещали в пропорциях его роли. А она была — и очень серьезная. Он внес свой вклад в Победу, он был одним из мощнейших и решающих. Именно Сталин управлял ресурсами, он контролировал стратегию. Первый период войны — его вина, а второй — его успех. Вычеркнуть его невозможно. Под лозунгом "За родину, за Сталина" наши солдаты шли в атаку», — говорит Лужков и сейчас. Но в администрации президента были категорически против — Медведев распорядился, чтобы Сталина нигде не было.

«Что за бред? Что за дикость? — до сих пор возмущается Лужков. — Я принял другое решение — мы сделали аллею Сталина на Поклонной горе».

Лужков тут же оговаривается, что «он не сталинист». «Он виновен в смерти 50 млн человек. И первое, что легло на его совесть — на черную совесть этого человека, — это 20 млн уничтоженных кулаков, крепких хозяйственников, которые могли сделать наше сельское хозяйство процветающим». Лужков не случайно употребляет выражение «крепкий хозяйственник» — именно так его называли журналисты все 18 лет его работы мэром Москвы. И все это вовсе не кажется ему противоречивым.

Развязка наступила в августе–сентябре 2010 года. Летом в Центральной России была засуха, и вокруг Москвы бушевали лесные и торфяные пожары. В середине августа едкий смог окутал Москву. Жители города были в панике, и в решающий момент государственные информагентства вдруг передали странное сообщение. Анонимный источник в администрации (за этим эвфемизмом всегда скрывалась Наталья Тимакова) задавался вопросом, почему мэр столицы отдыхает в Австрийских Альпах в тот момент, когда москвичи задыхаются в дыму.

Лужков вернулся крайне оскорбленным и возмущенным. Сначала он, выступая в эфире городского (т.е. своего) канала ТВЦ, сказал: «Из администрации пошел пинок: вернулся-то правильно, но поздновато. Видишь ли, это долго, это шесть дней — шесть дней товарищ был в отпуске — и поздновато». Затем ответил «анонимному источнику» анонимной статьей в газете «Московский комсомолец». Текст был подписан именем Юрий Ковелицын, но все понимали, что настоящий автор — Лужков. В нем он открыто обвинял президента Медведева в антипутинском заговоре:

«Владимир Владимирович предусмотрел множество сдержек и противовесов вокруг Дмитрия Анатольевича. Команда нынешнего первого лица напирает с такой силой, что обстановка — в частности, прямое гонение из-за Зубчатой Стены на мэра Москвы — выходит далеко за рамки всяческих политических приличий.

Смена руководителя Москвы, лояльного премьеру и немало поработавшего с ним над стабилизацией положения не только в столице, но и по всей России, открывает дорогу цветному бунту, чью обманчивую эйфорию российский народ еще не испытал, а потому может ей поддаться.

В стране хватает людей, считающих свой интеллектуальный и финансовый потенциал достаточным, чтобы воспользоваться в своих целях любым катаклизмом. Они сейчас старательно обхаживают Медведева, науськивают его и на политического отца, и на все его главные опоры — в том числе на Лужкова»[40].

Медведев был ошеломлен наглостью Лужкова. Он понимал, что тот не стал бы вести себя так вызывающе, если бы не ощущал полную безнаказанность, а чувство подобной безнаказанности ему мог внушать только Сечин.

Формально Медведев мог уволить мэра Москвы в любой момент. Прецедентов отрешения губернатора «в связи с утратой доверия президента» на тот момент еще не было, но по закону ничего этому не препятствовало. Другой вопрос — что-то надо было объяснить Путину: почему уволен опытный и популярный мэр. Путин, разумеется, сам не любил Лужкова, но не решался трогать его, так как считал, что того любят москвичи. Единственным выходом было убедить Путина, что москвичи Лужкова не любят.

На Лужкова обрушилась пропагандистская мощь телеканала НТВ — того самого, который десятью годами раньше поддерживал его и Евгения Примакова, а не «ставленника Семьи» Владимира Путина. Теперь все поменялось. На НТВ вышло два разоблачительных фильма: «Дело в кепке» (про самого Лужкова), а потом «Дорогая Елена Николаевна» — про его жену Батурину.

Затем Лужкова вызвал к себе глава президентской администрации Сергей Нарышкин и предложил написать заявление об уходе. Лужков пообещал подумать и уехал в отпуск (опять в Австрийские Альпы) отмечать день рождения. «Ясно, что Юрий Михайлович переживает сейчас непростой период в своей жизни, и ему, конечно, нужно время подумать», — заявил агентствам анонимный источник в Кремле.

Из отпуска Лужков написал Медведеву еще одно вызывающее письмо. Он обвинял его и администрацию в «информационном терроре» и попытке вернуть 37-й год, во введении цензуры. Примером цензуры Лужков называл тот факт, что по звонку из Кремля московский телеканал ТВЦ снял из эфира документальный фильм в поддержку Лужкова — тот факт, что у него существовал собственный карманный телеканал, ему казался вполне демократичным.

В письме Лужков ссылался на некие «мощные протесты москвичей», будучи убежден, что горожане выступят в его поддержку. В этом он, как выяснится позже, выдавал желаемое за действительное — или слишком сильно поверил своим карманным социологам. Закончил письмо он фразой «Честь имею».

Вернувшись из отпуска 27 сентября, Лужков заявил журналистам, что в отставку не собирается. Медведев в тот момент находился с визитом в Китае. Однако на следующее утро, 28 сентября, на официальном сайте Медведева появился указ о том, что Лужков «отрешен от должности в связи с утратой доверия».

Спустя пару дней этот публичный конфликт прокомментировал Путин. Он как бы отмежевался от обоих, сказав, что Лужкову не стоило идти на конфликт с Медведевым, а раз уж он ввязался в него, то Медведев вправе его уволить.

Сейчас Лужков рассказывает, что истинной причиной конфликта и отставки было его нежелание поддерживать Медведева, который собрался выдвигаться на второй срок. Якобы еще в феврале 2010 года к Лужкову пришел один из его старых знакомых в качестве эмиссара от Медведева и попросил ответить, поддержит ли он второй срок Медведева. Лужков — по его словам — ответил отказом.

Этот случай сейчас он сравнивает с другим, якобы случившимся тоже в феврале, но 11 годами раньше, в 1999 году, — тогда к нему якобы пришел Борис Березовский, чтобы предложить стать кандидатом в президенты от Семьи. И Лужков тогда тоже отказался. По его версии, потому что намеревался пересмотреть итоги залоговых аукционов, по версии Семьи, — потому что считал, что победит и так, а поддержка слабого Кремля ему не нужна.

В окружении Медведева говорят, что никакого предложения Лужкову никто не делал и делать не мог. Слишком очевидны были тесные связи между мэром Москвы и вечным недругом Медведева — Игорем Сечиным.

Впрочем, в чем Лужков точно не ошибается, так это в том, что именно в 2010 году у Медведева появились реальные амбиции — он захотел остаться президентом на второй срок. И именно в этой ситуации Сечину предстояло сыграть решающую роль.

# Глава 12

## В КОТОРОЙ РУССКАЯ ПРИНЦЕССА ТАТЬЯНА ЮМАШЕВА ПРИДУМЫВАЕТ НОВУЮ ДЕМОКРАТИЧЕСКУЮ ПАРТИЮ

*Никто никогда не называл Татьяну Борисовну Юмашеву принцессой. Она просто совершенно не похожа на диснеевскую героиню. На кого она правда похожа, так это на невымышленных британских принцесс: принцессу Анну, леди Ди или даже Камиллу Паркер-Боулз. Лучезарная улыбка. Холод в глазах. Ощущение невероятного груза ответственности за семью, за репутацию, за родителей, за детей, который будет всегда на ней и будет всегда важнее всего.*

*Татьяна Борисовна считает себя продолжательницей дела своего отца, хранительницей его наследия. Ее бремя — защищать его доброе имя, его память, подчеркивать его величие. Она искренне обижается на любую критику Ельцина. Она искренне отстаивает свой взгляд на события 1990-х годов, а они, естественно, сильно приукрашены. Татьяна Борисовна (вслед за своей мамой Наиной Иосифовной) уверяет, что Борис Ельцин не пил. В их устах Борис Ельцин — это вообще некий полумифический, былинный персонаж. Но они его не придумали — они правда его таким помнят, уверены, что он был таким, убеждены, что все остальные врут и клевещут.*

*Татьяна Борисовна считает своего отца образцовым демократом, а 1990-е годы временем свободы. Она искренне считает себя стопроцентной демократкой — ведь она дочь своего отца. Она негодует, когда слышит критику 1990-х годов. Для нее это попрание святого: свободы и демократии. Она, возможно, вообще не видит разницы между демократией и властью своего отца. Она, очевидно, смешивает собственные взгляды и либеральные ценности. Впрочем, это заблуждение в девяностые поразило всю российскую политическую элиту: в 1996 году российские демократы перепутали демократию и власть демократов.*

*Татьяна Борисовна, конечно, хотела бы быть политиком. Она понимает, что смогла бы. У нее достаточно опыта и харизмы. Может быть, она могла бы даже спасти страну. Но нет. Она должна нести бремя дочери президента. Она не может подвести его и свою семью. Она принесла в жертву свои личные политические амбиции. Это ее выбор — или она убедила себя в том, что это ее выбор.*

## Семья возвращается

Первый президент России Борис Ельцин умер в апреле 2007 года, не дожив до окончания второго срока Путина и начала операции «Преемник». По иронии судьбы именно после этого Семья вновь оказалась в центре большой политики. Все время, прошедшее после отставки Ельцина, его семья держалась в тени. Публика совершенно забыла, кто такие Таня и Валя. А ведь в конце 1990-х годов с легкой руки телеведущего Евгения Киселева вся страна узнавала в лицо тандем дочери президента Татьяны Дьяченко и главы его администрации Валентина Юмашева и называла их по именам — без фамилий. Еще их называли Семья — с большой буквы. Они считались ближайшими тайными советниками президента и серыми кардиналами российской политики. Уже после отставки Бориса Ельцина, в ноябре 2001 года Таня и Валя поженились.

Почти десять лет они не давали интервью, не появлялись в новостях. Впрочем, уже не стало и тех журналистов, которые могли упомянуть всуе их имена. Некогда враждебный семье президента Ельцина телеканал НТВ был разгромлен еще весной 2001 года, позже Евгений Киселев уехал работать на Украину.

За операцией «Преемник» Татьяна Юмашева наблюдала со стороны, но ее симпатии были очевидны. Фактическим мозговым центром штаба Дмитрия Медведева был Александр Волошин, близкий друг и последний глава администрации Ельцина, человек, который в 2000 году передал власть Путину. Никто не произносил этого вслух, но у многих было ощущение, что большая политика снова поворачивается лицом к семье Ельцина. Мелкими деталями все происходящее напоминало возврат эпохи Таниного отца. Начать хотя бы с того, что президент снова жил в Горках (Путин оставил себе Ново-Огарево, бывшую резиденцию Горбачева, а Медведев въехал в некогда ельцинские Горки-9), таким образом, Ельцины-Юмашевы и новый президент оказались соседями. Им оставалось только закончить ремонт на своей личной даче Горки-10, который начался вскоре после того, как президент ушел в отставку, да так и не был закончен при его жизни.

Вступая в должность в 2000 году, Путин подписал указ «О гарантиях президенту Российской Федерации, прекратившему исполнение своих полномочий, и членам его семьи». Он закреплял за Ельциными резиденцию Горки-9. В указе не говорилось ни о каких гарантиях неприкосновенности, тем более ни о каких обещаниях Путина. Однако была неписаная договоренность: семья Ельцина воздерживается от политической деятельности, пока Путин президент, а новая власть уважает собственность Семьи — в широком смысле слова. А в широком смысле слова к Семье принадлежали не только Таня и Валя, но и зять Валентина Юмашева Олег Дерипаска, владелец крупнейшей в мире алюминиевой компании РУСАЛ, а также Роман Абрамович — пусть и не член, но близкий друг Семьи.

Начало президентства Медведева означало для семьи Ельцина не только грядущий переезд в новый дом, но и намек на то, что часть обязательств, которые семья взяла на себя десять лет назад, больше не действуют. 3 декабря 2009 года, ровно через десять лет после новогодней операции «Преемник», Татьяна решила прервать обет молчания. Появилось ее интервью в журнале «Медведь», но еще важнее, что она начала вести свой блог. Первые пару дней она обещала писать про то, как похудеть и воспитывать детей. И примерно через неделю начала писать о политике.

23 декабря она написала развернутый текст о том, почему ее отец выбрал именно Путина своим преемником — мол, все

остальные были еще хуже. У «либералов» Чубайса, Немцова и Черномырдина не было никаких шансов избраться, а Лужков и Примаков были опасны, так как представляли предыдущее поколение политиков — могли вернуть Советский Союз.

Через день Таня пошла еще дальше — она решила высказаться по поводу того, какие обязательства брали на себя Семья и Путин при передаче власти. Никаких — заявляла она. «Оговаривались ли условия жизни страны при новом президенте? Кадровая, экономическая политика? Был ли какой-то пакет соглашений, писаный или неписаный? Отвечаю. Кроме фразы “Берегите Россию” папа ни о чем не попросил Владимира Владимировича. Ни о родных, ни о близких, ни о курсе (для него это было очевидно), ни о сохранении дорогих сердцу папы кадров. Исполняющий обязанности президента был абсолютно свободен в кадровой политике, в выборе дальнейшей стратегии. Что, в общем, и подтверждается жизнью. Прав ли был первый президент? Я считаю, это было правильно — уйти и наблюдать со стороны за происходящим»[41].

С одной стороны — о Путине только комплиментарно. Но с другой — относилась ли эта запись только к операции «преемник Ельцин-Путин»? Или Юмашева таким образом давала совет бывшему президенту Путину — отойти в сторонку и не мешать новому президенту, Медведеву, работать?

Все слова были подобраны осторожно. Однако сам по себе факт, что она заговорила, многими был воспринят как почти вызов. В том числе той идеологии, которую официальная путинская пропаганда создала в течение последних лет. В 2007 году главным лейтмотивом государственного телевидения было противопоставление лихим девяностым (это вновь креатив телеканала НТВ, пусть уже и лояльного власти, но по иронии судьбы по-прежнему враждебного Ельциным). Путин не только «поднял Россию с колен» (т. е. вернул ей престиж в мире), но и покончил с хаосом и беспределом, который царил при Ельцине, — именно таков был главный посыл власти в ходе парламентских выборов 2007 года.

Юмашева стала писать все больше и чаще на первый взгляд с одной целью — обелить имя отца и свое собственное, а также своего мужа Валентина. Что-то противопоставить ужасающему образу лихих девяностых, написать альтернативную версию истории.

Конец эпохи молчания, пусть с помощью скромного блога, говорил только об одном — Юмашева попробовала себя в новом качестве, в качестве публичной фигуры. Она вновь напомнила о себе общественности. Вместе с тем она неоднократно подчеркивала, что никаких мыслей пойти в политику у нее не было. Однако политика пришла к Юмашевым сама — дружеский круг, собиравшийся вокруг Юмашевых, только и обсуждал, есть ли у Медведева шанс вырваться из-под опеки Путина и стать настоящим президентом. Некоторые говорили, что нет, так как молодой президент не может решиться даже назначить собственных главу администрации и руководителей силовых структур. И потому, что, зная Путина, считали, что он никогда не отпустит преемника в вольное плавание. Такой точки зрения придерживалась, например, сама Татьяна. Она даже поспорила с друзьями на несколько ящиков шампанского, что Путин вернется через четыре года. Впрочем, большинство гостей дома Юмашевых ставили на то, что Медведев может что-то — им очень хотелось в это верить. На то, что Медведев так легко не сдастся, ставили даже самые искушенные, например миллиардеры из списка *Forbes*. Их аргументация была простой: не было еще случая в истории России, чтобы человек сам отдавал власть. Тезис неоднозначный, но большинство спорщиков в него верили.

Силовики из окружения Путина, конечно, с пристальным вниманием следили за активизацией Татьяны и Валентина и регулярно приносили ему отчеты, из которых свидетельствовало, что у Семьи вновь появились политические амбиции. Более того, возможен заговор. Путин молчал.

## Новая партия

За год до парламентских выборов 2011 года Дмитрию Медведеву пришла в голову идея создать свою партию: правую партию, которая объединяла бы российский средний класс и поддерживала бы либеральные реформы. Прежняя правая партия, «Союз правых сил», набравшая 8,5% на выборах 1999 года, к 2007 году окончательно зачахла, провалила думские выборы, набрав меньше 1%, и прекратила существование.

Мысли о новой праволиберальной партии витали в воздухе. О том, что в России должна существовать правая партия, регулярно говорил и Анатолий Чубайс, главный идеолог российских либералов, автор экономических реформ 1990-х годов, при Путине возглавивший энергетическую госкомпанию РАО ЕЭС. Об этом думал и Александр Волошин, бывший глава администрации Ельцина и Путина, ушедший в отставку в 2003 году и возглавивший совет директоров РАО ЕЭС.

К 2009 году Чубайс и Волошин закончили реформирование российской энергетики, передав ее в частные руки, и расформировали свою компанию. И оба стали значительно чаще думать о возвращении политики — пусть и осторожно, не на первых ролях. С начала зимы 2010 года непубличный Александр Волошин развил невероятную активность. Он завел офис на «Красном Октябре», в здании бывшей шоколадной фабрики.

Место очень символичное — остров на Москве-реке, расположенный прямо напротив Кремля, всегда был его противоположностью. В XVII веке здесь казнили одного из главных бунтовщиков в российской истории Степана Разина. В начале XX века здесь, около Большого Каменного моста, построили знаменитый Дом на набережной, где поселилась элита нового государства большевиков. В 1930-е годы большую часть жильцов репрессировали — едва ли не каждую ночь во двор приезжала черная машина, чтобы забрать нового «врага народа». А в начале XXI века здесь обосновался самый модный район новой Москвы. Краснокирпичные здания бывшей шоколадной фабрики были заселены ИТ-стартапами, ресторанами и галереями современного искусства, здесь поселился единственный в стране независимый телеканал «Дождь» — все вместе придало месту славу главного вольнодумного квартала столицы. Как ни странно, тут временно обосновался и Александр Волошин. Сидя через речку от Кремля, он начал назначать встречи популярным блогерам, журналистам и писателям и разговаривать с ними о том, что ждет российскую политику в будущем, какой может быть новая либеральная партия, кто может (и хочет) в нее войти.

Эти вопросы Александр Волошин задавал столь явно, что у собеседников возникало очевидное ощущение — он делает это не по собственной инициативе. И, возможно, не по совету пресловутой Семьи — новоявленного блогера Тани и ее мужа Вали. Все считали, что у Волошина спецзадание от президента Медведева. Хотя сам Волошин никому об этом прямо не говорил.

Через пару месяцев либеральная московская тусовка гудела. Почти все уже успели сходить на встречу с бывшим серым кардиналом Путина и нынешним тайным серым кардиналом Медведева. Рассказывали разные небылицы про то, что избирательный список новой партии уже готов и кто-то якобы даже видел, как Татьяна Юмашева в ресторане набрасывала его на салфетке. Никто не знал только, кто станет лицом этой новой либеральной партии. Ведь почти все ее создатели предпочитали держаться в тени и хотели быть тайными стратегами, хотя их деятельность ни для кого не была тайной.

Юмашевы действительно имели самое прямое отношение к новому проекту. Обдумывая проект, Медведев вызвал в Кремль Валентина Юмашева и попросил его помочь с рекрутингом. Юмашев был очень рад затее — он выдвинул идею, что у партии должен быть не один лидер, а скорее список из десяти лиц, которые двигали бы партию по всей стране. Но Медведев не согласился — он считал, что должно быть одно первое лицо.

## Крепостное право

Либерализм неожиданно оказался в моде — благодаря президенту Медведеву, конечно. Еще год назад казавшийся безликой тенью Путина, новый глава государства очень хотел выглядеть просвещенным либералом. И если поначалу он делал только первые шаги, то в 2011 году пришло время для пиар-кампании. Среди прочего для этого Медведев организовал в Санкт-Петербурге конференцию, посвященную 150-летию отмены крепостного права.

По замыслу Медведева и его окружения, эта конференция и выступление Медведева на ней должны были стать отправной точкой его новой политической карьеры. «История продемонстрировала, что прав был Александр II, а не Николай I и Сталин», — говорил президент собравшимся, уточнив, что себя он считает именно продолжателем курса царя-освободителя. Аудитория ахнула — многие поняли, что говорим «Сталин и Николай I», подразумеваем «Путин». Публично ругаться с Путиным Медведев себе еще не позволял, но уже явно противопоставлял себя ему.

До президентских выборов оставался еще год, чуть меньше — до парламентских, и в команде Медведева уже шла активная подготовка к ним. Планы разрабатывал, конечно, Владислав Сурков, в прошлом бессменный идеолог и политтехнолог Путина.

Медведев не сразу доверился Суркову, помня, что тот ставил на другого кандидата в преемники Путина — Иванова. Долгое время Медведев считал, что Сурков заслан к нему Путиным, приставлен в качестве «смотрящего». Но свою роль сыграл Волошин, который считал Суркова своим учеником. С начала 2010 года Владислав Сурков начал по заданию Медведева придумывать новую партию, которая могла бы стать либеральным противовесом его же детищу — «Единой России».

Сурков долго просчитывал, как президент должен себя вести, чтобы соблюсти все правила игры и переизбраться на второй срок. Было очевидно, что никакой предварительной договоренности между Путиным и Медведевым в 2007 году, когда они менялись местами, не было: «Посмотрим по ситуации, свои люди, разберемся». Теперь настало время смоделировать ситуацию такой, чтобы Путину было легко и приятно вновь уступить Медведеву президентство. Во-первых, он должен быть популярным. Во-вторых, он должен быть эффективным — надо продемонстрировать национальному лидеру, что Медведев лучше разбирается в современных реалиях, он лучше адаптировался к новому миру.

По всему миру начиналась революция 2.0, оппозиционеры свергали режимы при помощи фейсбука и твиттера. Значит, более эффективен тот лидер, который умеет использовать энергию соцсетей себе во благо, который может управлять этими массами, станет для них своим. Медведев — со всеми признаками московского хипстера — подходил под описание. У него были и фейсбук, и твиттер, и инстаграм, он даже постил туда фотографии котиков, заодно демонстрируя Путину, что он эффективный и современный менеджер, держит руку на пульсе событий, не допустит в стране никакой твиттер-революции.

Набрать миллион подписчиков и фолловеров оказалось нетрудно — на этом поле у Медведева не было никакой конкуренции. А с созданием партии требовалась аккуратность. С одной стороны, нужно было не напугать единороссов и окружение Путина, объяснив им, что все делается для их же блага, с другой стороны — мягко оттеснить их на периферию.

Наконец, для того чтобы выдвинуться на второй срок, Медведеву нужно было иметь мощную группу сторонников, поддержку электората и наглядные доказательства того, что он контролирует ситуацию.

## Дожить до сентября

Планы Суркова неожиданно натолкнулись на препятствие, которого никто из них не ожидал. Их клиент, Медведев, продолжал гнуть свою линию, создавая имидж либерального и современного западного лидера. Он вроде как подружился с Бараком Обамой и очень старался стать «русским Обамой» — образцовым стильным молодым лидером.

В марте 2011 года молодым лидерам предстояло договориться о действиях в Ливии. Медведев и Обама испытывали к происходящему там примерно одинаковые чувства. С одной стороны, им был глубоко неприятен ливийский режим и еще более отвратителен Муаммар Каддафи. Каждый из них по разу виделся с ним и испытал одновременное чувство неловкости и униженности — Каддафи вел себя как давно потерявший связь с реальностью сумасшедший. Его стыдился даже собственный сын Сейф-уль-Ислам, светский юноша, который был завсегдатаем модных московских ночных клубов, любил гулять с русскими олигархами и крутить романы с российскими светскими барышнями и всякий раз в ужасе и отчаянии рассказывал об отце, помешанном на своем традиционном бедуинском шатре.

С другой стороны, неменьшую неприязнь и Медведев, и Обама испытывали к Николя Саркози, главному зачинщику антиливийской коалиции. Все знали, что французский президент брал у Каддафи деньги на избирательную кампанию. Но этот факт почему-то подстегивал Саркози, он старался продемонстрировать всему миру, что никак от Каддафи не зависит, и торопился с бомбардировками Ливии. Помогать Саркози Медведеву совершенно не хотелось — особенно учитывая неприятные воспоминания о том, как они совместно урегулировали грузино-осетинский конфликт в 2008 году. Однако вставать на сторону Каддафи было еще более некрасиво. В итоге Медведев и Обама договорились, что не будут мешать Саркози, а позволят ему столкнуть Каддафи.

Был ли этот ливийский вопрос важен для Медведева — конечно, нет. Куда больше он был увлечен выстраиванием своего имиджа внутри страны. Он тщательно выверял слова, произносимые публично, свой «лук», количество упоминаний в новостях федеральных телеканалов и отзывы в соцсетях. Кому нужен старый, выживший из ума ливийский диктатор? Обсуждая перспективы ливийской операции, он бегло просмотрел бумаги о российско-ливийском сотрудничестве и убедился, что все правильно: Каддафи традиционно не платит долги, клянчит новое оружие в кредит и не заключает выгодных договоров. Единственный существенный контракт — с «Российскими железными дорогами». Их руководитель Владимир Якунин всегда Медведева раздражал, поэтому пожертвовать им президент совершенно не постеснялся. Он раздраженно выкинул мидовские справки, в которых унылые советские дипломаты настойчиво советовали наложить вето на резолюцию по обеспечению бесполетной зоны над Ливией при голосовании в Совбезе ООН. Россия воздержалась.

О том, что не все в порядке, он узнал фактически из телевизионных новостей. По ливийскому вопросу выступил Путин.

Это было странно. Путин обычно не высказывался по поводу внешней политики — он демонстративно изображал соблюдение конституционных норм, согласно которым внешней политикой занимается только глава государства. Но тут, посещая ракетный завод в Воткинске, Путин в ярости назвал резолюцию «средневековым призывом к крестовому походу». А затем прямо в телеэфире прочитал настоящую нотацию президенту Медведеву: «Меня беспокоит даже не сам факт вооруженного вмешательства, вооруженных конфликтов много, они всегда происходили и, наверное, к сожалению, еще долго будут... Но беспокоит та легкость, с которой принимаются решения по применению силы в международных делах сегодня».

Медведев поначалу был в ужасе — он действительно совершил промах, поскольку не посоветовался с Путиным. Но публичная выволочка, которую устроил ему премьер-министр, была непростительным унижением, и на это следовало ответить. Главный вопрос заключался в том, позвонить Путину по телефону или отреагировать публично. Но, начитавшись насмешек над собой в соцсетях, президент решил, что не будет звонить Путину и, извиняясь, спрашивать, что случилось, — ведь не позвонил же ему сам Путин, прежде чем устроить выволочку в прямом эфире.

Осмотрев свой график, Медведев решил, что сделает ответное заявление в тот же день — во время посещения базы ОМОН. «Ни в коем случае недопустимо использовать выражения, которые, по сути, ведут к столкновению цивилизаций. Типа “крестовых походов” и т. д. Это неприемлемо. В противном случае все может закончиться гораздо хуже, чем даже происходит. Об этом должны помнить все», — назидательно заявил под камеры он.

Руководители государственных каналов были в ужасе. Что показывать? Можно ли объявлять во всеуслышание, что в тандеме раскол и два первых лица поругались из-за Ливии? Телевизионные начальники бросились обзванивать пресс-секретарей премьера и президента. После недолгого раздумья последовал ответ из канцелярии Путина: за внешнюю политику в государстве отвечает президент, поэтому только его точка зрения должна быть отражена в выпусках новостей государственных телеканалов. О высказывании премьер-министра Путина следует забыть.

И только здесь опытные аппаратные игроки в стане Медведева поняли, какую серьезную ошибку допустили. Путин демонстративно признал поражение и отступил — это значит, что он не забудет этой публичной перепалки.

Публичное выяснение отношений между президентом и премьером стало беспрецедентным скандалом. Отношения между Кремлем и Белым домом еще с 2008 года были натянутыми: сотрудники их аппаратов были на ножах, а глава администрации президента Сергей Нарышкин и глава аппарата правительства Сергей Собянин не разговаривали друг с другом. Но сами Путин и Медведев никогда публично не демонстрировали какой-либо неприязни.

В первые годы президентства Медведева у них хватало времени на то, чтобы регулярно встречаться и обсуждать все возможные вопросы. Но потом графики обоих первых лиц становились все плотнее, а не разговаривающие друг с другом руководители аппаратов не могли согласовать их, чтобы президент и премьер имели возможность регулярно встречаться. В итоге к 2011 году Путин и Медведев едва ли виделись раз в месяц. После ливийского скандала советникам стало очевидно, что президент и премьер должны чаще встречаться — иначе это плохо кончится.

Напряжение росло. Между двумя лагерями стали ходить парламентеры, советовавшие президенту и премьеру, что им надо чаще видеться, чтобы избежать недопонимания и уберечь свои команды от перегибов и неосторожных действий. В ходе одного из таких разговоров Путин сказал: «Ничего, все будет в порядке. Вот мы доживем до сентября, сделаем то, что должны будем сделать, и всем станет полегче».

## Либеральная партия

К концу марта 2011 года скромный блог дочери президента Ельцина превратился в масштабный исторический проект «20 лет назад». Изо дня в день Татьяна Юмашева публиковала реконструкции того, как разваливался Советский Союз и как ему на смену приходила демократическая Россия. Никаких явных аналогий Юмашева не проводила. Но главная мысль, конец авторитаризма — триумф либеральной идеи, сквозила в каждом слове. И символом демократии, конечно, был ее отец, Борис

Ельцин. Всем было понятно, что столь масштабный труд невозможно выполнять самостоятельно, что блог Татьяны Юмашевой ведет огромная команда историков и журналистов.

Параллельно шла подготовительная работа по набору актива будущей партии — и в первую очередь по кастингу на роль ее лидера.

За основу будущей партии Сурков взял «Правое дело» — синтетический проект, который был создан в 2008 году на обломках прежней либеральной партии «Союз правых сил», провалившейся на выборах в Госдуму. Однако сам Медведев возглавить карликовую партию не мог — сначала нужно было, чтобы она набрала политический вес. Поэтому требовалось найти фигуру, которая, с одной стороны, внушила бы доверие либеральному электорату, с другой — подготовила бы почву для второго срока президента Медведева. Очевидными кандидатами были главные бывшие и нынешние либералы в правительстве: министр финансов Алексей Кудрин, вице-премьер Игорь Шувалов и глава Сбербанка, недавний министр экономики Герман Греф.

С каждым из правительственных либералов президент Медведев разговаривал лично. Первым был Греф. Он отказался. Он очень устал от госслужбы за семь лет работы министром и был очень доволен своей новой свободой действий в Сбербанке — отвлекаться на странные авантюры ему не хотелось.

Следующим был Кудрин. Ему перспектива возглавить либеральную партию показалась заманчивой. Он, правда, стал выдвигать условия. «Дело правильное, интересное, — пересказывают приближенные Кудрина его разговор с Медведевым. — Но только партия, подконтрольная Суркову, меня не устраивает». «Ну так ничего нового сделать ты же не успеешь!» — якобы уговаривал Медведев. «Ну не успею — не страшно. Фейки создавать я не хочу» — так ответил Кудрин, по словам его близких. Впрочем, окончательного «нет» он все же не сказал, а решил подумать и, конечно, посоветоваться с Путиным. Премьер положил конец его размышлениям. Он сказал, что сейчас не до этого, надо к выборам готовиться. А если Кудрин уйдет — в правительстве не найдут концов. «Я тебя лично прошу, это сильно ослабит всех», — примерно так сказал Кудрину Путин.

Отказа Путина Кудрин не ожидал. Но раз Путин его попросил — отказать ему министр не мог. И он отклонил предложение Медведева. Президент на него страшно обиделся.

Следующей кандидатурой Медведева был первый вице-премьер Шувалов. Но и он не сказал Медведеву «да» (тоже по совету Путина). Медведев опять обиделся, более того, он был в ярости. Становилось все яснее, что никто из либералов во власти не осмеливается ни выступить на его стороне (хотя он и сам не рисковал заявить о своих амбициях), ни возглавить либеральную партию, обрекая либеральную идею на провал на грядущих парламентских выборах.

Тем временем Путин, которому вроде бы никакая партия была не нужна — у него и так была консервативная партия, «Единая Россия», вдруг начал заниматься политтехнологиями. Одновременно с Медведевым, но намного более успешно, чем Медведев, партстроительством стал заниматься новый глава аппарата Путина Вячеслав Володин. С тех пор как Сурков переориентировался на Медведева, Путину понадобился «новый Сурков» — и им стал Володин.

Желая угодить шефу, глава аппарата правительства придумал новый политтехнологический проект — «Народный фронт». Вроде бы не партия, а альянс разных общественных организаций, объединившихся вокруг Путина. Рядовые единороссы были дезориентированы: зачем нужна вторая структура, дублирующая партию? Когда они задавали этот вопрос своему традиционному куратору в администрации президента, Сурков пожимал плечами. Строительство «Народного фронта» шло в обход его и не очень его интересовало. Его обижало то, что Володин проявляет самостоятельность на той поляне, которая всегда была его, сурковской, вотчиной. Но он ничего не мог с этим поделать — Володин действовал от имени премьера. Суркова успокаивало лишь то, что проект «Народного фронта» был сделан грубо и топорно.

На первый взгляд никакого политического смысла в этой организации не было — кроме того, чтобы продемонстрировать Медведеву, что ему вовсе не нужно тратить время на создание либеральной партии. Вся общественность и так уже за Путина, как бы говорили ежедневные телевизионные новости. Они все больше напоминали кадры советской кинохроники: залы, полные рабочих и тружеников села, устраивали овации премьер-министру. Конечно, все это выглядело искусственно, фальшиво, по-советски. Но зато это было. В путинский «Народный фронт» профсоюзные организации по всей стране вступали коллективно (иногда, правда, со скандалами). А медведевской команде не удавалось набрать пятерых популярных интеллигентов, которые согласились бы возглавить новую партию, близкую по духу президенту.

## Новое лицо

Удача наконец улыбнулась Суркову, когда он начал искать не среди чиновников, а среди крупных бизнесменов. Главную роль предложили некогда самому богатому человеку в стране Михаилу Прохорову, бывшему совладельцу компании «Норникель», удачно продавшему свою долю накануне кризиса 2008 года, поэтому снискавшему репутацию самого удачливого бизнесмена России.

Богатый и немного надменный, неженатый олигарх, ведущий демонстративно разгульный образ жизни, арестованный четырьмя годами ранее во французском Куршевеле по подозрению в занятии сутенерством — потому что привез с собой на курорт слишком много моделей. Менее избираемого кандидата придумать было невозможно. Но при этом, как обнаружил Сурков, у Прохорова появился «пионерский задор». Заскучав в бизнесе, олигарх с большим азартом бросился в новое дело, да еще и с готовностью начал тратить деньги на строительство новой партии.

Позже Прохоров говорил, что Сурков и Медведев «пытались использовать его втемную». То есть создать его руками богатую и мощную партию, а в последний момент слить, чтобы партия досталась Медведеву и стала для него площадкой для выдвижения президентом. Они рассчитывали, что он сначала вложит в партию деньги, а потом, когда придет время уступить место Медведеву, покорно отойдет на второй план.

За два месяца Прохоров успел вложить в «Правое дело» около $20 млн и привлечь туда несколько знаменитостей. Главное достижение — конечно, Алла Пугачева, самая известная певица в России за последние полвека, начиная со времен Леонида Брежнева. Она никогда еще не вступала ни в какие партии и вдруг поддержала Прохорова. Ходили слухи, что все дело в гонораре — стареющей звезде перестали платить за концерты, поэтому она согласилась на щедрую зарплату (до $200 000 в месяц) за эпизодические появления на партийных съездах и исполнение партийного гимна.

Но потом у Прохорова начались проблемы с Сурковым. Бывший гендиректор «Норникеля» привык к самостоятельности и точно не планировал каждый свой шаг согласовывать с администрацией президента. Суркова же такой стиль работы раздражал — он привык к тотальному контролю и ручному управлению в партстроительстве. Он и так был уязвлен тем, что его креатура, Вячеслав Володин, начал работать без оглядки на него, — потерпеть то же от своего нового детища, Михаила Прохорова, он не мог.

Но в начале сентября Сурков выдвинул Прохорову несколько условий: к примеру, убрать из партийного списка уральского популиста и борца с наркоманами Евгения Ройзмана. Требование было оскорбительным, поскольку Прохоров не раз публично говорил о том, что Ройзман будет в списке. Согласиться с Кремлем означало отказаться от своих слов.

Сначала раздраженный Сурков начал убеждать Медведева, что Прохоров неконтролируем и сделать ставку на него было ошибкой. Президент не стал защищать олигарха. Теперь все политтехнологические усилия, которые сначала Сурков направил на то, чтобы помочь Прохорову построить новую партию, были брошены на то, чтобы его оттуда изгнать.

Технология рейдерского захвата партии была отработана Сурковым в деталях раньше — на других, более мелких партиях. Накануне очередного съезда партии «Правое дело» большинство в мандатной комиссии получили противники Михаила Прохорова, объявившие, что собираются поставить вопрос об отставке олигарха с поста лидера партии. Проверка показала, что значительная часть руководителей региональных отделений партии заранее перевербована и готова выполнять любое указание администрации президента. На второй день партия уже раскололась на две части. Противники Прохорова собрались в Центре международной торговли на Красной Пресне (спешно арендованном администрацией президента) и низложили лидера-миллиардера.

Сторонники Прохорова, в том числе Алла Пугачева, съехались в здании Академии наук (которое, собственно, и арендовал олигарх под проведение съезда). Прохоров вышел на сцену и под телекамеры произнес вызывающую речь о том, что будет бороться. Обвинил лично Владислава Суркова в рейдерском захвате партии и сказал, что не намерен больше мириться с таким византийским стилем в политике. Но вместо борьбы на следующий день он уехал отдыхать в Турцию и отсутствовал месяц.

Сурков был убежден, что это вовсе не конец либерального проекта — он просто избавился от неудобного исполнителя, и стоит только его поменять, шестеренки завертятся опять. Но он просчитался. Скандал был такой силы, что на этом история либерального проекта, который целый год придумывали Медведев, Юмашевы и Волошин, закончилась. «Правое дело» фактически прекратило свое существование. Вместо Прохорова партию возглавили карикатурные фигуры, нанятые Сурковым, чтобы создавать видимость политической деятельности, — в итоге на выборах партия, которая должна была объединить вокруг себя всех российских либералов, заняла последнее место.

У краха мощной праволиберальной партии был и еще один зритель. Премьер-министр Путин, сидя у себя в резиденции, раз за разом пересматривал выступление Прохорова перед сторонниками в здании Академии наук и хохотал. И повторял: «Так вам и надо!» А потом устроил выволочку Суркову. «Что, расслабились? — зло смеялся он. — Привыкли иметь дело со слабаками? Не готовы к настоящему сражению совершенно». Тот факт, что президент, имеющий колоссальные возможности и огромные ресурсы, не смог даже создать поддерживающую его партию, доказывал, что и на более серьезные вызовы Медведев не способен.

## Война начинается

Путин не зря заговорил про войну. Война была тем, о чем он думал все больше — и говорил все больше. И хотя Медведев не придал событиям в Ливии никакого значения, на Путина они произвели колоссальное впечатление.

Он был лично знаком с Каддафи — тот приезжал в Москву, разбивал в Кремле свой бедуинский шатер и ходил вместе с Путиным на концерт французской певицы Мирей Матье. Все время переговоров Каддафи говорил с Путиным об американцах — о том, что их истинная цель — убить его и установить мировое господство. А еще хвалил Путина за то, что тот, как и Каддафи, американцам сопротивляется.

Решение Медведева поддержать антиливийскую резолюцию Путин воспринял как непростительную слабость. Сразу после этого к нему потянулась вереница донесений из МИДа и СВР — о том, как много потеряла Россия, предав Каддафи. До той поры никто в окружении Путина не осмелился бы выдвинуть какое-либо обвинение в адрес Медведева, но ливийская резолюция и эмоциональная реакция Путина на нее как будто сняли все табу. «Он предал Ливию, предаст и вас», — шептали премьер-министру.

Путин злился все больше и больше. Когда речь заходила о Каддафи, он стал забывать о том, что внешняя политика — прерогатива президента: «Говорили о закрытии неба, но где же оно, если бьют каждую ночь по дворцам, где проживает Каддафи? Говорят, что не хотят его уничтожать, зачем же тогда бить? Там что, мышей таким образом выводят?» — вопрошал он по телевидению.

Когда Муаммара Каддафи убили, Путин разозлился еще сильнее. Его возмущало, прежде всего, вероломство Запада. Пока лидер Ливийской Джамахирии был антизападным изгоем, его режим был крепок. Проблемы начались у него лишь тогда, когда он пошел на уступки, признался во всех грехах, выплатил компенсации родственникам жертв взрыва над Локерби. Он вышел из-под санкций и даже принимал участие в саммите G8 в 2009 году в итальянской Л'Акуиле (в качестве председателя

Африканского союза), где ему жал руку даже Барак Обама. Однако оказалось, что за излишнее повиновение и сговорчивость он и был наказан. Ровно в тот момент, когда Каддафи открылся и доверился Западу, ему нанесли удар в спину. Пока Каддафи был изгоем, его не трогали, а как только он попытался стать прозападным и послушным — его не только свергли, но и убили на дороге, как старую собаку.

В убийстве Каддафи, считал Путин, косвенно виноват и Медведев — ведь ему западные партнеры обещали просто установить бесполетную зону над Ливией, чтобы помешать диктатору бомбить позиции повстанцев. А он поверил.

Наблюдая за тем, как Медведев и Сурков очаровывают хипстеров, осваивают американские соцсети — твиттер и фейсбук, силовики из окружения Путина вдруг стали выдвигать смелые предположения: а вдруг все это вовсе не профилактика «цветной революции», а подготовка к ней? Вдруг все это часть плана американцев, которые продолжают разлагать российскую политическую элиту, чтобы повторить ливийский сценарий?

В конце лета Путин позвал Медведева на рыбалку. Они отправились в Астраханскую область, на базу отдыха «Житное», которую построил для себя министр обороны. Три дня ловили рыбу и демонстрировали улов журналистам. Оба были довольны. Президент счел, что премьер на него вовсе не обижен, никакого напряжения нет — как и не было. Тандем крепок.

Во время той рыбалки Путин и сказал Медведеву, что будет лучше, если тот уступит ему кресло президента. «Ситуация в мире сложная, Дима. Можно и страну потерять» — так пересказывают их легендарный разговор. «Ну почему же, — растерялся Медведев, — почему же я потеряю?» «Да потому что очень сложная ситуация в мире, Дима. Каддафи вон тоже думал, что не потеряет. А американцы хитрее оказались».

У Медведева не было никаких аргументов. А у Путина они были.

«В 2008 году, — примерно так говорил Путин, — я был политиком номер один. Я мог бы переизбраться еще раз, но мне конституция не позволяла. Я решил ей подчиниться и уступил место тебе. Мы договорились, что, когда наступит день, мы сядем и решим, что делать дальше. И вот день настал: я по-прежнему политик номер один, ты на втором месте. По закону мы оба можем участвовать в выборах. Ты моложе, это плюс. А у меня больше опыта, это тоже плюс. Есть одно отличие — у меня рейтинг выше. У меня есть "Народный фронт", который меня поддерживает. В любой стране правящая партия выдвигает того кандидата, который популярнее. Власть будет прочнее, если мы пойдем на выборы как одна команда. Ты будешь премьером, как я сейчас, — убеждал Путин. — А потом ты опять вернешься». Медведеву было нечего ответить.

Развязка наступила быстро. 23 сентября начался съезд «Единой России», и всем участникам было ясно, что именно там будет сделано судьбоносное заявление. О том, каким будет оно, не знал никто — даже ближайшие помощники Медведева. 24 сентября участников вызвали в Лужники рано утром, за несколько часов до начала заседания. По залу ходили звеньевые и репетировали с участниками кричалки: на всякий случай тренировались скандировать и «Пу-тин-Пу-тин!» и «Ме-две-дев-Ме-две-дев!».

Первым выступал Путин — он загадочно сказал, что «у Дмитрия Анатольевича есть предложения по поводу будущей конфигурации власти». И предоставил слово президенту. Медведев произнес долгую речь, подводящую итоги своего президентства, а потом предложил Путина на должность президента. Зал разразился отрепетированными аплодисментами и скандированием.

«Эти аплодисменты дают мне право не объяснять, каким опытом и авторитетом обладает Владимир Владимирович Путин. И еще несколько слов на эту тему. Меня все время спрашивали: "Когда вы определитесь, с чем выйдете к людям?", а иногда меня и Владимира Владимировича спрашивали: "А вы не разругались друг с другом?" Я хочу полностью подтвердить то, что только что было сказано. То, что мы предлагаем съезду, — это глубоко продуманное решение. И даже больше, мы действительно обсуждали этот вариант развития событий еще в тот период, когда сформировался наш товарищеский союз».

Окружение Медведева было безутешно. «Да уж, нет повода для радости», — не сдержавшись, написал в твиттере ближайший помощник Медведева Аркадий Дворкович.

# Глава 13

## В КОТОРОЙ ЛИДЕР ОППОЗИЦИИ АЛЕКСЕЙ НАВАЛЬНЫЙ ПОЧУВСТВОВАЛ, ЧТО МОЖЕТ ПОВЕСТИ НАРОД НА КРЕМЛЬ

*Алексей Навальный — инопланетянин. На первый взгляд он выглядит как обычный человек, вы даже можете нечаянно подумать, что он и есть обычный человек — он ходит по улицам, ездит в метро, заходит в магазины, словом, делает все то, что делают обычные люди и не делают российские высшие госчиновники или суперзвезды. Но это только видимость. На самом деле Навальный — политик. Почти все, что он делает, он делает не случайно. Все исполнено особым смыслом. Все подчинено его политической деятельности и политической карьере. Осознать это так же неожиданно, как обнаружить, что под маской человека, с которым ты давно общаешься, скрывается пришелец.*

*Навальному, конечно, очень трудно. На него обрушилась вся мощь государственной машины, но он как-то с этим справляется. Он, например, не водит машину, потому что опасается, что под колеса бросится провокатор — чтобы потом его, Навального, можно было посадить в тюрьму за наезд на человека.*

*При этом Навальный, конечно, осознает, что он суперзвезда. Он даже может без иронии рассуждать, что Путин нарочно не сажает его в тюрьму, чтобы не увеличивать его популярность. Навальный понимает свою исключительность — он, наверное, единственный настоящий политик на всю 143-миллионную страну.*

*Таким политиком, как Навальный, никогда не были ни Путин, ни Сечин, ни Кудрин, ни Рамзан Кадыров. Они никогда не стремились к той власти, которую получили, они не мечтали сделать политическую карьеру, все нынешнее могущество свалилось им на голову. Они, в общем, не собирались жертвовать всем ради власти — более того, многие (но не Кадыров, конечно), наверное, даже жалеют о том, что променяли на власть возможность вести обычную жизнь.*

*Навальный же уникальный человек, который сделал этот выбор осознанно. У него (пока) нет никакой власти, и не факт, что она когда-то появится. Но он точно променял возможность вести обычную жизнь на борьбу за власть. Он называет это возможностью изменить жизнь страны к лучшему.*

*Если бы в России была публичная политика, Навальный, наверное, не был бы одинок. Но поскольку ее нет, то других сумасшедших, которые отказываются от жизни ради того, чтобы заниматься политикой, кажется, не существует. Почему Навальный держится и продолжает жить так, будто в стране есть политика и он твердо знает, что настанет его час и он, может быть, сменит Путина в кресле президента? Есть только одно простое объяснение — он инопланетянин.*

## Жулики и воры

В феврале 2011 года молодой популярный оппозиционер Алексей Навальный проводил радиодебаты с никому не известным депутатом от «Единой России». Депутата звали Евгений Федоров, он был ничем не примечателен — кроме того, что, будучи членом правящей партии, согласился на дебаты с Навальным. Тот за последние пару лет стал героем Интернета, самым популярным разоблачителем коррупции в стране и единственным главным новым лицом оппозиции. Власть стремилась его усиленно игнорировать — чтобы не увеличивать популярность. Хотя популярность его росла и так — в первую очередь благодаря хлесткому блогу, в котором он публиковал результаты своих антикоррупционных расследований.

Дебаты Навального с Федоровым запомнились лишь одним фактом — во время их Навальный впервые произнес фразу

«"Единая Россия" — партия жуликов и воров». Именно под этим лозунгом прошла вся последующая кампания по выборам в Государственную думу 2011 года. Мощнейшая государственная пропагандистская машина, которая работала на партию власти, прилагала все усилия, чтобы побороть интернет-мем, и не справлялась.

Примечательно, что и Евгений Федоров тоже потом станет звездой Интернета: через четыре года, после присоединения Крыма, популярность наберет его «Национально-освободительное движение» — организация, которая объединит сторонников теории заговора, уверенных, что Россией управляют внешние силы из Америки, а для борьбы с ними надо поскорее отменить российскую конституцию. Но в 2011 году он был еще малоизвестным статистом, который зачем-то начал публично дебатировать с Навальным и нечаянно помог ему.

Навальный вспоминает, что в самом начале ему пришлось начать борьбу с товарищами по оппозиции: осенью 2011 года в Подмосковье прошел фестиваль под названием «Последняя осень». Главным номером его были дебаты трех главных оппозиционеров страны: бывшего вице-премьера ельцинского разлива Бориса Немцова, бывшего чемпиона мира по шахматам Гарри Каспарова и Алексея Навального. Немцов представлял шутовской проект «нах-нах»: по его мнению, именно эти слова нужно было написать на бюллетене, испортив их в ходе предстоящих выборов. Каспаров убеждал, что выборы надо просто бойкотировать. Навальный же настаивал на том, что оба предложенных варианта только увеличат количество мест «Единой России» в парламенте, поэтому надо голосовать за любую оппозиционную партию, которая может попасть в Думу, кроме «партии жуликов и воров».

Навальный легко победил в этих дебатах. В целом это было неудивительно, поскольку никакие лидеры оппозиции, включая даже самых известных, таких как Немцов и Каспаров, за все последние десять лет не пользовались популярностью. Все соцопросы показывали, что реальные оппоненты власти не вызывают у граждан совершенно никаких эмоций: избирателей привлекали лишь облеченные властью чиновники. Причем только в тот момент, когда они находились при должности, — пример Юрия Лужкова показал, что рейтинг превращается в ноль одновременно с отставкой. Положение Навального было принципиально иным — он неожиданно оказался первым популярным политиком в стране со времен Бориса Ельцина. Точнее, первым после Ельцина популярным оппозиционным политиком.

Популярность Навального, конечно, ограничивалась его аудиторией — молодыми и продвинутыми горожанами, пользователями Интернета и потенциальными читателями его блога. Но среди этой прослойки его влияние было бесспорно и абсолютно — никто другой не мог похвастаться таким ядром сторонников. И, парадоксально, именно кампания Навального против «жуликов и воров» стала главным политическим событием осени 2011 года.

До этого момента политическая инициатива всегда принадлежала власти. Она (в лице Владислава Суркова) всегда держала руку на пульсе общества и даже старалась опередить его чаяния, предлагая ему псевдоповестку: отвлекая внимание от всего важного какими-то синтетическими проектами. Осень 2011 года стала исключением, потому что правящий класс вдруг оказался деморализован. Стан Медведева пребывал в шоке от того, как скоро и неумолимо рухнули все его надежды. Ужас медведевцев от съезда «Единой России» перемежался с чудовищным разочарованием от поступка их начальника Дмитрия Медведева, от которого они сами ожидали хотя бы какого-то действия, но только не покорности в момент изнасилования.

Владислав Сурков по-прежнему занимал пост замглавы президентской администрации и по-прежнему должен был заниматься предстоящими выборами. Но, во-первых, был разочарован предательством Медведева и не проявлял особенного интереса к политической жизни. А во-вторых, избирательная кампания уже началась без него — всю деятельность «Народного фронта» курировал его бывший подопечный Вячеслав Володин. По сути, он начал предвыборную кампанию Путина еще летом — теперь же перехватывать у него бразды Сурков не очень-то и хотел.

В результате со стороны «Единой России» не делалось почти ничего: партийные функционеры ограничились тем, что неистово боролись за места в партийных списках и рвали друг другу глотки за возможность попасть на проходное место.

Зато кампанией Навального воспользовалась партия «Справедливая Россия» — в общем-то марионеточная партия, созданная Владиславом Сурковым в рамках его концепции «двух ног» как некий левоцентристский, социал-демократический противовес правоцентристской «Единой России». Накануне кампании почти все спонсоры партии и почти все звезды перебежали в партию власти, поэтому политтехнологи взяли на вооружение ролики Навального и стали убеждать интернет-аудиторию, что единственный способ уменьшить число депутатов от «жуликов и воров» в парламенте — это голосовать за «Справедливую Россию».

Наконец, эта партия, никогда не замеченная прежде в реальной оппозиционности, совершила еще один важный поступок. Пытаясь увеличить число своих сторонников, она стала предлагать всем желающим становиться ее представителями в избирательных комиссиях — в качестве наблюдателей или даже в качестве членов избиркомов с правом решающего голоса. Так выборы 2011 года, самые неинтересные, полностью лишенные интриги, без какой-либо оппозиционной партии в бюллетене, оказались неожиданно увлекательными: они стали некой популярной игрой для интеллигентной молодежи — люди, даже не интересующиеся политикой, повсеместно из чистого любопытства записывались в наблюдатели, чтобы посмотреть, как проходит избирательный процесс. А на самом деле, чтобы посмотреть, как власть будет эти выборы фальсифицировать, ведь все заранее были уверены в том, что именно так происходит.

Тысячи людей, внезапно записавшиеся наблюдателями, скорее относились к этому как к развлечению. Как к походу в интерактивный театр. Или в интеллектуальный поход. Как к просмотру экстремального шоу, модного в этом сезоне. Результат этого эксперимента настолько превзошел ожидания, что полностью изменил всю российскую политику.

# Восстание грязных ботинок

4 декабря, в день выборов, еще до того, как в Москве закончилось голосование, начали поступать неофициальные данные о том, как закончились выборы на Дальнем Востоке и в Сибири. Навальный вспоминает, что днем было ощущение, что у «Единой России» серьезные проблемы — что она явно не набирает 50%, а, наоборот, колеблется в районе 35%. Но по приближении к Москве ситуация стала выправляться — ближе к вечеру независимых наблюдателей в столице стали повсеместно выгонять или даже выносить с участков силой под разнообразными надуманными предлогами. Интернет наводнили ролики, снятые на мобильные телефоны, как председатели комиссий что-то подтасовывают либо со скандалом выгоняют наблюдателей.

Наутро глава Центризбиркома Чуров объявил, что по стране «Единая Россия» набрала 49%. Позже президент Медведев, желая похвалить Чурова за успешно проведенные выборы, скажет: «Вы просто волшебник».

На вечер понедельника, первого дня после выборов, был заранее запланирован митинг оппозиционного объединения «Солидарность» на Чистых прудах. Навальный говорит, что не собирался туда ходить, думая, что это будет обычный унылый малолюдный антипутинский митинг. Но под впечатлением от результатов выборов решил пойти — и призвал всех идти в своем блоге.

Этот митинг вошел в историю как «митинг грязных ботинок». В Москве шел дождь со снегом, и все пришедшие на митинг фактически стояли в лужах. Было темно — оттого не было видно, сколько именно пришло народу. Но было ощущение, что очень много.

«Это был самый большой митинг, который я видел в жизни на тот момент. По нынешним временам это считалось бы провалом, а тогда казалось, что это очень круто. И настроение было чумовое», — вспоминает Навальный. Он считает, что именно этот митинг был самым важным — намного важнее, чем все последующие.

Пребывая в отличном настроении, Навальный произнес яркую речь (сейчас он называет ее очень удачной, а критики тогда называли ее «фюрерской»): «Они могут называть нас сетевыми хомячками. Да, я сетевой хомячок и я перегрызу глотку этим скотам!» Фирменным стилем Навального стало скандирование разных кричалок: «Вы голосовали за “Едро”?» — спрашивал он. «Нет!» — кричала толпа. «Как называется эта партия?» — спрашивал он. «Партия жуликов и воров!» — орала толпа. А в конце речи собравшиеся и вовсе без призыва Навального стали скандировать «Путин — вор!».

«Я подумал, что будет обидно, если митинг вот так просто закончится. И предложил Яшину, что нужно после этого объявить шествие», — вспоминает Навальный. Яшин не хотел («У меня еще дела, а ведь заберут в ментовку»), но все-таки призвал собравшихся со сцены пройти прямо к Центризбиркому.

Шествие было недолгим. Хвост отсекли — и большая часть собравшихся осталась на Тургеневской площади. А тех, кто оторвался, начали задерживать. Всего арестовали примерно 100 человек, в том числе Навального и Яшина. Это в основном были наблюдатели: «Из 20 человек, которые сидели со мной в одной камере в спецприемнике, 18 были наблюдателями, которые случайно пошли на выборы, а их вынесли оттуда за руки и за ноги, — говорит Навальный, — аресты этой сотни были ключевым триггером. Ведь до этого никого не арестовывали».

Следующая неделя прошла в подготовке очередного митинга. В Кремле терялись в догадках, что произошло: цветные технологии, с которыми боролся Сурков, все же проросли или все же речь не о цветных технологиях, а о доморощенном заговоре? Кто-то воспринимал происходящее с интересом, кто-то со злорадством, кто-то с полным непониманием.

Сурковские «Наши» попытались помешать протестам лишь во второй день — во вторник, 6 декабря. Протестующие вышли на Триумфальную площадь и встретились там лицом к лицу со свезенными из регионов «нашистами» — они били в барабаны и скандировали «Россия!» и «Путин!». Их противники кричали в ответ: «Россия без Путина» и «Стыдно быть “нашистом”». В тот вечер было задержано около 200 протестующих. Но «нашисты» после этого дня с улиц пропали — на улицу больше не вышел ни один юный охранитель, воспитанный Владиславом Сурковым.

Единственным чиновником, которому было поручено как-то разруливать ситуацию, оказался вице-мэр Москвы Александр Горбенко — никто более высокопоставленный не стал принимать участие в переговорах о том, где пройдет митинг. Всех своих собеседников Горбенко пытался образумить — он рассказывал им о том, что американцы плетут заговор против России, именно они оплатили наблюдателей, которые работали на выборах. Все это, говорил он, является следствием заговора и тонкого расчета. Теория «американского заговора» стала популярна в тот период среди чиновников всех мастей. Они рассказывали друг другу даже, что американцы нарочно обманули Владимира Путина и сделали ему некачественную пластическую операцию с применением ботокса, чтобы подорвать его авторитет.

Переговоры Горбенко с оппозицией все же увенчались успехом — московские власти разрешили провести митинг на Болотной площади — через речку от Кремля, на Болотной площади, в том месте, где в Москве исторически либо вспыхивали бунты, либо казнили бунтовщиков.

Стоит отметить, далеко не все в страшилках Горбенко было исключительной фантазией. В 2011 году государственное агентство USAID действительно не стало распылять свои средства, которые должны были направиться на программы, нацеленные на поддержку демократии в России, а выделило один крупный грант НКО «Голос», которая наблюдала за выборами и осуществляла независимый подсчет. Впрочем, количество наблюдателей «Голоса» на выборах составляло не больше 3000, т. е. не больше 10% всех волонтеров, пришедших в избиркомы.

## Медведевский ренессанс

В итоге митинг 10 декабря на Болотной площади — через речку от Кремля и в двух шагах от студии телеканала «Дождь» — состоялся. По независимым подсчетам, пришло 50 000 человек, кроме того, «Дождь» транслировал митинг в прямом эфире.

На площадь неожиданно пришли не только записные оппозиционеры, бывшие наблюдатели и молодые «сетевые хомячки», но и едва ли не половина администрации президента, включая Михаила Абызова, миллиардера и сподвижника Медведева, который спустя несколько месяцев станет одним из министров его будущего правительства. Почти у всех присутствующих возникло ощущение странной эйфории.

Медведевский лагерь переживал удивительный ренессанс. Легендарной стала фраза, приписываемая Наталье Тимаковой: «Если бы мы знали, что за нас выйдет столько народу, мы бы иначе вели себя в сентябре». Говорила она это или нет — бесспорно было одно: «медведевские» чувствовали участников митингов на Болотной своими единомышленниками. Более того, они считали — и во многом не напрасно, — что протесты стали последствием 24 сентября, возвращения Путина, которого прогрессивная интеллигенция уже больше не хотела видеть своим президентом.

На самом деле, по словам Навального, большинство протестующих ненавидели Медведева и Суркова не меньше, чем Путина. «Мы хотим, чтобы нашим президентом не был ни жалкий, ни надутый», — кричал со сцены Навальный на Чистых прудах под одобрительный гул толпы. И если оскорбительное слово «надутый» — это придуманное Навальным определение Путина, то «жалкий» — это уже устоявшийся к тому моменту эпитет Медведеву, таким хештегом сопровождались многие записи о Медведеве в твиттере.

Сейчас Навальный считает, что тогда протест был немного несправедлив к Медведеву: «Медведев считал, что делает правильные вещи, — и это так. Он был бы лучшим президентом (чем стал Путин). Он был слабым, трусливым, смешным, но все, что он делал, — это было движение в правильном направлении. Его реформы, например судебная, — это движение в правильном направлении. Они были, конечно, половинчатые — может, даже всего 10% от необходимого, но все же», — размышляет Навальный. По его мнению, вынудив согласиться на рокировку с Путиным, Медведева унизили, поэтому с началом протестов он и его окружение злорадствовали. «Я думаю, они так говорили:

вот видите, вы пережали. А мы хотели модернизацию, мы бы справились с этим лучше», — говорит Навальный.

На субботу, 24 декабря, был запланирован второй мощный митинг — а за два дня до него, 22 декабря, Дмитрий Медведев выступал со своим последним посланием к Федеральному собранию. Отчитавшись об основных своих достижениях (гуманизация судебной системы, вступление в ВТО, обязательное декларирование чиновниками своих доходов, создание Сколково), президент заговорил о начавшихся протестах — и сказал, что к обществу надо прислушаться и вновь изменить избирательное законодательство. Из конкретных мер Медведев предложил вернуть выборы губернаторов (отмененные Путиным в 2004 году), ввести упрощенный порядок регистрации партий и изменить порядок формирования Думы — поменять пропорциональную систему на смешанную (т. е. отменить сурковскую систему по предотвращению «цветной революции», придуманную в 2005 году).

Любопытно, что никаких конкретных требований протестующих власть выполнять не собиралась: т. е. глава ЦИКа Чуров в отставку отправлен не был и новые выборы Думы назначены не были. Однако объявленная политическая реформа означала, что полностью игнорировать общество власть — или, по крайней мере, Медведев — не может. «Мы понимали, что они, конечно, пытаются нас обмануть и развести. Но это казалось не очень важным, потому что было ясно, что у них все шло по наклонной — а у нас по восходящей. У них все разваливалось — и во всех интервью тогда я говорил, что этой власти остался год-полтора», — вспоминает Навальный.

Одновременно с политреформой Медведева случилось покаяние Суркова — в тот же день, 22 декабря, газета «Известия» опубликовала программное интервью, в которой идеолог Кремля и убежденный борец с «цветной революцией» восхвалял Болотную, правда, в своем диалектическом стиле.

Он уверял, что начавшиеся протесты — это вовсе не протесты («Тектонические структуры общества пришли в движение, социальная ткань приобрела новое качество. Мы уже в будущем. И будущее это неспокойно. Но не стоит пугаться. Турбулентность, даже сильная, — все-таки не катастрофа, а разновидность стабильности»). Протестующих Сурков называл «лучшей частью нашего общества или, вернее, наиболее продуктивной его частью». «Нельзя высокомерно отмахиваться от их мнения. Конечно, можно утверждать, что вышедшие на улицу — это меньшинство. Это так, зато какое это меньшинство!» — проповедовал перековавшийся охранитель[42].

## Обрыв закрытой линии

Неожиданный протест произвел впечатление не только на «либеральную башню Кремля». Внезапно оживились все «спящие ячейки» российской политики — те люди, которые только в глубине души задумывались о политике, вдруг почувствовали, что пришел их час.

Неожиданный интерес к политике вновь проявил Михаил Прохоров, распрощавшийся со своей партией в августе и пропустивший думские выборы. Через день после митинга на Болотной площади Прохоров, исчезнувший за полгода до этого, вдруг материализовался и объявил о намерении баллотироваться в президенты. В своем предвыборном блоге 14 декабря он написал: «Конечно, Кремлю я выгоден на выборах. Конечно, они хотят как-то поиграть с Болотной. Хотят поиграть в демократию, чтобы у людей “типа был выбор”. Поэтому и выступление Пескова, и кремлевские политологи, и федеральные каналы, на которых я не появлялся вот уж три месяца как... Все это правда — власть пытается использовать нас в своих, очень понятных всем целях...»

К декабрю среди протестующих оказался еще один неожиданный персонаж — Алексей Кудрин. Ближайший советник Владимира Путина оказался первой жертвой рокировки 24 сентября.

В день съезда «Единой России», на котором Медведев и Путин объявили о том, что меняются местами, Алексей Кудрин был в Вашингтоне, на заседании совета управляющих МВФ. Для него, как и для всего ближнего круга Путина, это объявление стало сюрпризом. Особенно неприятным сюрпризом стали слова Путина о том, что главой правительства с мая станет Дмитрий Медведев, с которым у Кудрина был давний конфликт.

Кудрин давно уже белой завистью завидовал своему товарищу Герману Грефу, бывшему министру экономразвития, который сумел уйти из правительства и возглавить Сбербанк. Кудрин тоже устал от правительства, от Минфина, реформы остановились, он ничего не мог поменять и постоянно растрачивался на внутренние аппаратные битвы. Поэтому, посмотрев у себя в гостиничном номере в Вашингтоне трансляцию съезда, он совершил странный поступок — собрал в лобби отеля журналистов и провел короткую пресс-конференцию. «Я не вижу себя в новом правительстве. Дело не только в том, что мне никто не предлагал, но я думаю, что те разногласия, которые у меня есть, не позволят мне идти в это правительство», — сказал он.

Медведев не смог снести пощечины. Пока Кудрин летел из Вашингтона, его слова о том, что он не будет работать с Медведевым-премьером, стали главной новостью. И Медведев — пока еще президент — решил провести внеплановое совещание по вопросам экономики, причем не в Москве, а в Ульяновской области, куда он должен был отправиться с плановой поездкой.

Накануне совещания Кудрину позвонил сначала Сурков, удостовериться, что Кудрин собирается лететь, потом глава медведевского протокола — предложила довезти его президентским бортом. Потом позвонил Путин: «Видел твое выступление. Считаю его неправильным. Зря ты так сказал»[43].

Совещание превратилось в публичное выяснение отношений между Медведевым и Кудриным.

— Вот Алексей Леонидович, который здесь присутствует, сообщил радостную весть о том, что не планирует работать в новом правительстве. И о том, что у него есть практические серьезные расхождения с действующим президентом. У вас есть только один выход. И вы знаете какой — подать в отставку. Будете писать заявление?

— Дмитрий Анатольевич, у меня действительно есть с вами разногласия, но я приму решение в связи с вашим предложением, посоветовавшись с премьер-министром.

— Можете посоветоваться с кем угодно. Но пока я президент, такие решения я принимаю сам.

Перепалка произошла перед телекамерами. Униженный накануне Путиным на съезде «Единой России», Медведев отыгрывался на его старом друге. Совещание закончилось тем, что Медведев отправил Кудрина звонить Путину — советоваться по поводу отставки. Кудрин собрал вещи и вышел, но не стал звонить — под рукой не было закрытой линии, а Путин никогда не разговаривает по незащищенным каналам связи.

Но Медведев был настойчив. После совещания он сам связался с Путиным, рассказал ему о случившемся разговоре, а потом дал трубку Кудрину. Вечером того же дня был опубликован приказ об отставке министра финансов.

Однако, даже будучи уволенным в прямом эфире, Кудрин, по сути, сохранил все свое прежнее влияние. Он остался ближайшим советником Путина. И даже не выехал из своего кабинета в Министерстве финансов.

С началом декабрьских митингов Кудрин стал проявлять к ним огромный интерес. Накануне первого митинга на Болотной несколько членов оргкомитета решили с ним посоветоваться и назначили ему встречу в ресторане неподалеку от Минфина. Лидерам протеста хотелось понять, разрешат ли власти митинг, не будет ли провокаций. Официально безработный Кудрин взялся помочь. Пообедав с группой активистов в ресторане в центре Москвы и выслушав их вопросы, Кудрин сказал: «Мне нужно поговорить по закрытой линии». И ушел в сторону Минфина.

Продолжая регулярно общаться с Путиным, Кудрин тем не менее завоевал доверие оппозиционеров. Очевидно, он по просьбе премьера изучал оппозиционеров, а по их просьбе — рассказывал о том, что происходит в голове у Путина. Однажды он пришел на встречу к Алексею Навальному, и тот начал расспрашивать его о том, чего на самом деле хочет Путин. Правда, что он устал? Правда, что он давно уже хочет все бросить, уехать куда-нибудь на юг? Вести праздный образ жизни в стиле беззаботного олигарха, с яхтой, пляжем, виллой у моря и красивыми женщинами? Но Кудрин, по словам Навального, заверил его, что это не так: Путин считает, что без него Россия развалится; он спасает Россию, а вы все ему мешаете, примерно так описал образ мысли Путина бывший министр.

Глава 13

## Пик политики

24 декабря состоялся самый большой митинг — на проспект Сахарова пришло больше 100 000 человек. «Это был пик политики», — говорит Навальный. Перед митингом все едва не переругались на тему, кого надо звать, а кого нет, надо ли приглашать националистов или левых. Одни были категорически против того, чтобы выступали националисты, другие — против Ксении Собчак. Но в итоге выступали все желающие. На митинг пришел даже Михаил Прохоров, который старался держаться в стороне от «болотных» протестов. Он не поднялся на сцену, но постоял в толпе. Но самым неожиданным участником митинга был не Прохоров и не дочь наставника Путина Ксения Собчак, а именно Алексей Кудрин — ближайший соратник Путина, его неизменный министр финансов и ближайший экономический советник.

Более того, на проспект Сахарова пришли не только люди с неожиданно проснувшимися политическими амбициями. Туда вышли даже самые осторожные люди в России — крупные бизнесмены и банкиры.

В окружении Путина на «болотные протесты» смотрели совершенно иначе. Во-первых, премьер-министру постоянно приносили распечатки разговоров в окружении Медведева, из которых следовало, что многие сотрудники администрации президента вовсе не огорчены происходящим, а радуются. Во-вторых, нашлось немало свидетельств того, что люди, получавшие или даже продолжающие получать немалое финансирование по линии Суркова, активно участвовали в протестах. За примерами далеко ходить не надо — телетрансляцию митингов осуществляло за свой (т. е. бюджетный) счет государственное информагентство РИА «Новости» (два года спустя оно будет расформировано).

Вячеслав Володин, бывший сурковский протеже, а теперь прямой конкурент, наглядно обрисовал премьер-министру открывающуюся картину. Получалось, что, уступив свое место Путину, Медведев вовсе не смирился, а попытался с помощью Суркова расшатать ситуацию и сорвать президентские выборы;

бывший борец с «цветными революциями» Владислав Сурков переквалифицировался в творца «цветной революции» — в интересах своего нового патрона, Дмитрия Медведева.

Эта версия казалась Путину весьма убедительной. 27 декабря он произвел очередной кадровый переворот: Владислав Сурков был уволен из администрации президента и переведен в правительство вице-премьером, курирующим инновации и новые технологии. А на его место заместителя главы кремлевской администрации, т. е. главного идеолога страны, назначался Вячеслав Володин. Впрочем, в окружении Суркова сейчас говорят, что ему самому это не казалось наказанием — он якобы устал от работы главного кремлевского злодея и хотел сосредоточиться на чем-то позитивном. Например, войти в историю как главный инноватор страны.

Еще одним символом окончания медведевской эпохи стало возвращение на ключевую должность его некогда поверженного соперника — Сергея Иванова. Он стал главой администрации президента. Впрочем, его кандидатуру якобы предложил сам Медведев — потому что с Ивановым у него сохранились хоть какие-то отношения. Все остальные варианты (Сечин или Володин) были бы для него еще хуже.

Уже к следующему митингу оппозиции — 4 февраля и вновь на Болотной площади — Володин подготовится. Он соберет на Поклонной горе антимитинг, так называемый путинг. Около 100 000 сотрудников бюджетных организаций будут стоять под лозунгами «Нет оранжевой революции», «Нам есть что терять» и «Кто, если не Путин?». Путина такой расклад устроит.

Другим символом володинской борьбы против либеральных протестов станет начальник цеха Уралвагонзавода по имени Игорь Холманских. 15 декабря, вскоре после первого митинга на Болотной площади, Путин проводил традиционную ежегодную прямую линию с гражданами — около четырех часов ответов на вопросы избирателей в прямом эфире. Вопросов, конечно, заранее заготовленных и отрепетированных. Наибольший успех имел такой креатив Володина: «рабочий» из Нижнего Тагила, стоя в ряду товарищей, сказал Путину, что он и его коллектив «дорожат стабильностью и не хотят возврата назад». Вопроса он не задал, но сообщил: «Если наша милиция, или, как сейчас она называется, полиция, не умеет работать, не может справиться (с митингами), то мы с мужиками готовы сами выйти и отстоять свою стабильность, но, разумеется, в рамках закона».

«Подъезжайте, — ответил Путин, и после небольшой паузы добавил: — Но не сейчас и не по этому поводу». Через несколько месяцев он назначил этого человека, начальника сборочного цеха Уралвагонзавода Игоря Холманских, своим полномочным представителем в Уральском федеральном округе.

Это назначение было крайне символичным. С тех пор Путин больше не будет заигрывать с либеральной интеллигенцией. «Креативный класс», как называл Владислав Сурков участников протестов на Болотной, с тех пор проклят — он изменил Путину. Более того, по мнению Путина, он предпочел ему Медведева. С этих пор никаких попыток понравиться интеллигенции, продолжить говорить на одном с ней языке Путин больше не будет предпринимать. Он решил, что средний класс его предал — те люди, которым он дал стабильность, достаток, возможность путешествовать, брать кредиты, потреблять в свое удовольствие, — они не оценили всего этого. Они не удовлетворились тем, что нулевые, по сути, стали самым благополучным десятилетием за всю историю России. Средний класс — в сурковской парадигме опора путинского режима — не оправдал надежд Путина. И средний класс, и Сурков совсем скоро поплатятся за неверность.

## Попытка майдана

Президентские выборы прошли на удивление спокойно. Тысячи участников митингов на Болотной и Сахарова вновь записались наблюдателями, но масштабных фальсификаций уже не обнаружили — Владимир Путин набрал 64%.

Вечером в день выборов около Кремля, на Манежной площади, был собран грандиозный митинг. Перед ликующей толпой, как и четыре года назад, появились два президента, уходящий, Медведев, и новый, Путин. Первым, что бросалось в глаза, было то, что Путин плакал — у него в глазах стояли слезы. Позже его пресс-секретарь Дмитрий Песков объяснит слезы сильным ветром. Впрочем, на стоявшего рядом Медведева ветер почему-то не подействовал.

«Это были не только выборы президента России — это был очень важный тест для всех нас, для всего нашего народа: это был тест на политическую зрелость, на самостоятельность, на независимость, — говорил плачущий Путин. — Мы показали, что нам действительно никто ничего не может навязать — никто и ничего!

Мы показали, что наши люди действительно в состоянии легко отличить желание к новизне, к обновлению от политических провокаций, которые ставят перед собой только одну цель — развалить российскую государственность и узурпировать власть.

Российский народ сегодня показал, что такие варианты, сценарии на нашей земле не пройдут. Они не пройдут!»

По абсолютно искреннему виду Путина можно предположить, что он действительно считал, что чудом сберег страну от тех, кто хотел «узурпировать власть». Кого он имел в виду? Стоящего рядом Медведева? США? Или сидящего дома Навального?

На протестующих эти выборы и трогательная речь Путина не произвели тем не менее никакого впечатления. Никто не считал, что все потеряно. «Мы понимали, что они, конечно, еще не потеряли власть. Они и Чурова не уволят, и требования не будут выполнять, будут пытаться выпускать пар через какие-то реформы. Но было ясно, что мы их преодолеем, потому что за нами сила», — вспоминает Навальный. Следующий ход оппозиции был намечен на 6 мая — день накануне инаугурации Путина.

«Я и перед этим митингом говорил, что у нас одна стратегия — стратегия эскалации, — вспоминает Навальный. — Все кругом говорили: “Мы не хотим больше на мирные митинги ходить, мы хотим по хардкору, пойдем с ментами драться”».

Накануне митинга 6 мая было понятно, что он добром не кончится. Ксения Собчак, участница всех акций, начиная с проспекта Сахарова, на этот митинг не пошла, сказав, что боится провокаций. Навальный вспоминает, что заранее знал, что в Москву из регионов с палатками едут человек 600, которые собираются не расходиться, а устроить на Болотной палаточный лагерь.

Теперь уже ясно, что среди оргкомитета митинга был предатель — помощник координатора «Левого фронта» Сергея Удальцова Константин Лебедев был агентом спецслужб. Обо всех планах оппозиционеров было заранее известно ФСБ, причем в преувеличенном виде, считает Навальный. Сотрудники спецслужб и Следственного комитета пришли на площадь, зная, что что-то будет.

Дальше протестующие попались в аккуратную ловушку. В разгар шествия полиция перекрыла мост, по которому шли участники в направлении митинга, началась давка, драка, разгон. Это был первое серьезное столкновение между участниками протестов и стражами правопорядка — и на следующее утро у оппозиции было отличное настроение, ощущение, что все идет по плану. «Все думали: отлично, началась движуха», — вспоминает Навальный.

Следующее утро было утром инаугурации Путина. Для безупречной телетрансляции с утра был перекрыт весь центр города — от Белого дома, т. е. Дома правительства, прежней работы Путина, до Кремля — места инаугурации и новой резиденции Путина. Во избежание инцидентов улицы были расчищены так, чтобы на них не было ни одного прохожего, ни одного случайного зеваки, — обычно так выглядят города в фильмах-катастрофах после ядерной войны или конца света.

Совершенно случайно в 100 метрах от пути следования кортежа по Новому Арбату, на Никитском бульваре проходил символический пикет. Пусть он и не имел никаких шансов помешать церемонии или даже попасть в кадр, ОМОН на всякий случай повязал всех участников, а заодно вломился в кафе, где сидели их приятели, — знаменитое кафе «Жан-Жак». Все телеканалы транслировали безукоризненную картинку проезда Путина по пустому городу, а телеканал «Дождь» поделил экран пополам — и в одной половине показывал инаугурацию, а в другой — штурм «Жан-Жака» омоновцами. Эта картинка и стала символом нового срока старого президента — правда, в тот момент этого еще никто не осознавал.

## Начало реакции

«Никто из нас не ожидал, что Путин может зайти так далеко. Никто не ожидал, что все свои завоевания, все, что он сделал до этого, он принесет в жертву своей власти, — так говорит Навальный о событиях 2012 года. — Мы все думали, что важнее всего для него какая-то историческая миссия. Что он хочет остаться в учебнике Петром Первым. Никто не ожидал, что он войдет в конфликт с передовой частью общества, будет апеллировать к фундаментализму — лишь бы гарантировать свою власть».

Осознание того, что борьба проиграна, действительно пришло к Навальному и остальным протестующим не скоро. Почти все лето 2012 года прошло под знаком романтического фрондерства — молодежь устраивала «народные гулянья» по бульварам в центре Москвы, несколько дней функционировал палаточный лагерь на Чистых прудах «Оккупай Абай», у всех было приятное ощущение легкого карнавала. Это головокружение от протестов не прошло даже в конце мая, когда начались аресты.

Следственный комитет запустил так называемое «болотное дело» — по одному стали арестовывать участников беспорядков 6 мая на Болотной площади, тех, кто, предположительно, участвовал в потасовках с полицейскими.

Оппозиционеры тем временем пытались, по словам Навального, преодолеть «кризис лидерства» — осенью был избран Координационный совет оппозиции, в который вошли и самые видные активисты протестных акций, и звезды шоу-бизнеса, поддержавшие протесты: первое место на выборах занял Навальный, за ним следовали поэт Дмитрий Быков, шахматист Гарри Каспаров и телеведущая Ксения Собчак. Дальнейшая деятельность координационного совета оппозиции была провалом — они погрязли во внутренних склоках. «Он был нерелевантен изменившемуся времени и изменившемуся режиму», — говорит Навальный. Примерно уже через полгода КС перестал собираться.

В октябре телеканал НТВ показал фильм «Анатомия протеста — 2», в котором рассказал о том, что протесты в Москве были организованы в том числе из-за рубежа. В фильме была показана секретная съемка встречи члена КС Сергея Удальцова с грузинским политиком Гиви Таргамадзе, в ходе которой они якобы обсуждали финансирование московских протестов. Встреча была организована все тем же агентом Константином Лебедевым.

Позже Удальцов был приговорен к 4,5 года тюремного заключения по обвинению в организации массовых беспорядков. Остальные члены КС по сути отмежевались от него — ни одной масштабной акции в поддержку Удальцова проведено не было.

«Сейчас говорят, что протесты ничего не достигли, — рассуждает Навальный, — но они победили путинскую Россию, путинско-медведевскую Россию. Увы, но в том числе и протесты привели к войне на Украине. Как революция 1905 года покончила с прежней царской Россией и привела к реакции».

Методы работы с оппозицией уже начиная с осени 2012 года стали совсем не такими, как раньше: отныне в ходу уголовные дела, аресты и посадки. Против самого Навального в 2012 году было возбуждено сразу три уголовных дела: одно в мае и еще два в декабре.

«Путин не мог поступить иначе. Он понимал, что, если он уйдет, его не Навальный посадит. Его посадят Бастрыкин, Кудрин, Медведев, Сердюков, Сурков. Те люди, с которыми он работает, они будут первыми, кто пойдет против него. Едва бы он ослабел, они первыми пришли бы его арестовывать. Это просто понимание той системы, которую он построил, — она бы его пожрала. Задачей Путина не было только закошмарить оппозицию. Его главной задачей было ударить по своим — так, чтобы чужие боялись».

## Демедведизация

На следующий день после инаугурации Владимир Путин, как и обещал полгода назад, назначил Дмитрия Медведева премьер-министром. Несмотря на все подозрения, которые пали на преемника во время «болотных» протестов, Путин оценил главное — Медведев отдал власть. Он выполнил свое самое главное предназначение — вернул Путину президентское кресло в срок, доказав тем самым свою лояльность.

Однако с «тандемом», о котором трубила государственная пропаганда на протяжении последних четырех лет, было покончено. Глеб Павловский, некогда правая рука Суркова, еще в 2011 году уволенный и лишенный пропуска в Кремль за излишнюю поддержку Медведева, в 2012 году придумал термин «демедведизация».

Сначала Дума начала методично отменять все законы, принятые при Медведеве. Следующая стадия унижения наступила, когда медведевские инициативы начало отменять возглавляемое Медведевым правительство. Летом 2012 года парламент развил невероятную активность — он скопом принял несколько десятков репрессивных законов: ужесточил порядок проведения митингов, ввел наказание в виде лишения свободы за клевету (тем самым был отменен медведевский закон, который несколько лет назад декриминализовал эту статью). Истинным автором всех этих законов считался Вячеслав Володин, а парламент просто чрезмерно усердно проштамповывал все законы, спущенные из администрации. За это ироничные журналисты прозвали новый созыв Думы «взбесившимся принтером».

Апогеем думских издевательств над Медведевым стал его ежегодный отчет перед Думой в апреле 2013 года: депутаты, даже входящие в возглавляемую Медведевым «Единую Россию», назвали правительство неэффективным. А всегда лояльный власти оппозиционер Владимир Жириновский обвинил премьера в том, что тот причастен к организации митингов на Болотной: «Как это они так вышли все организованно? Кто-то, видимо, им помогал, и не только с Запада, но и в правительственных кругах!»

Другим унижением стала публичная дискредитация Медведева. В августе 2012 года к годовщине войны в Грузии в Интернете появился документальный фильм под названием «Потерянный день войны» (или «Трусость Медведева убила тысячу человек»). Фильм был очень качественно сделан — очевидно, работали сотрудники одного из федеральных каналов. Основными героями фильма стали отставные генералы (включая бывшего главу Генштаба Юрия Балуевского), которые обвиняли Медведева в трусости и нерешительности, в том, что он долго не хотел реагировать на действия Саакашвили и начинать боевые действия в Южной Осетии — «до тех пор, пока не получил пинок от Путина». Спустя несколько месяцев появился второй аналогичный фильм, в нем Медведева обвиняли в том, что он сдал американцам Ливию, одним из спикеров был престарелый бывший премьер Евгений Примаков. Демонстративно издеваться над действующим премьер-министром Медведевым фактически стало хорошим тоном среди консерваторов.

Атака старых генералов против Медведева стала весьма симптоматичным шагом. Она стала фактически прелюдией к следующему шагу — разгрому министра обороны Сердюкова.

Изначально Сердюков был человеком Сечина — именно он в разгар дела ЮКОСа, в 2004 году, продавил его кандидатуру на должность главы налоговой службы. Поскольку Михаила Ходорковского обвиняли именно в неуплате налогов, роль главного налоговика была очень существенной. Он с ней справился и заслужил повышение — в 2007 году накануне операции «Преемник» Сердюков стал министром обороны.

Эта должность в тот момент считалась «расстрельной», особенно после дела рядового Сычева и митингов у Министерства обороны с требованием отрезать ноги Сергею Иванову. Сердюков должен был взять огонь на себя, переключить внимание общественности, а заодно провести непопулярную армейскую реформу. За дело он принялся с необычайным запалом — и немедленно настроил против себя старых генералов, которых не любил и над которыми откровенно издевался, называя «зелеными человечками».

Армейская реформа, осуществленная Сердюковым, оказалась действительно довольно радикальной. И даже то, что новый министр выбил для армии огромный бюджет на перевооружение, не завоевало для него любви генералов. Они презирали и министра, и его окружение — в основном молодых и хватких женщин, которые взяли в свои руки военное ведомство и занимались там перераспределением бюджетов.

В 2008 году Сердюков вступил в клинч с Алексеем Кудриным. У них давно были натянутые отношения — еще с тех пор, как Сердюков был налоговиком, т. е. фактически собирал деньги для Минфина. Подводя итоги завершившейся войны в Грузии, министр обороны потребовал выделить на перевооружение армии 28 трлн рублей в ближайшие десять лет. Министерство финансов намеревалось выделить всего 9 трлн, Минэкономразвития предлагало компромисс — 13 трлн. В 2010 году премьер Путин предложил остановиться именно на этом компромиссе. Но в тот момент, когда решение, казалось, было принято, Сердюков пошел к президенту Медведеву и лично убедил его в том, что 13 трлн — это мало. В конце 2010 года Медведев собрал совещание по оборонным расходам и перед телекамерами объявил, что государство готово выделить 20 трлн.

«Мы же с вами о другом договаривались», — с плохо скрываемым раздражением сказал Путин.

Именно военные расходы стали той проблемой, которую Кудрин называл своей главной претензией к Медведеву, — именно из-за несогласия с этой цифрой он, по его словам, объявил, что больше не будет работать в правительстве.

Но 20 трлн на оборону взбудоражили не только Кудрина. Весь госаппарат находился в недоумении. С таким бюджетом Министерство обороны и министр Сердюков становился самым могущественным силовиком, самым богатым центром силы в новой структуре власти. В Кремле и Белом доме начали шептаться, что деньги, выделенные Сердюкову Медведевым, — это «плата за лояльность». А затем и Путину принесли распечатку разговора, якобы состоявшегося между тогда еще президентом Медведевым и министром обороны Сердюковым. «Мы будем вашим силовым блоком», — якобы сказал Сердюков, имея в виду, очевидно, возможное противостояние между Путиным и Медведевым. Впрочем, поскольку никакого противостояния не случилось и Медведев к нему явно не готовился, этот разговор, скорее всего, — просто миф, сочиненный для дискредитации Сердюкова.

Еще одним недоброжелателем Сердюкова был Сергей Иванов, его предшественник на посту министра обороны, а теперь уже и глава администрации президента. За время своей работы Сердюков не стеснялся в выражениях, говоря об Иванове, — при свидетелях упоминал о том, что тот не сумел осуществить реформу и был, мягко говоря, неэффективным министром. Он явно не ожидал, что не ставший преемником Иванов вновь вернется на вершину власти, и явно переоценил собственное влияние.

Осенью 2012 года Следственный комитет возбудил уголовное дело по факту хищений в Министерстве обороны. Под следствием оказались сразу несколько женщин — в том числе любовница Сердюкова, бывшая начальница отдела имущественных отношений Минобороны Евгения Васильева. Дальше события развивались как в средневековом романе.

Утром 25 октября в самом дорогом районе Москвы, так называемой золотой миле, едва не случилось столкновение между следователями Следственного комитета и бойцами спецназа ГРУ. Первые пришли обыскивать квартиру Евгении Васильевой в Молочном переулке, однако вход преградили приехавшие по вызову спецназовцы. Следователям пришлось тактически отступить, но в дело вмешался глава администрации Иванов. Он настоял на том, чтобы спецназовцы пропустили следователей. Те вошли в квартиру и обнаружили там самого министра. Эта пикантная информация немедленно утекла в желтую прессу, что само по себе просто невероятно. Российские СМИ никогда не пишут ничего о личной жизни политиков, а тут вдруг газеты и интернет-сайты стали с наслаждением глумиться над министром обороны. Осложняло ситуацию то, что Сердюков был женат на дочери бывшего премьер-министра Виктора Зубкова.

После скандального обыска Путин вызвал Сердюкова и предупредил его, чтобы тот не мешал следствию. Однако это не означало, что президент сомневался, увольнять ли ему министра, — он просто не любил предпринимать какие-то срочные, лихорадочные действия — между причиной и следствием всегда нужно выдержать паузу.

Скандал оказался фатальным для министра. Защитить его было некому — бывший покровитель Медведев был не способен защитить даже себя, а все остальные влиятельные фигуры жаждали крови Сердюкова. 6 ноября Путин объявил об отставке министра — на его место был назначен Сергей Шойгу, бывший глава МЧС, который еще в 1999 году помог Путину впервые стать президентом, возглавив блок «Единство».

Закончился разгром «медведевского клана» к апрелю. Весной 2013 года Следственный комитет начал расследовать деятельность любимого детища Медведева — инновационного фонда «Сколково», которое курировал лично вице-премьер Сурков. Бывший кремлевский идеолог вступился за подопечных. «Энергия, с которой СК РФ публикует свои предположения, вызывает у обычных людей ощущение, что совершены преступления. Но это просто энергичность СК. Пусть докажут, что эти люди в чем-то виноваты, это мы еще посмотрим, докажут или нет», — обрушился Сурков на слишком активных следователей, выступая в Лондонской школе экономики. Но оказалось, что Следственный комитет вовсе не считает некогда всесильного Суркова авторитетом. Пресс-секретарь СК Владимир Маркин на следующий день написал статью для газеты «Известия» под заголовком «Глядя из Лондона, на зеркало неча пенять».

«Нынче у "эффективных менеджеров" новая мода. Чуть где обыск в многоэтажных хоромах вице-губернатора небогатой области, так сразу его коллеги кричат о политическом заказе, сатрапах из Следственного комитета и из Счетной палаты. Модно нынче быть сугубо политическим узником, сразу можно рассчитывать на внимание BBC, а то и на поддержку Amnesty International. Возможно, именно поэтому кураторы особо эффективных менеджеров предпочитают выступать с арией московского гостя сразу в Лондоне, среди целевой аудитории. Этот стон у них песней зовется. И песня-то какая жалостливая, прямо в стенах Лондонской школы экономики: "Следственный комитет слишком торопится, громко заявляя о злоупотреблениях в Сколково".

В этой связи у граждан России, в том числе работающих в СКР, возник риторический вопрос: а сколь долго удержится в своем кресле член кабинета Е.И.В., если он, пребывая с частным визитом в Москве, публично осудит Скотленд-Ярд за исполнение прямых обязанностей? Видимо, у нас в Москве слишком либеральный режим по сравнению»[44].

Тон пресс-секретаря был столь развязным, что стало очевидно — не он инициатор этой переписки, дни Суркова в правительстве сочтены. На следующий день президент Путин подписал указ об отставке Суркова.

Показательная зачистка Кремля и Белого дома от нелояльных — или просто случайно заподозренных в нелояльности — завершилась. Дмитрий Медведев, считавший себя предводителем либералов во власти, молча и терпеливо смотрел на нее. Он, наверное, считал, что это проверка, которую он должен выдержать. Он не заступился ни за кого из своих бывших сторонников.

# ЧАСТЬ IV
# ПУТИН III ГРОЗНЫЙ

# Глава 14

## В КОТОРОЙ ПАТРИАРХ КИРИЛЛ СТАЛ РУКОВОДИТЬ МИНИСТРАМИ

*Владыка Кирилл долгое время считался едва ли не самым просвещенным человеком в России. В лихие девяностые он начал вести свою программу на Первом канале российского телевидения — «Слово пастыря», — которая отличалась тем, что он говорил на красивом современном русском языке, его программы были ясными, философскими, глубокими и очень современными. Он казался таким модернистом и реформистом, что консервативные церковные иерархи начали обвинять его в ереси, близости к католикам, чрезмерном западничестве и либеральности. Это все, конечно, усилилось, когда либеральность вышла из моды.*

*Все понимали, что для церкви «симпатия к католичеству» была самым опасным обвинением — на грани измены. Став патриархом, Кирилл подобрал в свою команду ярких интеллектуалов. Однако никакого реформаторства не последовало. Государство требовало, чтобы церковь была на страже устоев и традиций, — и риторика патриарха изменилась.*

*Первый раз я увидел тогда еще митрополита Кирилла при удивительных обстоятельствах. В 2008 году в Киеве проходили торжества по случаю 1020-летия Крещения Руси. У власти на Украине был прозападный президент Виктор Ющенко, который пригласил на праздник константинопольского патриарха Варфоломея. В Московском патриархате увидели явную угрозу — они опасались: украинские власти хотят посягнуть на каноническую территорию РПЦ, увести украинскую паству из-под Московского патриархата. В Киев приехала огромная делегация во главе с уже тяжело больным патриархом Алексием II.*

*В основной день торжеств на двух соседних киевских майданах, как это часто бывает в украинской столице, было два конкурирующих праздничных концерта. На Софийской площади сидели президент Ющенко и константинопольский патриарх, но на главной площади города — майдане Незалежности шел рок-концерт, организованный РПЦ. На сцене сменяли друг друга музыкальные коллективы и церковные иерархи. Хедлайнером была самая популярная на тот момент российская рок-группа ДДТ, не скрывавшая своих оппозиционных настроений. В перерыве между песнями ведущий громогласно объявил: «А теперь встречайте, митрополит Калининградский и Смоленский Ки-и-и-ири-и-ил!» Митрополит буквально выбежал на сцену, за секунду окинул глазами, наверное, стотысячную толпу, вскинул руки и по-рокерски закричал в микрофон: «Привет, Майдан!»*

*Толпа в ответ заорала: «Привет, митрополит!» После этого Кирилл произнес короткую, но очень вдохновенную речь, после которой Майдан еще несколько минут скандировал «Митрополит-митрополит!».*

*Это был очень удачный для Московского патриархата праздник — ее влияние на Украине не пошатнулось. Во многом благодаря энергии Кирилла. Но, став патриархом, он взял совсем другую тональность. Церковные иерархи стали бороться за мораль и нравственность, а в 2015 году один известный священник вывел из церкви свою паству, чтобы сорвать проходивший неподалеку уличный концерт — якобы музыка мешала верующим молиться.*

## «Патриарх верит в Путина»

21 февраля 2012 года, за две недели до президентских выборов, несколько девушек в разноцветных балаклавах зашли в храм Христа Спасителя, главный собор Русской православной церкви. Они снимали клип для своей новой песни, которая называлась «Богородица, Путина прогони». За два дня с той же целью они приходили в Елоховский собор, второй по значению храм рос-

сийской столицы, но оттуда их вывела охрана. Удачной съемки в храме Христа Спасителя тоже не вышло: едва четыре девушки начали танцевать на солее, подбежала охрана и их вновь вывели из здания.

Эта акция, панк-молебен, как называли ее сами девушки, участницы группы Pussy Riot, принесла им славу. Неожиданно о ней рассказали все российские СМИ. Такого резонанса не достигала ни одна из их предыдущих акций — хотя за месяц до этого они забрались на Лобное место на Красной площади, чтобы записать клип на их предыдущую композицию «Бунт в России — Путин зассал». Тогда они отделались штрафом и несколькими упоминаниями в Интернете.

Собственно, музыкальной группой Pussy Riot можно назвать лишь с большой натяжкой, впрочем, они особенно и не пытались заниматься музыкальным творчеством — их коньком были политически заостренные перформансы.

Первые десять дней после панк-молебна ничего не происходило. Но 3 марта неожиданно активизировались силовые структуры: накануне президентских выборов две участницы группы, Надежда Толоконникова и Мария Алехина, были арестованы. На следующий день, в сам день выборов, арестовали третью участницу, Екатерину Самуцевич. Остальных девушек, которые были в храме (а всего их было пять), даже не стали искать.

По легенде (которую в руководстве РПЦ традиционно отрицают), аресты были произведены после вмешательства патриарха Кирилла. Он якобы позвонил Владимиру Путину и попросил наказать «девок», осквернивших храм. По словам людей из окружения патриарха, после панк-молебна он действительно был ошеломлен, никто прежде не видел его в таком состоянии.

Не исключено, что патриарх (его настоящее имя — Владимир Гундяев) был также лично оскорблен текстом песни, клип на которую снимали в храме. В ней, к примеру, есть строчка «Патриарх Гундяй верит в Путина. Лучше бы в Бога, сука, верил».

Так начался затяжной судебный процесс над участницами Pussy Riot, который сделает их мировыми звездами. Очевидно, никто в тот момент не мог себе представить такого резонанса. Суд продолжался почти полгода — и завершился очень жестким приговором. Участниц панк-группы приговорили к двум годам тюрьмы. За это время они стали мировыми поп-арт-звездами. А высшие церковные иерархи, например настоятель Сретенского монастыря архимандрит Тихон Шевкунов, считавшийся духовником Путина, стали говорить, что это наглядно доказывает, что за девушками из Pussy Riot стоят некие кукловоды, которые плетут заговор против российской власти. «Я не сторонник, как сейчас любят говорить, конспирологических всех этих историй. Думаю, что через какое-то время мы увидим, насколько продумана была циничная, страшная, жестокая подготовка к этому делу», — говорил отец Тихон.

Дело Pussy Riot стало самым громким, но не единственным скандалом, который случился в тот момент с Русской православной церковью и ее главой патриархом Кириллом.

По иронии судьбы как раз одновременно с митингами на Болотной площади, осенью 2011 года, в московском суде начался процесс, связанный с пятикомнатной квартирой патриарха, находящейся в знаменитом Доме на набережной, окна которого выходят на Болотную площадь и Кремль. В этой квартире (которую будущему патриарху в 1990-е годы подарила мэрия Москвы) жила некая Лидия Михайловна Леонова (по словам патриарха, его троюродная сестра). А их соседом был Юрий Шевченко, бывший министр здравоохранения и даже более того — бывший лечащий врач Людмилы Путиной. В принадлежащей Шевченко квартире сделали ремонт, сломали вентиляцию, из-за чего вся патриаршая квартира оказалась покрыта толстым слоем пыли. Родственница патриарха подала на бывшего министра в суд и отсудила 20 млн рублей — на то, чтобы очистить уникальную библиотеку патриарха от «нанопыли».

Чтобы откреститься от обвинений, патриарх подключил одиозного теле- и радиоведущего Владимира Соловьева, которому поручил в телеэфире пересказать свою версию квартирных судов. Однако стало только хуже — после заступничества Соловьева скандал разгорелся не на шутку. Среди прочего, Соловьев напомнил аудитории о забытом скандале — на одной из старых фотографий патриарх Кирилл был запечатлен в часах Breguet. В разговоре с Соловьевым он уверял, что та фотография была коллажем, хотя Breguet у него все же есть, просто лежит в нераспечатанной коробке.

Через неделю приключился скандал похуже. Блогеры обнаружили на официальном сайте патриархии фотографию встречи патриарха с министром юстиции. На оригинальной фотографии на патриархе были дорогие часы Breguet, но сотрудница пресс-службы решила на всякий случай стереть их с запястья Кирилла с помощью фотошопа, но не обратила внимания на то, что отсутствующие часы отражаются в сверкающей поверхности лакированного стола. РПЦ пришлось извиниться, вернуть изначальную фотографию и уволить нерадивую сотрудницу.

Скандалы накладывались один на другой и тиражировались в соцсетях. Церковь пошла в контратаку. Первые лица РПЦ, а потом и сам патриарх стали говорить, что против них ведется спланированная атака. «У нас были предупреждения, что против нас будут работать», — говорил официальный представитель церкви, утверждая, что против патриарха ведется кампания и в ней заинтересованы «как кое-кто из находящихся в коридорах власти сегодня, так и те, кто находился там прежде».

Все происходившее действительно очень походило на скоординированные действия. Любопытно, что об инциденте сообщали не только либеральные СМИ, но и те, которые финансировались из администрации президента. По мере того как протесты продолжались, дело Pussy Riot развивалось, а в Интернете появлялись все новые фотоколлажи с патриархом в часах, казалось, что вектор общественного возмущения переместился с президента Путина на патриарха. Однако это немедленно привело к расколу гражданского общества, поддержавшего протест.

Удивительно, что до скандала патриарх даже почти поддерживал протестующих — в своем рождественском интервью он говорил: «Если власть остается нечувствительной к выражению протестов, это очень плохой признак, признак неспособности власти к самонастройке. Власть должна настраиваться, в том числе и воспринимая сигналы извне... и корректировать курс». Но спустя пару месяцев его риторика в корне изменилась.

В итоге в ряды протестующих был внесен раскол. Лозунг «За честные выборы» сплотил невиданное количество людей, лозунг

«Путин — вор» был более спорным, но антицерковная риторика точно начала отталкивать значительную часть протестующих. Одно дело бороться против власти — тут общественность была единодушна, другое дело — против церкви. Здесь далеко не все были настолько категоричны.

Антицерковная кампания, которая закончилась уже к осени, не ослабила позиций патриарха Кирилла и церковного истеблишмента, а наоборот — значительно упрочила его. По сути, церковь помогла Путину консолидировать общество, преодолеть «болотные протесты».

Только в августе участницы Pussy Riot были приговорены к двум годам тюрьмы. «Влепили двушечку» — так шутливо прокомментировал жесткий приговор Владимир Путин. Отсидят они, правда, всего полтора года — в декабре 2013 года их амнистируют в честь 20-летия российской конституции.

## Слово и дело пастыря

Тесные отношения между церковью и государством сложились еще в позднесоветские годы. В начале 1990-х годов, когда рассекречивались архивы КГБ, специальная комиссия публиковала выдержки из внутренних документов, согласно которым едва ли не все высшие чины РПЦ так или иначе сотрудничали с КГБ. Среди возможных агентов КГБ называли и патриарха Алексия II (агент «Дроздов»), и его преемника патриарха Кирилла (агент «Михайлов»). Однако ни сам патриарх, ни кто-либо из представителей РПЦ никогда эту информацию не комментировали.

Президент Борис Ельцин не был глубоко верующим православным человеком, но считал своим долгом приходить в церковь по праздникам: на Пасху и Рождество, так он закладывал новые постсоветские традиции.

Куда более близким человеком к церкви был банкир Сергей Пугачев, один из приближенных к Семье бизнесменов. Патриарх Алексий II близко общался, даже дружил с Пугачевым. У Пугачева до сих пор хранится письмо от патриарха президенту Ельцину, в котором глава церкви предлагает считать банкира посредником в отношениях между РПЦ и государством.

Именно Сергей Пугачев познакомил с церковными иерархами Владимира Путина. После того как тот переехал в Москву в 1996 году, Пугачев впервые отвел его в Сретенский монастырь, расположенный неподалеку от здания ФСБ на Лубянке. В 1998 году Путин возглавил ФСБ и стал наведываться в монастырь чаще.

Вскоре Сретенский монастырь приобрел особенное значение для представителей власти и особенно руководителей спецслужб. Еще в 1990-е годы он стал «приходом силовиков», а с началом нулевых стал местом сбора едва ли не всех первых лиц государства. Регулярными посетителями монастыря стало почти все окружение Путина. А настоятеля монастыря Тихона Шевкунова стали называть духовником Путина и одним из самых влиятельных российских церковных иерархов, тесно общающихся с руководителями спецслужб, в первую очередь с директором ФСБ Николаем Патрушевым. Еще более популярным и влиятельным иерархом РПЦ был митрополит Кирилл — глава отдела внешних церковных связей, т. е. министр иностранных дел РПЦ.

Сам патриарх Алексий при этом сблизиться с Путиным не стремился — по словам Пугачева, он не любил «комитетчиков» и не хотел иметь с ними ничего общего. Однако многие другие церковные иерархи вели себя иначе и проявляли большую активность, чтобы доказать государству свою нужность.

Пугачев уверяет, что увлечение Путина церковью было вполне рациональным: православие казалось президенту безупречной национальной идеей, сплачивающей народ лучше любых политических партий. Ведь, согласно опросам, 80% россиян не понимают ничего в православии, не читали Библию и другие религиозные тексты, но считают себя православными.

Уже с первого срока Владимир Путин стал активнее участвовать в церковной политике. В 2003 году он в ходе визита в Нью-Йорк инициировал переговоры между РПЦ и отколовшейся от нее в 1917 году Русской православной церковью за границей. Одним из вдохновителей этих переговоров был Тихон Шевкунов, который сопровождал президента. В 2007 году, за год до окончания второго президентского срока, переговоры завершились объединением церквей: процесс напрямую организовывала администрация президента, так как Путин считал, что он таким образом вписывает свое имя в историю.

А за несколько месяцев до окончания второго президентского срока Владимира Путина государственный телеканал (который сегодня называется «Россия 1») показал фильм «Гибель империи. Византийский урок», снятый Тихоном Шевкуновым. Фильм был исполнен в жанре антизападнического манифеста. Духовник директора ФСБ Николая Патрушева (и, возможно, президента) предостерегал телезрителей и власть от увлечения реформами и сближения с Западом. Сильно искаженная автором история Византии (в которой угадывалась Россия) выглядела так: великая и богатая империя погибла из-за того, что против нее интриговал Запад, византийские олигархи разграбили национальные богатства и вывезли их на Запад, реформированная армия стала слабой, в самой Византии возникли сторонники Запада, соблазнившиеся его духом порока, потребительства и индивидуализма. Это был все тот же традиционный конспирологический набор, любимый силовиками, в том числе Патрушевым.

Ситуация стала меняться в 2008 году после смерти патриарха Алексия. Его преемником был избран митрополит Кирилл (Владимир Гундяев) в ходе, наверное, самых демократичных и альтернативных выборов, которые проводились в России в XXI веке.

Хотя митрополит Кирилл и считался фаворитом и фактически являлся наследником предыдущего патриарха Алексия II, кампания оказалась на редкость скандальной. Противники Кирилла вытащили старый компромат: что он якобы в 1990-е годы, пользуясь церковными налоговыми льготами, ввозил в страну контрабандный табак и алкоголь. Администрация президента (в которой тогда еще тон задавал Владислав Сурков), наоборот, деятельно поддерживала митрополита Кирилла, размещая в авторитетных СМИ компромат на его соперника.

Еще до избрания патриархом Кирилл считался либералом и западником — крайне образованным и прогрессивным мыслителем. Однако его избрание совпало с усилением бытового православного фундаментализма. Инициатива по насаждению «духовных скреп» зачастую исходила от администрации президента или других светских руководителей, но церковь не могла отказаться от такого подарка.

Кирилл был давно и хорошо интегрирован в чиновничью элиту, кроме того, как выражаются в администрации президента, «проявлял невиданную активность», т. е. выражал готовность помогать Кремлю в достижении политических целей. Теперь православие стало фактически официальной государственной идеологией, способом зацементировать путинский электорат.

Патриарх — страстный любитель горных лыж — стал часто кататься вместе с Путиным и Медведевым в Сочи, на личном курорте президента «Лунная поляна». Правда, чаще он катался все же в Швейцарии.

Во время третьего срока Путина патриарх Кирилл приобрел невиданное политическое влияние. У него появилась возможность в любую минуту получать доступ к Путину, он мог назначать своих людей на высокие должности в самых разных сферах. В 2015 году, к примеру, по его требованию министр культуры уволил директора Новосибирского театра оперы и балета, в котором была поставлена богохульная версия оперы Вагнера «Тангейзер», и назначил на его место именно того человека, на которого указал патриарх.

## Смена паствы

В январе 2012 года, незадолго до начала скандалов вокруг патриарха, глава РПЦ получил письмо. Его написал Борис Березовский, давно уже живущий в Лондоне. Они не были близко знакомы — лишь вскользь в 1990-е. Березовский был крещеным евреем, поэтому его обращение к патриарху из лондонской ссылки отчасти было объяснимо. Впрочем, смысл письма не поддавался никакой логике. «Помогите Путину опомниться, — писал Березовский. — Донесите до него глас народа. А когда Путин услышит вас, возьмите власть из его рук и мирно, мудро, по-христиански передайте ее народу». Это был довольно странный пиар политэмигранта — пресс-служба РПЦ официально отреагировала, объявив, что патриарх не будет отвечать на письмо Березовского.

Бывший олигарх к этому моменту почти окончательно оторвался от российской политической реальности. В 2010 году он выходил на митинг в Лондоне с плакатом «Я тебя породил, я тебя и уйму» (как бы обращаясь к Путину). Вместе с чувством реальности Березовский потерял и значительную часть своего состояния. В 2008 году умер его партнер по бизнесу Бадри Патаркацишвили, и оказалось, что все их совместные активы были записаны именно на покойного и после смерти достались его семье. Березовский пытался отсудить половину из 11-миллиардного состояния Бадри, но безуспешно.

В конце 2011 года начался самый важный судебный процесс Березовского. Он еще в 2007 году подал в Лондонский суд иск против своего бывшего партнера Романа Абрамовича, но рассмотрение началось в 2011 году. Вспоминая то, как он организовал приватизацию компании «Сибнефть» на залоговом аукционе, а также приобрел несколько металлургических активов, которые потом вошли в компанию РУСАЛ, Березовский уверял, что являлся совладельцем всех этих активов. И Абрамович, по его словам, даже выплачивал ему дивиденды вплоть до того момента, как Березовский уехал в Лондон в 2000 году. Чуть позже Абрамович заплатил ему $1,3 млрд за 43% «Сибнефти» — по мнению Березовского, явно заниженную сумму. Он требовал компенсации в размере $5,5 млрд. Абрамович отвечал, что Березовский никогда не был совладельцем компаний, а деньги получал в качестве «политической крыши».

Свои показания в ходе процесса давали и Александр Волошин, и Олег Дерипаска. Березовский нервничал и путался в показаниях, а Абрамович был спокоен и педантичен. В итоге летом 2012 года судья Элизабет Глостер пришла к выводу, что Березовский «является невыразительным и по существу не вызывающим доверие свидетелем, воспринимающим правду как изменяющееся, гибкое понятие, которое может быть приспособлено для удовлетворения его нынешних нужд. Иногда его свидетельские показания были преднамеренно нечестными, иногда он явно придумывал доказательства, когда ему было трудно отвечать на вопросы так, как нужно было для ведения дела, в других случаях у меня сложилось впечатление, что он не обязательно был преднамеренно нечестен, но убедил себя в том, что его версия событий правильна».

Михаил Ходорковский говорит, что никаких сомнений в том, что Березовский был партнером Абрамовича, у него нет. «Я мог бы в любой момент засвидетельствовать, что они были партнерами, более того, что Борис сам пригласил Романа. Когда еще в 1998 году начинались первые переговоры о слиянии ЮКОСа и "Сибнефти", они со мной разговаривали как партнеры. Ни о какой "крыше" речь не шла — они были совладельцами 50 на 50», — рассказывает Ходорковский. Но он, конечно, не мог выступать свидетелем на том процессе, поскольку в тот момент сидел в тюрьме.

Березовский проиграл суд, потратив около £100 млн на оплату судебных издержек. После судебного процесса, по свидетельству друзей, он впал в депрессию и очень горевал по поводу невозможности вернуться в Москву. Он даже написал два письма Путину, в которых просил дать ему возможность приехать в Россию. Одно он передал через все того же Романа Абрамовича (Путин публично признавал, что Абрамович доставил его в феврале 2013 года), а второе — через немецкого бизнесмена Клауса Мангольда. В марте 2013 года Березовский был найден повешенным в ванной в доме его бывшей жены. Многие его друзья верят в то, что это было самоубийство.

В последние месяцы жизни Березовскому довелось несколько раз встретиться с другим политическим беженцем из России, который также считал себя «крестным отцом» президента Путина. Сергей Пугачев, бывший ближайший друг Путина, в начале нулевых считавшийся всесильным «православным банкиром», в 2012 году переехал жить в Лондон. А в 2013 году против него в России было возбуждено уголовное дело и он был объявлен в международный розыск.

По мнению Пугачева, все его российские активы — и судоверфи, и угольное месторождение в Туве, и девелоперский проект на Красной площади примерно на общую сумму $30 млрд — были экспроприированы государством. По версии российских органов власти, банк, контролируемый Пугачевым, раздал кредиты подставным лицам и вывел за рубеж примерно 68,5 млрд рублей. Кто кого обокрал в такой ситуации, видимо, будет решать французский суд. Сначала Пугачев планировал бороться против России в британском суде, однако проиграл один процесс против российского Агентства по страхованию вкладов, после чего пожаловался Скотленд-Ярду, что его хотят убить и он чувствует за собой слежку в стиле КГБ, и быстро перебрался во Францию, гражданином которой он является.

Опала Пугачева стала особенной приметой времени. В отличие от Березовского, Гусинского или Ходорковского он никогда не выказывал личных политических амбиций и не боролся против власти публично — по крайней мере до возбуждения против него уголовного дела. Наоборот, он был членом ближнего круга Владимира Путина.

Однако к концу 2000-х годов этот ближний круг обновился. Владимир Путин отдалился от тех людей, которые были дружны с ним до президентства или во время первого срока, и окружил себя друзьями юности. Вроде Аркадия Ротенберга, с которым они в детстве вместе ходили в секцию дзюдо. В 1990-е годы Ротенберг работал детским тренером, однако в нулевые сделал молниеносный рывок в бизнесе — стал «королем госзаказа» и одним из самых влиятельных предпринимателей в России. Другие примеры — Владимир Якунин и Юрий Ковальчук, друзья Путина из середины 1990-х годов, которые вместе с ним создавали дачный кооператив «Озеро». Юрий Ковальчук в нулевые стал главным российским медиамагнатом: в его руках оказались сконцентрированы крупнейшие частные телеканалы (Первый канал, НТВ, РЕН ТВ, Пятый канал, ТНТ), а также газета «Известия». Владимир Якунин возглавил железнодорожную госмонополию.

К слову, Якунин оказался еще более активным православным, чем Пугачев. Он тоже сблизился с отцом Тихоном Шевкуновым. Стал регулярно привозить в храм Христа Спасителя христианские реликвии (вроде «Пояса Богородицы»), к которым выстраивались многокилометровые очереди. Вместе с новым губернатором Петербурга Георгием Полтавченко (тоже бывшим чекистом) завел традицию регулярно совершать паломничества на гору Афон в Греции, а также в монастырь на острове Валаам на Ладожском озере.

# Глава 15

## В КОТОРОЙ КРЕМЛЕВСКИЙ ИДЕОЛОГ ВЯЧЕСЛАВ ВОЛОДИН ИЗОБРЕЛ НОВУЮ НАЦИОНАЛЬНУЮ ИДЕЮ

*«Не надо мне навязывать свою повестку», — говорит Вячеслав Володин, когда задают вопросы, которые ему не нравятся. Но уже несколько лет ему таких вопросов почти не задают. У самого Вячеслава Володина повестка почти безупречна — он во всем опирается на мнение народа. Он очень любит соцопросы, в них он смотрит как в хрустальный шар, в них он видит будущее.*

*Еще Володин очень хорошо знает политическое устройство Соединенных Штатов Америки и всегда может перевести разговор на проблемы в США. Мол, у нас еще ничего — вот в Америке ситуация намного хуже.*

*Про него говорят, что он очень целеустремлен и никогда не сделает ничего, что могло бы повредить его политической карьере. В последние годы он, например, почти перестал разговаривать с журналистами, а если и разговаривает, то просит не навязывать свою повестку.*

*Про него рассказывают, что он очень злопамятен — будто бы у Володина есть книжка, в которой он ведет список дел, которые ему надо сделать, и список врагов, с которыми ему надо поквитаться.*

*Себя он считает человеком дела, более того, искренне уверен, что никто так, как он, не знает, чего на самом деле хотят люди, никто так к ним не прислушивается. Он, наверное, искренне считает себя настоящим демократом — закрытые соцопросы дают ему возможность точно угадывать истинную волю народа.*

*Более того, иногда он даже может позволить себе публично сомневаться: а вдруг его внутриполитический курс неправильный? Вдруг он никому не нужен и даже вреден? Но эту мысль он не развивает. Это не его повестка.*

## Асимметричный ответ

В декабре 2012 года первый заместитель главы администрации президента Вячеслав Володин собрал у себя в кабинете все руководство Госдумы: спикера Сергея Нарышкина (еще недавно возглавлявшего кремлевскую администрацию) и лидеров всех четырех фракций. Целью встречи был «Акт Магнитского», принятый конгрессом США закон, предусматривающий персональные санкции против ряда российских государственных чиновников, которые, по мнению Госдепа США, были лично виновны в нарушениях прав человека. Закон долго не принимали — проголосовали наконец только в начале декабря 2012 года, вскоре после переизбрания Барака Обамы на новый президентский срок. И теперь российский парламент должен был ответить. Вначале Вячеслав Володин прочитал коллегам пламенную лекцию о двуличии американцев, о том, как они сами попирают права человека по всему миру и поэтому не имеют морального права кого-либо упрекать.

Пришедшие в Кремль были не новичками — они подобные речи и сами произносили не раз. Поэтому выпады Володина слушали с удивлением: неужели он собрал их, чтобы прочитать проповедь?

На самом деле для отношений России и Америки этот закон был бы пагубным в любом случае. Однако, чтобы не похоронить отношения совсем, в итоге администрация Обамы выхолостила и лишила закон конкретных деталей. Но это не помогло: реакция России оказалась такой, какой и не могли ожидать в Вашингтоне. Белый дом рассчитывал, что Кремль оценит, на какое смягчение пошел Барак Обама. Но новый серый кардинал Кремля Вячеслав Володин пришел в ярость.

Создаваемая им идеология предусматривала, что никаких уступок Западу делать нельзя. Он старался понравиться Путину, показывая ему, как быть сильным и популярным в народе, не заигрывая с интеллигенцией. Этот подход означал, что на американский «Акт Магнитского» необходимо ответить ярко и асимметрично.

Впрочем, ситуацию осложняла одна деталь — Володин не мог получить инструкции от Владимира Путина. Тот не появлялся в Кремле уже больше месяца. Президент, без указания которого уже много лет не решался ни один вопрос, заболел, и никто не отваживался его потревожить.

Именно поэтому Володин, разработав план ответа на «Акт Магнитского», решил на всякий случай снять с себя ответственность, сделав ее коллективной. Это было похоже на преступление, описанное в романе Агаты Кристи «Убийство в Восточном экспрессе»: чтобы не было ясно, кто именно убийца, каждый из 12 подельников наносит удар ножом в спину по разу.

Лидеры думских фракций не стали спорить, согласившись, что российский ответ на «Акт Магнитского» должен быть консолидированным жестом всей Думы. Главы фракций будут названы соавторами, а потом своими подписями присоединятся рядовые депутаты. Ни один закон никогда прежде в истории России не вносился такими мощными ресурсами и с таким единодушием парламента.

Первая версия закона предусматривала общие вещи: визовые запреты и невозможность для американцев работать в российских НКО. Но перед вторым чтением Володин добавил в закон еще одну поправку: запрещающую российское усыновление американцами. Он помнил, что Путин не раз непублично негативно высказывался о том, что российских детей вывозят за рубеж, даже называл это «продажей детей».

## Кто руководит страной

Отсутствие связи с Путиным причиняло серьезный дискомфорт не только Володину. С ним не виделись министры, крупные бизнесмены и даже приближенные старые друзья. Маттиас Варниг, самый приближенный к российскому президенту иностранец, несколько раз пытался улететь на Рождество домой в Германию. Он несколько раз выезжал в аэропорт, но всякий раз в дороге случалось одно и то же — звонил мобильный телефон, вежливый и настойчивый незнакомец говорил, что «господина Варнига просят не уезжать». Варниг разворачивал машину, приезжал и по много часов ждал в приемной. Но Путин так и не появлялся.

По количеству должностей и полномочий Варниг был, наверное, влиятельнее, чем российский премьер-министр. Непостижимым образом уроженец ГДР совмещал руководящие посты практически во всех крупнейших российских компаниях вне зависимости от того, частные они были или государственные. Он состоял в совете директоров крупнейшей в мире металлургической компании РУСАЛ. Он возглавлял совет директоров российского трубопроводного государственного монополиста «Транснефть». Варниг входил в наблюдательные советы двух важнейших российских банков, государственного ВТБ и частного «Россия». Он входил в совет директоров крупнейшей государственной нефтяной компании «Роснефть», и, наконец, он являлся важнейшим топ-менеджером «Газпрома» — отвечал за европейское представительство компании и возглавлял ее европейскую «дочку».

Ни один российский гражданин не имел такого количества важнейших рычагов. И при всем этом Варнигу ничего не оставалось, кроме как униженно сидеть в кожаном кресле в кремлевской приемной и часами разглядывать паркет, отделку стен и лица офицеров ФСО. Он понимал, что офицеры сами не знают, где Путин и почему он не может принять даже самых своих приближенных товарищей. Но поскольку всем своим могуществом и состоянием Варниг обязан лично Путину — во все советы директоров его назначили исключительно как иностранца, имеющего доступ к президенту, — даже ему приходилось, стиснув зубы, терпеть.

Всем, кто оказывался в Кремле в эти странные дни, приходил в голову один и тот же вопрос: кто управляет Российским государством? За 12 лет правления Путину удалось выстроить систему, при которой именно его слово было решающим по очень многим вопросам. Как же теперь решаются все эти вопросы, когда никаких команд от Путина не поступает? Подчиненные, конечно, научились угадывать мысли шефа, домысливать, экстраполировать. Но сейчас отсутствие Путина несколько затянулось. Кто заменял его? И заменял ли вообще кто-то, или просто все ничего не делали и ждали, пока шеф вернется?

Был ли это его пресс-секретарь Дмитрий Песков? Он продолжал раздавать комментарии и выпускать заявления от имени Путина и в его отсутствие. Скорее всего, нет, потому что по виду

Пескова было ясно, что у него большая проблема: он не понимает, как он будет организовывать традиционное ежегодное общение Путина с телезрителями — и будет ли вообще. Каждую осень или начало зимы президент проводил традиционную прямую линию — многочасовое общение со зрителями в прямом эфире. Еще в октябре Песков сообщил журналистам, что прямой линии не будет, мол, пресс-служба решила не морозить людей, которые обычно целыми селениями выходят к телекамерам, чтобы задать вопрос президенту, и прямую линию решено перенести на более теплое время года. Но оставить зрителей без новогоднего обращения президента Песков точно не мог. А Новый год приближался.

Мог ли тайным правителем России быть глава администрации президента Сергей Иванов? Даже рядовым сотрудникам администрации было понятно, что Сергей Борисович прикладывает все усилия, чтобы не руководить вообще ничем. Все помнили, как в 2007 году Сергей Иванов не стал преемником, потому что слишком рано поверил в это. То поражение стало для него сильнейшим ударом, но спустя четыре года Сергей Иванов вновь вдруг оказался на вершине государственной пирамиды. Де-факто — первым человеком в государстве. Но он не мог ничего сделать. Он не мог заставить себя ничего сделать — потому что опасался, что это проверка. Потому что думал, что одно неверное решение — и вновь скрипнет дверь, вновь неожиданно появится Путин. Поэтому надо терпеть. Не надо совершать ошибку.

Наконец, оставался кремлевский идеолог Вячеслав Володин. Он лишь год назад сменил Владислава Суркова в качестве кремлевского серого кардинала. Володин не был старым знакомым Путина — он был лишь наемным менеджером, которому предложили выстроить новую эффективную схему взамен устаревшей старой.

Был, конечно, еще и премьер-министр Дмитрий Медведев, в отсутствие президента страной мог управлять он — ему это, собственно, было и положено по должности. Но растерянные чиновники не ехали к нему решать насущные вопросы. После отставки с поста президента его репутация была настолько подорвана, что его почти перестали считать центром силы.

Получалось, что страной два месяца не управлял никто. Рядовые граждане об этом даже не догадывались. Об этом не сообщали национальные СМИ. Такие мысли не приходили в голову даже зарубежным лидерам, которые приоткрывали миру завесу тайны о здоровье Путина. «Из-за плохого самочувствия президента РФ Владимира Путина я вынужден временно отложить свой визит в Москву», — признался журналистам японский премьер Есихико Нода. Но мог ли представить себе японец, что на самом деле означает тот факт, что президент России нездоров?

«Он повредил позвоночник во время тренировки по дзюдо», — продолжал сдавать коллегу белорусский президент Александр Лукашенко. Но Лукашенко, помешанный на контроле всего и вся, привыкший держать в своих руках все нити, никогда не смог бы представить себе, что Путин потерял интерес к управлению страной. И насколько дезориентирована вся российская политическая элита.

Все помнили, что в августе Путин, любитель животных и экстремального отдыха, летал вместе с белыми журавлями: за штурвалом мотодельтаплана он учил летать выращенных в питомнике птенцов, которые должны были признать в нем вожака стаи.

Впрочем, в окружении президента не под запись уверяли, что травму Путин получил еще до полета — именно на татами, во время неудачной тренировки по дзюдо.

Вскоре после полета со стерхами Путин отправился на саммит АТЭС во Владивостоке и там уже очень сильно хромал. А после саммита пропал. Все его зарубежные визиты той осенью были отменены.

## Восстание детей

Отсутствие Путина, как ни странно, не вызывало никакого резонанса в обществе. Власти никак не комментировали отмененные визиты и слова иностранных лидеров о болезни президента — и никого это особенно не беспокоило.

Зато невероятный шум поднялся, когда в Думу с подачи Володина был внесен закон, запрещающий иностранное усыновление. Против закона неожиданно восстало правительство. Открытая и бесполезная конфронтация с США многим членам кабинета казалась вредной, тем более что поименный список чиновников, которых затронут санкции, Госдеп еще не опубликовал, а намеревался обнародовать его только к февралю. Полагая, что воли Путина за законопроектом нет — поскольку Путина вообще нет в наличии, — министры начали публично критиковать антисиротский законопроект, который в Госдуме назвали «Законом Димы Яковлева» — в честь русского мальчика, умершего в США по неосторожности американских приемных родителей.

В числе критиков были вице-премьер Ольга Голодец и министр образования Дмитрий Ливанов, министр финансов Антон Силуанов и министр без портфеля Михаил Абызов. Даже глава МИД Сергей Лавров, никогда в карьере не высказывавший личного мнения, и тот не постеснялся выступить против закона — просто ему было жалко усилий мидовской бюрократии, которая только-только согласовала двустороннее соглашение с США об усыновлении. Теперь же, в случае принятия закона, его предстояло отменить спустя месяц после вступления в силу. Столь массовый бунт министров стал беспрецедентным явлением в российской путинской истории. С одной стороны, министры один за другим демонстрировали, что не согласны с Володиным и не хотят стать жертвами возможных американских санкций. С другой стороны, они были уверены, что законопроект — именно самодеятельность Володина и Путин ее, бесспорно, отменит как перегиб на местах. Как делал уже многократно, когда какая-то идея встречала сопротивление внутри элиты.

Протест элиты, правда, никогда не был таким публичным, но раньше и президент был досягаем. На этот раз члены правительства решили выразить свои мнения публично только потому, что другого способа достучаться до президента у них просто не было. Промолчал лишь один ключевой «либеральный» член правительства — премьер Дмитрий Медведев.

Наконец, на 20 декабря была назначена ежегодная пресс-конференция Путина45. Все замерли. Путин по-прежнему ни с кем не общался, и было непонятно, чью сторону он примет. Либералы были уверены, что президент нарочно выжидает, чтобы забрать себе все лавры спасителя детей и продемонстрировать мировому сообществу, а также ей, либеральной элите, насколько он милостив. Более того, чтобы напомнить всем, что он, и только он — высший судья и уравнитель.

Но вышло все наоборот. Половина журналистов, задававших вопросы, как сговорившись спрашивали Путина про одно и то же — про антисиротский закон. А Путин в явном раздражении отвечал им антиамериканскими лекциями. Он говорил, что заключенный двусторонний договор об усыновлении не работает: «Когда наши представители приходят, для того чтобы исполнить свои обязанности в рамках этого соглашения, им говорят, что это дело не федеральных властей, а штатов, а на штатном уровне у вас никаких соглашений нет, мол, “идите в Госдеп, с кем вы там заключали соглашение, с тем и разбирайтесь”. А в федеральных органах власти США отсылают на уровень штатов. И зачем такое соглашение? Дурочку включили просто, и все», — объяснял Путин назойливым журналистам.

А потом дал выход накопившейся неприязни: «О чем пекутся наши партнеры в Штатах и американские законодатели? О правах человека в наших тюрьмах, в местах лишения свободы. Хорошее дело, но у них у самих там полно проблем. Я уже говорил об этом: Абу-Грейб, Гуантанамо — годами держат людей в тюрьме без предъявления обвинения. Это вообще уму непостижимо. Причем не просто держат в тюрьме без предъявления обвинения, там в кандалах ходят люди, как в Средние века. Внутри собственной страны легализовали пытки. Вы представляете, что если бы у нас хоть что-нибудь такое было? С потрохами бы сожрали уже давно! Такую бы развернули по всему миру вакханалию! А там все тихо. Ведь сколько раз было обещано, что Гуантанамо будет закрыта, а воз и ныне там. Где это? Тюрьма работает. Мы не знаем, может быть, и пытки продолжаются. Эти так называемые секретные тюрьмы ЦРУ. Кто наказан? И нам еще указывают на то, что у нас какие-то проблемы есть. Ну да, спасибо, мы знаем. Но принимать на этой основе какие-то антироссийские акты — это запредельная вещь, не спровоцированная ничем с нашей стороны».

28 декабря Путин подписал «Закон Димы Яковлева». По иронии истории этот день оказался христианским днем памяти младенцев, убитых царем Иродом, и в российском Интернете закон немедленно назвали «законом царя Ирода». Хештег «путинестдетей» стал самым популярным в русскоязычном твиттере.

Перед толпой страждущих госчиновников Путин так и не появился. Он не принял никого из очереди, скопившейся в его приемной. Он так и не объяснил членам кабинета, что произошло, почему он решил принять это неясное и нелогичное решение, почему охотно принял антизападный путь, предложенный ему Володиным.

Члены правительства были в шоке. Для них «Закон Димы Яковлева» стал большим уроком, означавшим, что угадать мнение президента им иногда не под силу, а повлиять на него тем более. Для Володина этот закон стал большой победой, ведь он попал в настроение, уловил раздражение Путина и нашел подходящий способ выразить его — запрет иностранного усыновления сирот.

Пройдет еще пара месяцев, прежде чем Путин начнет снова интересоваться политикой и государством. Все эти два месяца любая критика, любые контраргументы, любые протесты, включая зимние митинги в Москве против «Закона Димы Яковлева», будут вызывать у него глухое и болезненное раздражение.

## Раковая эпидемия

«В феврале 2013 года стало понятно, что политика закончилась», — говорит один из близких к Путину предпринимателей. Президент окончательно восстановился после болезни, и восстановился в максимально подозрительном настроении.

Международные новости усиливали паранойю. В Венесуэле от рака умирал президент Уго Чавес. Он не был близким другом Путина, но их пути с самого начала были параллельными: они почти одновременно стали президентами, одновременно боролись с олигархами, подчиняли себе СМИ и нефтяную промышленность, создавали молодежные организации и боролись с американской угрозой. Демагог Чавес чуть раньше начал бороться с «пятой колонной» — Путин начнет употреблять это выражение на несколько лет позже. Венесуэла была единственной страной (если не считать Никарагуа и Науру), признавшей независимость Абхазии и Южной Осетии. И сдружился с Игорем Сечиным после того, как тот возглавил российскую нефтянку.

В Кремле обсуждали не только Чавеса — всех поражала «онкологическая эпидемия», которая поразила президентов Латинской Америки. Рак диагностировали у двух президентов Бразилии (предыдущего — Лулы да Силвы и тогдашней — Дилмы Русеф), президента Аргентины Кристины Киршнер (впрочем, ее диагноз позже был опровергнут), президента Парагвая Фернандо Луго, президента Колумбии Хуана Мануэля Сантоса, президента Боливии Эво Моралеса. В ходе приватных переговоров Чавес убежденно говорил, что его облучили американцы в тот момент, когда он прилетал в Нью-Йорк на Генассамблею ООН. Среди российских высших госчиновников из окружения Путина тоже были случаи онкозаболеваний, закончившихся излечением. И почти все верили в конспирологию Чавеса.

На похороны Чавеса поехала очень внушительная делегация: глава верхней палаты парламента Валентина Матвиенко, глава МИД Сергей Лавров, друг Чавеса Игорь Сечин и глава корпорации «Ростех» (российского монополиста в производстве оружия) Сергей Чемезов.

После смерти Чавеса советники из спецслужб стали все чаще рекомендовать Путину приглядеться к «пятой колонне» — обратить внимание на то, что многие российские высшие госчиновники имеют собственность за границей, счета, за границей учатся их дети, а у некоторых даже вид на жительство. В случае, если ситуация будет усугубляться, эти чиновники могут стать «слабым звеном» — западные спецслужбы смогут их шантажировать. Путин неожиданно прислушался и дал отмашку Володину подготовить законопроект, запрещающий высокопоставленным чиновникам и депутатам иметь счета и финансовые активы за границей.

Путин подписал закон в мае 2013 года. И это удивило всех. Никто из членов правительства не собирался расставаться со своей многочисленной собственностью: многие совершенно ее не скрывали. К примеру, в декларации первого вице-премьера Шувалова значились дома в ОАЭ и Австрии и квартира в Великобритании, а у других членов правительства были задекларированные квартиры и дома в Испании, Италии, Болгарии и Швейцарии. Невозможно было нести траты по содержанию недвижимости, не открывая зарубежных счетов. Тем не менее члены правительства излучали уверенность, что их новый закон не коснется, — многие шутили, что предпочтут покинуть должности, нежели закрыть счета и продать недвижимость.

Впрочем, в итоге так поступили немногие. Одним из них был миллиардер Роман Абрамович. Он, конечно, использовал закон скорее как повод. С 2000 по 2008 год Абрамович был губернатором самого отдаленного от Москвы региона России — Чукотки, потом долгое время просил разрешения уйти в отставку и окончательно уехать жить в Лондон. Путин поначалу ему разрешил, но потом все же счел, что Абрамович еще недостаточно потратил в России, и потребовал, чтобы тот сохранил символическую должность спикера чукотского парламента. И лишь новый закон 2013 года помог Абрамовичу окончательно покинуть опасную и непривлекательную российскую политику и, фактически, Россию.

## Сноуден вместо Обамы

Большинство чиновников говорили, что, несмотря на запрет на счета и активы за границей, о подготовке к серьезной конфронтации с Западом не может быть и речи. И доказывали свою правоту тем, что полным ходом шла подготовка к большому визиту в Россию Барака Обамы, который был назначен на сентябрь и приурочен к саммиту G20 в Санкт-Петербурге.

Подготовка шла серьезная: этот приезд должен был стать государственным визитом Обамы, сначала с посещением Москвы, переговорами с Путиным, потом они должны были вместе лететь в Петербург и общаться с бизнесом. Либеральная часть правительства возлагала на этот визит огромные надежды и убеждала Путина, что пусть политическое партнерство недостижимо, но экономическое — очень даже возможно.

Визит случился, но не тот, что планировали. В июне в Москву из Гонконга прилетел сотрудник американского Агентства по национальной безопасности Эдвард Сноуден. США потребовали его немедленной выдачи, предложив России, чтобы спецагенты забрали его прямо из московского аэропорта Шереметьево. Москва отказала, поднялся чудовищный шум — Сноуден укрылся в капсульном отеле аэропорта Шереметьево.

Вскоре между Путиным и Обамой состоялся решающий телефонный разговор. Американский президент сказал, что Москва, наверное, недооценивает проблему Сноудена и, если русские не выдадут его, государственный визит будет под угрозой. Путин отвечал, что американцы сами виноваты: зачем они устроили шумиху в тот момент, когда Сноуден прилетел в Шереметьево? Он же собирался лететь на Кубу, вот и взяли бы его спокойно там. Обама настаивал, говоря, что общественность и политический истеблишмент его не поймет, если он не добьется выдачи беглого агента. А Путин отвечал, что его общественность не поймет, если он выдаст. На этом разговор и закончился.

«Если он захочет остаться здесь, есть одно условие: он должен прекратить свою работу, направленную на то, чтобы наносить ущерб нашим американским партнерам. Как это ни странно прозвучит из моих уст» — так выступил Путин, заверив также американцев, что Сноуден не был российским агентом.

Команда в правительстве, которая готовила визит Обамы, была в ужасе. Поддавшись общей конспирологии, либеральная часть Кремля и правительства объясняла Путину, что налицо китайский заговор: мол, китайцы специально отправили Сноудена из Гонконга в Москву, чтобы поссорить Москву и Вашингтон. Но было уже поздно.

Администрация Обамы решила, что полноценный визит в Россию будет отменен, президент ограничится лишь посещением саммита G20 в Санкт-Петербурге. Вместо Москвы он перед этим заехал на два дня в Швецию.

Был ли этот несостоявшийся визит последним шансом наладить отношения Обамы и Путина, неясно, но он был упущен. После этого все переговоры между странами превратились в публичную ругань. Накануне встречи «Двадцатки» Путин назвал «дурью несусветной» заявления американцев о том, что сирийские власти применяли против повстанцев химическое оружие. А потом сказал, что госсекретарь Джон Керри «врет», говоря о том, что в Сирии нет боевиков «Аль-Каиды».

Возможно, эта риторика была нацелена на то, чтобы Обама вообще не приезжал на саммит в Петербург. Он приехал, но это была дежурная встреча, в ходе которой Обама был максимально сдержан, а Путин вновь сорвался на грубость. В кулуарах американцы сообщили остальным участникам саммита, что иметь дело с Путиным невозможно и бесполезно. Он настолько неконструктивен, что Вашингтон перестает даже пытаться. Путина для Америки больше нет, говорили они.

## Другие ценности

Внутриполитические технологии Володина были довольно успешными. Новый идеолог Кремля избрал подход, противоположный прежнему сурковскому методу: он не пытался выстраивать какие-то сложные конструкции, проповедовать новые ценности или придумывать новые системы. Он считал, что нужно давать народу то, что он хочет. Володин любил изучать статистические выкладки и социологические опросы: они подтверждали, что власть все делает правильно, что Путин популярен и все его действия одобряются. При этом в своих действиях Володин очень любил руководствоваться именно анализом предпочтений населения и проводить политику, которая наверняка будет популярна. А новый популизм означал упор на традиционные консервативные ценности.

«Мне больно сегодня об этом говорить, но сказать я об этом обязан. Сегодня российское общество испытывает явный дефицит духовных скреп», — сказал Путин в своем послании к Федеральному собранию в декабре 2012 года. Это довольно архаичное словосочетание стало основой новой идеологии третьего срока.

Во время первого срока Путин, встречаясь с западными лидерами, подолгу и подробно объяснял свой взгляд на вещи: что происходит на Кавказе, почему не надо критиковать Кремль за проблемы с правами человека и почему Россия должна восприниматься как равноправный и стратегический партнер.

Когда ему не удалось убедить в этом своих друзей, он сменил повестку: в ходе второго срока он сыпал упреками, высказывал бесконечные претензии к своим партнерам, упрекая их в неискренности и невыполнении собственных обещаний.

К третьему сроку он разочаровался во всех и начал втолковывать совсем другие материи.

«Не стройте ложных умозаключений, — как-то говорил он на переговорах вице-президенту США Джо Байдену, — мы совсем не такие, как вы. Мы только похожи на вас. Но мы совсем другие. Это только с виду русские ничем не отличаются от американцев. На самом же деле внутри мы устроены иначе. У нас совсем другие ценности». Фактически, это была полная противоположность путинских тезисов десятилетней давности.

«Представьте себе, вот вы сидите в Кремле, — говорил он Ангеле Меркель. — И у вас есть избиратели, которые живут в Калининграде, а есть те, кто живут в Петропавловске-Камчатском. И вам на всю эту территорию, разную по языкам, взглядам, быту, как-то надо объединить. Надо нечто такое этим людям сказать, чтобы их склеило. Одна ваша соотечественница, великая соотечественница, была нашей императрицей. Екатериной II. Она поначалу хотела быстро отменить крепостное право. Но потом изучила, как устроена Россия, и знаете, что она сделала? Она усилила права дворянства и уничтожила права крестьянства. У нас нельзя иначе: шаг вправо, шаг влево — и все, ты теряешь власть».

По словам одного из ближайших помощников, Путин очень много думал о традиционных русских ценностях: «Именно ценностях, а не особом русском пути — путь, по его мнению, у всех один, все равно надо строить капитализм». Основным источником его размышлений были труды философа Ивана Ильина. Исходя из его работ, Путин формулировал основные ценности русского человека так: Бог, семья и собственность.

«При всех внешних колебаниях русские должны эту консервативную повестку защищать больше других народов. Для нас она важнее, мы же неспроста православные, — повторяет за Путиным один из его советников, — ведь, если бы не православие, наша идентичность была бы иной. А приняв православие, мы, так или иначе, противопоставили себя западному миру».

Другой приближенный говорит, что в какой-то момент для Путина самой главной скрепой, которая «склеивает» русский народ от Калининграда до Камчатки, стал он сам. Президент поверил в то, что без него все развалится.

Защитой «традиционных ценностей», популярных в народе, как раз и занялся Володин — тем более что укрепление патриархальности помогало борьбе с либеральной оппозицией. Очень удачной находкой стала борьба с пропагандой гомосексуализма, которая вдруг, в 2013 году, оказалась одной из важнейших тем внутриполитической повестки. Она логично вписывалась в политику «духовных скреп». Еще в середине нулевых в российских регионах начали принимать законы, запрещающие «гей-пропаганду». В 2012 году настала очередь Петербурга. Культурная столица, ставшая при губернаторе Полтавченко православной столицей России, приняла аналогичный закон, который вызвал много шума в прессе.

Премьер-министр Медведев в декабре 2012 года, отвечая на прямой вопрос, не будет ли принят аналогичный закон на федеральном уровне, ответил, что «далеко не все нравственные вопросы, поведенческие привычки и коммуникации между людьми нужно превращать в законодательство».

Однако уже месяц спустя именно такой закон был внесен в Думу и принят в первом чтении едва ли не единогласно (один депутат воздержался, один был против, остальные проголосовали за). Волна протестов прокатилась по всему миру, и она активно освещалась российскими государственными СМИ. Они рассказывали о происходящем с однозначной трактовкой: западное гей-лобби не может простить Путину того, что он защищает традиционные ценности. На госканале «Россия 1» даже изобрели термин «Гейропа», символизирующий, что противники Путина на Западе (да и в России) — сплошь представители сексуальных меньшинств.

## Снова политика

Протесты 2011 года напугали Кремль, однако к 2013 году Володин уже находился в полной уверенности, что лидеры Болотной полностью дискредитированы и разгромлены. Против большинства были возбуждены уголовные дела, которые почти свели на нет всю их политическую активность.

Самым странным было уголовное дело против Алексея Навального. Еще в 2011 году Следственный комитет обвинил его в мошенничестве, связанном с делом компании «Кировлес». В апреле 2012 года дело было закрыто за отсутствием состава преступления — не было выявлено никакого ущерба. Но уже в июне глава Следственного комитета Александр Бастрыкин публично, при телекамерах отчитал следователя за то, что тот закрыл дело, и потребовал его возобновить.

Навальный ответил Бастрыкину собственным расследованием — он опубликовал информацию о том, что, в нарушение закона, Бастрыкин является владельцем юридической фирмы в Чехии, более того, у него есть вид на жительство в этой стране и квартира в Праге. Ничего из этого не было упомянуто в декларациях главы Следственного комитета. Навальный написал жалобы в администрацию президента и сам Следственный комитет, чтобы он проверил деятельность своего руководителя. Однако никаких последствий для Бастрыкина не случилось. Он пользовался особым доверием президента — они были знакомы еще с университетской скамьи. Более того, Бастрыкин был старостой группы, в которой учился Путин, отчего и приобрел кличку Староста в кремлевских кругах. Авторитет «старосты» был очень высок — он имел едва ли не ежедневный доступ к Путину, и никто не сомневался, что распоряжение возобновить следствие по делу «Кировлеса» против Навального было личным указанием президента.

Судебный процесс подошел в концу в июле 2013 года. Окончание процесса совпало с начало кампании по досрочным выборам мэра Москвы, и Навальный объявил о намерении принять участие в гонке. Однако у него не было шансов быть зарегистрированным, так как 18 июля Кировский суд приговорил его к пяти годам тюрьмы. Вечером в день приговора в центре Москвы, на Манежной площади собрался огромный несанкционированный митинг, протестующие перекрыли движение по Тверской, залезли на подоконники здания Госдумы, обклеили парламент листовками в поддержку Навального.

Приговор Навальному был, бесспорно, прислан кировскму судье из Москвы. Однако он шокировл даже московских чиновников. Дело в том, что Вячеслав Володин был уверен, что получил личное согласие от Путина на выдвижение Навального в мэры — чтобы не дать столичному мэру Собянину получить слишком убедительный результат. Приговор озадачил Володина, и вновь он пошел к Путину, выяснять, что делать с Навальным. Однако Путин — в своей обычной манере — ничего ему не ответил. Он вообще, даже в общении с ближайшими советниками, любит избегать прямых формулировок, предпочитая полунамеки. «Делаем как договорились?» — выпытывал у него Володин. «Делайте как знаете», — пространно отвечал президент.

В тот же день генпрокурор связался с адвокатами Навального и посоветовал им обжаловать приговор, а также меру пресечения — заключение под стражу — до вступления приговора в законную силу, т. е. до апелляции. Адвокаты не верили своим ушам. Они говорили, что это бесполезно, такого никогда не было в российской судебной практике, чтобы приговоренного отпускали на свободу в ожидании апелляции. Тогда прокуратура взяла инициативу на себя — и сама обжаловала решение суда. На следующий день Навального выпустили.

Когда наутро Володин пришел отчитываться перед Путиным о том, что его указание выполнено и Навального отпустили, он неожиданно услышал усмешку: «Ну и мудаки!»

После этого начался очень экзотический эксперимент: первые в истории путинской России абсолютно честные и альтернативные выборы. Более того, администрация президента демонстративно помогла оппозиционеру зарегистрироваться: необходимые подписи муниципальных депутатов в его поддержку поставили члены «Единой России».

Володину нужно было доказать, что вся сила Навального — исключительно в его умении пользоваться соцсетями, а на реальных выборах он неизбежно провалится. В преддверии выборов он отчитывался Путину, что так и есть: Навальный набирает не больше 10% — максимум 15%. На деле оказалось, что государственные социологи ошиблись примерно в два раза. Навальный получил 27%. Действующий мэр Собянин набрал необходимый ему для победы в первом туре 51%.

Володин все равно был доволен. Он доказал Путину, что все под контролем, надо лишь выждать время — и протестный потенциал сам схлынет. Медийный ресурс позволит очень скоро уничтожить популярность Навального.

# Глава 16

## В КОТОРОЙ ПРЕСС-СЕКРЕТАРЬ ПУТИНА ДМИТРИЙ ПЕСКОВ ПОНЯЛ, ЧТО ПОНРАВИТЬСЯ ЗАПАДУ УЖЕ НИКОГДА НЕ УДАСТСЯ

*В приемной Дмитрия Пескова на Старой площади висит фотография Брежнева. Очень смешная — старый Брежнев в майке сидит под пляжным зонтом и читает газету «Правда». Это выглядит как довольно остроумный парафраз одного из давних интервью Пескова. В 2012 году в студии телеканала «Дождь» он рассказывал про то, что Брежнев недооценен как политический лидер, что именно эпоха Брежнева была золотым временем Советского Союза и в «брежневском застое» много позитива. Может быть, Песков не имел этого в виду, когда вешал эту фотографию. Может быть, даже не он придумал ее повесить. Может быть, он даже никогда ее не замечал.*

*Дмитрию Пескову скучно. Он очень яркий и энергичный человек, которому, по всему видно, нечего делать. Владимиру Путину не нужен яркий и энергичный пиарщик. Его популярность внутри страны и так зашкаливает. А имидж за границей… На него уже, похоже, всем наплевать. Те времена, когда Песков нанимал агентство Ketchum, чтобы оно продвигало имидж России за рубежом, давно прошли. Сейчас нет никаких иллюзий — все шансы упущены, пиаром ничего поправить невозможно. Наверное, даже не надо стараться.*

*Песков все время в перелетах, он все время организует какой-то процесс, все время дает комментарии — раз в день при помощи мессенджера Telegram он общается с журналистами так называемого кремлевского пула, чтобы ответить на все их вопросы. Он очень открыт для прессы, обычно честен и прямолинеен с журналистами.*

*Песков вообще ведет активную светскую жизнь и наслаждается ею. В августе 2015 года он женился на олимпийской чемпионке по фигурному катанию Татьяне Навке. Свадьба прошла в Сочи. Может быть, как раз там же, где за 40 лет до этого была сделана фотография Брежнева с газетой «Правда» под зонтом от солнца.*

## Игры, которые мы заслужили

Эпопея с проведением зимней Олимпиады в субтропиках началась еще в 2005 году, в тот момент, когда Россия была не просто богатой, а супербогатой и казалось, что деньги не закончатся никогда. И началась она без участия Путина.

И до этого Россия подавала заявки на крупные спортивные мероприятия — чемпионат Европы по футболу — 2008, летнюю Олимпиаду в Москве — 2012, — но на заявочный процесс выделялись небольшие деньги, которые, как правило, быстро и бесследно исчезали. Идея провести Олимпиаду в Сочи пришла в голову главному горнолыжнику среди российских олигархов, владельцу компании «Норникель» Владимиру Потанину. Это была уже вторая — после залоговых аукционов — идея олигарха, которая изменила историю России.

Потанин любил кататься в Красной Поляне, у него был там дом, и он пытался развивать курорт «Роза Хутор». Одновременно идея понравилась тогдашнему главе Росспорта, легендарному советскому хоккеисту Вячеславу Фетисову. И они вдвоем набрали заявочный комитет.

Оба понимали, что идея может понравиться Путину, который тоже много времени проводил в Сочи и тоже катался в Красной Поляне. Потанин поделился идеей с Путиным, но президент поначалу не проявил энтузиазма. И тогда заявочный комитет обратился к Дмитрию Пескову, сегодняшнему пресс-секретарю, который тогда был заместителем Алексея Громова.

По легенде, Песков предложил провести недорогую рекламную кампанию, ориентированную на одного человека: Путина. Заявочный комитет изготовил билборды, рекламирующие сочинскую заявку, и радиоролики. Песков подсказал, каким маршрутом президент ездит на работу, какие радиостанции и в какое время он слушает в машине. По ходу следования кортежа были размещены билборды, на нужных радиостанциях — ролики. Слоганом для публики (т.е. на самом деле для Путина) было: «Игры, которые мы заслужили».

Был нанят человек, звонивший на горячую линию в администрацию президента и задававший вопросы, когда же наконец в России будет Олимпиада. Все это создавало мощный фон — у Путина не могло быть сомнений, что все кругом хотят Олимпиаду в Сочи и думают о ней. Он дал отмашку. В этот момент включились все телеканалы, бюджет заявки стал бездонным.

«Это все наложилось на излюбленную тактику Путина, — говорит Песков. — Он считает, что в силу нашей неповоротливости и негибкости как государства у нас до многих системных проблем просто руки не доходят. Мы же давным-давно не строили новые города. Нам, русским, зачастую, чтобы справиться с задачей, нужно публично взять на себя обязательства перед всем миром. И иметь четкий дедлайн. Тогда и последние деньги выделим, и в срок уложимся».

Песков объясняет, почему никого не смущал тот факт, что для зимней Олимпиады выбрали Сочи, город в субтропиках: «Это же наша всесоюзная здравница. А там не было канализации. И аэропорта не было. Как бы мы еще нашли способ отстроить наш главный курорт?»

Чтобы произвести впечатление на инспекторов из МОК, использовали все возможные методы. Пришлось даже имитировать работу еще недостроенного сочинского аэропорта. Вполне можно было честно признаться, что аэропорт еще не запущен, ведь до Игр оставалось семь лет. Но министр экономики Герман Греф решил, что лучше устроить потемкинскую деревню: в аэропорт свезли студентов, которые ходили и изображали пассажиров, киоски и рестораны имитировали работу, табло показывало расписание несуществующих рейсов. К счастью, подлог был разоблачен уже после голосования МОК.

Обойти конкурентов — корейский Пхенчхан и австрийский Зальцбург, имея неограниченный бюджет, было несложно. Секрет прост, говорит член заявочного комитета: нужно было просто сделать все самое лучшее, благо, деньги были. Во-первых, были наняты консультанты, которые делали заявки Лондона и Парижа, претендовавших на летние Игры 2012 года. Во-вторых, к каждому члену МОК искали индивидуальный подход.

«Это намного сложнее, чем, например, подкупить членов исполкома ФИФА. Те — не известные никому чиновники, а в МОК работают мировые знаменитости, члены королевских фамилий», — вспоминает участник российской заявки. Членов МОК распределили между участниками рабочей группы, чтобы работать с ними индивидуально. Что, например, могло привлечь принца Монако Альбера II? У него и так все есть. Но он любил ночную жизнь. И принц стал завсегдатаем самого дорогого московского клуба «Дягилев», куда его специально привозили и водили по самым лучшим вечеринкам. С другими приходилось сложнее: «Кто-то рассказывал, что у него, скажем, родственник торгует плиткой. И говорил, что хотел бы развить свой бизнес и в России тоже. И мы говорили: конечно, поможем».

Непосредственно перед голосованием в Гватемале крупнейшим российским компаниям было рекомендовано скинуться по несколько миллионов долларов. Куда они пошли, неизвестно.

Венцом российской заявки была презентация в Гватемале. На самолете МЧС в жаркую латиноамериканскую страну доставили искусственный каток. Все местные жители и все члены МОК были в шоке. Потом приехал Владимир Путин. Его манеру поведения скопировали с победной тактики Тони Блэра перед избранием Лондона столицей летней Олимпиады-2012. Путин сидел в номере, к нему по одному заводили всех членов МОК. И он поочередно вел с ними задушевные разговоры: «Как ваши трое детей? — заглядывая в досье, интересовался Путин. — Пусть приезжают в Москву, будут нашими гостями». Собеседники от такого внимания были в восторге.

Путин не стал дожидаться результатов голосования и улетел из Гватемалы сразу после своего выступления. Победа была уверенной. Правда, на всякий случай Песков предупредил, что, если сочинская заявка проиграет, комментарии дает только он. В случае победы говорить могли все.

Если заявка была дорогой и эффективной, то строительство оказалось ультрадорогим: «Дорого, конечно, но это наши реалии», — говорит Песков.

Владимир Путин признавался, что непосредственно на олимпийские объекты истрачено 214 млрд рублей. Из них 100 млрд — чисто государственное финансирование, а 114 млрд — за счет инвесторов. При этом, согласно отчетам госкорпорации «Олимпстрой», всего на подготовку Игр (включая железные и автомобильные дороги, электростанции и другие объекты инфраструктуры) было потрачено 1,524 трлн рублей, или €37,5 млрд. Эта сумма, по независимым оценкам, является рекордной не только в абсолютном выражении за всю историю олимпиад, но и в относительном: по степени превышения исходной сметы. Фактические расходы на сочинскую Олимпиаду превышают указанные в официальной заявке более чем в четыре раза (300%), тогда как в среднем для олимпиад такое превышение составляет около 180%.

Впрочем, Пескову такая критика кажется придиркой. «Дорога из Сочи в Красную Поляну имеет отношение к Олимпиаде — вроде имеет, а вроде и нет. Просто Олимпиада дала возможность развивать регион. Поэтому мы эти стоимости разделяли, а злопыхатели объединяли», — говорит Песков.

Сам Песков, кстати, приводит примеры, как лишние деньги были потрачены не в результате злого умысла, а по ошибке. К примеру, стадион «Фишт», на котором должны были пройти открытие и закрытие Олимпиады, спроектировали открытым — чтобы его можно было использовать для предстоящего чемпионата мира по футболу. На закрытых аренах трава не растет. Но архитекторы не просчитали розу ветров — и уже в разгар стройки поняли, что потоки воздуха идут с моря на сушу таким образом, что людей с флагами во время церемоний просто сдует. В итоге пришлось за бешеные деньги достраивать для стадиона крышу.

## «А то мы ее потеряем»

Пока Россия готовилась к Олимпиаде, Украина готовилась подписать соглашение об ассоциации с Европейским союзом. Это куда менее значимое достижение, которое, тем не менее, впоследствии обошлось России гораздо дороже, чем Олимпиада. Инициатором подписания соглашения был Виктор Янукович, президент, которого Владимир Путин считал своим, контролируемым человеком.

У Виктора Януковича и Владимира Путина была длинная совместная история: еще в 2004 году Путин был уверен, что сделает Януковича президентом Украины. Близко знавший Януковича чиновник говорит, что еще тогда Янукович попросил у Путина российский паспорт. На случай, если придется экстренно убегать из страны. Что ответил Путин, неизвестно.

«Оранжевая революция» стала для Януковича катастрофой. Сам он рассказывал приближенным такую историю. Якобы на Крещение, 17 января 2005 года, он решил застрелиться. Жил он тогда в своей резиденции Межигорье под Киевом, ночью взял ружье и пошел на озеро стреляться. Но на берегу он вдруг увидел, что лунный свет падает на замерзшую гладь воды крестом. И ему показалось, что это знак. Он побежал, позвал мужиков и велел им прорубить лед и сделать прорубь в форме креста. Разделся, окунулся в эту прорубь, вылез и вернулся в дом. В доме никого не было (его все бросили), кроме двух сестер, кухарки и официантки. Янукович попросил сделать ему ужин. Официантка впоследствии стала его гражданской женой.

Трудно сказать, насколько правдива эта история, которую Янукович рассказывал близким. Впрочем, ему свойственно рассказывать шокирующие истории о своем прошлом даже малознакомым людям.

В итоге Янукович не только пережил первый Майдан, но и сумел консолидировать всех недовольных. Через полтора года после «оранжевой революции» он выиграл парламентские выборы и стал премьером, а еще через три с половиной года, в 2009 году, — президентом.

Владимир Путин никогда не был другом Януковича и не слишком доверял ему, однако неизменно поддерживал. Весь 2013 год президент Янукович говорил о том, что Украина взяла курс на европейскую интеграцию и намерена подписать соглашение об ассоциации с ЕС. Что было прагматично с его стороны, поскольку эту идею поддерживали все украинские политики —

кроме одного. Против был Виктор Медведчук, ближайший друг Путина, выражавший, собственно, точку зрения российского президента. Все говорили о том, что Украина — европейская страна, и только Медведчук твердил, что будущее Украины — быть вместе с Россией. Он создал пророссийское движение «Украинский выбор», рекламные плакаты этого движения красовались на всех автобусных остановках по всей стране. Однако никакой широкой народной поддержки, в которой был уверен Путин, идеи Медведчука не вызывали. Бывший глава администрации Кучмы оставался одним из лидеров антирейтинга популярности.

27 июля 2013 года Путин приехал в Киев на празднование 1025-летия Крещения Руси. Посетив молебен на Владимирской горке, он встретился с Януковичем. Встреча продолжалась 15 минут, что особо подчеркнули все украинские СМИ. А после этого отправился на организованный Медведчуком круглый стол под названием «Православно-славянские ценности — основа цивилизационного выбора Украины».

Участники, по задумке Медведчука, обсуждали, «близки ли украинскому обществу навязываемые еврочиновниками европейские ценности или же украинцы выступают за сохранение и утверждение исконных православно-славянских духовных ориентиров, устоев и традиций».

«Мы, Россия и Украина, всегда были едины, именно в этом единстве и заключается наше будущее, — говорил Путин в своем выступлении. — Мы всегда уважали и будем уважать выбор наших украинских партнеров, коллег, друзей и братьев, каким бы он ни был. Хочется, чтобы этот выбор был верным, а наше сотрудничество было построено на принципах прозрачности, взаимного доверия и духовного единства». В отличие от 2004 года, когда Путин был популярен на Украине и его словам внимали, на этот раз его речь не произвела на украинцев никакого впечатления.

Осенью, накануне саммита ЕС в Вильнюсе, где Янукович должен был поставить свою подпись под соглашением об ассоциации, Путин стал все активнее разъяснять ему, какой выбор — верный.

Для Путина отказ Украины от подписания соглашения был делом принципа. Еще с начала своего первого президентского срока он часто говорил на совещаниях: «Нам надо заниматься Украиной, а то мы ее потеряем». Ответственным за «украинское направление» в Кремле всегда был он сам, никому не доверяя курировать столь важный проект. И осенью 2013 года он сам начал давить на Януковича, чтобы тот отказался от своего плана. В конце октября — начале ноября Янукович трижды прилетал на переговоры в Россию.

Одним из рычагов давления были деньги: Россия пообещала Украине кредит в размере $15 млрд. Вторым рычагом было дело Юлии Тимошенко.

Обыграв свою извечную противницу на президентских выборах 2010 года, Виктор Янукович немедленно начал ее уголовное преследование. Против нее выдвинули несколько обвинений (в том числе газовые соглашения 2009 года, подписанные с Путиным) и осенью 2011 года посадили. Янукович очевидно боялся Тимошенко, поэтому он отказался вступать с ней в «широкую коалицию» в 2009 году, опасаясь, что она его переиграет и подомнет под себя. Даже ближайшее окружение Януковича было против тюремного заключения Тимошенко, но он был твердо убежден, что это единственный способ предотвратить новый Майдан и новую революцию. Оставшись на свободе, Тимошенко, способная договориться даже с Путиным, рано или поздно его свергнет, думал Янукович.

Посадку Тимошенко крайне негативно восприняли на Западе, особенно переживала Ангела Меркель. Во время каждой встречи с Януковичем она начинала и заканчивала разговор с обсуждения Тимошенко и всегда говорила, что ее надо перевезти в Германию на лечение. Однажды по ее требованию в харьковскую больницу были допущены немецкие врачи, которые провели тщательное исследование здоровья бывшего премьера. Они не обнаружили серьезных заболеваний, что удивило Ангелу Меркель. Впрочем, Тимошенко очень опасалась за свою жизнь, особенно боялась отравления (после случая с Виктором Ющенко почти все украинские политики стали подвержены этой фобии). Находясь в тюремной больнице, Тимошенко ела и пила только то, что привозила ей дочь. Власти осложняли процесс, задерживая передачи, поэтому Тимошенко приходилось неоднократно держать вынужденную сухую голодовку.

Все эти подробности шокировали канцлера Германии, и она настаивала на том, что ассоциация Украины с ЕС возможна только после освобождения Тимошенко. Этой принципиальностью пользовался Владимир Путин. Он всякий раз говорил Януковичу, что европейцы хотят его свергнуть, что они не примут его, даже если он подпишет соглашение, — они добьются освобождения Тимошенко и сделают ее следующим президентом. Это был удар в самое больное место Януковича. С одной стороны, он понимал, что подписание соглашения с ЕС гарантирует ему переизбрание на новый срок в 2015 году, с другой — не мог перестать бояться Тимошенко.

Скорее всего, у Кремля были еще какие-то рычаги влияния на Януковича. В любом случае в последний момент он совершил резкий разворот. 21 ноября 2013 года, за неделю до саммита в Вильнюсе, украинский премьер Николай Азаров сообщил, что подписание соглашения откладывается. Сразу после этого на Майдане стали собираться первые протестующие — студенты, которые требовали европейской интеграции Украины.

27 ноября, как рассказывает в своей книге Соня Кошкина[46], Янукович приехал на день рождения к крупному украинскому олигарху Игорю Суркису, владельцу футбольного клуба «Динамо» (Киев), деловому партнеру и другу Медведчука. За столом были главные украинские бизнесмены (те самые «члены комитета по управлению Украиной», включая Дмитрия Фирташа и Игоря Коломойского). Вместо поздравления имениннику Янукович начал вечер с объявления о том, что евроинтеграция отменяется. Весь вечер президент говорил только об этом и объяснял свое решение только экономикой.

Все сторонники Януковича были шокированы. Этого решения никто не ожидал, ведь вплоть до того дня членов партии власти, которые публично сомневались в евроинтеграции и выступали против соглашения с ЕС, исключали из партии и выгоняли из парламента — вплоть до возбуждения уголовных дел.

На саммите в Вильнюсе 28 ноября Янукович отказался от подписания соглашения, предложил привлечь Россию к дальнейшим переговорам (руководство ЕС отвергло это предложение). На случайно попавшей в Интернет видеозаписи разговора между Януковичем, Меркель и президентом Литвы Далей Грибаускайте слышно, как он говорит: «Я хотел бы, чтобы вы меня услышали. Я три с половиной года один. В очень неравных условиях с очень сильной Россией был один на один».

В ночь с 29 на 30 ноября спецподразделение «Беркут» попыталось очистить главную площадь Киева от протестующих, которые разбили там палаточный лагерь. Убегая от полицейских, избиваемые демонстранты укрылись в Михайловском монастыре — их приютили монахи. С этого началась вторая украинская революция.

## Игры. Начало

Олимпийские игры в Сочи оказались очень сложным испытанием. Отношение мировой прессы было очень критическим. Самые большие опасения у Путина и его окружения были связаны с тем, что во время Олимпиады случится какая-то авария. «Были опасения, что половина наскоро построенных зданий будут низкого качества и рухнут», — говорит высокопоставленный сотрудник президентской администрации. Беспокоились, что не хватит энергетических мощностей и во время Олимпиады будут перебои с электричеством. «Объемы-то гигантские, наверняка где-то схалтурили», — опасались в Кремле.

Но в итоге все прошло почти идеально. Пожалуй, единственным курьезом была странная конструкция туалетов в шикарном гостиничном комплексе, построенном компанией «Газпром». Там в кабинках вместо унитаза и биде разместили по два унитаза — эти фотографии стали главным интернет-мемом первых дней Олимпиады. Других — более серьезных — претензий к организаторам не было.

Одними из последних факелоносцев, когда олимпийский огонь уже дошел до Сочи, были министр обороны Сергей Шойгу и министр иностранных дел Сергей Лавров.

Церемония открытия Олимпиады была очень впечатляющей, но одна ключевая сцена, запланированная организаторами, была отменена по настоянию МОК. У каждого зрителя на кресле должен был лежать пакет с фотографией человека, погибшего в ходе Великой Отечественной войны: с фамилиями и именами, с датой рождения и смерти. В какой-то момент ведущий должен был объявить минуту молчания, а зрители — поднять эти фотографии. Постановщик церемонии, глава Первого канала Константин Эрнст очень боролся за эту минуту молчания на стадионе. Но МОК решил, что такая политическая акция будет нежелательным прецедентом — если уступить Сочи, то на всех последующих олимпиадах организаторы будут объявлять какие-то минуты молчания[47].

На открытие игр приехало почти 40 иностранных лидеров (включая четырех лидеров G20: премьер-министров Италии, Японии и Турции и председателя КНР), государственные СМИ преподносили это как знак широкого международного признания. Одним из гостей был президент Украины Виктор Янукович. Для него приезд в Сочи был довольно рискованным шагом, ведь противостояние между оппозицией и силовыми структурами в центре Киева уже привело к первым жертвам, в конце января несколько активистов Майдана были застрелены неизвестными снайперами.

Главной целью Януковича было добиться второго транша из обещанного в декабре 15-миллиардного кредита. Однако Путин не торопился выделять деньги.

По словам Дмитрия Пескова, даже когда Янукович вернулся обратно в Киев, он оставался на постоянной связи с Путиным. Они созванивались по несколько раз в день. События в Киеве портили президенту России праздничное настроение. Он все время пытался давать Януковичу советы, предлагал ему помощь, но тот отвечал: «Не надо, Владимир Владимирович, все под контролем». Путин ему не верил и настаивал. Поэтому и не давал денег.

К этому моменту — к началу Олимпиады — уже, конечно, ничего не было под контролем. Еще 16 января Верховная рада спешно приняла несколько законов, которые должны были пресечь волнения. Оппозиция назвала их «диктаторскими». На самом деле это были законы, списанные с российских, принятых в течение года после митингов на Болотной: уголовная ответственность за клевету, более жесткое наказание за экстремизм (под это определение подпадали призывы к свержению власти), понятие «иностранный агент» для НКО, запрет интернет-СМИ, действующих без государственной регистрации.

Принятие всех этих законов в России было растянуто по времени и не вызвало ровным счетом никаких протестов, кроме небольшого ропота в либеральных СМИ. Во взбудораженном Киеве это вызвало землетрясение, которого Янукович явно не ожидал. На улице Грушевского, на подступах к зданиям Верховной рады и правительства началось кровопролитие: бойцы спецподразделения «Беркут» и активисты Майдана, в том числе его боевого крыла под названием «Правый сектор», начали стрелять друг в друга.

Спустя неделю Янукович предложил одному из лидеров оппозиции, Арсению Яценюку, стать премьер-министром и сформировать правительство национального доверия. Однако и от этого стало только хуже. Яценюк отказался, а Янукович не потрудился предупредить о своих намерениях свою партию, членов правительства и действующего премьер-министра Азарова. Они узнали о предложении из телевизора. Примерно с этого момента из рядов сторонников Януковича началось тихое дезертирство — члены Партии регионов поочередно начали отдаляться от президента.

28 января 2014 года премьер-министр Азаров ушел в отставку. В тот же день парламент отменил «диктаторские» законы, Янукович назначил исполняющим обязанности премьера Сергея Арбузова — друга своего сына Александра. Это вызвало еще большее раздражение всей украинской элиты, в том числе Партии регионов.

В Кремле, скорее всего, не очень догадывались, что произошло за годы президентства Януковича. Придя к власти при поддержке крупнейших украинских олигархов, он решил покончить со своей зависимостью от них. Единственным способом обеспечить себе полную независимость от грандов украинского бизнеса было стать одним из них, причем самым крупным. Эту миссию стал выполнять Александр Янукович, сын президента, врач по образованию по кличке Саша-Стоматолог. Он вел себя настолько агрессивно и бесцеремонно, что это шокировало даже видавших виды акул бизнеса. Он отбирал бизнес не только у мелких или недружественных предпринимателей, но и у друзей и спонсоров отца. Одной из жертв Александра Януковича стал даже Владимир Евтушенков, российский крупный бизнесмен, считавшийся другом украинского президента.

По легенде, после своей инаугурации в 2010 году Виктор Янукович в компании друзей произнес следующий тост: «Два года не жрать! Работать на страну!» По иронии судьбы, когда эти два года истекли, оказалось, что Янукович увлечен лишь собственным обогащением. Символом его личного богатства стала его личная резиденция Межигорье, о которой в либеральной украинской прессе ходили невероятные слухи. «Можно иметь страну, а можно иметь дачу», — как-то упрекнул Януковича главный спонсор всех его предвыборных кампаний, донецкий олигарх Ринат Ахметов.

К пресловутой даче президент был очень привязан. С 1935 года Межигорье имело статус правительственной резиденции, где жили руководители Советской Украины (в том числе Никита Хрущев). Сам Янукович жил там с 2002 года, но в 2007-м смог приватизировать поместье — в тот момент президентом был Виктор Ющенко, а Виктор Янукович — премьером. Однако Ющенко хотел распустить парламент и провести досрочные выборы, поэтому, чтобы Янукович не сопротивлялся, в качестве компенсации за возможную потерю власти ему подарили грандиозную резиденцию.

140-гектарный комплекс был огражден пятиметровым забором по периметру. На его территории расположены яхтенный причал, зоопарк, конный клуб, тир, теннисный корт, а также охотничьи угодья. В феврале, после свержения Януковича, восставшие обнаружили, к примеру, коллекцию ретроавтомобилей и пресс-папье в виде золотого батона.

## Игры. Апогей

Владимир Путин провел в Сочи лишь первые выходные, а потом, во вторник, 11 февраля, вернулся в Москву. Там он назначил нового уполномоченного по правам человека и встретился с прилетевшим в Москву министром обороны Египта Абдель-Фаттахом Сиси, который за полгода до этого одолел «египетскую весну», сверг избранного президента Мурси, осуществив военный переворот. Фактически именно в Кремле фельдмаршал Сиси еще официально объявил о намерении баллотироваться в президенты — до этого подобного заявления он не делал, но Путин в ходе встречи уже открыто поддержал его выдвижение.

Оставаясь на постоянной связи с Януковичем, Путин был убежден, что все, что происходит в Киеве, — результат операции, спланированной американцами. Еще в декабре на Украину прилетали помощник госсекретаря Виктория Нуланд и сенатор Джон Маккейн. Она раздавала на Майдане печенье и сэндвичи митингующим и «Беркуту», а он выступал со сцены.

Песков рассказывает, что было множество и других неопровержимых доказательств американского вмешательства. «Это было неконтролируемое падение. Ошибки Януковича накладывались на провоцирование ситуации Вашингтоном. Вереницами прилетали люди с деньгами, днем и ночью горели окна. Все зафиксировано, все раскручивалось по инструкции. Это был прямой вызов безопасности России».

14 февраля Путин провел заседание Собвеза в Ново-Огарево и на следующий день вернулся в Сочи. Там тоже все противостояние с США было налицо. 15 февраля российская хоккейная сборная играла против сборной США в группе. На трибуны пришли и Путин, и премьер Медведев, и глава администрации Иванов. Однако матч закончился скандалом. При счете 2:2 в овертайме российский хоккеист Федор Тютин забросил третью шайбу, но судья — американец Брэдли Майер — ее не засчитал в связи с тем, что ворота были сдвинуты. После чего Россия проиграла по буллитам.

Путин и все российские болельщики были взбешены. Почему матч с участием американцев судил американец, возмущались они, налицо антироссийский заговор. Не меньше возмутило поздравление, которое написал в твиттере американским хоккеистам президент Барак Обама: «Поздравляю Ти Джея Оши и мужскую сборную США по хоккею с огромной победой! Никогда не переставайте верить в чудеса». Подпись «ОБ» означала, что этот твит президент написал сам, а не через пресс-службу.

«Жаль, что этого судьи вовремя не заметили, потому что играть со сдвинутыми воротами — это всегда очень полезно для одной из команд, там, где ворота сдвинуты, особенно если судья не замечает. Потому что, если шайба залетела, можно всегда оспорить, а если она не залетела, можно рассчитывать на успешную контратаку. Но и судьи иногда ошибаются, поэтому я бы здесь ярлыков никому не вешал, а исходил из того, что выигрывать мы будем за явным преимуществом» — так ерничал Путин, комментируя матч.

После матча президент поехал на встречу с ветеранами войны в Афганистане — в этот день исполнилось 25 лет со дня вывода оттуда советских войск, окончания войны, которая добила Советский Союз.

А сразу после встречи с ветеранами Афганистана Путин отправился встречаться со спортсменами и тренерами сборной Украины. Во время встречи один из тренеров сказал Путину под камеры, что все очень болеют за российскую хоккейную сборную и переживают из-за шайбы, не засчитанной американским судьей. «Хорошо. От вас это очень приятно слышать», — ответил Путин.

## Новый Афганистан

Из-за Олимпиады эту годовщину, 25 лет со дня окончания советской интервенции в Афганистан, почти никто не заметил и не отпраздновал. Та роковая для Советского Союза война началась в 1979 году. Триггером для ввода войск стал переворот в Кабуле: премьер-министр Хафизулла Амин сверг и убил президента Афганистана Тараки.

Брежнев очень тяжело переживал смерть Тараки, которого незадолго до этого принимал в Москве, а Амина называл «нечестным человеком». К тому же КГБ после убийства Тараки стал доносить, что Амин якобы планирует переориентироваться на США, тайно встречается с американскими дипломатами и дает указания спецслужбам вести слежку за советскими гражданами, работающими в Афганистане. По большей части это были лишь сплетни, исходившие от противников Амина. Но их хватило, чтобы в Политбюро принялись обсуждать еще более страшную угрозу. Глава КГБ Андропов и министр обороны Устинов считали, что дальнейший ход событий чреват установлением в Афганистане враждебного СССР режима. Выход только один — ввести туда советские войска.

Категорически против этой идеи был глава Генштаба Огарков, однако Андропов заставил его замолчать фразой: «Вас пригласили не для того, чтобы заслушивать ваше мнение, а чтобы вы записывали указания Политбюро и организовывали их выполнение». Еще одним противником ввода войск был глава советского правительства Косыгин. Однако на историческом заседании Политбюро 12 декабря 1979 года он просто отсутствовал — решение о вводе войск было принято единогласно.

Война продлилась десять лет, стала «советским Вьетнамом» и прологом к распаду Советского Союза. Огромную роль сыграли, конечно, американцы — они активно поддерживали боровшихся против СССР моджахедов. Региональным вербовщиком добровольцев, распределявшим в ходе войны американские деньги, был и саудовец Усама бен Ладен, который уже в конце 1990-х годов стал врагом американцев номер один.

В 1989 году Михаил Горбачев принял решение о выводе войск. Через три года просоветский лидер Афганистана Наджибулла был свергнут. Последующие четыре года он прожил в здании миссии ООН. В 1996 году, когда талибы взяли Кабул, они ворвались в представительство ООН, схватили и убили Наджибуллу. Правительство талибов не было признано международным сообществом, но следующие пять лет они де-факто управляли страной. И лишь в 2001 году их свергли — на этот раз американцы, во главе международной коалиции и при поддержке России. Война в Афганистане на этом, впрочем, не закончилась.

В феврале 2015 года, когда отмечалось 26-летие вывода советских войск из Афганистана, Путин признается, что прекрасно понимает Брежнева: «Сейчас, когда годы проходят и когда становятся известными все больше фактов, мы понимаем лучше и лучше, что послужило тогда поводом и причиной для ввода советских войск в Афганистан. Конечно, ошибок было очень много, но были и реальные угрозы, которые в то время советское руководство пыталось купировать вводом войск в Афганистан».

Символично, что именно ветераны афганской войны сыграют важнейшую роль в последующих событиях в Крыму.

## Игры. Развязка

Для России важнейшим результатом любой Олимпиады считаются не индивидуальные победы, а общекомандный зачет. У какой страны больше золотых медалей, та и победила. Однако до самого конца Игр ситуация у сборной России была не слишком радостная. За пять дней до конца своей домашней Олимпиады Россия находилась на пятом месте, уступая Германии, Норвегии, Нидерландам и США. Владимир Путин снова уехал из Сочи. Но в этот день у него возникли куда более серьезные проблемы, чем олимпийский медальный зачет: 18 февраля в Киеве возобновились боевые действия. Днем активисты Майдана начали наступление на правительственный квартал, ночью силовики попытались зачистить Майдан. За ночь погибло 25 человек.

Путин каждый день созванивался с Виктором Януковичем (тот продолжал говорить, что все под контролем), Ангелой Меркель, которую он убеждал, что в насилии виновата радикальная оппозиция и нельзя винить в трагедии президента Украины.

Тем временем дела у российской сборной под конец Олимпиады стали резко выправляться. 19 февраля россияне получили золото в мужском сноуборде, 20-го еще одно золото — в женском фигурном катании.

В Киеве тем временем ситуация усугублялась. Центр города полыхал, 20 февраля в ходе столкновений погибло еще более 90 человек. Несколько украинских спортсменов покинули Олимпиаду в Сочи в знак протеста против кровопролития на родине.

20 февраля в Киеве начались переговоры с участием министров иностранных дел Германии, Франции и Польши: Франка-Вальтера Штайнмайера, Лорана Фабиуса и Радослава Сикорского, а также спецпредставителя президента России — только что ушедшего в отставку омбудсмена Владимира Лукина. Впрочем, у Лукина была инструкция — никаких соглашений не подписывать.

Одновременно в украинскую столицу прилетел и помощник Путина Владислав Сурков — у него была особая миссия, отличная от миссии Владимира Лукина. Если Лукин должен был работать с иностранными дипломатами, то Сурков — с Януковичем и его окружением, его задачей было обеспечить вменяемость украинской власти. А в этом Путин после двух месяцев слов Януковича о том, что «все под контролем», сильно сомневался.

Европейские министры передали Януковичу, что в результате кровопролития он уже практически стал изгоем, поэтому в его интересах пойти на все возможные уступки. Персональные санкции против Януковича и его силовиков, ответственных за расстрел Майдана, уже ввели США, их примеру должен был последовать и Евросоюз. Французский министр Лоран Фабиус пообещал «бить по кошельку ответственных за насилие».

Пока европейские министры, лидеры украинской оппозиции и Янукович вели переговоры, весь день 20 февраля из киевских аэропортов вылетали частные самолеты. Высшие чиновники правительства Януковича вывозили свои семьи, наличные деньги и ценности. Из одних только Жулян за сутки вылетело 64 спецрейса для VIP-персон.

В ходе переговоров Янукович на все согласился, пообещав провести конституционную реформу и досрочные выборы президента в декабре 2014 года. В решающий момент он вновь позвонил Владимиру Путину и тот тоже настаивал на том, чтобы Янукович подписал соглашение с оппозицией. Параллельно Путин созванивался с Ангелой Меркель, Бараком Обамой, Франсуа Олландом и Дэвидом Кэмероном.

Однако с подписанным соглашением не согласился Майдан. Когда лидеры украинской оппозиции вышли на главную площадь Киева, чтобы рассказать о том, что договорились с Януковичем, их освистали. В момент выступления Владимира Кличко, считавшего себя единым лидером оппозиции, на сцену прорвался один из активистов и закричал: «Наши лидеры жмут руку убийце! Позор! Никакой Янукович не будет править еще год! Завтра до десяти утра он должен уйти!» Майдан начал скандировать «Зека геть!». И прорвавшийся на сцену активист, Владимир Парасюк, продолжал: «Если завтра до десяти часов наши политики не выступят с заявлением, что Янукович должен немедленно уйти в отставку, мы с оружием идем на штурм! Я вам клянусь!»[48] В этот момент по площади понесли гробы с телами погибших, и лидеры оппозиции, в том числе Кличко, встали на колени.

Самым неожиданным событием 21 февраля стало вовсе не подписание соглашения и не то, что Майдан его не принял, а то, что силовики после этого снялись со своих мест и разъехались по домам. Уехали и внутренние войска, которые охраняли правительство и Верховную раду, и спецподразделение «Беркут», которое окружало администрацию президента. Приказ уходить отдал министр внутренних дел Виталий Захарченко. Для администрации это было настоящим шоком — Янукович и его люди вдруг оказались без охраны, один на один с восставшими.

Янукович позвонил Путину, чтобы сказать ему, что подписал соглашение и теперь намерен ехать в Харьков. «Ты куда собрался? Сиди на месте! У тебя страна выходит из-под контроля. Банды мародеров ходят по Киеву. Ты что, сумасшедший?» — кричал на него Путин. «Все под контролем», — ответил Янукович. «Невозможно было представить себе, что он такой мудак и такой трус. Это просто не могло прийти в голову» — примерно так позже выскажется Путин о своем бывшем коллеге.

Сурков фактически провалил свою миссию, ведь он должен был не допустить бегства Януковича из Киева и краха его режима. Отставка Суркова была предрешена, Путин ее лишь отсрочил, так как не любит наказывать сгоряча — в его стиле разводить причину и следствие по времени. Именно из-за этого в марте Сурков уехал отдыхать за границу, а его жена начала даже активно выкладывать в инстаграм его фотографии. Он уже счел, что фактически перестал быть чиновником и может позволить себе пожить жизнью частного лица. Но Суркова спас Запад, включив его в первый же санкционный список Европейского союза. А второй раз наказать уже наказанного врагами Путин не мог. Сурков сохранил должность помощника по украинским вопросам и спустя короткое время был вновь делегирован на Украину. На этот раз — чтобы разбираться с ситуацией на Донбассе.

## Фольга содрана

Вечером 21 февраля Янукович отправился в свою резиденцию Межигорье — на ту самую дачу, которой он дорожил больше, чем страной. Там уже полным ходом шла эвакуация: начиная с 19 февраля из Межигорья вывозились вещи, наличные, золотые слитки.

Янукович позвал на прощальный ужин главу администрации и спикера Верховной рады — верных людей, которые еще не ушли в отставку и не уехали из страны. Впрочем, глава парламента Владимир Рыбак приехал в Межигорье как раз для того, чтобы написать заявление об отставке. Он понимал, что удержаться у него уже не получится. Еще утром большинство депутатов от Партии регионов написали заявления о выходе из партии власти. После ужина все расселись по машинам и поехали в Харьков, где планировался сепаратистский конгресс, так называемый съезд депутатов всех уровней, который должен был оспорить победу Майдана и, возможно, потребовать федерализации или даже отделения восточных областей. Подобную попытку Янукович уже предпринимал в 2004 году, в разгар «оранжевой революции». Тогда она провалилась.

На этот раз она провалилась вновь. Как описывает в своей книге Соня Кошкина, Янукович вел себя так, как будто ничего не произошло, как будто он по-прежнему президент и его все еще кто-то слушается. Губернатор Харьковщины Михаил Добкин счел его поведение неадекватным и убеждал Януковича не появляться на съезде. Более того, сказал, что не гарантирует его личную безопасность.

Тем не менее Янукович всерьез размышлял над расколом страны. Вечером он собрал вокруг себя старых единомышленников и задал им вопрос: «Придумай название для страны?» «Китай», — пошутил один из собеседников. «Китай уже есть», — серьезно произнес другой. «Издеваешься?» — разозлился Янукович.

Наутро 22 февраля Янукович узнал, что ночью киевляне захватили его любимую резиденцию Межигорье. Затем он записал телеобращение, в котором сказал, что произошедшее в стране — это «бандитизм, вандализм, государственный переворот».

Затем случился, возможно, последний поворотный момент. Сбежавший из столицы президент подъехал к Харьковскому дворцу спорта, где должен был проходить съезд депутатов, вышел из джипа и направился ко входу. В этот момент у него зазвонил телефон. После короткого разговора Янукович остановился, вернулся в машину и уехал.

Съезд не состоялся — к зданию прорвались футбольные фанаты, поддерживавшие Евромайдан. Вся харьковская городская верхушка спаслась бегством.

Янукович отправился в донецкий аэропорт, но местные пограничники отказались выпускать его Falcon в Россию. Тогда Янукович поехал на автомобиле в Крым. Там он отпустил охранников и взял курс на побережье, где его подобрал российский вертолет.

В следующий раз Янукович появился на публике только через неделю, 28 февраля, в России. В ходе пресс-конференции в Ростове-на-Дону он производил впечатление неадекватного человека, все еще утверждая, что он единственный легитимный президент. Во всем произошедшем он винил радикальную оппозицию, «фашиствующих молодчиков» и «международных посредников», которые его предали.

Несмотря на разочарование в Януковиче, в Кремле разделяли его отношение к роли западных посредников. «Он подписал соглашение, дал приказ о выводе полицейских, оставался в стране. Европейские посредники обещали быть гарантами выполнения соглашения. То, что случилось, — просто вопиющая ситуация. Невиданное доселе развитие событий — это была прямая угроза для России», — анализирует Дмитрий Песков.

23 февраля Олимпийские игры в Сочи закрылись. В последние три дня российская сборная получала по две золотых медали в день и закончила Олимпиаду на первом месте в общекомандном зачете. Это был общенациональный триумф.

Однако в Кремле были заняты совсем другим. Владимир Путин уже принял решение о начале операции в Крыму.

«Парадокс этих Олимпийских игр в том, что они оказались одними из лучших игр в истории. Но они в общественном мировом сознании прожили несколько суток. Жирная печать Украины все перечеркнула», — вздыхает Песков.

Сам Путин, подводя итоги Олимпиады, говорил, что не сомневался в предубеждении Запада: «Есть когорта критиков, они далеки от спорта, они занимаются конкурентной борьбой в сфере международной политики. Они использовали этот олимпийский проект для достижения своих собственных целей в сфере антироссийской пропаганды. Чего бы мы ни говорили и как бы мы ни пытались кого-то переубедить, это невозможно, потому что у них другая работа, у них другая цель».

«Их цель — избавиться от Путина, — уверен Песков. — Однозначно он им некомфортен. Слишком строптива Россия при Путине, не склонна к уступкам, они готовы делать все, чтобы от него избавиться. Мы чувствовали это и раньше, но после Украины все по-другому. После Украины сброшены дипломатические маски. Раньше противостояние было упаковано в дипломатическую фольгу, а сейчас фольга содрана».

В 1980 году начало войны в Афганистане испортило праздник, к которому Советский Союз готовился не один год, — Олимпиаду-80 в Москве. 65 стран, в том числе США, Великобритания, Канада, ФРГ, Турция, Япония и даже Китай, бойкотировали Олимпийские игры. Бойкота Олимпийских игр в Сочи в 2014 году не случилось — крымские события начались сразу после окончания Олимпиады. Однако спортивный праздник вновь был испорчен.

# Глава 17

## В КОТОРОЙ МИНИСТР ОБОРОНЫ СЕРГЕЙ ШОЙГУ ОТОМСТИЛ ЗА АФГАНИСТАН И НИКОЛАЯ I

*Сергей Шойгу любит говорить, что с детства мечтал стать дальнобойщиком: только он абсолютно свободен и зависит только от себя. Нынешний министр обороны — рекордсмен по пребыванию во власти, он потерял свободу и независимость еще в 1991 году.*

*Шойгу всегда, даже не будучи министром обороны, вел себя как человек военный: армейские шутки, дисциплина, жесткий тон разговора, любовь к порядку — все это про него. Даже на фоне «чекистов» он выглядит куда более брутальным — он все-таки не филолог по образованию, а строитель.*

*У Шойгу идеальная для политика репутация — но он ее никогда не использовал. Он, собственно, и не политик. Он военный, всегда четко выполняющий приказ.*

*В 2006 году на съемке телепрограммы подросток задал Шойгу, тогда еще главе МЧС, вопрос: «Представьте, что мы все в самолете и он падает. Что бы вы скомандовали делать?» Шойгу, не задумываясь, ответил: «Ничего. Он ведь все равно падает».*

### Босс

Владимир Путин посоветовал министру обороны Сергею Шойгу посмотреть два сериала: Boss и House of Cards. Чтобы лучше изучить потенциального противника. «Тебе будет полезно» — так отрекомендовал фильмы президент. Ясно, почему они нравились Путину: они утверждали его во мнении, что западные политики — обычные циничные подлецы, все их слова о ценностях и правах человека не стоят выеденного яйца и нужны лишь для того, чтобы бороться с врагами. Шойгу полностью разделял предубеждения Путина.

Новый министр обороны всегда был максимально лоялен Путину, хотя его карьера началась задолго до того, как Путин переехал в Москву. Вообще, в путинском ближнем круге не было второго такого долгожителя, как Шойгу. Он стал федеральным министром еще в 1991 году, когда Владимир Путин работал советником мэра Петербурга Анатолия Собчака. Сначала Шойгу с нуля создал корпус спасателей, потом вырастил из него «министерство катастроф» — мощную и эффективную спецслужбу. В 1992 году Шойгу был посредником при урегулировании грузино-осетинского конфликта, занимался вывозом российских беженцев из Таджикистана.

Однако свой опыт Шойгу старался вообще никогда не выпячивать. Тем более что отчасти именно ему Путин был обязан своим президентством: популярный глава МЧС в 1999 году возглавил избирательный список пропутинской партии «Единство», которую придумали Березовский и Волошин. Успешный результат «Единства» (второе место) фактически гарантировал Путину победу на президентских выборах, так как уничтожил конкурирующий тандем Примакова–Лужкова. Однако это не принесло создателям партии ни дивидендов, ни благодарности Путина. Березовский через год уехал в добровольную эмиграцию в Лондон, почти все губернаторы, составившие костяк «Единства», тоже в скором времени лишились своих должностей. И у самого Шойгу в первые годы президентства Путина тоже было далеко не все в порядке.

Лидер «Единства» был категорически против слияния своего детища с блоком «Отечество — вся Россия», затеянным Владиславом Сурковым. Однако мнение министра Кремль решил проигнорировать, хоть Шойгу и получил символический пост сопредседателя «Единой России» (наряду с побежденными им мэром Москвы Лужковым и президентом Татарстана Шаймиевым).

Еще сложнее складывались отношения Шойгу с новой путинской элитой — бывшими сослуживцами Путина по ФСБ, которые взяли верх в новой администрации президента. Авторитетный силовик из ельцинской команды оказался для них естественным противником. Лидером «Единой России» на выборах в Думу 2003 года стал уже не Шойгу, а новый министр внутренних дел Борис Грызлов, совершенно нехаризматичный, но послушный исполнитель, одноклассник директора ФСБ Николая Патрушева. За полгода до выборов, в июне 2003 года, Грызлов начал мощную пиар-кампанию — борьбу с коррупционерами в рядах собственного ведомства. Образ сурового, но справедливого милиционера должен был понравиться избирателям. Разоблаченных сотрудников МВД в прессе называли «оборотнями в погонах». Однако руководителем преступной группы неожиданно оказался вовсе не милиционер, а генерал МЧС, ближайший подчиненный Сергея Шойгу. Зарабатывая предвыборные очки, глава МВД попутно «закапывал» собственного товарища по партии.

Партию трясло. В ней ходили слухи, что арестованный подчиненный Шойгу дал показания против своего босса, более того, признался на допросах, что самолеты МЧС ввозили в Россию наркотики из Таджикистана. Эти слухи остались слухами, но положение министра сильно пошатнулось.

Однако лояльность и терпение помогли Шойгу пережить опалу. Единственным способом не потерять все было сохранение доступа к Путину. И здесь Шойгу смог использовать любовь президента к охоте и экстремальному отдыху, а также уникальный ресурс МЧС. По сути, Шойгу стал эксклюзивным туроператором Путина, его специалисты могли организовать путешествие Путина в любую точку России, например на родину Шойгу в Туву — маленькую живописную республику на границе с Монголией. Сам глава МЧС стал неизменным спутником Путина на охоте и рыбалке. Именно Шойгу организовывал, к примеру, рыбалку Путина и принца Альбера II в 2007 году в Туве, когда он впервые позировал перед фотографами с обнаженным торсом, а также еще более знаменитую фотосессию, сделанную в августе 2009 года, когда полуголый Путин гарцевал на лошади в ковбойской шляпе.

В ходе той поездки Шойгу фактически выступал в роли режиссера-постановщика: это он подобрал Путину ковбойскую шляпу из арсенала МЧС и выбрал дерево, на которое потом забрался

Путин. Как рассказывали очевидцы, Путин тогда очень старался, чтобы фотосъемка получилась качественная: ему пришлось как минимум трижды пересечь узкую холодную реку Хемчик, пока не получился хороший кадр заплыва баттерфляем.

Через полгода произошла трагедия — в Перми сгорел ночной клуб, при пожаре погибли 156 человек. Сразу стало понятно, что виновата служба пожарной безопасности, которая неоднократно проверяла заведение и выдавала ему — за взятки — все возможные разрешения. СМИ стали писать, что подобная система характерна для МЧС, ведомства Шойгу, которое как раз и отвечает за пожарную безопасность. На положении Шойгу трагедия никак не отразилась.

В 2009 году совместное увлечение Шойгу и Путина вышло на новый уровень: они вместе возглавили Русское географическое общество, научную организацию, существовавшую с середины XIX века. Шойгу стал ее президентом, Путин — председателем попечительского совета (его предшественниками в этом качестве были императоры Николай I, Александр II, Александр III и Николай II).

Помощники Шойгу утверждают, что он действительно любит экстремальный отдых — ежегодно уходит в пешие походы по лесу, и каждый из таких походов становится огромной головной болью для ФСО, сотрудники которой не имеют права терять охраняемое лицо из виду. А следом за министром и президентской охраной по тувинской тайге бегут и офицеры Минобороны со спецсвязью и ядерным чемоданчиком.

В 2012 году на долю Сергея Шойгу выпало серьезное испытание: возвращаясь в Кремль, Путин назначил бессменного главу МЧС губернатором Московской области. Для него это было очевидным понижением, однако Шойгу стоически воспринял удар и продолжал столь же лояльно выполнять распоряжения Путина. Президент оценил эту безропотность — подмосковная ссылка продолжалась всего полгода. Уволив Сердюкова с поста министра обороны, Путин заменил его Шойгу — человеком нейтральным и не имевшим никакого отношения к атаке на Сердюкова. Это традиционная для Путина система «сдержек и противовесов» — поддавшись влиянию кого-то из своего окружения, он всегда следует совету лишь наполовину. Если некий приближенный активно лоббирует чью-то отставку, он вряд ли сможет назначить своего человека на освободившееся место. Отставку Сердюкова организовали глава администрации Сергей Иванов и «оружейный король» Сергей Чемезов, а значит, новым министром стал человек, никак с ними не связанный.

Важной для Шойгу миссией на новом месте стало налаживание отношений с генералами — они ненавидели Сердюкова за то, что он не считался с их мнением и видел в них помеху для реформы армии. Шойгу всю команду Сердюкова, состоящую из женщин, умеющих считать деньги, разогнал.

## Комар носа не подточит

В фильме «Крым. Путь на родину» Путин рассказывал, что всю ночь с 22 на 23 февраля провел, в ручном режиме руководя операцией по спасению жизни Виктора Януковича: несколько раз созванивался с убегающим из Донецка президентом Украины, потом держал связь с его охранниками, инструктировал спецназ, как обнаружить кортеж Януковича. По словам Путина, у него была информация, что новые власти Украины собираются убить свергнутого президента. Источником этой информации мог быть сам Янукович, который в своем последнем телеобращении к украинскому народу утверждал, что по его машине стреляли, обстреляли и автомобиль спикера Рады Владимира Рыбака (это, к слову, неправда — что утверждал и сам Рыбак).

Ту бессонную ночь Путин провел в Ново-Огарево, в компании ближайших советников: министра обороны Сергея Шойгу, секретаря Совбеза Николая Патрушева, главы ФСБ Александра Бортникова и главы администрации президента Сергея Иванова.

«Я всем моим коллегам, а их было четверо, сказал, что ситуация развернулась таким образом на Украине, что мы вынуждены начать работу по возврату Крыма в состав России. Потому что мы не можем бросить эту территорию и людей, которые там проживают, на произвол судьбы, под каток националистов» — так резюмировал события той ночи Путин.

Собеседники воспринимали эту идею с разной долей энтузиазма: Патрушев был горячо за и уговаривал Путина решаться без промедления. Шойгу, наоборот, был крайне осторожен. Именно ему предстояло отвечать за проведение планируемой операции, поэтому он перечислял аргументы против. Но в итоге Путин его не послушал.

Один из советников, принимавший непосредственное участие в подготовке операции в Крыму, рассказывает, что президент немного путает даты: «вежливые люди» были погружены на корабли в Новороссийске и отправились в Севастополь чуть раньше, 20 февраля — т. е. еще до свержения Януковича. Впрочем, в тот момент его судьба в Кремле казалась предрешенной — президент Украины начал переговоры с европейскими министрами и был готов на их условия. Именно этим и объясняется тот факт, что Путин проинструктировал своего представителя Владимира Лукина не подписывать соглашение.

В Кремле рассказывают, что обсуждение конкретного плана действий в Крыму началось еще в декабре 2013 года. Именно тогда в Москву привезли главу Верховного совета Крыма Владимира Константинова, который заявил секретарю Совбеза Николаю Патрушеву, что в случае свержения Януковича власти автономной республики будут готовы «уйти в Россию». Патрушев был удивлен такой решимостью — но приятно удивлен, рассказывает очевидец.

Идея вернуть Крым была не спонтанной. Еще в 2008 году, на саммите в Бухаресте, Путин говорил, что Украина, если вступит в НАТО, рискует остаться без Крыма и Востока. Чем дальше, тем чаще это проговаривалось. Со временем извечная путинская мантра «Надо заниматься Украиной, не то мы ее потеряем» превратилась в «Если Украина уйдет в НАТО, мы заберем Крым». Именно в крымском Севастополе, «городе русской славы», находится важнейшая стратегическая база Черноморского флота, которую Россия арендовала у Украины с 1991 года.

В 2010 году Дмитрий Медведев и Виктор Янукович подписали Харьковские соглашения: Россия снижала цену на газ (отступая от невыгодной для Украины формулы, той самой, из-за которой посадили Юлию Тимошенко), а взамен пролонгировала на 25 лет аренду базы для Черноморского флота, параллельно увеличивая максимальную численность российских военных расквартированных в Севастополе.

К осени 2013 года, когда в Киеве начался Майдан, разговоры на тему «Крым наш» в Кремле, среди силовиков и патриотичных бизнесменов стали ежедневными. Особенными поклонниками этой темы были глава «Роснефти» Игорь Сечин и глава РЖД Владимир Якунин.

Решение о возвращении Крыма в состав России было очень рискованным. С одной стороны, Патрушев и Бортников убеждали Путина, что, согласно закрытым опросам, проведенным ФСО, население Крыма отнесется к присоединению к России исключительно позитивно. С другой стороны, сопротивления быть не может: Украинское государство дезорганизовано, попросту некому отдавать военным приказ обороняться. В итоге решили, что операцию по «возвращению Крыма» надо начинать, но очень осторожно, и руководить ею поручили Шойгу. Остальные энтузиасты понимали, чем чреват провал, и не хотели становиться крайними в случае неудачи. А неудачи опасались всерьез, потому что, несмотря на многолетние разговоры о необходимости вернуть Крым, никакого плана не было. Действовать решили по ситуации.

Политической частью операции в Крыму руководил человек абсолютно новый для российской политики — Олег Белавенцев, много лет бывший помощником Шойгу по самым деликатным поручениям. В МЧС он руководил агентством Emercom, которое осуществляло операции министерства за рубежом. Когда Шойгу назначили подмосковным губернатором, Белавенцев стал его управделами. Наконец, когда Шойгу перешел в Минобороны, Белавенцев возглавил как раз ту фирму-подрядчик, которая подозревалась в максимальной коррупции во времена Сердюкова и фигурировала в его уголовном деле — «Оборонсервис».

Белавенцев 23 февраля поехал в Крым и стал разбираться в ситуации. Сначала захват Крыма планировалось осуществить при помощи действующего премьер-министра республики Анатолия Могилева, ставленника Виктора Януковича. Он согласился не мешать посланникам Москвы. Но потом испугался и убежал в Донецк.

Тогда Белавенцев первым делом пошел к лидеру крымских коммунистов, бывшему главе Верховного совета Крыма 66-летнему Леониду Грачу. В Москве он считался самым известным пророссийским политиком Крыма, дома же имел репутацию городского сумасшедшего. Эмиссар из Москвы поговорил с ним, а несколько дней спустя предложил стать новым премьер-министром. И даже дал поговорить по телефону с Шойгу. Тот сказал коммунисту, что Россия начинает возвращать Крым себе, и попросил взять на себя ответственность. Грач радостно согласился[49].

Но вскоре Шойгу понял, что Грач ничего в Крыму не контролирует и делать ставку на него не стоит. Про старого коммуниста забыли.

26 февраля в Симферополе начались беспорядки. Около здания Верховного совета собралось два митинга: крымско-татарский и русский. В городе прошел слух, что Верховный совет собирается принять обращение к Путину с просьбой принять Крым в состав России. Русские вышли поддержать, татары — протестовать. Между противоборствующими сторонами началась потасовка. Два человека погибло: одного задавили, второй умер от инфаркта. Но лидерам русской и татарской партий все-таки удалось развести толпу. Русскую партию возглавлял 41-летний местный депутат Сергей Аксенов.

В ту же ночь Шойгу приказал перебросить в Крым десантников, псковскую 76-ю гвардейскую дивизию. В Севастополе приземлилось десять самолетов, десантники ночью захватили Верховный совет, правительство Крыма и закрыли воздушное пространство. Над зданием Верховного совета был поднят российский флаг, но военные были без опознавательных знаков — местные жители называли их «зеленые человечки». Российские власти не признавались в том, что эти люди — российские военные, а наоборот, отрицали всякую причастность к происходящему. Десантники, взявшие под контроль Верховный совет в Симферополе, работали втемную, им не сказали, куда и с какой целью их перебрасывают. Задача формулировалась как установить контроль над зданием, а в каком городе и в какой стране — этого они не знали. Фактически же хозяином в здании Верховного совета стал Белавенцев.

В фильме «Крым. Путь на Родину» Путин рассказывал, что ему не потребовалось воспользоваться разрешением Совета Федерации о введении войск на Украину: «По соответствующему международному договору на нашей военной базе в Крыму мы имели права иметь 20 000 человек, даже чуть больше. И даже при том количестве, которое мы добавили, мы даже 20 000 не набрали. Строго говоря, мы ничего не нарушили и дополнительных контингентов туда не вводили». Впрочем, тогдашний и. о. президента Украины Александр Турчинов утверждал, что в Крыму находилось 46 000 российских военнослужащих[50]. К Совету Федерации за разрешением о вводе войск Путин обратился намного позже, 1 марта, когда крымская операция была уже на самом деле закончена и в ее успехе не было сомнений.

Еще до столкновения у здания Верховного совета 26 февраля в Крым прилетели сотрудники ФСБ и ГРУ (в том числе Игорь Гиркин, позже он станет известен под именем Игорь Стрелков). Их целью было организовать экстренное заседание парламента и избрать нового премьера. Депутаты ехать отказывались, поэтому люди в штатском везли их силой.

Глава крымского Верховного совета предложил избрать премьером Сергея Аксенова — лидера русской партии, малоизвестного депутата с темным прошлым. Того самого, который спровоцировал потасовку около Верховного совета 26 февраля, после чего российские войска срочно и перебросили в Севастополь. «Председатель парламента сказал мне: “Он наш Че Гевара, нам такой сейчас нужен”» — такими словами Путин описывал свое первое знакомство с Аксеновым.

«Парламент был абсолютно легитимным полноценным представительным органом власти Крыма, — рассказывал Путин в телеинтервью. — Люди собрались, проголосовали, избрали нового председателя правительства Крыма Аксенова Сергея Валерьевича. А юридически действующий президент Янукович его утвердил. С точки зрения украинского закона все абсолютно соблюдено. Конечно, можно сколько угодно болтать языком и интерпретировать, но комар носа не подточит».

Янукович после того, как 23 февраля российский вертолет забрал его из Крыма и доставил на российский военный корабль, а оттуда — в Москву, поселился в санатории управделами президента в Барвихе. Правда, по версии Путина, он еще возвращался в Крым в конце февраля, пока не понял, что в Киеве «договариваться не с кем».

Днем 27 февраля спикер крымского парламента поставил на голосование вопрос об отставке премьера Могилева и об избрании Аксенова новым премьером. По официальным данным, в зале присутствовали 64 депутата и 61 проголосовал за. Правда, по словам некоторых депутатов, их было только 53 — а значит, кворума не было. И за Аксенова голосовали 42 человека.

28 февраля военно-транспортными самолетами Ил-76 в Севастополь доставили 170 бывших военных, ветеранов Афганистана и Чечни, а также спортсменов, байкеров и участников патриотических клубов. Их расселили по военным санаториям в Крыму[51]. Руководил их доставкой депутат Госдумы, лидер Союза ветеранов Афганистана Франц Клинцевич, тоже давний друг министра обороны. В 1999 году он по призыву Шойгу привел своих афганцев в создаваемую пропутинскую партию «Единство», а после назначения Шойгу министром обороны запомнился комментарием: «Там, где Шойгу, там везде победа».

Съехавшиеся в Крым «туристы» искренне хотели возвращения Крыма в Россию и испытывали сильнейшую ностальгию по советскому имперскому прошлому. Они были готовы даже воевать, но им была уготована роль массовки. Они изображали митингующих, взбудораженных крымчан, которые требовали присоединения Крыма к России. Это был импровизированный Майдан, такой же искренний, как киевский. С той лишь разницей, что большинство его участников были россиянами, т. е. в тот момент иностранными гражданами. Впрочем, большая часть их ничем внешне не отличалась от местных жителей. Как действовать в сложной ситуации, их инструктировал депутат Клинцевич.

В считаные дни российские военные при поддержке «ополченцев» взяли под свой контроль все украинские военные базы. Никакого сопротивления никто не оказывал — почти все крымские военные базы были укомплектованы контрактниками из числа местных жителей. Почти все они были крайне пророссийскими и поддерживали идею присоединения к России.

## Призрак Николая I

У Крыма очень сложная история. В состав России он вошел еще при императрице Екатерине Великой в 1783 году. Но самые драматичные события на полуострове случились 70 лет спустя — в царствование императора Николая I.

Николай I должен был стать самым великим российским императором XIX века. Его старший брат Александр I победил Наполеона, но в памяти потомков остался как «властитель слабый и лукавый». Николай I был не таков — он подавил восстание декабристов, его придворный идеолог, министр просвещения граф Уваров, сформулировал для него русскую национальную идею: «Православие, самодержавие, народность». Император жестко подавлял польский сепаратизм — для него Польша была тем же, чем для Путина станет Чечня. Николай помог австрийскому императору разгромить революцию в Венгрии — за что заслужил прозвище «жандарм Европы». Наконец, Николай I, считавший себя великим православным монархом, видел своей миссией освобождение славянских народов, находившихся под властью Турции. Более того, он мечтал занять Константинополь, хоть и понимал, что спешить с этим опасно.

Николая I не раз сравнивали с Путиным. Большим сторонником этой параллели был бывший министр иностранных дел Чехии Карел Шварценберг: «При Николае I значительная часть Центральной Азии была завоевана русскими. Теперь Путин весьма успешно вновь берет эти районы под контроль России, а Запад проигрывает», — рассуждал он.

Трагедией Николая I стала Крымская война — первая и единственная в российской истории, в ходе которой Россия оказалась один на один против остального мира. В Крымской войне против России объединились Британия, Франция, Турция и даже Сардиния. Уже в постсоветские годы среди российских публицистов-антизападников сложится стереотип, согласно которому вся история России — это противостояние с Западом. На самом деле такое противостояние со всем Западом в российской истории было лишь однажды.

Именно возросшие амбиции России и стали причиной войны — Британия и Франция решили спасти Турцию от русского натиска. Началась Крымская война из-за дипломатического конфликта вокруг церкви Рождества Христова в Вифлееме. Чтобы оказать давление на Турцию, Россия ввела войска в Молдавию и Валахию, подконтрольные Османской империи. В ответ Франция и Британия послали свои флоты в Мраморное море, а после перехода русских войск через Дунай они объявили войну России.

Антироссийская пропаганда заполонила европейскую печать. Николая I называли «диктатором Севера», а британские газеты уверяли, что в Турции христиане пользуются большей религиозной свободой, чем католики и протестанты в православной России (и это несмотря на то, что еще в 1844 году Николай приезжал в Лондон и был личным гостем королевы Виктории). Одновременно в России впервые развернулась широкомасштабная антизападническая пропаганда.

В ходе Крымской войны стало очевидным сильное техническое отставание России от Британии и Франции. Война закончилась унизительным поражением и смертью императора Николая I. По одной из версий, царь покончил жизнь самоубийством после того, как захлебнулось начатое по его инициативе наступление на Евпаторию, а оборона Севастополя становилась обреченной на неудачу.

Героизация обороны Севастополя началась во многом благодаря воспоминаниям одного из ее участников — Льва Толстого. Окончательная сакрализация Севастополя как «города русской славы» произошла уже в XX веке, когда праздновалось 100-летие обороны.

В год 100-летия обороны Севастополя, в 1954 году, советское руководство приняло решение передать Крым от России Украине. В 2014 году, после операции по возвращению Крыма, Путин скажет, что это было личное решение Хрущева. Но на самом деле бывший руководитель Советской Украины Хрущев в 1954 году еще не имел достаточной власти, чтобы принимать подобные решения единолично. Через год после смерти Сталина страной управлял коллектив сталинских наследников, первым среди которых был глава правительства Георгий Маленков. С ними первому секретарю ЦК КПСС приходилось считаться. Хрущеву удастся отстранить их и утвердить собственное единовластие только в 1957 году. Впрочем, достоверного объяснения, по какой причине Крым был передан Украинской ССР, до сих пор нет. Наиболее убедительной кажется аграрная версия: Хрущев рассчитывал орошать крымские степи водой из Днепра и собирался возложить на украинское руководство заботу о сельскохозяйственном развитии полуострова.

## Крым наш

Избрав нового премьера в конце февраля, парламент Крыма принял решение провести 25 мая референдум — одновременно с выборами нового президента Украины на смену Януковичу. При этом Аксенов заявил, что именно Януковича крымские власти считают легитимным президентом и будут выполнять его распоряжения. Точная формулировка вопросов, которые будут вынесены на референдум, опубликована не была. Поначалу крымские власти говорили, что речь не идет о присоединении к России — вопрос только об уточнении статуса автономии.

Проблема заключалась в том, что в Москве еще не решили, что делать с Крымом. Вся либеральная часть Кремля и правительства была против присоединения — указывали на пример Абхазии и Южной Осетии, которые президент Медведев признал независимыми в 2008 году, но в состав России не включил, чтобы не нарушать международное право. Точно так же надо признать независимым Крым — так говорило большинство чиновников — де-юре он будет независимым государством, а де-факто «мы его не бросим».

28 февраля, на следующий день после объявления о проведении референдума в Крыму, в Госдуму был внесен законопроект об упрощении порядка приема в состав России новых территорий. По действовавшему законодательству новый субъект

мог присоединиться к России только после заключения международного соглашения с государством, от которого он ушел. По новому закону соглашения не требовалось, достаточно было референдума и обращения к Москве местных властей. Автором законопроекта числился лидер «Справедливой России» Сергей Миронов, хотя на самом деле документ был разработан в Кремле. Так Владимир Путин хотел прощупать почву — посмотреть, как будет воспринята эта идея. Важно, что инициатива как бы исходила не от власти, а от оппозиции[52].

После этого начались ожесточенные переговоры. В ночь с 1 на 2 марта Владимир Путин полтора часа разговаривал с Бараком Обамой. Американский президент пригрозил России изоляцией, сказал, что не приедет на саммит G8 в Сочи, намеченный на июнь. Через сутки он выступил в Белом доме, заявив, что Россия «не может нарушать основные принципы, признанные миром» и США готовятся применить «дипломатические меры по ее изоляции». Слово «санкции» он не произнес.

Официально новая формулировка референдума, предусматривающая присоединение Крыма к России, была утверждена Верховным советом 6 марта. По словам людей, прямо или косвенно задействованных в процессе, работа над новой формулировкой началась примерно 3–4 марта.

4 марта Путин провел пресс-конференцию, на которой сказал, что Россия не рассматривает вариант присоединения Крыма, правда, вспомнив про Косово, заметил, что «никто пока не отменял права наций на самоопределение». К этому моменту принципиальное решение о присоединении Крыма было принято. Столкнувшись с беспрецедентным давлением со стороны Обамы и Меркель, Путин решил, что не может уступить, а в то, что они пойдут на серьезные санкции, он не верил. Он считал, что максимальное возмездие уже заявлено — это бойкот саммита G8 в Сочи. В его системе ценностей и это было очень сильным оскорблением. Однако пожертвовать саммитом в Сочи ради Крыма Путин мог себе позволить. Он был уверен, что на что-то более серьезное Запад не решится, а если и решится, то ненадолго. После войны в Грузии тоже грозили изоляцией, и ничего, все забылось.

Тем не менее в итоге закон Миронова сочли ненужным и не приняли. Но в ночь с 5 на 6 марта крымский парламент объявил об изменении формулировки референдума («Вы за воссоединение Крыма с Россией на правах субъекта РФ?») и об изменении даты — не 25 мая и не 30 марта, как говорили раньше, а 16 марта. То есть на всю подготовку отводилось десять дней.

7 марта в Москве, под стенами Кремля, на Васильевском спуске, был проведен «Народный сход за братский народ», где впервые прозвучал лозунг «Крым наш».

16 марта в Крыму за присоединение к России, по официальным данным, проголосовало 96,77%. Аналогичный референдум был проведен и в Севастополе — только там это было еще проще, город населен российскими военными и пророссийские настроения там еще сильнее. Через день, 18 марта, Владимир Путин на церемонии в Кремле подписал договор о принятии Крыма и Севастополя в состав РФ.

Апогеем 2014 года стал День Победы 9 мая. Путин и Шойгу прилетели в Севастополь на Парад Победы, и это выглядело как их главный триумф. Город гудел, скандируя «Россия, Россия!». Это была абсолютная Победа. После парада Путин поехал в Ялту на дачу к своему другу, Виктору Медведчуку. Отметить.

## Русская весна

Сразу после референдума большая часть «ополченцев» Клинцевича, а также десантников и сотрудников ФСБ покинула Крым. Десантников вернули на базы их постоянной дислокации, а добровольцы отправились на Восточную Украину — продолжать претворять в жизнь идею Путина, что «в НАТО Украина уйдет без Крыма и Востока».

Дальнейшей операцией Шойгу уже не руководил (его человек Белавенцев остался в Крыму и был назначен полпредом президента России в республике). Поначалу операцией на Донбассе не руководил никто, единого центра принятия решений не было, администрация президента собирала информацию с разных сторон и поощряла всех вовлеченных, но конкретных распоряжений не давала.

По общему ощущению российской власти, Украина как государство прекратила свое существование, центральной власти больше не было, восточные области должны продолжать падать в объятия России, как это сделал Крым, местное население будет голосовать за, местные военные не будут оказывать сопротивление.

Главным сторонником активных действий России на востоке Украины был советник Путина экономист Сергей Глазьев. Годом раньше его могли назначить главой Центробанка, но этому воспротивился Алексей Кудрин и переубедил Путина. К экономическим советам социалиста Глазьева Путин тоже особо не прислушивался — тон задавали либералы. Глазьеву было особенно нечего делать в России, поэтому он и направил все свои усилия на борьбу на Восточной Украине, тем более что сам он родом из Запорожья.

Глазьев регулярно докладывал Путину, что пророссийские настроения на Востоке Украины не стихают, жители Донецка продолжают митинговать за отделение от Киева. Именно Глазьев активнее других пропагандировал проект «Новороссия» — так называлась в царские времена юго-восточная часть Украины. По замыслу Глазьева Новороссия должна была присоединиться к России вслед за Крымом.

Однако Путин не хотел предпринимать никаких решительных действий. Он всякий раз говорил Глазьеву: пусть жители Восточной Украины делают первый шаг, а дальше Москва их поддержит. Впрочем, он начал публично употреблять термин «Новороссия»: «Эта Новороссия и этот Харьков, Луганск, Донецк, Херсон, Николаев, Одесса не входили в состав Украины в царские времена. Это все территории, которые были переданы в Украину в 1920-е годы советским правительством», — сказал Путин 17 апреля.

В ряде юго-восточных областей Украины (Одесской, Донецкой, Луганской, Харьковской, Днепропетровской) продолжали бушевать митинги — так называемые антимайданы. По большей части их участники были искренни — они возмущались тем, что киевские власти, как старые, так и новые, их не слышат и не учитывают. Впрочем, зачастую митинги были хорошо организованными.

Спонсорами, как правило, выступали олигархи, прежде поддерживавшие Виктора Януковича. С приходом новой власти в Киеве их положение могло существенно осложниться, поэтому им нужно было получить поле дня маневра, доказать собственную необходимость новой власти и свое влияние в регионах.

К примеру, в Донецке антимайдан финансировал хозяин города, самый богатый человек Украины Ринат Ахметов, бывший главным спонсором Виктора Януковича в течение всей его политической карьеры. Ахметов за десять лет отстроил Донецк и явно хотел его модернизировать, сделав более европейским городом. Он возвел новый аэропорт (в 2011 году ему дали имя родившегося здесь композитора Сергея Прокофьева), построил гигантский стадион для своего футбольного клуба «Шахтер», на котором проводились матчи чемпионата Европы по футболу 2012 года. В 2014 году все это в течение полугода будет уничтожено.

## Стрелок

«Но спусковой крючок войны все-таки нажал я, — рассказывал в интервью националистической газете «Завтра» в ноябре 2014 года полковник Игорь Стрелков. — Если бы наш отряд не перешел границу, в итоге все бы кончилось, как в Харькове, как в Одессе. Было бы несколько десятков убитых, обожженных, арестованных. И на этом бы кончилось. А практически маховик войны, которая до сих пор идет, запустил наш отряд. Мы смешали все карты на столе. Все!»

Действительно, молниеносная крымская операция не повторилась ни в одной из областей. В Харькове и Донецке протестующие просто захватили областные администрации, но больше ничего не происходило, они не выдвигали никаких требований.

12 апреля группа вооруженных людей захватила отделение милиции в Славянске Донецкой области. Их руководителем был Игорь Стрелков. Именно с этого дня начался вооруженный конфликт на Востоке Украины.

«Я был советником у Аксенова в Крыму, — вспоминал Стрелков. — Я командовал единственным подразделением крымского ополчения: рота специального назначения, которая выполняла боевые задачи. Но после боя за картографическую часть, когда двое погибли (а я этим боем командовал), рота была расформирована, люди разъезжались.

Когда произошли события в Крыму, было понятно, что одним Крымом дело не закончится. Крым в составе Новороссии — это колоссальное приобретение, бриллиант в короне Российской империи. А один Крым, отрезанный перешейками враждебным государством, — не то.

Когда украинская власть распадалась на глазах, в Крым постоянно прибывали делегаты из областей Новороссии, которые хотели повторить у себя то, что было в Крыму. Было ясное желание у всех продолжить процесс. Делегаты планировали у себя восстания и просили помощи. Аксенов, поскольку на него такой груз свалился, он по 20 часов в сутки работал, попросил меня заниматься северными территориями. И он сделал меня советником по данному вопросу. Я стал работать со всеми делегатами: из Одессы, из Николаева, из Харькова, Луганска, Донецка. У всех была полная уверенность, что если восстание разовьется, то Россия придет на помощь. Поэтому я собрал неразъехавшихся бойцов роты, набрал добровольцев. Собралось 52 человека.

На Славянск вышли совершенно случайно. Нам нужен был средний город. 52 человека — это сила в более-менее небольшом населенном пункте. И мне сказали, что в Славянске наиболее сильный местный актив. Этот вариант мы оценили как оптимальный»[53].

Прежние городские власти были отстранены, Славянском стали управлять «ополченцы» — так называли себя люди Стрелкова. Первые дни центральные власти не предпринимали по этому поводу никаких действий. Прямого вмешательства России тоже не было — Путин не был уверен в успехе, поэтому не давал никаких указаний. Зато Стрелкову помогал его бывший работодатель, крупный российский бизнесмен Константин Малофеев.

Украинские власти были заняты подготовкой президентских выборов, которые состоялись 25 мая. Волнения в Харькове были вскоре прекращены, после того как милиционеры освободили от захватчиков здание областной администрации. Идти на штурм в Донецке и Луганске киевские власти не решились, опасаясь кровопролития. Зато все более серьезные бои начались под Славянском: воевали не армии, а две вооруженные группировки. С одной стороны были «ополченцы» во главе со Стрелковым, с другой — украинская боевая националистическая организация «Правый сектор», сформированная на Майдане, во главе с Дмитрием Ярошем.

Стрелков довольно скоро стал публичной фигурой, начал давать пресс-конференции и записывать видеообращения. В них он призывал российские власти прийти ему на помощь, прислать в Восточную Украину войска. Свои действия он координировал с Москвой, прежде всего с Глазьевым. Однако никакой помощи он не дождался. Москва и так уже столкнулась с санкциями из-за Крыма, присоединять Восток Украины Путин не собирался.

«У меня был приказ категорический — не сдавать Славянск, — рассказывал Стрелков. — А когда я сообщил о том, что намерен выйти, мне несколько раз повторили приказ не выходить, оборонять Славянск до последнего. “Вас обязательно деблокируют, обороняйте Славянск”. Спрашиваю: “Чем поможете?” Молчание. А у меня тысяча человек и тысячи членов их семей. Положить их я права не имел. Поэтому я принял решение на прорыв».

5 июля 2014 года, когда Славянск был почти окружен украинской стороной, Стрелков и его люди вышли из окружения и прорвались в Донецк. Это стало началом нового этапа войны.

«Когда мы вошли в Донецк — все там было замечательно, — вспоминает Стрелков. — Сидел киевский мэр, УВД по-прежнему подчинялось Киеву — двоевластие классическое. Город совершенно не был подготовлен к обороне. Блокпосты оборудованы плохо, дороги не перекрыты, можно было зайти как угодно... Донецк на тот момент был совершенно мирный город. Народ загорал, купался, спортсмены тренировались, люди в кафе пили кофе. Как в Москве летом, так и в Донецке было».

В течение нескольких месяцев Донецк, город-миллионник, превратился в военный ад. И Стрелков этим фактически гордится. Первым делом он предложил взорвать девятиэтажки на краю города, чтобы было удобнее обороняться. В городе началась экспроприация личного автотранспорта в военных целях. Бизнес был обложен пятипроцентным «налогом на войну».

Ринат Ахметов уехал из города еще в мае. В августе его дом был сожжен. Свой футбольный клуб «Шахтер» он перевез на Западную Украину, во Львов.

Значительно плотнее Востоком Украины тем временем стали заниматься в Кремле. К Сергею Глазьеву присоединился Владислав Сурков, поначалу планировалось, что первый будет заниматься экономикой региона, а второй — политикой. Именно Сурков сформировал органы власти так называемой Донецкой Народной Республики. Премьер-министром был назначен бывший московский политтехнолог и публицист Александр Бородай, а министром обороны — Стрелков.

Глазьев первое время носился с идеей создания в Донецке собственной валюты и собственной финансовой системы. Однако у Суркова была совсем другая задача — Путин не просил его развивать новое непризнанное государство, наоборот, ему нужно было иметь рычаг воздействия на Украину. Целью Суркова было попытаться интегрировать Донецк и Луганск обратно в состав Украинского государства, чтобы с их помощью воздействовать на украинскую политику. Например, не допустить вступления Украины в НАТО или какие-либо другие альянсы.

Глазьев этой цели не понимал и не хотел понимать, он всерьез собирался строить новую жизнь на вверенных ему территориях. Поэтому очень скоро он оказался отстранен от процесса. А Сурков постоянно курсировал между Киевом и Москвой, договаривался с новым президентом Порошенко о способах примирения с Востоком.

С Порошенко Сурков был знаком давно, тот приезжал в Кремль договариваться еще перед «оранжевой революцией» в 2004 году, кроме того, у шоколадного магната была своя фабрика в России и активы в Крыму. Он был очень удобным собеседником. Однако согласиться на условия Суркова (например, полную амнистию всем участникам ополчения или федерализацию Украины и признание особого статуса Донецка и Луганска) он никак не мог — его бы не поняли избиратели.

## Снова «империя зла»

Вечером 17 июля на странице группы Игоря Стрелкова в социальной сети появился комментарий: «В районе Тореза только что сбили самолет Ан-26, валяется где-то за шахтой Прогресс. Предупреждали же — не летать в “нашем небе”. А вот и видеоподтверждение очередного “птичкопада”. Птичка упала за террикон, жилой сектор не зацепила. Мирные люди не пострадали. А также еще есть информация о втором сбитом самолете, вроде бы Су». Спустя час стало известно, что в небе над Донецком был сбит пассажирский самолет «Боинг-777». На борту «Боинга» находилось 283 пассажира и 15 членов экипажа.

Крушение «Боинга» стало шоком для всего мира. Если кто-то на тот момент не подозревал о конфликте на Украине, на следующий день о нем узнали все. Не меньшим шоком это было для Путина. Это был переломный момент, после которого отмена санкций стала уже невозможна.

В 1983 году советский истребитель сбил южнокорейский «Боинг», по ошибке вошедший в воздушное пространство СССР. Это стало самым страшным ударом по имиджу Москвы — после этого президент Рейган окрестил Советский Союз «империей зла». Теперь Владимир Путин оказался в аналогичной ситуации. После падения «Боинга» ему стало ясно, что дороги назад, к прежним отношениям с Западом, уже не будет.

Сепаратисты не признавали своей вины в падении самолета, обвиняя во всем украинскую сторону, но были совершенно деморализованы. Тем временем наступление украинской армии развивалось успешно и стремительно. Стрелков продолжал вести активную публичную жизнь в Сети — громогласно требовал от Путина срочно ввести войска, чтобы поддержать донецкое ополчение. Украинские войска тем временем окружали Донецк с обеих сторон и были близки к тому, чтобы отрезать его от российской границы.

В конце июля СБУ Украины опубликовала в Интернете запись прослушанного телефонного разговора между премьер-министром ДНР Бородаем и главным спонсором ополчения, бизнесменом Константином Малофеевым (он был ошибочно идентифицирован как помощник Суркова Алексей Чеснаков — из-за того, что оба в момент разговора находились во Франции, один в Биаррице, а другой в Нормандии). «Если ничего не изменится в военном плане, две недели мы не продержимся», — говорил Бородай, подтверждая, что силы ДНР на исходе. Кроме того, он жалуется спонсору, что закончились деньги. И тот обещает дать еще.

В ответ Малофеев рассказал, что «находится в поездке с отцом Тихоном» (Шевкуновым), и передал с его слов просьбу Стрелкову: тот должен публично выступить и заявить о своей верности Путину.

«Очень важно, чтобы "Легендарный" дал интервью, которое было бы показательно лояльным, — говорил Малофеев. — В котором он сказал бы, вот я добрался наконец в Донецк. Все, что здесь происходит, люди какие-то в Сети пишут, что я якобы против Верховного главнокомандующего… Так вот говорю. Я офицер, у меня есть Верховный главнокомандующий. В настоящий момент я не выполняю его прямые приказы, потому что я нахожусь в другом государстве. Но отношусь к нему с величайшим уважением. Считаю его ярчайшим лидером современности, благодаря которому Россия встала с колен. И мы все с надеждой смотрим на него, не в смысле "ну когда же?", "сколько можно?", а в смысле: любим, верим, он наш идеал, и какие бы решения он ни принимал, будем выполнять любые его решения, потому что он многомудрый лидер русского мира».

Обеспокоенность отца Тихона и самого Путина была связана с тем, что популярность Стрелкова в Интернете росла с невероятной скоростью. Общественное мнение, которое еще вчера рукоплескало Путину за присоединение Крыма, сегодня уже требовало новых побед. И призывы Стрелкова ввести войска на Украину у многих находили отклик — все больше людей публично упрекали Путина в нерешительности.

В итоге в августе положение стало критическим. Стало ясно, что украинские войска вот-вот дожмут сепаратистов, отрежут их от российской границы и после этого никакого рычага влияния на Украину у Москвы уже не останется. Петр Порошенко станет победителем, и слушать Суркова у него не будет оснований. Тогда Владимир Путин все-таки решился задействовать кадровых военных. Так же, как это было в Крыму, тайно.

## Свечка за павших

На подмогу Стрелкову Сергей Шойгу отправил все тех же десантников, которые зимой брали под контроль Крым, а потом были награждены за это памятными медалями. ДНР перешла в неожиданное контрнаступление. В интервью газете «Завтра» Стрелков называл российских военных «отпускниками», по официальной версии все они ушли в отпуск, чтобы повоевать добровольцами за Новороссию.

«Мы 40 суток держали Донецк до прихода “отпускников”. Последние дни были просто отчаянные», — вспоминал он.

Российские военные пошли в контрнаступление в сторону приморского города Мариуполя, второго по величине города в Донецкой области, в который переехала из Донецка подконтрольная Киеву областная администрация. И чуть было не взяли его.

Вот как рассказывал об этом Стрелков: «В основном на Мариуполь наступали “отпускники”. Мариуполь был пустой, там двое суток не было украинских военных, можно было взять без боя. Но был приказ не занимать. Не просто приказ остановиться, а приказ ни в коем случае не занимать».

Наступление российских войск завершилось Иловайским котлом — самым тяжелым поражением украинской армии за все время конфликта, попытка окружить сепаратистов провалилась, с украинской стороны погибло около 1000 человек.

Первые потери появились и среди российских солдат — на кладбище под Псковом появились свежие могилы десантников, убитых на Востоке Украины. Скрывать участие Российской армии, по сути, было уже невозможно, но Владимир Путин продолжал отрицать очевидное. В телефонном разговоре с Ангелой Меркель он уверял, что под Донецком только солдаты, которые ушли в отпуск. «Хорошо, а они что, у вас в отпуск прямо с оружием и военной техникой уходят?» — восклицала канцлер. «Ой, вы знаете, у нас в стране такое воровство, такая коррупция.

Эта техника наверняка украдена со складов», — не смущаясь, ответил Путин. Меркель повесила трубку.

При этом Путин вовсе не считал, что он кого-то обманывает: солдаты, по его мнению, знали, на что шли. 10 сентября, через неделю после окончания боев под Иловайском, он пошел в церковь и, по его словам, «поставил свечки за тех, кто пострадал, защищая людей в Новороссии». Тем самым он отдал дань памяти тех солдат, участие которых в войне Россия до сих пор не признает. Семьям убитых военных выплатили компенсации — при условии, что они не будут разговаривать с журналистами.

А Игоря Стрелкова выслали из Донецка в Москву вскоре после начала боев под Иловайском, командование операцией взяли на себя московские генералы Сергея Шойгу, а лидера ополченцев отстранили от дел за то, что он слишком много болтал. Одновременно с ним в Москву вернулся и премьер Бородай — оперативное управление передали от москвичей местным, донецким.

Стрелков вернулся в Москву разочарованным: «А изначально я исходил из того, что повторится крымский вариант — Россия войдет. Это был самый лучший вариант. И население к этому стремилось. Никто не собирался выступать за Луганскую и Донецкую республики. Все изначально были за Россию. И референдум проводили за Россию, и воевать шли за Россию. Люди хотели присоединения к России. Российские флаги были везде. У меня на штабе был российский флаг и у всех. И население нас воспринимало под российскими флагами. Мы думали: придет российская администрация, тыл будет организован Россией и будет еще одна республика в составе России. И о каком-то государственном строительстве я не думал. А потом, когда понял, что Россия нас к себе не возьмет (я себя ассоциировал с ополчением), для нас это решение было шоком»[54].

## Внешняя политика стала внутренней

Вернувшись в Москву, Стрелков начал разоблачать Владислава Суркова, руководившего политикой Кремля на Донбассе. Своего бывшего куратора он называл «великим комбинатором», «всеми силами загоняющим Новороссию обратно в состав Украины в качестве "автономии" в обмен на признание Крыма российским», а еще обвинил его команду в воровстве.

«Деньги действительно будут выделены, но подчеркиваю, эти деньги по большей части при таком руководителе и таких исполнителях до народа не дойдут... будет обеспечена такая система, которая сделает невозможным контроль над освоением этих средств, — сетовал Стрелков. — Будет просто их "распил", как говорят в России, разграбление на всех уровнях»[55].

Но небольшой скандал совершенно не повлиял на политический процесс. Стрелков, бывший героем в Донецке, в Москве оказался даже не политической фигурой, а полузабытым маргиналом. А Владислав Сурков продолжал вести переговоры с Киевом и руководить непризнанными республиками на Востоке Украины. Его недавняя опала оказалась забыта. На одном из праздников недавний премьер ДНР Бородай произнес в его честь цветистый тост: мол, только Владислав Сурков мог после того, как его перевели с внутренней политики на внешнюю, добиться того, что внешняя политика России стала внутренней.

Именно Сурков (вместе со старым другом Путина Виктором Медведчуком) стал главным архитектором Минских соглашений. Цель их была все той же — заполучить вечный инструмент влияния на Украину, сохраняя при этом полный контроль над ДНР.

Российские военные были задействованы и во второй решающей битве — непосредственно перед подписанием второго Минского соглашения сепаратисты взяли город Дебальцево, важнейший транспортный узел, соединяющий Донецк и Луганск. В Дебальцевском котле погибло больше 250 украинских военных. В течение месяца после этого российские специалисты восстановили железную дорогу, и между Донецком и Луганском начала ходить электричка.

Война на Востоке Украины стала все больше походить на замороженный конфликт, наподобие Абхазии, Южной Осетии или Приднестровья. Каждый месяц из России в Донбасс ввозили до 7 млрд рублей наличными (банковской системы там нет). Кроме того, российские компании «Газпром» и «ИнтерРАО» бесплатно поставляли туда газ и электричество.

Вялотекущий военный конфликт продолжался, но не вызывал никакого отторжения у российского населения. Напротив, война была популярна как никогда. Патриотическая волна, начавшаяся с Олимпиады и Крыма, никак не хотела спадать. Владислав Сурков, десять лет назад имитировавший войну с целью защиты от «цветной революции», на этот раз стал заниматься настоящей войной. Российские военные начали всерьез воевать с украинскими, будучи абсолютно уверенными в собственной правоте и в том, что они не агрессоры, а жертвы. Что Россия не нападает, а обороняется — вынуждена защищаться, потому что ее атаковала Америка.

Символом изоляции России стало празднование 70-летия Победы 9 мая 2015 года. Все лидеры G7 бойкотировали праздник. Зато приехали председатель КНР Си Цзиньпин, кубинский лидер Рауль Кастро и президент Зимбабве Роберт Мугабе. Но главным героем парада стал министр обороны Сергей Шойгу. Телезрителей впечатлило то, что перед тем, как принять парад, Шойгу снял фуражку и перекрестился. Коммунистические и православные традиции слились воедино, образовав невиданный доселе путинский ритуал.

# Глава 18

## В КОТОРОЙ АЛЕКСЕЙ КУДРИН ПРОИГРАЛ БИТВУ ЗА МЕСТО В ГОЛОВЕ ПРЕЗИДЕНТА

*Алексей Кудрин, возможно, идеальный чиновник. Покинув правительство и оказавшись в умеренной оппозиции, он стал деканом факультета свободных искусств и наук Санкт-Петербургского университета. И это Кудрину очень идет. Он выглядит как раз как многомудрый, рассудительный профессор-экономист. На самом деле Кудрин никогда не был профессором, он всегда был чиновником. И свои академические экономические знания приобрел, работая в министерстве. В те годы его еще дразнили, называя главбухом России.*

*После отставки те, кто высмеивал его прежде, начали называть его самым честным и самым профессиональным министром. Но даже в отставке Кудрин ведет себя как чиновник, пусть и очень либеральный, просвещенный и интеллигентный. Договориться с ним о встрече — сложнейшая эпопея. Он переносил наше интервью (в силу занятости, неожиданных встреч, срочных поездок и т. д.) раз десять, всякий раз присылая вежливые эсэмэски.*

*У Кудрина замечательный офис. Он похож на небольшой, скромный дворец, правда, за пределами Садового кольца, рядом с Олимпийским проспектом. Кабинет Кудрина очень напоминает его вице-премьерские покои в Белом доме.*

*Сам Кудрин, конечно, не считает себя оппозиционером. Он, видимо, считает, что он на скамейке запасных — и его время еще придет. Ведь он, в отличие от остальных либералов, продолжает изредка общаться с Путиным и давать ему советы. Жалеет ли он, что ушел из правительства из-за конфликта с бывшим президентом Медведевым и тем самым ограничил свой доступ к Путину? В ответ*

*Кудрин загадочно улыбается: «Мне иногда задают такой вопрос. Но все же нет, не жалею. Я не могу рассказать почему. Это не какие-то договоренности с Путиным или кем-либо из власти. Это мои личные основания». Говорит он тоном профессора, который просто не может объяснить школьнику суть своего новейшего открытия.*

## Прощай, кабинет

В марте 2014 года стало понятно, что «либеральная партия» в Кремле проиграла. Владимир Путин практически перестал к ней прислушиваться. Примерно раз в неделю он встречался с новым министром финансов Антоном Силуановым, раз в месяц выслушивал его предшественника Алексея Кудрина, но не собирался менять своих подходов к политике. Их компетенция касалась только сферы финансов — во всем остальном, по мнению Путина, он разбирался значительно лучше, поэтому мнения либералов не спрашивал.

Алексей Кудрин по-прежнему был в авторитете. Он участвовал во многих совещаниях, и нередко именно за ним оставалось последнее слово. Рассказывали характерную историю — в конце 2013 года президент Путин вызывал Кудрина на совещание по экономическим вопросам. Речь зашла об изменении подоходного налога, и весь экономический блок правительства был единодушен: и министр экономики, и министр финансов, и глава Центробанка, и советник президента по экономическим вопросам. Против был только Алексей Кудрин, непонятно в каком статусе присутствующий на заседании. После жарких споров президент согласился с Кудриным и объявил заседание закрытым.

После отставки в 2011 году Кудрин несколько месяцев не освобождал свой кабинет в Министерстве финансов. Он успел выступить на крупнейшем оппозиционном митинге на проспекте Сахарова, но при этом сохранял за собой рабочий кабинет на улице Ильинке, в старом министерском особняке. Новый министр, его преемник, Антон Силуанов — из уважения к патрону — тоже не переезжал в его кабинет. Первые несколько месяцев после отставки Кудрин существовал на положении призрака, «тени отца Гамлета». Он не занимал никаких государственных должностей, но продолжал по инерции время от времени ходить на работу.

Никто из правительственных либералов, включая нового министра, все равно не был на Кудрина в обиде. Он все равно был если не патриархом, то первым среди равных, потому что, помимо опыта, у него было одно важнейшее достоинство. Он был другом Путина. Кудрин имел прямой доступ к телу. Они работали вместе с начала 1990-х годов, причем Кудрин, единственный из всей современной бюрократии, не был в те годы подчиненным Путина — они были наравне. Путин в 1990-е годы возглавлял международный отдел в мэрии Петербурга, а Кудрин — финансово-экономический. Кудрин самостоятельно — без протекции Путина — переехал в Москву, его позвал архитектор ельцинских экономических реформ Анатолий Чубайс. Путин и Кудрин были на «ты», президент называл его «Леша». Словом, Алексей Кудрин был, возможно, последним влиятельным либеральным демократом в стране.

Но в начале 2014 года Кудрин оказался в странной роли единственного гонца, который осмеливается приносить плохие вести. Путин его больше не слушал. Все остальные, всё окружение президента, говорили прямо противоположное — совсем не то, что Кудрин. Все были убеждены, что курс, который взял Путин, — верный. Поэтому выслушивать сомнения Кудрина у Путина не было ни времени, ни желания.

Самое главное — Кудрин не верил в то, что война против России развязана Соединенными Штатами Америки. Сколько раз Путин объяснял ему, показывал донесения разведки, цифры и сводки. Кудрин как будто не слышал. Он всякий раз начинал говорить про экономические последствия. И у Путина лопалось терпение. При чем тут экономические последствия? США ведут войну на уничтожение. Они хотят свергнуть лично его, они пытаются сделать это еще раз — как в прошлый раз пытались в 2003 году при помощи Ходорковского. Но и в этот раз у них ничего не получится.

А на войне у Кудрина нет никаких шансов. Чиновничьи привилегии, спецпропуска и спецсвязь больше не давали никаких дополнительных преимуществ — не давали возможности донести до Путина свою точку зрения. А значит, не было никакой нужды ими себя обременять. Кудрин даже не стал устанавливать в своем новом офисе закрытую линию для связи с президентом.

## Реванш системы

День 1 марта был ужасным. Владимир Путин официально обратился к Совету Федерации — верхней палате российского парламента — за разрешением использовать вооруженные силы за пределами страны. Так положено по конституции. Это, конечно, сущая формальность, и никогда раньше ни один российский президент такого не делал. Борис Ельцин не спрашивал у парламента, когда вводил войска в Чечню, а Дмитрий Медведев не получал одобрения на ввод российских танков в Грузию. Но они оба уверяли, что те случаи — это была никакая не война, а «контртеррористическая операция» или даже «операция по принуждению к миру». Путин нарочно обратился к парламенту — сам этот жест должен был стать символическим. Таким образом он грозил миру.

Мир действительно такого не ожидал и был шокирован. Но больше всех была шокирована Валентина Матвиенко, председатель Совета Федерации, которой предстояло в выходной день, в субботу, собрать своих подопечных, чтобы они единогласно одобрили решение президента. Никаких сомнений в итоге голосования не было — сенаторы всё и всегда одобряли единогласно. Но как их собрать?

Когда Валентина Матвиенко, бывшая в молодости вожатой в пионерском лагере, узнала, что ей необходимо как-то собрать хотя бы половину сенаторов, у нее началась смеховая истерика. Задание действительно было до смешного невыполнимым. Совет Федерации — это вовсе не тот орган, который работает как часы. Официально верхняя палата российского парламента собирается в Москве два раза в месяц — это не считая того времени, когда у сенаторов каникулы (т. е. всю зиму и все лето). Фактически у сенаторов только 15 или 20 рабочих дней в году, но далеко не все они исправно посещают заседания. Обычно явка — около 50% (для кворума этого достаточно). По статусу они приравнены к членам правительства и получают такую же зарплату, что и федеральные министры. Но большинству сенаторов эта зарплата в общем-то не нужна. Членами Совета Федерации зачастую становятся миллиардеры, которым нужен дополнительный государственный статус. Или бывшие криминальные авторитеты (тоже миллиардеры, впрочем), которым этот статус нужен как страховка от уголовного преследования. И лишь в редких случаях члены Совета Федерации — это заслуженные пенсионеры, которых сослали из большой политики на покой.

Весенняя сессия еще не началась, Олимпиада в Сочи только-только закончилась — все сенаторы на отдыхе: кто в Альпах, а кто на островах. За сутки не до всех можно дозвониться — не то что заставить явиться на работу. Сенаторов судорожно обзванивали все: сама Матвиенко, ее замы, главы комитетов, губернаторы — тем, у кого были собственные самолеты, было велено брать с собой попутчиков — доставлять в Москву товарищей по несчастью, вырывая их с отдыха.

Заседание назначили на шесть вечера. Но и в шесть вечера не было кворума. Тем не менее спикер Валентина Матвиенко заявила, что это «сбой в машине», и предложила все равно начать — по ее словам, еще несколько сенаторов обещали приехать уже в процессе заседания. И действительно, вскоре на табло появилась цифра 90 — свозили опоздавших.

Привезенные с Французских Альп сенаторы в общем-то были единодушны. Если бы их выступления услышал неподготовленный зритель, он мог бы подумать, что Совет Федерации одобряет не введение войск на Украину, а сразу объявление войны США.

«Барак Обама перешел красную линию, оскорбил весь русский народ!» — бушевал вице-спикер Воробьев[56]. Он был известен как лучший друг и многолетний зам Сергея Шойгу, министра обороны. И как отец губернатора Московской области: покидая должность подмосковного губернатора, Шойгу «по наследству» передал ее сыну лучшего друга и своему крестнику. «Россия должна отозвать своего посла из Вашингтона», — требовал сенатор.

Но никто, наверное, не выступал так проникновенно, как 84-летний сенатор Николай Рыжков. Он сказал — по сути — обычные слова. Мол, на Украине «государственный переворот», к власти пришла «коричневая чума» и это результат заговора «американцев и других шведов», которые уже «разгромили Югославию, Египет, Ливию, Ирак и т. д.». Это, в общем, стандартная риторика старого коммуниста. Но для Рыжкова и его речь, и само голосование означали триумф и полную реабилитацию.

Николай Рыжков был предпоследним премьер-министром Советского Союза. Именно он проводил все экономические реформы перестройки, которые позже были признаны неудачными. В 1990 году он рассорился с Горбачевым, слег с инфарктом и ушел в отставку, нещадно критикуя президента СССР и обвиняя его в том, что он разрушает великую страну. В 1991 году Рыжков пытался вернуться в политику — именно он был главным соперником Бориса Ельцина на самых первых, исторических выборах президента России. Ельцин тогда победил в первом туре, а Рыжков занял второе место и получил только 16%. На этом его политическая карьера, казалось бы, оборвалась. О Рыжкове забыли — даже несмотря на то, что он продолжал занимать какие-то церемониальные должности, а в 74 года, в 2003 году, был назначен сенатором.

Распад Советского Союза и крах плановой экономики были для Рыжкова трагедией всей жизни. Все последние 20 лет он клеймил либералов во власти, в первую очередь Алексея Кудрина, публично радовался его отставке.

По взглядам Рыжков и Кудрин были полными противоположностями. Один — бывший заведующий экономическим отделом ЦК КПСС, апологет марксистско-ленинской философии; другой — убежденный рыночник. Еще в конце 1980-х годов, в разгар перестройки и первых съездов народных депутатов, Рыжков был едва ли не главным врагом Анатолия Собчака, будущего мэра Петербурга, начальника и учителя Кудрина и Путина. В своей книге воспоминаний «Хождение во власть» Анатолий Собчак посвятил Рыжкову целую главу «Плачущий большевик Николай Иванович». И в ней он описывает премьера как идеального винтика советской машины, как представителя номенклатуры, который готов до последнего отстаивать ее интересы.

По иронии судьбы через 23 года после своего полного поражения «плачущий большевик» неожиданно взял реванш. Советский Союз, конечно, не возродился, но его старосоветская риторика вдруг стала уместна, актуальна и популярна. Более того, он присутствовал на заседании Совета Федерации, который принимал решение о вводе российских войск на Украину. И это при том, что сам Рыжков — родом с Украины. Он родился в Донецкой области, в шахтерской семье. «Плачущий большевик» был счастлив.

Рыжков, надо сказать, был не единственным сенатором-«украинцем», голосовавшим за ввод войск. На Украине родилась и спикер Валентина Матвиенко — учиться, правда, она поехала в Петербург, родной город Путина, Кудрина и Собчака.

Все члены Совета Федерации проголосовали за. На следующий день Валентина Матвиенко получила разнос в администрации президента, а потом еще один — от Путина, за то, что на историческом совещании была такая низкая явка. Всего 90 человек из 168 сенаторов.

16 марта в Крыму прошел референдум. И в тот же день США и Евросоюз опубликовали первые санкционные списки. В них оказались и Валентина Матвиенко, и сенаторы, наиболее активно выступавшие за введение войск на Украину. В том числе и 84-летний Николай Рыжков. Благодаря обрушившимся на него санкциям Николай Рыжков вдруг стал героем. О нем стали снимать фильмы, федеральные газеты брали у него интервью, в которых величали «последним премьером империи». Новообретенный патриарх российской политики клеймил «предателей» Горбачева и Ельцина и хвалил Путина за возрождение страны.

## Исповедь в Кремле

18 марта, через день после Крымского референдума, Красная площадь была оцеплена новосибирским ОМОНом — его специально привезли в столицу за 3000 километров, чтобы усилить охрану порядка. Город был почти на осадном положении, потому

что в Кремле готовилось экстренное послание президента. Путин собирался выступить перед членами Думы, Совета Федерации, правительства и специально приглашенными почетными гостями. Поэтому полицию для усиления безопасности в столице свезли со всей страны — даже из Сибири.

В Москве был мороз, и депутаты образовали огромную очередь на входе в Большой Кремлевский дворец. Все были в очень похожих черных пальто и черных меховых шапках — как члены Политбюро. На общем фоне выделялся только гигантский боксер (и тоже депутат Госдумы) Николай Валуев — в сером пальто и шляпе. Каждый из депутатов был ему по пояс, и все с ним фотографировались. В очереди шутили исключительно про санкции: кто уже попал, а кто еще нет. Политическая элита немного нервничала — кто-то от неизбежности санкций, а кто-то от осознания исторического момента. «Внукам буду рассказывать, что был в Кремле в этот исторический день, слушал эту историческую речь».

Речь Путина действительно была исторической. Не только потому, что он объявил, что Крым и Севастополь входят в состав Российской Федерации. За полчаса он вспомнил и пересказал всю историю своего президентства: как менялось его мироощущение, как он стремился быть нормальным либеральным европейским президентом, как разочаровался в западных друзьях, как уверовал в их враждебность и как никогда больше не поверит в их искренность. Никогда еще российский президент не произносил таких эффектных и проникновенных слов — не речь, а исповедь, публичный сеанс психоанализа на высшем уровне.

«Россия искренне стремилась к диалогу с нашими коллегами на Западе. Мы постоянно предлагаем сотрудничество по всем ключевым вопросам, хотим укреплять уровень доверия, хотим, чтобы наши отношения были равными, открытыми и честными. Но мы не видели встречных шагов. Напротив, нас раз за разом обманывали, принимали решения за нашей спиной, ставили перед свершившимся фактом, — делился своей личной обидой Путин. — Нам все время одно и то же твердили: “Вас это не касается”».

14 лет назад Путин звучал совершенно иначе. Россия может стать полноправным членом НАТО, «если с интересами России будут считаться, если она будет полноправным партнером», говорил он, тогда кандидат в президенты, в марте 2000 года в эфире Би-би-си. Трудно сказать, правда ли он верил в такую перспективу, но он явно хотел понравиться западным коллегам.

Следом Путин подружился с Джорджем Бушем. Как позже вспоминал американский президент, он взглянул в глаза «другу Владимиру» и «увидел в них душу». Когда друзья Джордж и Тони в 2004 году за спиной у Путина приняли в НАТО семь стран, в том числе страны Балтии, он воспринял это как личное предательство. «Владимир пришел к выводу, что американцы не отводят ему то место, которого он заслуживает» — так вспоминал Блэр о закончившейся дружбе с Путиным в своих мемуарах.

«Нас раз за разом обманывали, принимали решения за нашей спиной, ставили перед свершившимся фактом. Так было и с расширением НАТО на восток, с размещением военной инфраструктуры у наших границ. Нам все время одно и то же твердили: "Ну, вас это не касается"», — прямым текстом говорит Путин в Крымской речи.

Еще более сильным ударом стало решение Лондонского суда отказать в экстрадиции Закаева и Березовского. Путин просто не верил, что Блэр не может повлиять на судей. Поведение бывших друзей Путин счел лицемерным — и напомнил об этом и в Крымской речи: «Наши западные партнеры во главе с Соединенными Штатами Америки предпочитают в своей практической политике руководствоваться не международным правом, а правом сильного. Они уверовали в свою избранность и исключительность, в то, что им позволено решать судьбы мира, что правы могут быть всегда только они».

Впрочем, тот факт, что американцы и европейцы не признают в нем равноправного партнера, Путина бесил всегда — и он всегда с удивительной искренностью в этом признавался. Ту же мысль Путин откровенно высказал в интервью журналу *Time* и в 2007 году, когда его признали человеком года: «Америка не нуждается в друзьях. У нас складывается впечатление, что США нужны вассалы, которыми можно покомандовать... нам и всем остальным говорят: “Нет, их можно немножко пощипать и попенять, потому что они не совсем цивилизованные, они еще дикие немножко, они недавно с дерева слезли. Поэтому мы должны их немножко причесать — они сами это сделать не смогут, — побрить их, отмыть от грязи”. Вот у нас такая цивилизаторская роль»[57]. Пожалуй, ни один мировой лидер никогда настолько откровенно не выражал свою обиду.

Настоящим другом Путина был Уго Чавес[58], который также отличался экстравагантной искренностью. Обращение к американской аудитории, к которому прибегает Путин в своей Крымской речи, было излюбленным риторическим приемом венесуэльского президента. Раз в неделю Чавес вел многочасовую программу «Алло, президент», в которой регулярно обращался к американцам, будто бы смотревшим центральное телевидение Венесуэлы. И говорил он примерно то же самое, что и Путин: «Нас пытаются загнать в какой-то угол за то, что мы имеем независимую позицию, за то, что ее отстаиваем, за то, что называем вещи своими именами и не лицемерим». В 2006 году Чавес апеллировал к американцам с трибуны ООН, призывая одуматься и понять, что президент Буш — дьявол во плоти. В своей Крымской речи Путин впервые обратился напрямую к американскому народу, а также к европейцам и украинцам — раньше ничего подобного он не делал.

Отношение Путина к СССР за десять лет совершенно не изменилось: в 2005 году в послании к Федеральному собранию он называл крушение СССР «величайшей геополитической катастрофой XX века» и «величайшей драмой для российского народа». Теперь, девять лет спустя, он повторял ту же мысль, но уже куда менее официально и наукообразно: русские — это самый большой в мире разделенный народ, а русскоязычное население Крыма было отдано, как «мешок картошки». Он не поменял точки зрения и не противоречил себе.

Появилась только одна тема, отношение к которой Путин кардинально пересмотрел.

«Людей поистине независимых, которые не боятся испортить отношения с начальством, не боятся потерять свое место, пишут то, что думают, — таких людей на самом деле мало. Но их мало не только в журналистской среде, их мало вообще: они такие пассионарные люди, они в любой среде немножко диссиденты. Но тем не менее именно такие люди, бескорыстные, честные, и вызывают уважение, где бы они ни работали, — журналисты они или политики, кто угодно», — говорил Путин в 2007 году в интервью *Time*. В Крымской речи никакие диссиденты уже не упоминались, зато появились «национал-предатели» и «пятая колонна», которая, кстати, всегда была излюбленной метафорой Чавеса. Только так он называл оппозицию и либеральных журналистов, отказывая им в искренности и бескорыстии.

Однажды разочаровавшись, Путин с годами лишь углубился в свое разочарование. Однажды решив, что западные партнеры его предали, он уже не прощал их и всегда продолжал лишь укрепляться в этой мысли. Так и с диссидентами — однажды назвав их «предателями», Путин продемонстрировал, что никогда уже к ним не прислушается.

Зал был в восторге. Слушатели разражались овациями после каждого абзаца в речи Путина — как будто невидимая рука дирижировала ими. Всего оваций было 27. Причем две первые и две последние были стоячими — почти весь Георгиевский зал Кремля вставал со стульев и начинал скандировать «Россия! Россия!» и «Путин! Путин!».

Потом Путин и руководители Крыма символически подписали документы о присоединении полуострова к России. Прозвучал гимн. И все потянулись к выходу — обнимаясь и поздравляя друг друга. Особенно сиял президент Чечни Рамзан Кадыров. Он шел к выходу, в голос напевая строчки российского гимна. По дороге прервался, лишь увидев знакомого: «Ну что, теперь Аляска?» — заливаясь радостным смехом, спросил он.

Остальные тоже демонстративно радовались — но в кулуарах разговаривали о санкциях. Причем в присутствии журналистов они начинали уверять, что санкции им нипочем — более того, это повод для гордости, «номинация на политический “Оскар”», как выразился бывший кремлевский идеолог Владислав Сурков. «Это большая честь для меня. Счетов за рубежом не имею. В США меня интересуют Тупак Шакур, Аллен Гинзберг и Джексон Поллок. Для доступа к их произведениям виза не нужна.

Так что ничего не теряю», — рассуждал он о том, что накануне был включен в санкционный список США. Более того, когда его, завзятого интеллектуала и любителя европейского искусства, спросили, не боится ли он попасть в аналогичный европейский санкционный список, Сурков излучал самоуверенность: «Вся Европа здесь — в голове. Этого достаточно».

Ответ Суркова, собственно, демонстрировал, что у него не было сомнений — со дня на день он ждал включения и в санкционный список ЕС, после чего путешествовать в Европу он смог бы только в фантазиях. Поэтому, не теряя лишнего времени, на следующий же день Сурков собрал вещи, семью и друзей и отправился в путешествие в любимый Стокгольм. И не ошибся. Уже 21 марта был опубликован дополнительный европейский список, включавший фамилию Суркова. Поездка в Стокгольм действительно оказалась последним свиданием с Европой.

## Наказанные друзья

Если для Николая Рыжкова попадание в санкционные списки стало большой радостью и доказательством того, что он еще не забыт и, более того, актуален, а для Владислава Суркова санкции стали большим огорчением, поскольку он искренне любил ездить в Европу, то для многих близких друзей президента Путина санкции оказались настоящей трагедией. Дело в том, что они уже много лет жили за границей, там были их дома, там учились их дети, там находилась их собственность и бизнес.

Но вовсе не они пытались образумить Владимира Путина. Это по-прежнему делал только Алексей Кудрин, опальный экс-министр финансов. Что любопытно, Кудрин бился в одиночестве. Почему молчали сами пострадавшие? Почему все собеседники Путина хором говорили ему о безошибочности его политики? Почему, например, давние друзья (граждане Финляндии) Аркадий и Борис Ротенберги, Юрий Ковальчук или Геннадий Тимченко (проживающий в Швейцарии гражданин Финляндии) не пытались переубедить его?

«Поставьте себя на мое место, — так пересказывает один из знакомых Юрия Ковальчука его слова, произнесенные в дружеском кругу. — Если я буду ему надоедать, как Кудрин, говорить ему то, что ему не нравится, перечить — чем это для меня закончится? Я уменьшу свой доступ к телу, сам накажу себя еще сильнее, чем это сделали европейцы. Я сделаю себе еще хуже. Зачем мне это нужно? Ради кого?»

Никто из приближенных Путина не смел с ним спорить, потому что многие понимали, что он — только он — является основным гарантом и источником их благосостояния. Только из его расположения произрастает их легитимность. Свои богатства они заработали не упорным трудом или талантами в бизнесе, а благодаря знакомству с ним. Отдаление и опала означали лишение этого благосостояния. Его гнев лично для них намного опаснее любых западных санкций. Больше того, путинские олигархи даже хвастались своей готовностью пожертвовать благосостоянием ради Путина в парадных интервью. «Если понадобится, завтра же передам все государству. Или на благотворительность. Лишь бы пошло на пользу, — говорил Геннадий Тимченко в интервью государственному агентству ИТАР-ТАСС. — Мы с женой много раз обсуждали тему. Лично нам миллиарды не нужны...»[59]

Тимченко не зря упомянул свою жену. Елена Тимченко — амбициозная светская дама — имела значительное влияние на мужа. Она жила в Швейцарии, на семейной вилле на Женевском озере и вела образ жизни просвещенной европейской меценатки. Считая себя покровительницей искусств, она даже организовала собственный кинофестиваль в Женеве, на который по ее приглашению съезжались российские, да и не только российские кинозвезды.

По Елене Тимченко санкции ударили первой — она лишилась не только роскошной виллы и безмятежного образа жизни. Как многократно рассказывал сам Тимченко, она как раз перенесла хирургическую операцию и должна была оплатить ее, но, как оказалось, ее счет был заблокирован. Эта история впечатлила и самого Владимира Путина — он то и дело пересказывал ее, как свидетельство бесчеловечности санкций, раз они затрагивают не только лиц, внесенных в санкционный список, но и членов их семей. Елена Тимченко даже стала одной из героинь прямой линии, которую Путин проводил в апреле 2014 года.

## «Два еврея, один хохол»

Петербургский форум был одним из любимых детищ Путина. В 1990-е годы ельцинские олигархи для привлечения инвестиций в Россию и лучшего знакомства с зарубежными коллегами создали Российский экономический форум в Лондоне. Еще в 2007 году Путин решил, что проводить смотр достижений российской экономики в Британии негоже, и запретил чиновникам ездить на Лондонский форум — а вместо него порекомендовал Петербургский, проводимый ежегодно с 1997 года. Год 2014-й должен был стать для этого мероприятия звездным — началось российское председательство в «Большой восьмерке», и Путин решил совместить саммит G8 с форумом. Для этого форум перенесли на месяц раньше — с июня на май.

Но присоединение Крыма и последовавшие санкции изменили все планы. G8 самоликвидировалась, саммит был отменен — в итоге Петербургский форум превратился в грустную свадьбу, с которой сбежала невеста, а жених и его друзья продолжают куражиться друг перед другом, утверждая, что не очень-то невеста им всем и нравилась, без нее даже лучше.

Почти все самые видные участники форума были под санкциями, и все как один говорили, что санкции — благо, они вовсе не страшны, а даже полезны.

Были и такие, кто радовался искренне. Для некоторых (например, для главы железнодорожной госмонополии Якунина) попадание в санкционный список стало фактически спасением. Над чиновниками сгущались тучи, и ходили слухи, что вот-вот их отправят на покой, но западные санкции исправляли ситуацию. Бросить верного человека в беде Путин не мог — и уже наказанный западными санкциями Якунин был переназначен на новый срок. Уволен Якунин будет только год спустя, в августе 2015 года.

Владимир Путин на форуме пребывал в прекрасном настроении. Он долго выступал на сессии перед бизнесменами, потом повторил все то же на пленарном заседании, а потом еще раз — отвечая на вопросы. Везде звучала мантра: Россия протягивает Западу оливковую ветвь, а Запад ее отвергает. Мы стремимся к миру, а Запад не хочет с нами общаться. Несколько раз он рассказал, что российский министр экономики Алексей Улюкаев («Между прочим, либерал», — с максимальной язвительностью и даже пренебрежением уточнял Путин) ездил на переговоры с представителями Евросоюза — и никто, никто не захотел с ним разговаривать.

Впрочем, не менее шутливо Путин отзывался и о своих старых друзьях: «Против кого санкции-то ввели? Выбрали как специально двух евреев и одного хохла», — шутил он, имея в виду братьев Ротенберг и Тимченко.

В последний день форума Путин встречался в загородной резиденции с иностранными журналистами. Первые два часа он был расслаблен, шутил и подтрунивал. И вдруг ближе к концу встречи, когда журналист Associated Press задал вопрос про свободу слова в России, президент рассвирепел. «Не вам, американцам, учить нас! После того как американские каналы так лгали о событиях на Майдане, у вас нет никакого морального права даже заикаться о свободе слова!» — кричал Путин.

Большая часть зарубежных гостей форума не приехала, а главной темой обсуждения неожиданно стали санкции, единственное, что осталось неизменным, — это светская программа форума. Миллиардер Михаил Прохоров проводил традиционный прием-дискотеку со стриптизершами, танцующими на барных стойках, как и в предыдущие, «тучные» годы.

## Борьба за место в голове Путина

В июне президенту Путину принесли аналитический отчет, в котором утверждалось, что угроза потери контроля над недрами вновь нависла над страной. 11 лет назад советники Путина били тревогу, предупреждая его, что самый богатый человек в стране, владелец компании ЮКОС Михаил Ходорковский собирается продать российскую нефть американцам, — и Путин до сих пор был благодарен им, и в первую очередь Игорю Сечину, за то, что они сберегли его власть и предотвратили продажу крупнейшей нефтяной компании за рубеж.

И вот все повторилось. Сечин вновь бил тревогу: другая крупнейшая российская нефтяная компания может быть продана иностранцам и этого никак нельзя допустить. Особенно в такой момент, когда американцы вводят против России санкции и прикладывают все возможные усилия, чтобы ослабить страну. Речь шла о компании «Башнефть». Далеко не самой крупной в стране — «Башнефть» была шестой по величине, — но очень хорошо развивающейся и с большим объемом запасов. В сентябре компания должна была разместить свои акции на Лондонской бирже и таким образом выйти из-под контроля, уверял Путина Сечин.

Игорь Сечин, как и Алексей Кудрин, работал с Путиным с самого начала 1990-х годов. Но если Кудрин в первые годы совместной работы был Путину равным партнером, то Сечин всегда был подчиненным. И он как никто другой знал психологию Путина. Он знал, что самое страшное обвинение для Путина — это обвинение в предательстве. Предать лично его и предать Россию — для Путина эти понятия стояли очень близко. И Сечин стал последовательно убеждать Путина, что владелец «Башнефти» Владимир Евтушенков — предатель. Он не просто хочет продать компанию за рубеж, он испугался санкций, хочет предать товарищей, сограждан и самого президента.

Евтушенков заработал свои миллиарды благодаря бывшему мэру Москвы Юрию Лужкову. Он был его «придворным» бизнесменом и обязан ему своим состоянием — более того, они свояки, Евтушенков женат на сестре Елены Батуриной, жены Лужкова. Но когда у Лужкова случился конфликт с президентом, его начали травить по федеральным телеканалам и вскоре отправили в отставку, Евтушенков не только не вступился за патрона. Он начал от него открещиваться и говорить в интервью, что никак с Лужковым не связан — и даже в гостях у него ни разу не был.

Евтушенков много вкладывался в научные и ИТ-разработки, ему нравилось, когда его называли «русским Биллом Гейтсом». Именно его компании был поручен запуск системы ГЛОНАСС —

русского аналога и конкурента американской навигационной системы GPS. Куратором проекта был Сергей Иванов, в 2007 году считавшийся возможным преемником Владимира Путина, но проигравший гонку Дмитрию Медведеву. Когда стало ясно, что Иванов не станет будущим президентом России, проект начал потихоньку глохнуть — Евтушенков перестал проявлять какое-либо рвение в его осуществлении. Зато он увлекся другой инновацией — «русским айфоном», или так называемым МТС Glonass 945. Его изготовили и с помпой представили первым лицам, но производила эти телефоны китайская ZTE. Дмитрий Медведев перестал быть президентом, а Евтушенков перестал интересоваться прежней игрушкой.

Все эти эпизоды из биографии Евтушенкова Игорь Сечин подобрал в единую папочку и продемонстрировал ее Путину, чтобы у того не оставалось сомнений в том, что Евтушенков предатель. Главным пунктом была, конечно, «Башнефть» — Евтушенков завладел ею в 2009 году с разрешения Дмитрия Медведева. Путин о сделке, конечно, знал, однако Сечин сообщил боссу неизвестные детали, мол, у компании есть «латентные акционеры».

У Сечина были свои причины интриговать против Евтушенкова. «Роснефть», крупнейшая нефтяная компания России, возглавляемая Сечиным, испытывала серьезнейшие проблемы, у нее падала добыча, она требовала субсидий от правительства. Поглощение маленькой, но очень успешной и быстрорастущей «Башнефти» решило бы все проблемы «Роснефти» и Сечина.

Более того. Отдалившись от Лужкова, Владимир Евтушенков подружился с самыми видными либералами из окружения Путина: главой Сбербанка Германом Грефом и архитектором ельцинских реформ Анатолием Чубайсом. Они были идейными и принципиальными противниками Сечина — нанести удар по либералам было для него делом чести.

Для самого Сечина, конечно, не было никаких сомнений в том, что размещение акций «Башнефти» на Лондонской бирже — это удар по энергетической безопасности страны, удар в спину ровно в тот момент, когда Запад ведет против России экономическую и психологическую войну. Поэтому Сечин всеми силами старался, во-первых, предотвратить выход «Башнефти» на Лондонскую биржу, ну а во-вторых, добивался отъема компании у Евтушенкова.

Предприниматели, имевшие какое-либо дело с Сечиным, рассказывают, что у него есть одна любопытная особенность. Против любого бизнес-партнера Сечина всегда немедленно возбуждается уголовное дело. Просто так, на всякий случай. Чтобы партнеры были более сговорчивыми и контролируемыми. Довольно часто это не заканчивалось никаким судом — дело просто закрывалось. Но таков был стиль работы Сечина — и его давняя привычка.

В середине июля акционеры «Башнефти» вдруг неожиданно узнали, что их акции арестованы по решению Басманного суда — того самого, который 11 лет назад санкционировал арест Ходорковского. Оказалось, что Следственный комитет, начав расследовать приватизацию «Башнефти», выяснил, что прежние собственники компании (продавшие акции Евтушенкову) купили компанию с нарушением закона, а значит, и самого Евтушенкова стоит признать скупщиком краденого.

Арест акций означал, что размещение на Лондонской бирже юридически невозможно. Но это было только начало. Сам Евтушенков заявил журналистам, что это рейдерский захват его компании. Два месяца спустя тот же Басманный суд принял решение поместить Евтушенкова под домашний арест. Его обвинили в «хищении и легализации» акций компании «Башнефть».

Арест Евтушенкова поверг российский крупный бизнес в неменьший шок, чем присоединение Крыма и война на Украине. «Это намного хуже, чем любые санкции, — говорили миллиардеры из списка *Forbes*, — теперь ясно, что никаких правил игры нет. У любого могут отобрать все что угодно».

Действительно, с точки зрения бизнеса, хорошо знающего путинскую логику, арест Евтушенкова принципиально отличался от дела ЮКОСа. Михаил Ходорковский нарушил правила игры — он стал вмешиваться в политику и был за это наказан. Евтушенков же — полная противоположность Ходорковскому. Он всегда был осторожен, всегда тонко чувствовал конъюнктуру, никогда не совершал опасных или резких шагов. Сделка по покупке «Башнефти» была со всеми согласована.

За Евтушенкова пытались заступиться практически все — в первую очередь его товарищи Чубайс и Греф. Но довольно скоро они поняли, что их заступничество не только неэффективно, но даже опасно. В той секретной папке, которую показали Путину, было написано, что Чубайс и Греф — латентные акционеры «Башнефти», а их вмешательство только подтверждало эту версию. Слушать их аргументы Путин даже не хотел. Фактически все либералы из окружения Путина оказались отрезаны от него — никакого влияния на президента они оказать не могли.

Чтобы достучаться до шефа, они придумали довольно безнадежный метод. Если не удается добиться личной аудиенции, то нужно выступить публично, так чтобы Путин услышал, возможно, понял.

Первым был Герман Греф. Он выступил с незапланированной речью на инвестиционном форуме «Россия зовет!» — и неожиданно начал говорить о том, почему развалился Советский Союз. «Советское руководство было удивительно некомпетентно. Они вообще не знали законов экономики и не выполняли их. В общем-то счастливые люди», — обличал Греф. Он говорил о том, что в России не хватает конкуренции и людей «нельзя мотивировать ГУЛАГом».

Путина в тот момент на форуме не было, он выступал в тот день после обеда, но выступление Грефа стало бомбой — оно затмило все остальные события форума, все писали лишь про «мятеж Грефа». Но выступавший позже Путин никак не отреагировал. Он много шутил (под громогласный хохот зала), уверял, что экономика России очень сильна, просто требует серьезной мобилизации и у государства существуют для этого ресурсы. Но давним слушателям Путина запомнилась еще одна деталь — произнося фразу «Не так страшен черт, как его малюют», президент вдруг запнулся, перекрестился и сказал: «Господи, прости». Поведение для России XXI века крайне нетипичное — упоминать черта всуе, конечно, считалось грехом, но скорее в XIX веке. В современном мире подобные привычки могли сохраниться разве что у монахов. «Много общается с духовниками, святыми отцами», — сделали вывод либералы.

Через три дня вразумить Путина попытался Алексей Кудрин. Единственный вариант, который он придумал, чтобы поговорить с начальником, — это было интервью на Первом канале российского телевидения самому известному российскому телеведущему Владимиру Познеру. «Для меня защита российских национальных интересов — в усилении экономической мощи. Без нее не будет ни военной мощи, ни какой-либо другой. А сейчас наша экономическая сила ослабевает, мы не сможем добиться тех целей, которые мы поставили во внешней и во внутренней политике, поэтому мое беспокойство усилилось», — говорил Кудрин фактически на языке Путина.

Кудрин надеялся, что, напомнив о себе Путину, он вновь вызовет его интерес. Но прежний Путин, на возрождение которого надеялся Кудрин, не подавал признаков жизни. В публичных выступлениях он оперировал неверными статистическими данными, уверяя, что экономика в порядке, а также раз за разом повторял, что Россия не хочет никакой изоляции — она, напротив, стремится к диалогу, а западные партнеры ее игнорируют.

Коллеги Кудрина стали часто рассуждать о том, что тот напрасно ушел из Минфина. «Увы, либералы проиграли борьбу за Путина», — вторили влиятельные бизнесмены. Все пребывали в чудовищном унынии. «Ничего в этой ситуации поделать невозможно. Если вагон падает в пропасть, надо отойти поближе к его концу», — говорил один из крупнейших в стране предпринимателей. Никто не считал, что как-то можно изменить ситуацию в стране, начать как-то бороться, — ведь главная борьба, борьба за воздействие на Путина, уже проиграна.

Не пройдет и месяца, как на политологическом форуме в Сочи новый идеолог Кремля Вячеслав Володин произнесет эту формулу вслух: «Путин — это Россия. Есть Путин — есть Россия, нет Путина — нет России».

# Глава 19

## В КОТОРОЙ РАМЗАН КАДЫРОВ СЪЕЗДИЛ В ДУБАЙ И ВЕРНУЛСЯ

*На Международном экономическом форуме 2015 года в Санкт-Петербурге Рамзан Кадыров производил впечатление заезжего короля. Он вальяжно ходил по павильону во главе большой свиты. На фоне министров, губернаторов и вице-премьеров, которые ходили поодиночке, сидели в кафе, болтали с журналистами, Кадыров с окружением выглядел по-восточному экзотично.*

*Молодой человек в кавказской каракулевой жилетке, в окружении двух десятков мрачных помощников в черном. Человек, о котором уже лет десять пишут, что в его республике практикуются пытки и похищения. Люди из его ближайшего окружения разыскивались Интерполом. Почти средневековый герой, окруженный слухами о том, как он расправился с врагами. Спокойно сидящие в павильоне экономического форума министры, очевидно, тоже побаивались его.*

*Именно свита во многом и играет короля Чечни — наводящего ужас молодого диктатора, эксцентричного вершителя судеб. Когда популярная журналистка Ксения Собчак подошла, чтобы задать вопрос, группа помощников Рамзана плечом к плечу оттеснила ее с прохода, фактически прижав к стеклянной стене телестудии — Кадыров, не останавливаясь, прошел дальше.*

*Все журналисты, знающие Кадырова давно, этому образу очень удивляются. Они описывают его как молодого человека, не получившего систематического образования, поэтому с трудом поддерживающего беседу. Довольно обидчивого — он, к примеру, не может простить одному из видных российских публицистов фразы «Мы с вами уже встречались, помните, я гостил у вашего отца, а вы подавали мне чай». Он вовсе не похож на страшных ветеранов чеченских войн — людей, которые могли убить за кривую ухмылку.*

*Рамзан рано потерял отца и старшего брата, поэтому больше всего ценит новых братьев — своих ближайших друзей, а также друзей своего отца. Любимое слово Рамзана — «эйфория». Так он, например, называет то чувство, которое он испытывает, когда танцует зикр — суфийский танец, вводящий в состояние транса. Этим же словом он описал ощущение, которое он испытал при посещении священной Каабы в Мекке. В интервью журналу Newsweek*[60] *Кадыров рассказывал, что мечтал, видел во сне, что ему удастся войти в Каабу вместе со всеми своими друзьями, — и действительно, в 2013 году он смог войти туда вместе с 15 ближайшими друзьями, которых он обычно называет «братьями» (более того, прямо в Каабе сделал с ними селфи для инстаграма). И испытал «эйфорию».*

## Оппозиционер убит, президент пропал

Во время переговоров в Минске о мирном урегулировании Владимир Путин при свидетелях поучал Петра Порошенко, говоря, что не надо повторять его, Путина, ошибок и заливать Донбасс кровью, «надо залить его деньгами».

Главная проблема первого срока президентства Путина, Чечня, к 2014 году казалась ему решенной на 100%. В 1999 году он, впервые будучи премьер-министром, говорил в телеинтервью: «Куда ни сунься — у нас везде Чечня. И не только на Северном Кавказе. Фигурально выражаясь». Имелось в виду, что в России огромное количество проблем: «Постоянное кивание на заграницу как на источник всех наших бед неверно... все наши беды — в нас самих, от нашей собственной безалаберности и слабости все проистекает... У нас в экономику сунься, там — беда и сплошное горе. Посмотрите на наши международные отношения, наши отношения с самым ближним зарубежьем. У нас везде какая-то зияющая дыра».

В 2014 году Путин мог бы повторить фразу «У нас везде Чечня», но с другим смыслом: у нас везде стабильность. Глава Чечни Рамзан Кадыров 28 декабря 2014 года собрал на городском стадионе всех сотрудников чеченской полиции с тем, чтобы они принесли клятву верности Владимиру Путину. «Пришло время сделать свой осознанный выбор, и мы говорим на весь мир, что являемся боевой пехотой Владимира Путина и, если поступит приказ, мы на деле докажем, что так это и есть, — говорил глава Чечни. — 15 лет Владимир Путин помогает нашему народу. Теперь мы с вами, а нас десятки тысяч, прошедших специальную подготовку, просим национального лидера России считать нас добровольным спецотрядом Верховного главнокомандующего, готовым защитить Россию». 20 000 человек в камуфляже ответили ему хором: «Аллаху акбар!»

Видео со стадиона, которое выглядело весьма угрожающе, быстро разошлось по Интернету. Оно выглядело скорее как свидетельство того, что у Рамзана Кадырова есть хорошо выученная и преданная ему армия, нежели как доказательство того, что она есть у Владимира Путина.

Впрочем, средневековые клятвы верности к тому моменту уже стали мейнстримом. В январе в борьбу за право считаться самыми преданными Путину людьми включились ветераны-афганцы и байкеры. Депутат Франц Клинцевич, тот самый, который годом раньше возил добровольцев в Крым, чтобы организовать его «возвращение в состав России», теперь возглавил движение «Антимайдан». Оно, продолжая дело киевского антимайдана 2013 года, декларировало своей целью борьбу с прозападной «пятой колонной». Еще одним из лидеров движения стал руководитель байк-клуба «Ночные волки» Александр Залдостанов по кличке Хирург. «Единственное, что заставит их [оппозиционеров] отказаться от своих планов, — страх. Предавать и убивать за деньги спонсоров они готовы, а умирать за деньги они не готовы!» — говорил он.

21 февраля на Тверской, главной улице Москвы, прокремлевский «Антимайдан» провел шествие, которое широко осветили все федеральные телеканалы. Участники шествия несли портреты своих врагов, потенциальных организаторов российского

майдана. Одним из них был Борис Немцов, лидер либеральной оппозиции, в 1990-е годы, еще при Ельцине, работавший вице-премьером правительства.

Неделю спустя, 27 февраля 2015 года, на Большом Москворецком мосту, прямо около стен Кремля, Борис Немцов был застрелен. Убийство шокировало многих, в том числе и высшие власти России. Той же ночью Владимир Путин провел совещание с силовиками и дал поручение ФСБ, МВД и Следственному комитету расследовать убийство, совершенное буквально под окнами его официальной резиденции.

На следующее утро, как следует из официальных сообщений на сайте Кремля, Путин первым поговорил по телефону сначала с королем Иордании Абдаллой II, а потом с наследным принцем Абу-Даби Мухаммедом аль-Нахайяном. После этого он направил телеграмму с соболезнованиями матери Бориса Немцова.

Король Иордании и наследный принц Абу-Даби известны в России, среди прочего, тем, что их связывают близкие товарищеские отношения с Рамзаном Кадыровым. Он по несколько раз в год бывает в Иордании и ОАЭ, а они нередко гостят у него в Чечне. Кадыров назвал школу хафизов (чтецов Корана) в Гудермесе именем отца принца Мухаммеда, а парк в Грозном — именем отца короля Абдаллы. В Аммане, столице Иордании, в свою очередь есть улица Рамзана. Именно с зарубежными друзьями Рамзана Кадырова Владимир Путин решил обсудить убийство Бориса Немцова.

4 марта Путин приехал на коллегию МВД, где требовал скорейшего раскрытия дела: «Нужно избавить наконец Россию от позора и трагедий наподобие той, которую мы совсем недавно с вами пережили и видели, имею в виду дерзкое убийство Бориса Немцова прямо в центре столицы».

На следующий день он встретился с итальянским премьером Маттео Ренци. После чего президент пропал. Перестал появляться на публике. Этого, возможно, и не заметили бы, если бы на сайт Кремля не начали выкладывать «консервы» — отчеты о встречах президента с губернаторами, которые на самом деле состоялись неделей раньше и о которых давно уже сообщила региональная пресса. Позже в окружении Путина объяснят, что у него был грипп и он уехал на Валдай. Но высокопоставленные чиновники пересказывали друг другу слухи о том, что на самом деле президент «уехал думать», что делать дальше. А возможно, даже скрылся — чтобы не опасаться за свою жизнь. И иметь возможность не принимать никаких решений — чтобы ситуация как-то рассосалась без него.

## Новая крыша

Едва президент покинул Москву, сотрудники ФСБ начали ловить предполагаемых убийц Немцова. Двое подозреваемых были задержаны 7 марта в Ингушетии, еще одного пытались взять в Чечне, но этого сделать не удалось. Он погиб при задержании, якобы сам подорвался гранатой. Непосредственным исполнителем следствие назвало Заура Дадаева, военнослужащего внутренних войск из Чечни, бойца батальона «Север». 8 марта суд санкционировал его арест. В тот же день за арестованного вступился Рамзан Кадыров в своем инстаграме: «Я знал Заура как настоящего патриота России... Заур был одним из самых бесстрашных и мужественных военнослужащих полка... Награжден орденом Мужества, медалями “За отвагу”, “За заслуги перед ЧР”, Благодарственным письмом Главы ЧР и др. Я твердо убежден, что он искренне предан России, был готов отдать за Родину жизнь... СМИ передают, что Заур в суде подтвердил свою причастность к убийству Бориса Немцова. Все, кто знает Заура, утверждают, что он является глубоко верующим человеком, а также что он, как и все мусульмане, был потрясен действиями Шарли и комментариями в поддержку печатания карикатур... Таким же храбрым воином был и Беслан Шаванов, погибший накануне при попытке задержания. Мы верим, что будет проведено тщательное расследование, которое покажет, действительно ли виновен Дадаев и что на самом деле послужило причиной его поступка».

Кадыров попытался связаться с президентом, но тщетно: Путин не подходил к телефону (и который день не появлялся на экране).

На следующий день, 9 марта, Кадыров получил странный сигнал от Путина: вышел приказ о награждении его орденом Почета. Чеченский лидер снова попытался связаться с президентом, но его по-прежнему не соединяли. Тогда он обратился к нему через инстаграм: «Я безгранично благодарен Президенту России, Верховному Главнокомандующему ВС РФ Владимиру Путину за столь высокую награду и оценку моего скромного труда. Я со всей ответственностью заявляю, что все заслуги за мир и стабильность в Чеченской Республике принадлежат Владимиру Владимировичу! Только его мудрая политика, его помощь и поддержка позволили достичь прочного мира, возродить республику, ее экономику, культуру и духовность. Я буду всегда благодарен Владимиру Владимировичу за все, что он сделал лично для меня и моего народа. Я навсегда являюсь его верным соратником. Отдать жизнь за такого человека — самая легкая задача. Я заверяю, что выполню любой приказ, решу ради него задачу любой сложности, чего бы это для меня ни стоило! Служу России! Служу народу!»

Вряд ли Кадыров самостоятельно ведет свой инстаграм, но посыл исходил явно от него — другого способа достучаться до Путина у него в тот момент не было.

В Москве, в районе Крылатское, тем временем происходили тревожные события. В ночь с 10 на 11 марта в одном из самых престижных московских пригородов, «Острове фантазий», где живут министры и миллиардеры, произошла стычка между охраной бывшего сенатора от Чечни и бывшего кандидата в президенты России, бизнесмена Умара Джабраилова и байкерами из клуба «Ночные волки». Теми самыми участниками «Антимайдана» и борцами с «пятой колонной».

«Ночные волки» приехали в поместье чеченского миллиардера вовсе не обсуждать борьбу с либеральной «пятой колонной». Соседи Джабраилова полагали, что байкеры приехали, чтобы сообщить предпринимателю, что его прежняя «крыша», Рамзан Кадыров, больше никуда не годится и теперь крышевать Джабраилова будут они. Так или иначе, урегулировать разногласия и договариваться пришлось лично Хирургу и Джабраилову.

Конфликт в Крылатском означал, что силовые органы уже не считали Рамзана Кадырова достаточно мощной силой. Притом, что до того момента чеченцы в Москве сами крышевали немало бизнесменов. В Москве постоянно служили несколько сотен чеченских полицейских, которыми руководил Адам Делимханов, правая рука Кадырова, депутат Госдумы от Чечни. «Гнездом» чеченских полицейских был «Президент-отель», пятизвездочная гостиница неподалеку от Болотной площади. Полицейские постоянно жили в этом отеле. По иронии судьбы именно здесь в 1996 году располагался теневой предвыборный штаб Бориса Ельцина — там жили американские политтехнологи, придумавшие операцию «Голосуй или проиграешь».

По слухам, у «Ночных волков» «крыша» была помощнее, чем у чеченских полицейских из «Президент-отеля» — ФСБ, поэтому они и решили, воспользовавшись ослаблением оппонента, переключить денежные потоки на себя.

11 марта Рамзана Кадырова вызвали в Пятигорск, на выездное совещание Совета безопасности, которое проводил секретарь Совбеза Николай Патрушев, бывший директор ФСБ и самый влиятельный силовик. Он рассказал Кадырову о подробностях расследования убийства Немцова и об уликах, которые есть против людей из его окружения.

Вернувшись домой 13 марта, Кадыров собрал расширенное совещание МВД Чечни. Вот какая запись после совещания появилась в его инстаграме: «...США и Запад пытаются расшатать ситуацию в России, подорвать ее экономику, вызвать в нашей стране хаос и нестабильность. Враги России ранее предприняли попытку развалить ее через Грузию и Чечню. Получив оба раза достойный отпор, разожгли пожар на Украине. Поэтому важна сплоченность народов России вокруг национального лидера, Президента России Владимира Путина. США и Запад и их спецслужбы в первую очередь пытаются нанести удар по тем, кто безгранично предан Владимиру Владимировичу. Вскормленные ими СМИ и разные организации используют любой повод, чтобы склонять имя Главы ЧР. Если пешеход не там перешел дорогу, Кадыров виноват, если кого-то заподозрили в преступлении, опять он виноват. В последние дни развернута кампания в связи с задержанием бывшего военнослужащего ВВ МВД РФ Заура Дадаева... Я еще раз заявляю, что независимо от того, кем являюсь, чем занимаюсь, работаю я или нет, беззаветно предан Владимиру Путину и готов до конца своих дней противостоять врагам России. Я подчеркиваю, что всю жизнь обязан Владимиру Путину, предан ему как человеку. И это не зависит от того, при должности он или нет! Все, кто пытается сделать что-то назло Президенту России и самой России, не должны ни на секунду сомневаться в том, что я, не моргнув глазом, сделаю все, чтобы этого не допустить».

Сайты, контролируемые чеченским подпольем, начали писать, что Кадыров находится в отчаянии из-за того, что Путин перестал с ним общаться, и уже начал переговоры с правителями Иордании и ОАЭ о предоставлении ему политического убежища.

## Золотые пистолеты

«У Путина с Кадыровым особые отношения, — рассказывает близкий к Путину сотрудник Кремля, — это, конечно, довольно странная система. Ну не может глава региона считать своим авторитетом только Путина и больше никого. Это очень кривая система, но она так сложилась».

Инстаграм Рамзана Кадырова тоже все время подчеркивает: своей политической карьерой глава Чечни обязан только Владимиру Путину. В 2011 году в интервью чеченскому телевидению Путин неожиданно честно рассказал про историю своих отношений с семьей Кадыровых.

«Когда я с ним познакомился, первое впечатление было: умеет ли он вообще разговаривать, потому что он рычал в основном в ответ что-то нечленораздельное» — так Путин вспоминал свое первое знакомство с отцом Рамзана, Ахматом Кадыровым, муфтием Чечни, на которого он сделал ставку в начале своего президентства.

Чтобы остановить войну, Путин пытался перевести ее на локальный уровень: сделать так, чтобы разделение на своих и чужих проходило не по линии «русские против чеченцев», а по линии «чеченцы против чеченцев». Ахмат Кадыров согласился возглавить пророссийское правительство Чечни и в общем справился с этим.

«Я с удивлением смотрел, как он раскрывается, — продолжал Путин в интервью чеченскому телевидению[61]. — Когда он реально начал работать, я с удивлением смотрел на экран телевизора: как и что он говорит, как четко он схватывает суть происходящих событий, как прямо и ясно формулирует свое отношение. Это для меня было открытием».

Именно по просьбе Кадырова-отца Путин обратил внимание на Кадырова-сына: «Первоначально это было сделано по просьбе Ахмат-хаджи. Он говорил мне: “Присмотритесь, парень хороший, перспективный”. Но он никогда не просил сделать сына руководителем республики, никуда его не лоббировал, не тащил». И Рамзан Кадыров, который работал начальником охраны своего отца, Путина тоже удивил: «У Рамзана получается, и получается неплохо. Я, честно говоря, не ожидал, что он так активно возьмется за хозяйственную деятельность. Я был в Грозном и неоднократно видел, в каком состоянии был город после окончания боевых действий. Ну, Сталинград просто. Когда я ходил между руинами, первая мысль была: “Возможно ли это восстановить, и если возможно, то когда?” А он взялся за это и сделал. И это было для меня удивительно. Ну, молодец! Я думал, он только по горам умеет с автоматом шастать — а нет», — хвалил Путин главу Чечни.

По сути, между Владимиром Путиным и Рамзаном Кадыровым был заключен пакт. Молодой чеченский лидер с первых дней говорил президенту России, что отныне считает его своим отцом и готов отдать за него жизнь. Эти слова грели душу Путина, и в обмен на личную преданность он предоставил Кадырову-младшему максимальный карт-бланш. Во-первых, это были огромные субсидии на восстановление республики (по официальным данным, от 15 до 20 млрд рублей в год). Согласно обнародованному Wikileaks «чеченскому досье», написанному бывшим американским послом в России Уильямом Бернсом, до трети поступающей в республику финансовой помощи Кадыров забирал себе. Во-вторых, Кадыров получил возможность избавиться от всех своих политических соперников (их слабой стороной было то, что они Путину в личной верности не клялись).

Двумя самыми опасными противниками Кадырова были братья Ямадаевы. Оба были убиты в 2008–2009 годах. Символично, что старший, Руслан Ямадаев, бывший депутат Госдумы от Чечни, был расстрелян напротив Белого дома, т. е. рабочей резиденции Путина, который на тот момент занимал кресло премьер-министра.

В сентябре 2008 года машина Ямадаева остановилась на светофоре на Смоленской набережной, к ней подошел киллер и расстрелял Ямадаева в упор. Второй пассажир машины выжил. Спустя несколько месяцев киллер был арестован. По странному совпадению даже фамилия убийцы оказалась такой же, что и фамилия предполагаемого убийцы Бориса Немцова семь лет спустя, — Дадаев. Просто однофамилец. Имена заказчиков убийц Руслана Ямадаева следствием названы не были.

Через полгода после Руслана Ямадаева в Дубае был убит его младший брат Сулим. Следственные органы ОАЭ оказались более удачливыми, чем российские: они арестовали и исполнителей убийства (одним из которых был личный конюх Рамзана Кадырова), а также назвали заказчика — правую руку Кадырова, депутата Государственной думы от Чечни. Убийцы были приговорены к пожизненному заключению. Правда, через два года срок был сокращен до 27 месяцев и они вернулись из Дубая в Чечню.

Убийства, в которых обвиняли или подозревали окружение Рамзана Кадырова, в целом не имели особенного резонанса в России. Кроме разве что убийства журналистки Анны Политковской, известной своими расследованиями убийств, пыток и похищений в кадыровской Чечне. Она была застрелена 7 октября 2006 года, в день рождения президента Путина. Только в 2014 году пять человек были признаны виновными в ее убийстве в качестве исполнителей и организаторов, однако имена заказчиков так и не были названы. Проправительственные СМИ утверждали, что это, скорее всего, провокация Запада или оппозиции против Путина и Кадырова.

Однако все эти преступления, которые в общественном сознании связывались с именем Кадырова, не выходили за рамки пакта: Рамзан остается лично предан и консолидирует республику, а за это получает безлимитное финансирование и карт-бланш на силовые операции.

Убийство Немцова стало первым событием, которое не вписывалось в эти рамки. Для окружения Кадырова давний лидер либеральной оппозиции был однозначным врагом-маргиналом. Они не ассоциировали его с властью и могли даже не знать о его чиновничьем прошлом. Для Кадырова борьба с либералами и сторонниками «цветной революции» являлась частью его обязательств перед Путиным.

Но московский правящий класс, в том числе Кремль, к происшедшему отнесся совершенно иначе: для них Немцов был гораздо более близким и своим человеком, нежели Кадыров. До сих пор убийства, даже если они происходили в Москве, казались далекими, ведь убивали либо чеченских политиков, либо журналистов-правозащитников. В случае с Немцовым все оказалось иначе: жертвой стал бывший первый вице-премьер, бывший начальник Путина, бывший потенциальный преемник президента Бориса Ельцина.

## Бегство в Эмираты

Отсутствие Путина затягивалось. Его разыскивали уже все мировые СМИ, новый, сразу ставший популярным российский интернет-ресурс отсчитывал секунды, минуты и дни, прошедшие с тех пор, как он в последний раз появился на публике.

В его окружении, впрочем, рассказывают, что Путин очень щепетильно относится к своему здоровью и не любит, когда пресс-служба его комментирует. Считая, что ему нельзя болеть, Путин всегда прогоняет от себя посетителей, если видит, что они могут его заразить. Пусть даже к нему придет высокопоставленный чиновник, министр, и чихнет — это вполне может быть концом аудиенции: «А ну, марш отсюда, давай гуляй, мне нельзя болеть!» — говорит в таких случаях Путин. Кроме того, он помешан на спорте: каждый день часа два уделяет плаванию и занятиям в тренажерном зале, плюс к этому по несколько раз в неделю (обычно по ночам) играет в хоккей.

В ходе своего 10-дневного отсутствия Путин не только занимался спортом. Он думал, что ему теперь делать с Чечней и как вести себя с Рамзаном Кадыровым, — так утверждают источники из его окружения. Наконец, после затянувшегося отсутствия Путин предстал перед телекамерами 16 марта — в Петербурге он встретился с президентом Киргизии. Но Кадырова с ним опять не соединили.

«Последние дни войдут в мировую историю как неделя широкомасштабной лжи, — возмущался инстаграм Кадырова. — Возможно, что за такой короткий период времени никогда и нигде не было вылито на уши граждан столько сплетен, фальши и наглой дезинформации. Так называемые "политологи, аналитики, специалисты" по России с подачи своих западных спонсоров утверждали, что Президент России Владимир Путин тяжело болен, не появляется на публике, не способен заниматься государственными делами. А особенно ретивые заявляли, что в стране чуть ли не переворот произошел. Откровенные враги России, отталкивая друг друга локтями, рвались в эфир и на страницы СМИ, чтобы выдать желаемое за действительность. Наш национальный лидер Владимир Путин и его команда выше всего этого! И они исключительно правильно делали, вообще не реагируя на тявканье дворняжек. Сегодня у всех "ясновидящих" языки отвалились, увидев на официальной церемонии в Петербурге Президента России бодрого, здорового и уверенного в себе! Россия великая держава, у которой есть сильный, волевой, решительный Президент Владимир Путин, который никогда не позволит США и их подручным западным странам превратить наше Отечество в управляемую из Лондона и Вашингтона территорию! И в завершение хочется сказать: "НЕ ДОЖДЕТЕСЬ!"»

Однако после появления Путина Кадырову так и не удалось поговорить с президентом. Зато 26 марта Путин приезжал на Лубянку, чтобы принять участие в коллегии ФСБ. Символично, что это случилось ровно в день 15-й годовщины его избрания президентом. В окружении Путина с удивлением заметили, что после 10-дневного отсутствия он удвоил свою охрану.

В тот же день Рамзан Кадыров улетел в ОАЭ, взяв с собой весь свой ближний круг. Сначала он наблюдал за скачками, в которых участвовали его лошади, но и после них не стал торопиться возвращаться обратно. Кадыров и его команда провели в Эмиратах десять дней. Находясь в Дубае и Абу-Даби, Кадыров продолжал клясться в верности Путину: «Лицемерие врагов России не знает границ! Прочитав эти слова, вы могли подумать, что речь о тех, кто, сидя в западных столицах, нацеливает ракеты на наши плотины и АЭС. Нет, конечно! Им известно, что ответ будет молниеносным, и поэтому кнопку не нажмут никогда. Я говорю о тех, кто, хотя бы по одному из двух паспортов, являясь гражданами России, делают все для подрыва изнутри ее стабильности. И усердствует в этом, щедро спонсируемая американскими фондами и бюджетом, кучка людишек, собравшихся под крылышками двух-трех изданий. Приемы не отличаются новизной. Они отработаны известным идеологом 30–40-х годов прошлого века, утверждавшим, что чем наглее ложь, тем быстрее в нее поверят. Есть и другие варианты этого высказывания. Они всеми силами стремятся создать видимость наличия конфликта между некоторыми политиками, главами регионов и руководством страны. Одно из СМИ дошло до того, что проводит опрос под хлестким названием “Кремль боится Чечни?”. Сама идея обсуждения носит открыто и нагло провокационный характер... Кремль не должен бояться и не боится Чечни, как он не боится Москвы, Ростова или Магадана, не боится вас. Более того, Кремль даже не боится ваших горячо любимых Лондонов, Вашингтонов и Берлинов. А не боится Кремль ваших Америк и НАТО потому, что Кремль — это Россия, это Чечня, Москва, Челябинск, Ростов и тысячи других городов и населенных пунктов! Я всегда говорил и сейчас повторяю для забывчивых, что являюсь пехотинцем Президента России, Верховного Главнокомандующего Владимира Путина!..»

И только 6 апреля Кадыров и его команда вернулись обратно в Грозный. В тот же день был опубликован приказ Путина, присваивающий Грозному звание «города воинской славы» — обычно этим знаком отмечаются города, отличившиеся в годы Великой Отечественной войны.

Через день Кадыров был в Москве — его принял новый идеолог Кремля, замглавы администрации Вячеслав Володин. Куратор российской внутренней политики до сих пор не был авторитетом для Кадырова, тот признавал лишь Путина и своего земляка, чеченца по отцу, Владислава Суркова. Но теперь Володин, сидевший теперь в бывшем кабинете Суркова, предложил ему встроиться в систему.

«Вячеслав Викторович, как опытный и мудрый государственный деятель, всегда дает важные советы, помогает, поддерживает нужные Чеченской Республике проекты. Очень приятно, что в команде нашего национального лидера Владимира Путина есть такие преданные Отечеству соратники! С такой командой мы можем быть уверены в будущем России!» — так восторженно рапортовал инстаграм Кадырова об их встрече.

## Волк и медведь

«Я воспринимаю его как сына, — говорил Путин в интервью чеченскому телевидению в 2011 году. — Мы все люди, у всех есть и слабые, и сильные стороны. Наверное, и у него есть проблемы, но он человек честный, и я это очень ценю».

Называя Кадырова сыном, Путин, скорее всего, сделал поправку на то, что разговаривал с чеченской аудиторией. «Рамзан всегда был для него таким молодым волком, которого он пригрел», — описывает чувства Путина один из его приближенных.

На самом деле Путин для Рамзана всегда был примером для подражания. Он учился у него общаться с зарубежными лидерами, с правозащитниками, с бизнесменами, перенял привычку окружать себя голливудскими звездами. В декабре 2010 года друзья подарили Путину уникальную возможность: на якобы благотворительный вечер с его участием позвали Монику Беллуччи, Шэрон Стоун, Микки Рурка, Кевина Костнера, Алена Делона, Жерара Депардье, Венсана Касселя, Курта Рассела и Орнеллу Мути. Звезды сидели в зале, а Путин на сцене играл на рояле Blueberry Hill. Рамзан Кадыров захотел повторить этот опыт. Через год гостями на празднике по случаю его 35-летия стали Хилари Суонк, Жан-Клод Ван Дамм, Сил и Ванесса Мэй. Их гонорары не раскрывались. После того как репортаж о празднике был показан на канале Euronews, правозащитные организации атаковали звезд, но лишь Хилари Суонк отреагировала — она перечислила весь свой гонорар благотворительным организациям и уволила своих менеджеров.

На вопросы, откуда он, руководитель дотационной республики, берет деньги на такую роскошь, Кадыров всегда отвечал: «Аллах дает». Однажды он даже затеял спор с настойчивой журналисткой: «Докажи, что не Аллах», — настаивал он.

По словам журналистов, посещавших главу Чечни в разные годы, за время его президентства он сменил несколько дворцов, и каждый следующий был все более роскошным и все более золотым. В 2006 году, став чеченским премьером, Кадыров переехал из родового села Центорой в Гудермес, четвертый по величине город Чечни, не так сильно пострадавший во время двух войн, как Грозный. Одним из новых богатств Рамзана стал его личный зоопарк. Гости дарили ему зверят, и Кадыров любил показывать журналистам, как они его слушаются. Он тискал в руках тигрят и медвежат, засовывал пальцы в рот маленькому медведю, демонстрируя, что тот у него ручной. Через пару лет звери выросли и по ночам над Гудермесом стал раздаваться зловещий рык и вой — это подавали голос подросшие хищники Кадырова.

## Война продолжается

Уже через две недели после его возвращения из Эмиратов Кадырову был преподан урок. 19 апреля глава Чечни смотрел футбол — болел за свой клуб «Терек», который играл против московского «Динамо», клуба, в советские годы считавшегося командой МВД. В это время в Грозный приехали полицейские из соседнего Ставропольского края и неподалеку от официальной резиденции Кадырова убили предпринимателя по фамилии Дадаев (также однофамильца человека, обвиняемого в убийстве Немцова). Якобы при попытке задержать его. Этот инцидент вызвал у Кадырова ярость. На следующий день он выступил перед своими силовиками и потребовал в следующий раз при появлении чужаков открывать огонь: «Я официально заявляю, если без вашего ведома на вашей территории появляется, не имеет значения — будь москвич или ставропольчанин, — открыть огонь на поражение».

Ему официально ответила пресс-служба МВД: «МВД России считает недопустимым для руководителя Чеченской Республики заявление об “открытии огня на поражение” по сотрудникам из других регионов, без ведома местных правоохранительных органов, проводящих спецоперации в республике». А затем и пресс-секретарь Путина Дмитрий Песков заявил, что Кадырову надо помнить о субординации и знать, что чеченские полицейские подчиняются не ему, а федеральному МВД.

Любопытно, что и сам Кадыров является генералом МВД. А 28 декабря, когда чеченские силовики на стадионе приносили клятву верности Путину, их заставили подкрепить устную клятву письменным рапортом. В нем было написано, что каждый из них обязуется быть верным президенту Путину, министру внутренних дел России Колокольцеву и главе Чечни Рамзану Кадырову. Но за четыре месяца ситуация изменилась до неузнаваемости.

Публичная перепалка между Кадыровым и МВД говорила об одном: чеченский лидер потерял возможность звонить напрямую Путину и жаловаться на своих обидчиков. Впрочем, прежнего политического веса он все же не потерял. Еще через месяц Следственный комитет объявил, что в деле об убийстве Бориса Немцова меняется следователь. Вести это дело назначен тот же человек, который расследовал в 2008 году убийство Руслана Ямадаева — и не нашел тогда никаких заказчиков убийства.

Так неожиданно через 15 лет правления Владимира Путина оказалось, что до сих пор совсем не решена проблема, обещая решить которую он стал в 2000 году президентом.

В благополучные нулевые Путину удалось заставить российское общество забыть ужас Чечни. В России неожиданно случился новый общественный договор — «слово “Чечня” вслух не произносить». Договор всех устроил — республика оказалась полностью вытесненной из массового сознания. Этому не помешали даже чудовищные события, напрямую с Чечней связанные: Беслан, «Норд-Ост» или взорванные чеченскими смертницами самолеты. Чудо массового гипноза — и российское общество уверовало в аксиому «Не буди лихо, пока оно тихо» в такой интерпретации: если мы не будем вспоминать о Чечне, то она, может быть, перестанет вспоминать о нас.

В журналистской среде все эти годы тоже существовал очевидный консенсус: в России довольно безопасно быть журналистом, если ты не пишешь о Чечне. Обо всем остальном — пожалуйста, но про Чечню не надо. Потому что гибли именно те журналисты, которые писали о Чечне. Практически все знали это правило, и практически все считали, что это та малость, которой и правда можно пожертвовать. Зато все остальное можно.

Чечня удивительным образом перепрыгнула из раздела военной и криминальной хроники в светскую. Рамзан Кадыров все эти годы был героем глянцевых журналов, давал слащавые интервью на телевидении, приезжал на Петербургский экономический форум. Мастера культуры и спорта, властители дум, интеллигенты и интеллектуалы всех мастей с улыбкой позировали в обнимку с ним и с чеченскими политиками из его окружения, подозреваемыми в убийствах. Такой общественный договор.

Человек, плохо знающий психологию российского общества, мог бы предположить, что это компенсация того чувства вины, которое россияне испытывают за страдания чеченского народа в 1940-е или 1990-е годы — наподобие вины американских белых перед американскими черными или вины немцев перед евреями. Но это скорее чувство другой природы. Смесь страха с неведением, которую в России принято называть аполитичностью: «Меня не интересует политика, я не знаю, что происходит в Чечне».

Самое любопытное, что эта детская игра в прятки (когда ребенок закрывает сам себе глаза и думает, что спрятался) распространилась даже на Владимира Путина. Он ведь тоже решил, что, раз он делает вид, что никакой чеченской проблемы нет, значит, она решена. Владимир Путин верил в то, что он сможет успокоить Чечню, завалив ее деньгами. В 2015 году его окружение в этом вдруг разуверилось.

В окружении Владимира Путина вдруг почти перестали обсуждать Украину. Или, по крайней мере, стали говорить, что Украина — это не самая серьезная проблема. А также появилось новое выражение, которым чиновники начали пугать друг друга: «третья чеченская».

# ЗАКЛЮЧЕНИЕ

# ПУТИН IV СВЯТОЙ

## Брат навсегда

11 мая 2000 года, через четыре дня после самой первой инаугурации Владимира Путина, в прокат вышел фильм «Брат-2». История про ветерана чеченской войны, который едет в Америку помогать брату убитого друга. Там он борется с украинской мафией (с криками «Вы мне, гады, еще за Севастополь ответите!»), с американскими полицейскими и спасает попавших в беду соотечественников («Русские на войне своих не бросают»). Кульминационный монолог главного героя звучит так: «Вот скажи мне, американец, в чем сила? Разве в деньгах? Вот и брат говорит, что в деньгах. У тебя много денег, и чего? Я вот думаю, что сила в правде. У кого правда — тот и сильней».

Российский кинематограф в тот период находился в плачевном состоянии — фильмов снималось мало, и публика их не смотрела. Но «Брат-2» стал суперхитом. В 2015 году смесь антиамериканизма с нарочито простым патриотизмом стала политическим мейнстримом, но тогда она выглядела неожиданно и даже свежо. Никакого госзаказа свыше не понадобилось — достаточно было общественного заказа объятой кризисом страны, который и уловили авторы.

Фильм произвел глубокое впечатление на многих зрителей, в том числе на президента Путина и директора ФСБ Николая Патрушева. В интервью они оба любили цитировать фильм: «Скажи мне, американец, в чем сила?» Бытовой антиамериканизм, воплощением которого был фильм «Брат-2», очень соответствовал как мировоззрению Патрушева, так и его политическим интересам.

Люди из окружения Владимира Путина говорят, что Николай Патрушев — самая недооцененная общественностью фигура в российском руководстве. Именно Патрушев впоследствии стал мозговым центром большинства путинских спецопераций. Например, присоединения Крыма.

Патрушев — вовсе не человек Путина, хотя и был его замом в ФСБ. Рассказывают, что Путин вовсе не хотел видеть Патрушева своим преемником в ФСБ. Но тому всегда удавалось удерживаться на коне. Именно Патрушев всегда втолковывал

Путину, что кругом враги, что доверять американцам нельзя, что ФСБ — необходимая опора, без которой не удержаться у власти.

Все нулевые возглавлявший ФСБ Патрушев был одной из самых непубличных фигур в российском руководстве. В одном интервью он назвал сотрудников ФСБ «новыми дворянами» России, но других своих политических взглядов не высказывал. И тем более не комментировал никакие террористические акты, которые происходили в стране, хотя именно его ведомство отвечало за борьбу с террором.

В 2008 году, став президентом, Дмитрий Медведев уволил Николая Патрушева с поста директора ФСБ из-за тяжелой болезни и перевел его на менее ответственную должность секретаря Совета безопасности. Но Патрушев вскоре победил недуг и с возвращением в Кремль Владимира Путина вновь развил бурную политическую активность. После присоединения Крыма начал давать комментарии по вопросам российской безопасности и внешней политики. До этого по этим темам высказывались только президент Путин и министр иностранных дел Сергей Лавров. Так Николай Патрушев стал главным российским ястребом, первым лицом «антизападной» и «антиамериканской» партии в российском руководстве. Только ему позволено громогласно обличать мировой заговор.

15 октября 2014 года государственная «Российская газета»[62] опубликовала его интервью — программный манифест под названием «Вторая холодная».

Примерно с того дня бытовой антиамериканизм, годами набиравший популярность в российском обществе, превратился в научный антиамериканизм, который был представлен в качестве новой российской официальной идеологии.

В нем Патрушев изложил собственную версию новейшей истории России: Советский Союз распался вследствие плана, разработанного Збигневом Бжезинским и ЦРУ, нацеленного на ослабление советской экономики. Однако после распада СССР холодная война вовсе не закончилась: США поставили перед собой цель расчленить Россию. Еще США и другие страны Запада нарочно спровоцировали войну в Чечне («экстремистам и их сторонникам в России была предоставлена поддержка спецслужб Великобритании, США, а также союзников в Европе и исламском мире»); все постсоветские годы США готовили кризис на Украине («В результате этой деятельности на Украине было выращено целое поколение, совершенно отравленное ненавистью к России и мифологией “европейских ценностей”»). Однако истинной целью Запада является именно удар по России («Если бы катастрофы на Украине не произошло, нашелся бы другой повод для активизации политики “сдерживания” нашей страны»).

В последующих интервью[63] Патрушев развивал эту мысль, добавляя обвинения в адрес США: от создания ИГИЛ до возрождения нацизма в Прибалтике и Украине. В них он неизменно цитировал бывшего госсекретаря США Мадлен Олбрайт. Она якобы говорила: «несправедливо», что «под властью Москвы» оказались такие огромные и богатые природными ресурсами территории, как Сибирь и Дальний Восток.

Сама Олбрайт это отрицает, и никаких других подтверждений этому не нашлось, однако в июле 2015 года журналисты нашли первоисточник мифа: признания бывшего офицера российских спецслужб, который еще в 2007 году рассказывал, что ФСО якобы использовала экстрасенсов для чтения мыслей западных политиков. Среди прочих российские офицеры-медиумы читали мысли госсекретаря Олбрайт о том, что России не должна принадлежать богатая ресурсами Сибирь.

Так российское руководство будто бы само купилось на собственную пропаганду. Теперь про мировую закулису стали судачить не только старушки у подъезда и не только телеканал Russia Today, призванный соблазнять любителей теории заговора всего мира, но и самые влиятельные официальные лица страны.

Это был не первый случай, когда в России рождаются исторические мифы, которые потом влияют на реальную политику. Так, в конце XIX века в Российской империи была сочинена такая фальшивка, как «Протоколы сионских мудрецов» — «план покорения мира евреями», якобы похищенный у идеолога сионизма Теодора Герцля. Эта подделка среди прочего спровоцировала еврейские погромы в России, печаталась в США, а потом огромными тиражами в нацистской Германии. А в 1990-е годы в России получил хождение также вымышленный «план бывшего директора ЦРУ Аллена Даллеса» по моральному разложению советского общества. Он стал важнейшим аргументом для постсоветского антиамериканизма и неоимпериализма.

Один видный государственный деятель (вовсе не силовик — напротив, либерал) рассказывал мне историю про договор 1972 года между СССР и США о запрете бактериологического оружия. Советский Союз, вопреки подписанному договору, естественно, биологическое оружие производил. Но в конце перестройки Горбачев закрыл эти программы и пустил в страну американских инспекторов. Одновременно российские специалисты поехали с инспекциями в США. Парадокс заключается в том, что американцы немедленно обнаружили тот факт, что СССР нарушал договор 1972 года, а наши специалисты в США ничего не нашли.

Какой вывод делал крупный госчиновник, рассказывавший эту историю? «Опять американцы нас обманули, — резюмировал он. — У них, конечно, тоже было биологическое оружие, просто мы его не нашли». «Откуда такая уверенность? — спросил я. — Неужели нельзя допустить, что американцы были честны и договор не нарушали?» — «Нет, конечно. Что они, лучше нас? Если мы его тайно нарушали, почему они должны были его соблюдать?»

Возможно, антизападничество российских политиков — не паранойя, а тонкий расчет. Они знают свой электорат и стараются говорить с ним на одном языке. После «болотных протестов» 2011–2012 годов они ориентируются на широкие народные массы. А те любят конспирологию, не любят Америку. Больше того, российские руководители знают, что если телезрителю не предложить простой и правдоподобный ответ на мучающий его геополитический вопрос, то он сам придумает что-нибудь похуже.

Впрочем, и эта теория — конспирологическая. Нет никаких доказательств, что российские чиновники столь хитроумны. Скорее всего, они вправду верят в собственные выдумки.

## Друзья навсегда

Если бы эта книга продолжалась дальше, то героем главы 20 стал бы Николай Патрушев. А дальше — кто знает, сколько понадобилось бы еще глав?.. У Владимира Путина еще очень много друзей: Юрий Ковальчук, Аркадий Ротенберг, Геннадий Тимченко, тот же Владимир Якунин — хоть и отставлен, но не списан со счетов. Каждый из них наверняка ждет своего часа.

Среди людей, знавших Владимира Путина во время его первого срока, существует легенда, будто бы он не хотел баллотироваться на второй срок. Он осознал, с какими проблемами сопряжено президентство, и всерьез рассчитывал избавиться от ноши, которую на него взвалили. По легенде, ближайшему окружению Путина стоило немалого труда убедить его пойти на второй срок. «Володя никогда не пойдет против себя» — такую фразу приписывают Юрию Ковальчуку, другу Путина, который якобы вместе с другими уговорил президента остаться.

Они объяснили Путину, что остаться необходимо, а уходить опасно для него же самого. По другой версии, ключевую роль сыграл Николай Патрушев, который доказал Путину, какими чудовищными потрясениями чреват его уход.

Круг приближенных, коллег и друзей в течение 15 лет все теснее смыкался вокруг Путина, все более надежно ограждая его от реальности. В его же собственных — и своих — интересах. Они убеждали Путина в том, что он не может уйти, что в этом случае небо рухнет на землю.

Для них это, безусловно, так и есть, ведь главным источником их благосостояния является именно близость к президенту. «Если не Путин, то кто?» — такой лозунг стал основным на охранительных митингах (так называемых путингах) в 2012 году. Именно так привыкло за последние 15 лет думать, наверное, большинство российского населения.

Многие из свиты попали под санкции Запада против России, стали невыездными, потеряли возможность навещать свои семьи, постоянно живущие за рубежом. Впрочем, при нынешнем дворе никто не ропщет.

## Король навсегда

На тот момент, когда писалась эта книга, российская экономика продолжала сжиматься. Стабильно и неуклонно, как шагреневая кожа. Крупные бизнесмены при этом излучали спокойствие и расслабленность.

Путинский королевский двор принял твердое решение идти до конца. Гипотетически денег может хватить надолго. Если цены на нефть вдруг вырастут, ситуация может выправиться. Если нет — то можно будет сокращать социальные выплаты. В еще более сложной ситуации — повышать налоги, например НДПИ — налог на добычу полезных ископаемых. В крайнем случае — изымать выручку крупных ресурсодобывающих компаний.

Почти все крупные бизнесмены понимают, что в интересах государства их собственность (или ее часть) в какой-то момент может быть экспроприирована. И они давно смирились с этим. Принято говорить, что российские крупные бизнесмены не являются миллиардерами, а только работают ими. Они управляют той собственностью, которой им позволяет управлять Владимир Путин.

Никто из моих собеседников не видел перспективы изменения ситуации. Вернее, каждый из них допускал лишь одно условие, при котором что-то поменяется. Но никто не решался его назвать. Некоторые использовали эвфемизмы. «Пролетит черный лебедь». «Президент улетит на альфа Центавра». «Небо упадет на землю». Они имели в виду, в сущности, простую вещь — если Путин перестанет быть президентом.

И они, конечно, ошиблись. Это очень интересный миф: будто все в России зависит от Путина, а без него все изменится.

Эта книга демонстрирует, что Путина, каким мы себе его представляем, не существует в природе. Вовсе не Путин привел Россию к ее нынешнему состоянию — он даже долгое время сопротивлялся этим метаморфозам. Но потом поддался, поняв, что так проще.

Путин не считал, что Россию со всех сторон окружают враги. Путин не собирался закрывать все независимые телеканалы.

Путин не собирался поддерживать Виктора Януковича. Он не хотел проводить Олимпиаду в Сочи.

Его приближенные думали, что они стараются угадать его замыслы, — на самом деле они осуществляли свои.

Нынешний образ Путина — грозного русского царя — придуман за него, и зачастую без его участия: и свитой, и западными партнерами, и журналистами. На самой известной фотографии Путин выглядит надменным властелином, почти «военным императором мира». Но это не сам Путин, это всего лишь обложка журнала *Time*, признавшего его человеком года в 2007 году.

Мы все себе выдумали своего Путина. И, скорее всего, он у нас — далеко не последний.

# Примечания


[1] Бородулин В. 15 000 000 000 долларов потеряла Россия благодаря Примакову // Коммерсантъ. № 047. 24.03.1999.

[2] Трегубова Е. Опера на высшем уровне: В Мариинке разыграли дипломатический спектакль // Коммерсантъ. № 042. 14.03.2000.

[3] Blair T. A Journey: My Political Life (Sep 20, 2011).

[4] Встреча с родными. Стенограмма встречи президента России В. Путина с родственниками экипажа подводной лодки Курск. 22 августа // КоммерсантЪ-Власть. № 34. 12.09.2000.

[5] Патрушев Н.Тайна Андропова // Российская газета. № 3501. 15.06.2004.

[6] Политковская А. Полгода после «Норд-оста»: один из группы террористов уцелел. Мы его нашли // Новая газета. № 30. 28.04.2003.

[7] Политковская А. Программа защиты от свидетелей. Управляемые теракты в стране управляемой демократии? // Новая газета. № 96. 22.12.2003.

[8] Выступление и ответы на вопросы на встрече с представителями научных, общественных и деловых кругов Шотландии // Официальный сайт Кремля. 25.06.2003.

[9] Browne J. Beyond Business: An Inspirational Memoir from a Visionary Leader May 1, 2011.

[10] Ostrovsky A. Father to the Oligarchs // Financial Times. November 13, 2004.

[11] Лысова Т. «Ну вы понимаете, что я не буду сидеть тихо?» Интервью с Михаилом Ходорковским, бывшим владельцем нефтяной компании «ЮКОС» // Ведомости. № 3679. 22.09.2014.

[12] Касьянов М., Киселев Е. Без Путина. Политические диалоги с Евгением Киселевым. — М.: Новая газета, 2009.

[13] «Государство и олигархия» («В России готовится олигархический переворот»), доклад Совета национальной стратегии.

[14] Павловский Г. О негативных последствиях «летнего наступления» оппозиционного курсу президента РФ меньшинства // Новая газета. № 67. 02.09.2013.

[15] Касьянов М., Киселев Е. Указ соч.

[16] Геворкян Н., Колесников А., Тимакова Н. От первого лица: Разговоры с Владимиром Путиным. — Вагриус, 2000.

[17] Савельев Ю. Беслан: правда заложников. http://pravdabeslana.ru/doklad/oglavlenie.htm

[18] Шевчук М., Камышев Д. Обыкновенный «Нашизм». Кремль создает новое молодежное движение // Коммерсантъ. № 30. 21.02.2005.

[19] Кашин О. Знать «Наших». Под Москвой прошла конференция засекреченного движения // Коммерсантъ. № 34. 28.02.2005.

[20] Кашин О. Отряд властоногих // Коммерсантъ-Власть. 25.07.2005.

[21] Роксборо А. Железный Путин: взгляд с Запада. — М.: Альпина Бизнес Букс, 2012.

[22] Там же.

[23] Послание Федеральному Собранию Российской Федерации // Официальный сайт президента России, 25.04.2005.

[24] The Prime Minister, Patrizia the prostitute — and Putin's bed // Independent, 21 July 2009.

[25] Стенограмма заседания Совета Федерации от 2 июня 2006 г.

[26] Роксборо А. Железный Путин: взгляд с Запада. — М.: Альпина Бизнес Букс, 2012.

[27] Выступление и дискуссия на Мюнхенской конференции по вопросам политики безопасности // Официальный сайт президента России, 10.02.2007.

[28] Интервью президента России Дмитрия Медведева Первому информационному кавказскому каналу, телекомпании Russia Today и радиостанции «Эхо Москвы» // Официальный сайт президента России. 07.08.2011.

[29] Rice C. No higher honor. A memoir of my years in Washington. NY: Droadway Books.

[30] Интервью президента России Дмитрия Медведева Первому информационному кавказскому каналу, телекомпании Russia Today и радиостанции «Эхо Москвы» // Официальный сайт президента России. 07.08.2011.

[31] Rice C. Op. cit.

[32] Там же.

[33] Интервью президента России Дмитрия Медведева Первому информационному кавказскому каналу, телекомпании Russia Today и радиостанции «Эхо Москвы» // Официальный сайт президента России. 07.08.2011.

[34] Соловьев В. Демарш-бросок. Российские танки вышли на подступы к Тбилиси // Коммерсантъ. № 141. 12.08.2008.

[35] Письменная Е. Система Кудрина. — М.: Манн, Иванов и Фербер, 2013.

[36] Колесников А. Россия нашла стратегическую партнершу // Коммерсантъ. № 179. 03.10.2008.

[37] Послание Федеральному Собранию Российской Федерации // Официальный сайт президента России, 09.11.2008.

[38] Кваша М. «Партию для нас олицетворяет силовой блок, который возглавляет Игорь Иванович Сечин»: глава «Финансгрупп» Олег Шварцман о новых добровольно-принудительных способах консолидации активов в руках государства // Коммерсантъ. № 221. 30.11.2007.

[39] Черкесов В. Нельзя допустить, чтобы воины превратились в торговцев: О «войне групп» внутри спецслужб // Коммерсантъ. № 184. 09.10.2007.

[40] Ковелицын Ю. Конкуренция вокруг Москвы Мэр как опора в борьбе за президентство // МК. № 25438. 31.08.2010.

[41] Блог Татьяны Юмашевой. http://t-yumasheva.livejournal.com/

[42] Шишкунова Е. Владислав Сурков: «Система уже изменилась» // Известия. 22.12.2011.

[43] Письменная Е. Указ. соч.

[44] Маркин В. Глядя из Лондона, на зеркало неча пенять // Известия. 07.05.2013.

[45] Пресс-конференция президента России в Центре международной торговли // Официальный сайт президента России. 20.12.2012.

[46] Кошкина С. Майдан. Нерассказанная история. — Киев: Брайт Стар Паблишинг, 2015.

[47] Колесников А. Главная ночь в Сочи // Коммерсантъ. 07.02.2014.

[48] Кошкина С. Указ. соч.

[49] Стоянов Ф. «Аксенов сначала говорит, а потом думает» — интервью с Леонидом Грачом // Крым. Реалии. 09.04.2015.

[50] Кошкина С. Указ. соч.

[51] Канев С. Спецтуристы // Новая газета. № 71. 02.07.2014; Канев С. Герои под грифом «Секретно» // Новая газета. № 64. 16.06.2014.

[52] Галимова Н. Мы идем в Россию. Как — не знаю. Как Россия присоединяла Крым: расследование «Газеты.ru» // Газета.Ru. 11.03.2015.

[53] Проханов А. Кто ты, Стрелок? Интервью с бывшим министром обороны Донецкой народной республики // Завтра. 20.11.2014.

[54] Там же.

[55] Самелюк А. «Сражаясь за Новороссию, мы сражаемся за Россию» — эксклюзивное интервью Игоря Стрелкова // Novorossiia.ru.

[56] Стенограмма заседания Совета Федерации от 01.03.2014.

[57] Putin Q&A: Full Transcript Time, 2007.

[58] Колесников А. Кремлевские измельчали // Коммерсантъ. № 54. 26.03.2004.

[59] Ванденко А. Интервью Геннадия Тимченко в проекте «Первые лица» // ТАСС. 04.08.2014.

[60] Nemtsova A. Ramzan Kadyrov Talks About Chechnya's Future // Newsweek. 10/24/10.

[61] Интервью Владимира Путина телеканалам «Грозный» и «Вайнах». 23.08.2011.

[62] Егоров И. Вторая «холодная»: «"Отрезвление" украинцев будет жестким и болезненным» — интервью с Николаем Патрушевым // Российская газета. № 6507. 15.10.2014.

[63] Егоров И. Кто управляет хаосом: «США пытаются одолеть кризис за счет других, разрушая целые страны» — интервью с Николаем Патрушевым // Российская газета. № 6598. 10.02.2015.

Зыгарь Михаил

# ВСЯ КРЕМЛЕВСКАЯ РАТЬ

## Краткая история современной России

Подписано в печать 07.09.2017. Формат 60×90 1/16.
Бумага офсетная № 1. Печать офсетная.
Объем 26,0 печ. л. Тираж 6000 экз. Заказ № 4437/17.

ООО «Интеллектуальная литература»
109380, г. Москва,
ул. Степана Шутова, д. 4, стр. 1
Тел. +7 (495) 363-13-48
e-mail: info@intlit.ru

Знак информационной продукции
(Федеральный закон № 436-ФЗ от 29.12.2010 г.) 12+

Отпечатано в соответствии с предоставленными материалами
в ООО «ИПК Парето-Принт», 170546, Тверская область, Промышленная
зона Боровлево-1, комплекс №3А, www.pareto-print.ru.

Для заметок

Для заметок

Для заметок

Для заметок

Для заметок

Для заметок

Для заметок

Для заметок